福祉+α 8
Welfare Plus Alpha

[監修] 橘木俊詔／宮本太郎

福祉レジーム

WELFARE REGIMES

新川敏光 [編著]

ミネルヴァ書房

刊行にあたって

現在、国民が何に対してもっとも不安を感じているかといえば、将来の生活に対してであろう。もう少し具体的には、将来の生活費の確保、退職後や老後の年金・介護の問題、現役世代であれば病気や失業したときのこと、さらには家族、地域、社会などにおける絆が弱くなったために、自分一人になったときに助けてくれる人がいるのかといった不安など、枚挙にいとまがない。

本シリーズはこれら国民に蔓延する不安を取り除くために、福祉という視点から議論することを目的としている。ただし福祉という言葉が有する狭い意味に限定せず、福祉をもっと幅の広い視点から考えることにする。なぜ人間が福祉ということを考えるようになったのか、なぜ福祉を必要とする時代となったのか。また、国民に福祉を提供する分野と手段としてどのようなものがあるのか、誰が福祉を提供するのか、その財源と人手を調達するにはどうしたらよいのか。さらには、福祉の提供が少ないとどのような社会になるのか、逆に福祉の提供がありすぎるとどのような弊害があるのか、福祉を効率的、公平に提供する方策のあり方はいかなるものか、といった様々な福祉に関する幅広い課題について論じることとする。

これらの課題はまさに無数にあるが、各巻では一つの課題を選択してそのテーマを徹底的に分析し、かつ議論するものである。監修者は、どのような課題に挑戦するかを選択し、そのテーマに関して一冊の本を編集するのに誰がもっともふさわしいかを指名し、その編者は、特定のテーマに関して一流であることは当然として、歴史、法律、理論、制度、政策といった幅広い視点から適切な分析のできる執筆陣を選んで執筆を依頼するとともに、その本全体の編集責任を負う。

本シリーズのもう一つの特色は、読者対象を必ずしもその分野の専門家や研究者に限定せず、幅広い読者を念頭に置いているということである。すなわち、学生、一般読者、福祉を考えてみたい人、福祉の現場に関わっている人、福祉に関する政策や法律、プロジェクトを考案・作成する機関やＮＰＯに属する人、など幅広い層を想定している。したがって、書き手は福祉のことをほとんど知らない人でも読むことができるよう配慮し、福祉の現状と問題点が明快に理解できるよう書くことを念頭に置いている。そしてそのテーマをもっと深く考えてみたいという人に対しては、これからあたるべき文献なども網羅することによって、さらなる学習への案内となるようにしている。

福祉と関係する学問分野は、社会福祉学、経済学、社会学、法学、政治学、人口論、医学、薬学、農学、工学など多岐にわたる。このシリーズの読者は、これらの専門家によって書かれたわかりやすい分析に接することによって、福祉の全容を理解することが可能になると信じている。そしてそのことから自分の福祉のこと、そして社会における福祉のあり方に関して、自己の考え方を決める際の有効な資料となることを願ってやまない。

2012年10月

橘木俊詔
宮本太郎

はしがき

本書では、世界全域とはいわないが、かなり網羅的に世界各地域の福祉レジームを紹介している。具体的にいえば、東アジア、ヨーロッパ全域、北米、中南米をカバーしており、対象国を目次に即して挙げると、日本・韓国・台湾（台湾は実質的に自立した政体であるので、便宜上「国」のなかに含めて考える）、スペイン、イタリア、ドイツ、オランダ、フランス、アメリカ、オーストラリア、イギリス、スウェーデン、アルゼンチン、メキシコ、ポーランド、エストニア、ハンガリー、チェコである。もちろんほかにも取り上げたい、取り上げるべき国がないわけではない。しかし現時点で、これだけの国の福祉レジームに関する知識情報を一冊の本にまとめることができたことは、十分に意義のあることではないかと考えている。

内容は読んでもらえばわかるので、この「はしがき」では、「福祉レジーム？」という読者に対して、少しだけ理屈をいわせてもらいたい。そもそもそんな疑問を感じなかったという読者は、この「はしがき」は無視して、内容を読んでいただきたい。そもそも体系的な理論書ではないので、読者は興味のある章だけを拾い読みしてもらえば、それでいい。それだけで十分ためになるし、おもしろいはずである。

さて福祉レジームという言葉は、福祉国家という言葉に比べて、馴染みが薄いだろう。両者はどう違うのかという概念的な検討は、本書「総論」でいささか詳しく行っているのでそちらを参照してほしいが、福祉レジームという概念は、一言でいえば福祉国家という概念ほど理論的に洗練されておらず、だからこそ未知の現象を捉えるにはより適した概念であるといえる。もう少し、説明しよう。

福祉国家研究は、先進経済諸国を対象としてきた。もっと正確にいえば、福祉国家研究の対象となるのは、戦後資本主義経済の黄金期（「黄金の三〇年」ともいわれる）を経験した西欧の民主主義諸国（東西冷戦時代の「西側諸国」）であり、したがって福祉国家理論は、これらの国々の経験を一般化・理念化するものであった。とりわけ有名なのは、エスピング－アンダーセンの社会民主主義、保守主義、自由主義という三類型論である。

したがって福祉国家理論や分析枠組をこのような条件から外れる国々に適用しようとすると、しばしば無理が生じる。たとえば日本は、「黄金の三〇年」を経験し、民主主義政治を採用する「西側諸国」の一員であったが、東アジアに位置する例外的存在であり、福祉国家としては「逸脱例」とみなされることが多かった。たとえばエスピング－アンダーセンの三類型のいずれにも、日本は当てはまらない。彼は、苦肉の策として日本を自由主義と保守主義の「混合型」と呼んだが、それは分類の失敗であり、理論的な対応とはいえない（うがった見方をすれば、日本をあえてノーマルな福祉国家理論のなかに組み込む必要はないと考えたのかもしれない）。

またエスピング－アンダーセンはイタリアを保守主義類型のなかに入れて考えていたが、これに対してイタリアは、スペイン、ポルトガル、ギリシアなどと共通の特徴をもつ南欧モデルを形成しているという指摘がなされた。ちなみに、イタリアを除けば、他の南欧諸国は民主化、経済発展ともに大きく遅れた国々であり、「西側諸国」とは初期条件を異にする。

類型論についていえば、日本やイタリアのようなケースについては、理論的な修正を加えることで（本書「総論」参照）それなりに対応できるように思えるが、そもそも民主主義や資本主義経済をもたない国に対して福祉国家類型を適応することはできない。それらは、福祉国家としての必要条件を兼ね備えていないからである。さらにいえば、たとえ資本主義経済が導入されても、経済発展が不十分であれば、あるいは民主化から日が浅く、政治体制が安定していなければ、福祉国家としては過渡的段階にあり、類型論的に把握することが困難かもしれない。

そもそも福祉国家は「黄金の三〇年」という歴史上特定の時代に生まれたものであるという事情が、福祉国家研究を限定的なものにする。福祉国家は、資本主義経済の発展、民主主義政治の成熟に加え、第二次世界大戦後アメリカの主導下に建設された「埋め込まれた自由主義」という国際的なシステムがあって、初めて実現したのである。それは国際的な自由貿易体制を再建する一方で、各国ごとの事情にあった経済政策や社会的保護政策を追求することを可能にした（新川 2005：2014参照）。しかしグローバル化が、「埋め込まれた自由主義」を過去の遺物に変えてしまった。

このように福祉国家は「西側諸国」を分析するために開発され、彫琢されてきた概念であり、その理論的含意を考慮するなら、おのずと分析対象は限られてくる。これに対して福祉レジームという概念は、白紙とまではいわないにせよ、より柔軟性の高い概念である。福祉国家は福祉レジームの一つの形態であるが、社会主義国家であろうと、独裁国家であろうと、それなりの福祉レジームをもつ。福祉レジームとは、社会システムを福祉という観点から特徴づける一般的概念である。このように福祉レジームが非常に抽象度の高い概念であるゆえに、あらゆる国を福祉レジームという概念で括ることができる。いうまでもなく、このような柔軟性、抽象性は、福祉レジームという概念が分析用具として、あるいは理論的体系化の手段として、十分に精緻化されていないということを意味し、福祉レジーム論は、不可避的に記述的にならざるをえない。

しかし福祉レジーム論が記述重視であることをもって、その学問的意義を否定すべきではない。今日世界の至るところで、福祉レジームの変容・転換が生じている。このような現実のダイナミズムを無視して、従来の理論用具や枠組に安住することはできない。東西冷戦の終結、グローバル化のなかで、社会主義圏が崩壊したのみならず、福祉国家もまた限界に達した。たとえ新たに「福祉国家」を実現しようとしても、今日そのようなプロジェクトが生み出すのは、「埋め込まれた自由主義」時代の福祉国家ではありえない。二一世紀において、いかなる国も、二〇世紀型福祉国家を建設・維持することはできない。

今日求められているのは、ポスト福祉国家時代の新たな福祉レジームである。このような時代認識に基づくなら、今求められているのは、理論的精緻化ではなく、できるだけ多くの国の情報を収集し、それを整理分類することである。そのためには、福祉国家研究の蓄積を踏まえつつ、そこで開発された分析用具や理論をできるだけ利用しながらも、それを超えた視角から、新たな地平を見渡す必要がある。そこに福祉レジーム論の意義がある。

二〇一五年四月

新川敏光

参考文献

新川敏光（二〇〇五）『日本型福祉レジームの発展と変容』ミネルヴァ書房。
新川敏光（二〇一四）『福祉国家変革の理路』ミネルヴァ書房。

福祉+α 8 WELFARE REGIMES

目次

総論

福祉レジーム論の視角

新川敏光

福祉レジーム、福祉国家、福祉国家レジームという言葉は、あまり区別されず、同義的に用いられる傾向がある。筆者自身、これらの言葉の違いをあまり意識せずに用いたこともある。日常会話であまり言葉のニュアンスを気にすると「変人」呼ばわりされるので、気をつけたほうがよいが、学問上の概念となると話は別である。微妙な違いが、分析戦略に関わる重要な意味をもつこともある。そこで本「福祉＋α」シリーズで福祉レジームを特集するにあたり、これら三つの概念の関係について指針を示しておきたい。

1　福祉レジームvs.福祉国家

福祉国家とは特定の特徴や形態をもつ国民国家を指す。福祉国家レジームという概念は、文字通りに受け取れば、福祉国家体制の意であり、福祉国家の制度編制に注目する概念であるが、実は国家という概念のなかにすでにそのような含意があるので、このような意味では福祉国家レジームと福祉国家は交換可能な概念であるといえる。次に福祉国家レジームという概念が、福祉国家の分類に関わる場合がある。つまり福祉国家がA、B、C、Dに分類されるとすれば、各々を福祉国家レジームというのである。この場合福祉国家レジームとは福祉国家類型のことであり、福祉国家モデルといってもよい。

それでは福祉レジームというのは、福祉国家レジームという言葉を短縮させたものにすぎないのだろうか。研究対象となる福祉レジームが福祉国家である場合は、そのように捉えても問題は生じない。しかし「国家」が抜けていることに意味があるとするなら、福祉レジームとは福祉国家に限られないということになる。福祉レジームとは、福祉を提供する主要な単位の組み合わせから生まれるものであり、福祉国家とは福祉レジームのなかで国家の福祉提供機能が強化された福祉レジームであると考えられる。したがって福祉国家を福祉レジームと呼ぶことは間違いではないが、福祉国家＝福祉レジームではなく、福祉国家は福祉レジームの下位範疇、もしくは部分集合であるといえる。

　このような福祉レジーム論の射程の広さは、厳密には福祉国家とは呼べない国々を論ずるうえで都合がいい。もちろん射程が広ければいいと単純にはいえない。研究対象を広げれば、それに伴って考慮すべき変数が増え、比較分析はより困難なものになる。しかし福祉国家の混迷が続き、それが目指すべき範型としての輝きを失った今日、ポスト福祉国家を構想するためには福祉レジームの視点が重要となる。福祉国家がその枠組を超える変革を迫られているとすれば、その可能性を検討するのにふさわしい概念は、福祉国家ではなく福祉レジームなのである。

　福祉レジーム論には、福祉トライアングル論と福祉ダイヤモンド論がある。福祉トライアングル論は、福祉レジームを「国家、市場、家族」という三つからなると考える（cf. Esping-Andersen 1999: 35）。福祉ダイヤモンド論の場合、これに共同体（コミュニティ）が加わる（落合 2008）。共同体といえば、古くは村落共同体を意味し、伝統的には家族とともに福祉の主たる担い手であったが、工業化・都市化のなかでこうした伝統的共同体は衰退し、その福祉機能は著しく低下した。したがって工業化の進んだ国の福祉レジームを考える場合、福祉トライアングル論が一般的に妥当する。この場合の福祉レジームは、福祉国家と同義となることが多い。福祉国家とは、福祉トライアングルのなかで、国家が福祉の最後の担い手であることが認められ、要請されるような福祉レジームである。現実には国家（公的）福祉の役割は各国異なり、「大きな政府」を実現している国から「小さな政府」にとどまる国まで様々であるが、「小さな政府」をもつ国といえども、その国の過去に比べれば国家福祉の役割は大きくなっている。

　とはいっても、福祉国家とは単に国家福祉の量的拡大を意味するわけではない。福祉国家の発展（努力）度を国内総生産（ＧＤＰ）や国民所得に対する社会支出、あるいは社会保障支出の比率で測るというのは常套手段であり、便利なものであるが、あくまでも目安にすぎない。たとえばＧＤＰの二〇％を社会保障に費やしていることをもって福祉国家とみなすとしても、実際には二〇％を超える国よりもそれ以下の国のほうが福祉国家と呼ぶにふさわしい場合がありうる。福祉国家と呼ぶべきかどうかを判断する真の基準は、支出量ではなく、権利である。福祉国家とは、福祉が市民権の一つ、社会権として保障されるレジームなのである。すなわち福祉が慈善や上からの恩恵ではなく、ナショナル・ミニマムとして提供されるレジームを福祉国家と呼ぶのである。

　社会権の確立は、歴史的に特定の段階と文脈で生じたと考えられる。第一に、資本主義経済が発展し、賃金労働者が就業者の中核を占め、彼らとその家族の生活が労働市場によって左右されるようになったことが、国家福祉の必要性を高める。こうした必要性が、民主主義政治を通じて、市民の権利として実現されるようになって、初めて福祉国家が生まれる。したがって寛大な福祉を提供していれば、それだけで福祉国家なのではない。たとえ寛大な福祉を提供していても、独裁国家は福祉国家ではない。たとえ資本主義経済が発展していて、寛大な福祉が実現していても、民主主義政治をもたない国は福祉国家ではない。そこでは、福祉が権利として確立しているわけではなく、「上から与えられる」にすぎないからである。資本主義経済も民主主義政治も持たない社会主義国家が、福祉国家ではないことはいうまでもない。

2 福祉トライアングル vs. 福祉ダイヤモンド

すでに触れたように、福祉レジーム論には、福祉トライアングルのほかに共同体機能を重視した福祉ダイヤモンドという考え方がある。共同体の福祉機能は、福祉国家以前の福祉レジームを理解する上だけでなく、福祉国家再編を考える上でも重要な鍵を握ると考えられる。グローバル化のなかで、国家福祉負担が企業の国外逃避、あるいは生産コスト上昇から国際競争力低下を招くという懸念や高齢化の圧力に晒される福祉国家は、その見直しを余儀なくされている。各国が福祉国家解体を目指して「最底辺への競争」を繰り広げるような事態こそ生じなかったものの、国家福祉を「財政的維持可能」な制度に再編しようとする努力は今日なお続いている。こうしたなかで、共同体の福祉機能が新たな脚光を浴びている。

一九八〇年代英米で猛威をふるった新自由主義、サッチャリズムとレーガノミクスの場合、市場の機能拡大に加え、家族や教会などの伝統的な価値が強調されたとはいえ、共同体の役割が十分に評価されてはいなかった。しかし国家福祉を市場によって肩代わりすることには限界がある。市場において福祉を調達することが難しい者たちが構造的に生み出されるからこそ国家福祉は要請されたのである。国家福祉の拡大は、市場が構造的に生みだす問題への対応としてあったことを考えれば、国家福祉抑制のために市場を持ち出しても解決にはならない。福祉依存者に対して就労義務を強化することは、確かに国家福祉依存を抑制する効果をもつだろうが、他方では市場の生み出す格差構造を放置することになり、社会的亀裂を深刻化する怖れがある。

家族もまた、国家福祉に代わる機能を果たしえない。先進国では女性の就業率が高まり、男性稼得者世帯が著しく減少しており、性別分業体制を前提とした家族福祉のフル稼働は期待できない。今日家族形態の多様化が進むなかで、ケアを家族単位で完結することは不可能になっている。これに対してケアの市場化が一定程度以上の所得階層にとっては効果をもつにせよ、女性の就労率の上昇は、一般的には高齢者のケアだけではなく、育児負担の社会化の要請につながる。

国家の福祉機能が縮減し、市場や家族がそれを補完できないとすれば、福祉トライアングル論では袋小路に突き当たる。しかし福祉ダイヤモンドを想定すれば、そこに共同体というもう一つの福祉提供主体が見出される。ただし福祉国家見直しの文脈でいわれる共同体とは、伝統的な運命共同体ではなく、任意の選択共同体＝協同体である。リベラル・デモクラシーにおける自発的結社は基本的に協同体であるし、近年では非営利団体が注目される。このような非営利団体は、福祉の文脈ではケアのような対人コミュニケーションが重要な社会サービスにおいて特に重要性を増している。所得保障の場合、中央集権的管理が合理的と考えられるが、ケアの場合、地域的なネットワーク作りが必要になる。行政と協力し、地域的福祉ネットワークを築き、福祉国家の隘路を切り開く上で、協同体の役割が期待されるのである。協同体は、個人（およびその家族）が市場リスクに直接晒されることを防ぎ、国家権力に対する社会的な防波堤ともなる。P・ハーストは、代表制民主主義が中央集権化を招き、市民から離反している現状に対して協同体が新しい民主主義の可能性を提供すると指摘している（Hirst 1994）。

3 福祉国家の類型

マルクスに倣って資本主義経済の特徴を労働力が商品化されるところにあると捉えれば、福祉国家は民主主義政治によって労働力の脱商品化を制度化することである。つまり福祉国家は、労働市場から退出した後の生活を保障する。エスピング

＝アンダーセンは、脱商品化が最も高い社会民主主義レジーム、最も低い自由主義レジーム、その中間に位置する保守主義レジームを分類した(Esping-Andersen 1990)。

このような類型論は、福祉トライアングル論に対応している。福祉国家のなかでも、とりわけ国家福祉が拡充しているのが社会民主主義（代表例は北欧諸国）、伝統的な共同体主義や家族主義の残滓が強いのが保守主義（代表例はドイツなどの大陸ヨーロッパ諸国）、市場主義の強いのが自由主義（代表例は北米）である。

しかしエスピング＝アンダーセンの福祉国家類型論に対しては、第四の類型があるのではないかという指摘が繰り返しなされてきた（Castles and Mitchell 1992; Siaroff 1994; Ferrera 1996）。結局エスピング＝アンダーセンは、脱商品化に基づく分類では女性が商品化される際の問題が考慮されていないというフェミニストの批判を受け入れ、女性の家計からの自立性を表す脱家族化指標を導入して、類型論を再検討している。その際、彼は第四の類型の可能性を取り沙汰されたオセアニアについては、一九八〇年代の改革の結果疑いようのない自由主義レジームになったし、南欧（そして日本）についてはその他の保守主義諸国以上に家族主義の色彩が強いことを認めるものの、独立の類型というよりは保守主義の下位範疇であると主張し、従来の三類型論を維持している（Esping-Andersen 1999）。

エスピング＝アンダーセンの再論で問題と思われるのは、脱商品化という概念を放棄していることである。脱商品化こそ、福祉国家を生み出す資本主義経済の最も基底的な文脈である。脱商品化指標を維持し、新たに脱家族化指標を加えれば、そこに、第四の類型が生まれる。図総－1をみれば、そこには脱商品化と脱家族化がともに高い社会民主主義、脱商品化は高いが脱家族化が低い保守主義、脱商品化は低いが脱家族化が進んでいる自由主義と並んで、脱商品化と脱家族化がともに低い家族主義という第四の類型が現れる（新川 2014）。

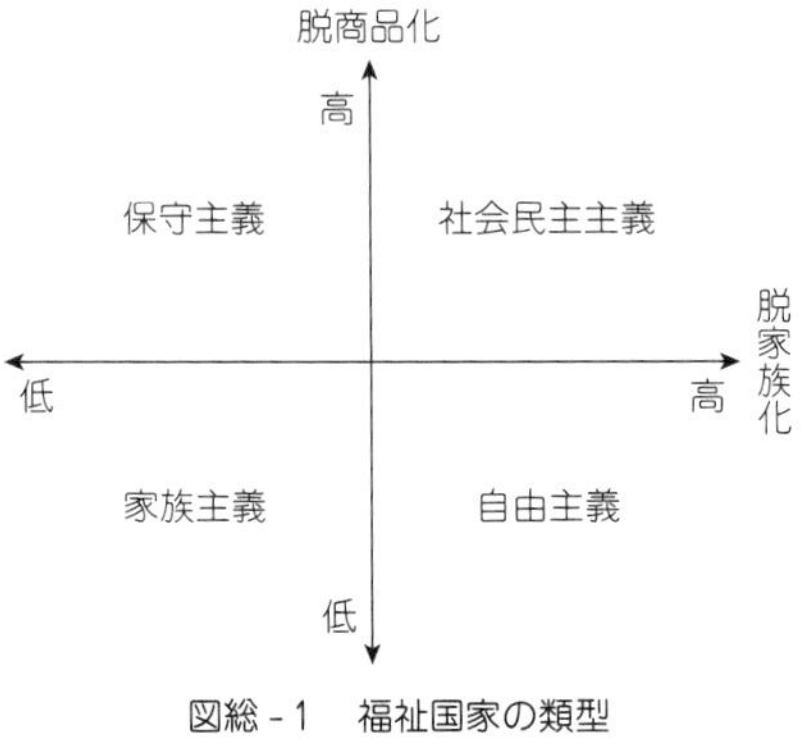

図総－1　福祉国家の類型
出所：新川（2011：17）。

各類型についてここで多くを語るつもりはないが、いくつかの点について注意を喚起しておきたい。第一は、自由主義と社会民主主義の脱家族化の質の違いである。自由主義においては、脱家族化は主として国家ではなく市場によって担われる。つまり市場が安価な家事労働力を提供することによって、女性の労働力商品化が進行する。技能の高い女性は安価な労働力を利用して、職業的な成功を追求できる。他方、そのような高技能女性を支える安価な労働力もまた、大半は女性である。このように市場を通じての脱家族化は、女性の労働市場のデュアリズムを生む。これに対して国家福祉を通じての女性労働力の商品化は、国家が雇い主、もしくは監督者として賃金や労働条件に関与するので、女性労働者の間だけではなく、男女間の賃金格差も是正される傾向がみられる。

第二に、家族主義と保守主義の関係についてみれば、両者の違いは図総－1からは脱商品化の違いとして捉えられ、脱家族化は共通して低い。すなわちどちらの類型においても、男性稼得者モデルが支配的であり、性別分業に基づいた家族福祉が前提とされている。保守主義類型では、確かに国家福祉の役割は大きいが、支出の大半は所得保障に回り、ケアは専ら家族の役割と考えられる。

国家福祉は、ギルド的な職域団体を原型としている。つまり保守主義類型では、伝統的共同体の福祉機能をベースに福祉国家が建設されており、ケアについては家族主義の色彩が強い。これに対して家族主義類型においては、そもそも国家福祉の役割が小さく、家族関係がケアだけでなく所得保障においても重要な役割を果たす。

第三に、脱商品化も脱家族化も低い家族主義を、福祉国家の一類型として捉えることができるかという問題について考えてみよう。たとえばヨーロッパで家族主義の伝統が強い南欧諸国の場合、民主化と経済発展を遂げると国家福祉を拡充し、急速に保守主義類型に接近していった。このような例をみると、家族主義類型は、たとえ資本主義経済と民主主義が実現していたとしても、両者、あるいはいずれかが十分に発展していない場合、もしくは生まれてなお日が浅い場合に、過渡的に現れる現象ではないのかという疑問が生まれる。しかし日本では、戦後すぐに民主主義を導入し、一九六〇年代末には経済大国になったにもかかわらず、一九九〇年代に入るまで明確に家族主義的な特徴を維持していたし、今日においてもそれが払拭されたわけではない。このように日本をみれば、家族主義類型を単なる過渡的形態とみなすことはできない（新川 2011）。

第四に注意しなければならないのは、このような四類型と福祉ダイヤモンド論との関係である。家族主義という第四の類型を作り出すと、それは一見福祉ダイヤモンド論に重なる。そこで国家福祉本位が社会民主主義、共同体本位が保守主義、市場本位が自由主義、家族本位が家族主義と考えたくなる。しかし今日福祉国家の限界と再編のなかで注目されている共同体＝協同体とは、保守主義類型の原型となる伝統的な共同体とは異なることは、すでに述べたとおりである。今日注目される共同体＝協同体は、いずれか一つの福祉国家レジームの特徴ではなく、レジームを問わず、福祉国家再編の文脈のなかで一般的に注目されるものである。したがって共同体＝協同体を保守主義類型と重ね合わせることはできない。

4　就労義務強化

グローバル化や高齢化の波が、従来の福祉国家の維持を著しく困難にしている。各国は、それぞれの福祉国家遺産を継承しながらも、共通の方向に舵を切ったようにみえる。たとえば福祉資格要件としての就労義務強化である。就労義務強化には、福祉依存に対する罰則的な意味合いの強い自由主義的なワークフェアから、就労能力を高める投資を重視する社会民主主義的なアクティヴェーションまで様々ある（宮本 2008）。しかし福祉を資格や権利として考えるのではなく、労働という義務に結びつけるという考えは共通している。

もちろん義務を伴わない権利はなく、福祉についても同様であるという議論は承知しているし、それに反論するつもりもない。ただ社会権の確立は、福祉に関する権利義務関係を個別的な関係から一般的な関係へと変えるものであった。福祉国家の発展は、市民の就労義務をなくすわけではないが、個人が福祉受給資格を得る際に就労を課すことをなくしていった。今日の就労義務強化の方向は、こうした傾向を逆転させ、個人レベルで就労義務と福祉受給を直接結びつけるものであり、社会権としての福祉という考えは脇に追いやられてしまった。

社会権は、失業や貧困というものが個人の意思や能力という偶発的な要因に依るものである以上に、資本主義経済が構造的に創りだすものであるという認識に基づいている。これに対して昨今の就労義務強化は、失業や貧困の原因を再び個人の行動や態度の問題へと還元しようというものである。ローレンス・ミードは新パターナリズムの立場から福祉に対する就労義務強化を主張し続けているが、それが一九世紀的なワークハウス、監獄、アサイラムにおける収容者の規律化と社会復帰という考えへの回帰であることを隠さない。ミードは、当初新パターナリズムにおいては、行動要件（就労義務強化）を課すことが実質的に資格へのアクセスを制限するとしても、第一義的な目的はそこにはなく、資格に対して一定の義務を課すことにあるとしていた（Mead 1997：2005）。しかし近年では福祉はもはや資格ではなく、慈善であると公然と語るようになっている（Mead 2011）。ミードの議論はアメリカという自由主義レジームのなかでも最も市場主義の強い国で展開されている極端なものであるが、だからこそ就労義務強化論の本質を鮮やかに示しているといえそうだ。

【参考文献】

落合恵美子（二〇〇八）「アジアにおけるケアネットワークと福祉ミックス」『家族問題研究年報』三三号。

新川敏光（二〇一四）『福祉国家変革の理路』ミネルヴァ書房。

宮本太郎（二〇〇八）『福祉政治』有斐閣。

Castles, F. and D. Mitchell (1992) "Identifying Welfare State Regimes," *Governance*, 5, pp.1-26.

Esping-Andersen, G. (1990) *The Three Worlds of Welfare Capitalism*, Princeton: Princeton University Press（G・エスピン－アンデルセン／岡沢憲芙・宮本太郎監訳〔二〇〇一〕『福祉資本主義の三つの世界』ミネルヴァ書房）.

——— (1999) *Social Foundations of Postindustrial Economics*, Oxford: Oxford University（G・エスピン－アンデルセン／渡辺雅男・渡辺景子訳〔二〇〇〇〕『ポスト工業経済の社会的基礎』桜井書店）.

Ferrera, Maurizio (1996) "The Southern Model in Social Europe," *Journal of European Social Policy*, 6, pp.17-37.

Hirst, Paul (1994) *Associative Democracy*, Cambridge: Polity.

Mead, Lawrence M. (1997) "The Rise of Paternalism," in L. M. Mead (ed.), *The New Paternalism : Supervisory Approaches to Poverty*, Washington, D. C.: Brookings Institution Press, pp.1-38.

——— (2005) "Welfare Reform and Citizenship," in L. M. Mead and C. Beem (eds.), *Welfare Reform and Political Theory*, New York: Russell Sage Foundation, pp.172-199.

——— (2011) *From Prophecy to Charity*. Washington, D. C.: AEI Press.

Siaroff, Allan (1994) "Work, Welfare, and Gender Equality: A New Typology," in Diane Sainsbury (ed.), *Gendering Welfare States*, London: Sage, pp.82-100.

第1章 日韓台の家族主義レジームの多様性

安周永・林成蔚・新川敏光

近年、東アジア地域の社会保障が比較研究の対象となっているが、比較可能性・基準について必ずしも明らかではない場合が多い。本章では、日本、韓国、台湾を比較検討するが、その理由は、これら三つが資本主義経済を発展させ、民主主義政治を実現しているという点で、福祉国家としての要件を満たす東アジアでは数少ない国々であり、かつ家族主義という共通の特徴をもち、それが近年異なる方向に大きく変化していると考えられるからである。本章ではこれら三国の福祉レジームの基本的特徴と変化を明らかにした上で、その変化の政治的背景について検討する。三国の変化は制度的遺産によって規定されているところが大きいが、他方において各国政治アクター間の権力関係やアイディアも変化に重要な影響を及ぼしている。

1 家族主義福祉レジーム

日韓台家族主義レジームの基本的特徴

最初に日本、韓国、台湾が比較可能な経済発展を遂げた国であることを確認したい。表1-1は日韓台を含む主要経済国の一人当たり国内総生産を購買力平価で換算したものであるが、日本、韓国、台湾はいずれも三万米ドルを超えている。とりわけ台湾の伸びが目覚ましく、二〇一〇年には日本を超えている。また三カ国のなかで最も低い韓国も二〇一〇年には三万ドルを超え、イタリアを上回るレベルにある。

他方三カ国とも脱商品化の重要な目安となる社会支出割合は低い。図1-1はOECD諸国と台湾の社会支出の対GDP比（二〇〇九年実績）をみたものである。韓国九・四％と台湾一〇・五％と日本二二・〇％となっている。日本は、韓国、

表1-1　1人当たり国内総生産（購買力平価）（2005〜2011年）

（単位：ドル）

	2005年	2006年	2007年	2008年	2009年	2010年	2011年
カナダ	35,150.18	36,933.86	38,427.48	39,095.50	37,946.41	39,154.33	40,541.09
フランス	30,406.42	32,005.53	33,470.10	33,959.30	33,237.61	33,996.50	35,156.45
ドイツ	30,220.90	32,449.40	34,567.48	35,681.77	34,329.60	36,013.34	37,896.95
イタリア	28,078.94	29,477.75	30,645.56	30,709.60	29,120.60	29,840.63	30,464.43
イギリス	32,089.70	33,794.47	35,751.42	35,907.12	34,460.04	35,343.70	36,089.60
アメリカ	42,628.55	44,750.29	46,467.47	46,900.91	45,348.46	46,900.39	48,386.69
日　本	30,446.35	31,963.68	33,609.20	34,014.10	32,509.33	34,330.20	34,739.66
韓　国	22,783.23	24,655.92	26,579.13	27,707.05	28,008.26	30,041.60	31,713.67
台　湾	26,657.33	28,880.34	31,384.05	32,203.87	31,840.17	35,595.16	37,719.62

出所：International Monetary Fund, World Economic Outlook Database, April 2012（http://www.imf.org/external/data.htm, 2013年1月13日アクセス）。

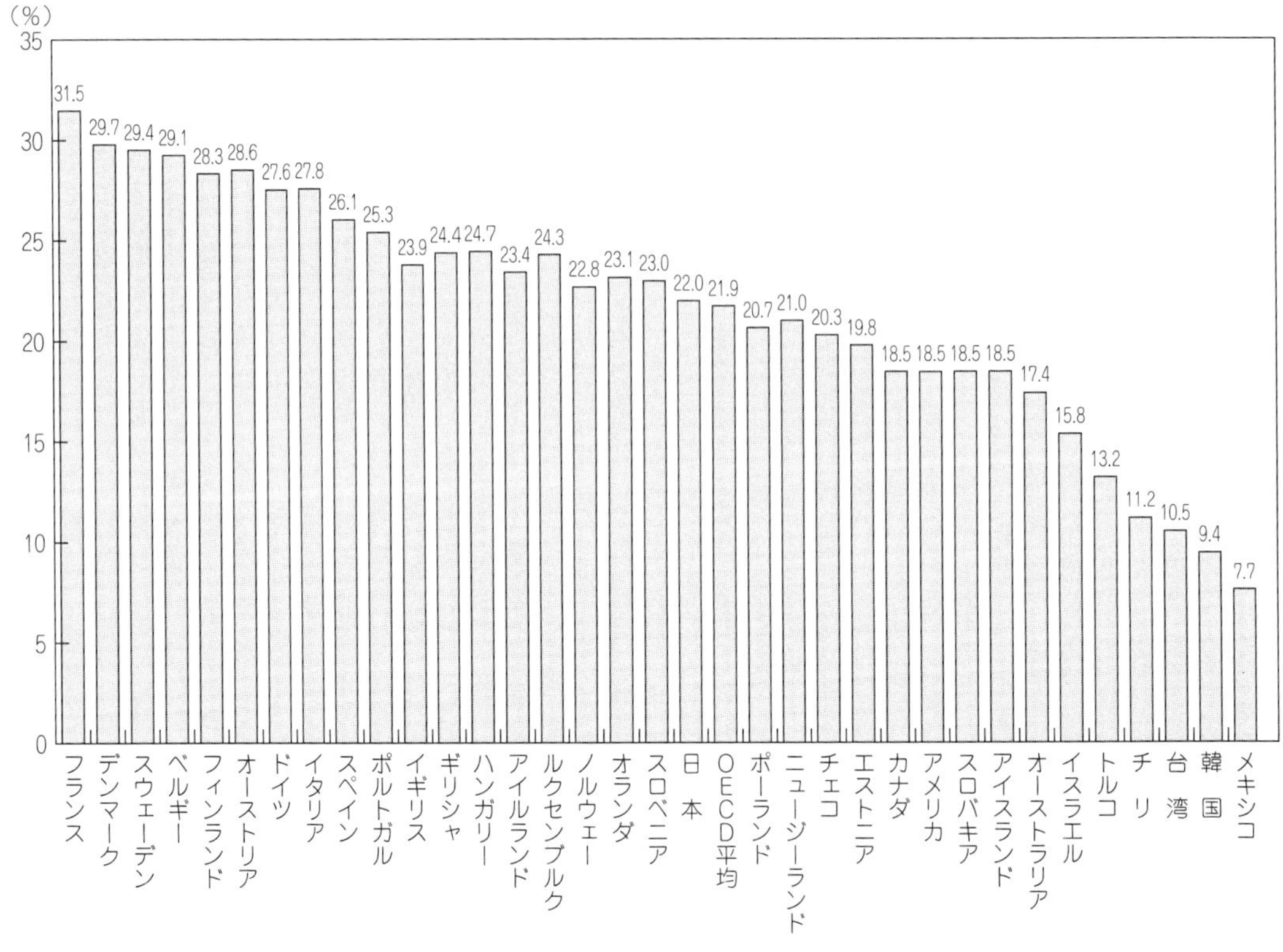

図1-1　社会支出の国際比較（OECD諸国と台湾）（2009年）

注：税や社会保険による公的支出（Public Social Expenditure）の対GDP比である。スイスはデータなし。

資料：OECD Social Expenditure Database，台湾のデータは行政院主計處（2011：182）。

表1-2　主要国における高齢化率の推移

（単位：％）

	2002年	2003年	2004年	2005年	2006年	2007年	2008年	2009年	2010年
台　湾	9.0	9.2	9.5	9.7	10.0	10.2	10.4	10.6	10.7
シンガポール	7.4	7.7	8.0	8.2	8.5	8.5	8.7	8.8	9.0
日　本	18.5	19.0	19.5	20.2	20.8	21.5	22.1	22.7	23.0
韓　国	7.9	8.3	8.7	9.1	9.5	9.9	10.3	10.7	11.0
アメリカ	12.4	12.4	12.4	12.4	12.5	12.6	12.8	12.9	13.0
カナダ	12.9	13.0	13.1	13.2	13.3	13.4	13.7	13.9	14.1
スウェーデン	17.2	17.2	17.2	17.3	17.4	17.5	17.8	18.1	18.5
イギリス	16.1	16.0	16.0	16.0	16.0	16.0	16.2	16.4	16.6
ドイツ	17.3	18.0	18.6	19.3	19.8	20.1	20.4	20.7	20.6
フランス	16.1	16.2	16.3	16.4	16.3	16.4	16.5	16.6	16.7
イタリア	19.0	19.2	19.5	19.7	19.9	20.0	20.1	20.2	20.3

出所：行政院經濟建設委員會（2012）。

台湾よりもはるかに高い社会保障支出割合を示しているが、OECD平均二一・九％をわずか〇・一％超えるにすぎない。この数字は、日本が世界で最も高齢化率が高いことを考えれば、相当に低い。

日本が韓国、台湾よりもはるかに社会支出が大きくなっているのは、日本が韓国、台湾よりも成熟した制度をもつことを物語るが、日本の社会支出を押し上げる大きな要因となっているのは、高齢化である。日本は一九七〇年に高齢化率が七％を超え、いわゆる高齢化社会（ageing society）となったが、一九九四年には一四％を超え、高齢社会（aged society）に仲間入りした。高齢化社会から高齢社会に移行するまで、フランスは一一七年を要したのに対して、ドイツが要した時間はその半分以下、四四年にすぎなかった。日本は、そのドイツのまた半分程度の時間で高齢化社会から高齢社会に移行したわけであり、日本社会がいかに急速に高齢化しているかがうかがわれる。しかも日本の高齢化は、その後も加速し、今日では世界一の高齢社会になっている。表1-2をみれば、二〇一〇年段階で日本が二三・〇％と最も高齢化率が高く、対する韓国、台湾は、一一・〇％、一〇・七％と、高齢化社会にはなっているものの、まだ高齢社会にはなっておらず、先進経済諸国の中では非常に若い人口構成となっている。

日本がその高齢化に比して、社会支出が小さいことをよく表しているのが図1-2である。この図は、社会支出の対GDP比率を縦軸、高齢化率を横軸としているが、日本は横軸で最も右に位置する（最も高齢化率が高い）にもかかわらず、縦

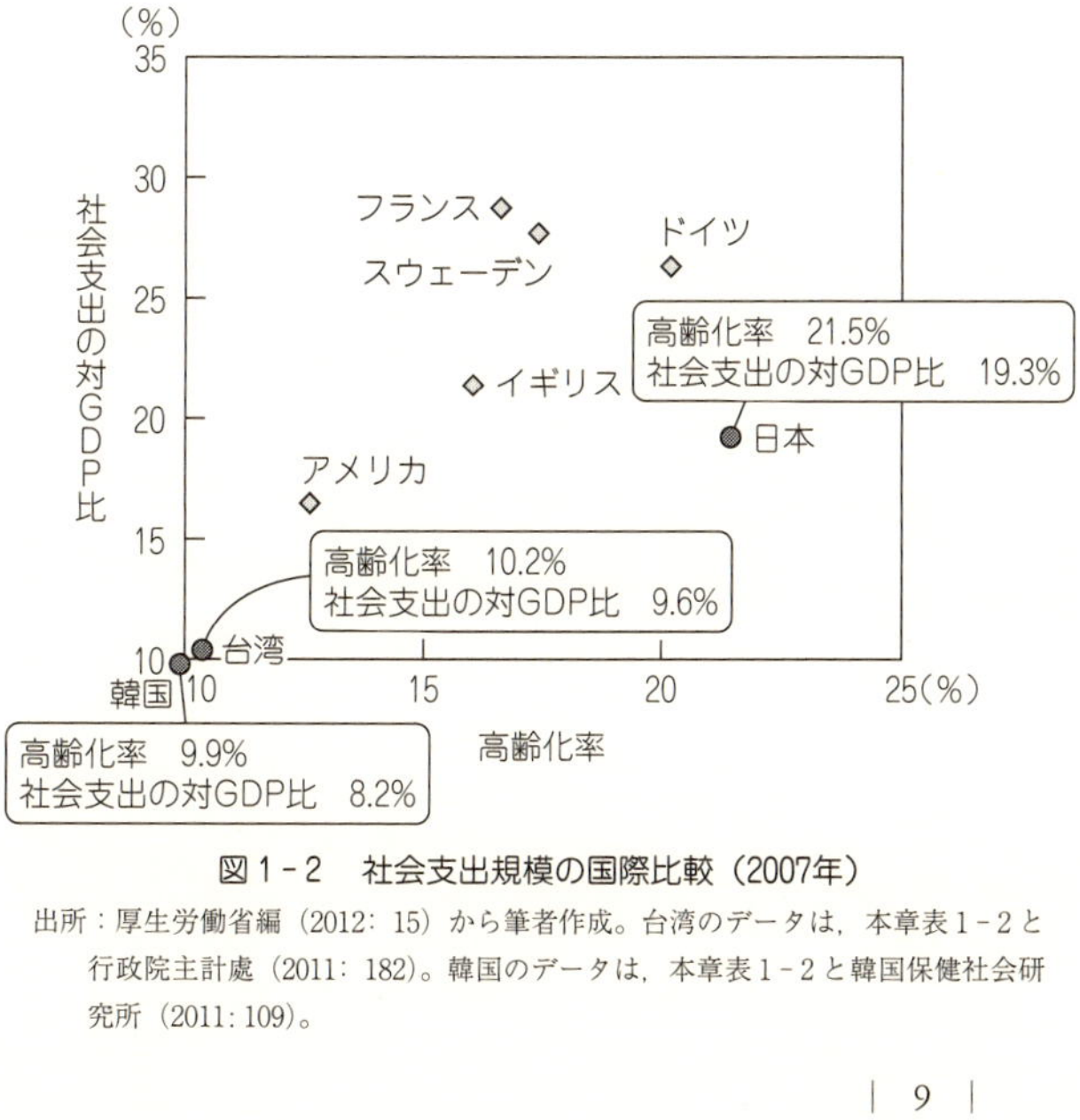

図1-2　社会支出規模の国際比較（2007年）

出所：厚生労働省編（2012：15）から筆者作成。台湾のデータは，本章表1-2と行政院主計處（2011：182）。韓国のデータは，本章表1-2と韓国保健社会研究所（2011：109）。

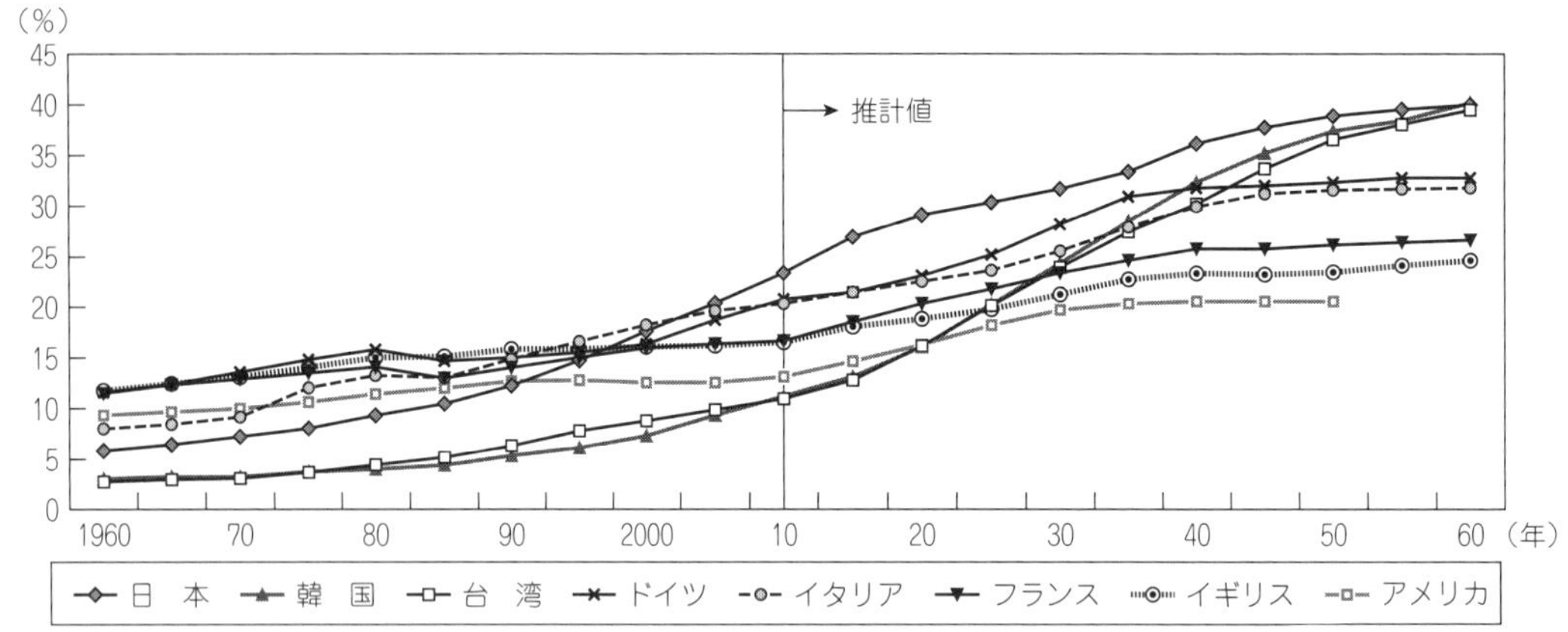

図1-3　2010年以降の高齢化率の予測

出所：行政院經濟建設委員會（2012）。

軸でみるとフランス、スウェーデン、ドイツといった西欧の保守主義、社会民主主義諸国のはるか下方に位置し、自由主義諸国と変わらないレベルにあることがわかる。このように日本は、最も高齢化が進んでいるが、社会支出を「小さな政府」をもつ自由主義レジームのレベルに抑えているのである。これは、日本が伝統的に高齢者介護を家族に依存するレジームであったことによる。

しかし少子高齢化のなかで、日本の家族主義モデルは限界に達している。後述のように、一九九〇年代後半からはケアの社会化、女性の労働市場参入を促す男女雇用機会均等化、ジェンダー平等政策への取り組みがみられる。また現在は若い人口構成をもつ韓国、台湾ともに、将来的に急激な高齢化が予想される。図1-3をみれば、韓国、台湾は今後日本を上回る急速な高齢化を経験し、今世紀後半には三国はほぼ変わらない高齢化水準になると予想される。

日韓台三カ国で高齢化が急速に進んでいる背景には、少子化がある。経済発展の早かった日本においては、合計特殊出生率（一人の女性が生涯で生む子供の平均数）の低下は早くから進み、一九七〇年代にはすでに人口置換率を割っていた。厚生省（現厚生労働省）は早くから高齢化の進行を警告していたが、少子化が広く認知されるようになったのは、「一・五七ショック」（一九八九年の合計特殊出生率は、それまで最低であった一九六六年の数値を下回る一・五七となった）が明らかになった一九九〇年である。これをきっかけに、政府は様々な育児支援策を展開することになる。しかしながら出生率の低下に歯止めはかからず、二〇〇五年には一・二六にまで下がった。その後若干回復傾向がみられるものの、二〇一〇年の数字は一・三九であり、人口置換には程遠いレベルにある。

韓国の事情は、一層深刻である。韓国はかつて非常に高い合計特殊出生率を誇っていたが、一九九七年アジア通貨危機以降の出生率の低下が著しく、二〇〇〇年代に入ってからOECD諸国のなかで最低となった。台湾の少子高齢化問題は、その韓国を上回る深刻さである。表1-3は過去二〇年の台湾の合計特殊出生率の推移を表しているが、二〇〇〇年以降一貫して低下し、二〇一〇年には世界最低水準の〇・八九となった。その翌年には若干持ち直しているものの、近い将来には人口減少が始まると考えられる。

少子化の背景として一般に高学歴化に伴う晩婚化が指摘される。日韓両国でもそのような傾向が認められるが、他にも理由がある。スウェーデン、フランス、アメリカ、日本、韓国の意識調査によ

表1－3　合計特殊出生率の推移（日本および諸外国）

	台　湾	韓　国	日　本	アメリカ	フランス	ドイツ	イタリア	イギリス
1970年	3.70	4.53	2.13	2.46	2.47	2.03	2.43	2.43
1980年	2.45	2.82	1.75	1.84	1.99	1.46	1.61	1.89
1990年	1.81	1.57	1.54	2.08	1.78	1.45	1.33	1.85
2000年	1.68	1.47	1.36	2.06	1.88	1.38	1.26	1.65
2007年	1.10	1.25	1.34	2.12	1.96	1.37	1.37	1.90
2008年	1.05	1.19	1.37	2.09	1.99	1.38	1.42	1.96
2009年	1.03	1.15	1.37	2.01	1.99	1.36	1.41	1.94
2010年	0.89	1.23	1.39	1.93	1.99	1.39	1.41	1.98

出所：OECD Family database. 台湾のデータは，行政院主計總處の生命統計より（http://www.dgbas.gov.tw/ct.asp?xItem=15409&CtNode=4595&mp=1，2013年1月16日アクセス）。なお台湾については，1970，80年ではなく，1971，81年の数値である。

表1－4　男女の労働力率の比較

（単位：％）

	2005年		2006年		2007年		2008年		2009年		2010年	
	女	男	女	男	女	男	女	男	女	男	女	男
デンマーク	71.9	79.9	73.5	81.2	73.2	80.8	74.1	81.6	72.7	78.0	71.1	75.6
スウェーデン	70.2	74.3	70.7	75.5	71.8	76.6	71.9	76.8	70.2	74.2	69.7	74.6
ドイツ	59.6	71.3	61.5	72.8	63.2	74.7	64.3	75.9	65.2	75.4	66.1	76.0
ギリシャ	46.1	74.2	47.4	74.6	47.9	74.9	48.7	75.0	49.0	73.5	48.1	70.9
イタリア	45.3	69.9	46.3	70.5	46.7	70.7	47.2	70.3	46.4	68.6	46.1	67.7
スペイン	51.2	75.2	53.2	76.1	54.7	76.3	54.9	73.5	52.8	66.6	52.3	64.7
オランダ	66.4	79.9	67.7	80.9	69.6	82.3	71.1	83.2	71.5	82.4	69.3	80.0
イギリス	65.9	77.7	65.8	77.5	65.5	77.5	65.8	77.3	65.0	74.9	64.6	74.5
アメリカ	65.6	77.6	66.1	78.1	65.9	77.8	65.5	76.4	63.4	72.0	62.4	71.1
オーストラリア	64.6	78.5	65.5	78.8	66.1	79.6	66.7	79.7	66.3	77.8	66.2	78.6
日　本	58.2	80.5	58.9	81.2	59.6	82.0	60.0	82.0	60.0	80.7	60.4	80.7
韓　国	52.5	75.0	53.1	74.7	53.2	74.6	53.2	74.4	52.2	73.6	52.6	73.9
台　湾	48.1	67.7	48.7	67.4	49.4	67.2	49.7	67.1	49.6	66.4	49.9	66.5

出所：OECD. Stat. 台湾については，行政院主計總處（2012）から算出。

れば、日韓ともに結婚と出産が強く結びつけられているために出産願望が強いにもかかわらず、スウェーデン、フランス、アメリカと比べて子供の数を増やすことに消極的である。その背景には、日本と韓国においては、「子育てや教育にお金がかかりすぎる」「働きながら子育てできる職場環境にない」という事情がある（内閣府 2011）。日本、韓国では、女性が高学歴化しているにもかかわらず、社会の家族主義的価値観が高く、仕事と家庭を両立させることが難しく、このことが少子化をもたらす大きな原因となっていると考えられる。スウェーデン、フランス、アメリカは、先進諸国のなかで女性の労働力率が最も高い国々である。

　日韓台三カ国で出生率が低下している原因を特定化することは難しいが、いずれの場合も高齢者介護や育児の労働やコストを家族が負担する家族主義レジームが限界に達していることは間違いない。家族主義による社会支出の抑制は家族福祉を前提に成り立ってきたが、家族福祉は女性の労働力率が低い限りにおいて機能する。表1－4をみると日本と韓国は、イタリア、ギリシャ、スペインとともに、男性の労働力率が女性のそれよりも二〇％ほど高い。台湾においては近年女性の労働力率が上昇しているものの、現在ほぼ五〇％レ

表1-5　女性の年齢階級別労働力率の国際比較

（単位：%）

	アメリカ	ドイツ	スウェーデン	台　湾	韓　国	日　本
15〜19歳	40.2	29.2	38.1	8.4	8.1	17.3
20〜24歳	70.0	68.5	69.7	53.3	56.5	72.6
25〜29歳	75.9	76.2	82.4	77.5	68.2	77.7
30〜34歳	74.4	76.4	87.8	77.5	53.7	67.3
35〜39歳	75.2	80.1	89.9	73.9	58.6	65.8
40〜44歳	77.1	83.6	89.7	72.0	66.6	71.0
45〜49歳	77.2	83.9	88.7	64.6	65.0	75.2
50〜54歳	74.8	79.7	86.5	51.9	59.3	72.7
55〜59歳	67.7	67.5	80.7	35.3	50.6	63.2
60〜64歳	48.7	29.4	58.6	18.4	43.9	45.1
65歳以上	13.3	2.5	8.4	4.2	23.3	13.2

注：アメリカの「15〜19歳」は，16〜19歳。日本は2009年，韓国は2007年，台湾は2011年，その他の国は2008年時点の数値。
出所：ILO, LABORSTS. ただし日本については，総務省「労働力調査（詳細集計）」（2009年），台湾については，行政院主計總處（2011年11月：表5）。

ベルであり、日韓台三カ国における女性の労働力化率は、国際的には同じように低水準にある。

年齢別に女性の労働力率をみると、日韓台の間には注目すべき違いがみられる。表1-5をみると日本と韓国は、いわゆるM字曲線を示している。これは出産後に退職し、子育てが一段落すると再び労働市場に参入する女性が多いことを示し、男性稼得者世帯（男が外で賃金労働に従事し、女性が家事労働に専念する家族モデル）が支配的な国においてよくみられる。*ところが、台湾ではこのようなM字が存在しない。つまり台湾の場合、脱商品化や脱家族化という観点からは家族主義に分類されるが、日韓両国とは異なり、女性は出産・育児に伴って労働市場を退出するという傾向がみられない。台湾では、むしろ子育て中の女性が労働市場に参加する比率は上昇している。六歳未満の子どものいる女性の労働力率は、一九九七、二〇〇二、二〇一二年にそれぞれ四七%、五五・六%、六四%となっており、急速に増加していることがわかる（行政院主計總處 2012a 参照）。表1-5で日本と比較すると、二五歳から三九歳の年齢層の女性労働力率では日本を上回っている。

＊　男性稼得者モデルは近代工業化の過程で生まれた家族形態であり、必ずしも伝統的家族形態ではない点は注意する必要がある。家族経営の農業本位経済では女性も男性同様に働き、かつ家事労働を行っていた。また産業化の初期段階においても工場法が整備されるまでは子供や女性は安価な労働力として活用されていた。男性稼得者モデルが成立するためには、労働者への富の分配がなされ、男性の賃金労働だけで家族を扶養できる水準に達することが条件となる。男性稼得者モデルは、今日では女性を家庭に縛り付けるものとして批判されるが、歴史的には女性を重労働から解放し、その負担を軽減するものであった。

少子高齢者社会とそれへの対応

高齢化が進行すると就労所得者が減るため、それへの対策として女性の労働力化を促す圧力が加わり、女性の労働力化は男性稼得者モデルを侵食し、家族福祉依存が困難になる。

女性の就業率を高めるためには、ケア労働負担を分散する必要がでてくるが、そのためにはケアの社会化と市場化が考えられる。ケアの社会化を考えるときに重要なのは、ケア費用の社会化とケア労働の社会化を区別することである。ケアに対して現金給付を行うことは、女性の家事労働を社会的に正当に評価することになる反面、女性の労働力化を抑制し、男性稼得者モデルを維持する効果をもつ可能性がある。つまり脱家族化を促すことには必ずしも結びつかない可能性がある。これに対してケア労働の社会化は社会サービスの拡充を意味し、家庭内における女性のケア負担が軽減され、雇用が拡大するため、女性の労働力化が促進されると考えられる（辻 2012）。

ケア労働の脱家族化は、市場化によっても進行する。たとえば国内に安価なケア労働力が提供されるのであれば、それを利用して女性の労働力化が促される可能性がある。ただし安価なケア労働力の多くは女性であると考えられるため、女性の間で労働市場の二重化が進行することになる。国内に安価なケア労働力が存在しない場合、国外からケア労働力を輸入するという選択肢がある。公的施設で外国人労働力を輸入すれば、ケア労働の社会化が進行するし、民間でなされるなら、市場化（＝自由化）が進むだろう。業者を仲介して家族単位でケア労働力が輸入される場合、女性の家事労働負担が軽減されるという点では脱家族化に結びつくが、ケアは家族で担うべきであるという家族主義的規範が強く働いており、再家族化が進行していると考えられる。

以上のように、脱家族化といっても、その方向は多様である。本章では、このような脱家族化の多様性に着目し、日本、韓国、台湾の家族主義レジーム変容の相違を明らかにし、その政治的背景を検討することにしたい。

2　日本の福祉レジーム

日本型福祉レジームの発展と特徴

日本の場合戦後すぐに民主主義制度が導入され、一九五〇年代には経済発展への離陸がみられた。経済復興、生産第一主義のなかで福祉国家建設は後回しにされ、結果として家族主義レジームが温存された。

戦前、戦争中に作られた職域別社会保険が戦後も継続し、戦後新たに失業保険（一九四七年）と生活保護法（一九五〇年）が導入され、さらには一九六一年には国民皆年金皆保険が実現した。他方、社会保険給付は不十分なものであったため、公的福祉を補完する企業福祉（給与住宅、退職一時金、企業年金、その他の福利厚生サービス）が発展し、ケアについては家族に委ねられた。一九七〇年代前半に、生産第一主義が国民生活の質を悪化させているという批判が生まれ（公害や都市の過密化、低福祉）、公的福祉の拡充が目指されるものの、一九七三年第一次石油危機によって高度経済成長が終わると、家族主義が再評価され、自助努力、私的福祉の補完的機能を駆使して公的福祉を抑制しようという動きが生まれる（新川 2005）。

まず、脱家族化の重要な指標である社会サービスの発展について、なかでも重要な保育や介護についてみてみよう。日本では韓国と台湾よりも育児や介護の公的サービスの発達が早かったが、社会サービスはあくまで家族を補完するものとみなされてきた。保育サービスにおいては、保育所の入所資格が「保育に欠ける」家庭となっており、「保育に欠ける」とは保護者が児童を保育することができず、同居の親族も保育できない場合を指すとされている（児童福祉法第二四条一項）。保育は基本的に家族が行うべきであり、それができない家庭に限って国や自治体が支援するのである。

介護においては、一九八二年に老人保健法が制定され、高齢者医療の一部自己負担が導入されたが、その際厚生省（当時）は自宅医療重視を打ち出した。この方針は、当時の「増税なき財政再建」という政策目標の下では支援制度やマンパワーの拡充がなされなかったため、結局家族福祉頼みのものとなった。結果として高齢化への対応が遅れ、一九八〇年代後半には家族福祉負担が限度に達し、介護地獄とまで呼ばれるようになった。介護施設の不足は「社会的入院」を招き、医療支出の増加を招き、一九九〇年代に入ると、皮肉にも新たな社会保険（介護保険）導入が論議されるようになる（新川 2005：第二編第三・四章）。

日本において家族主義の維持と再生産に大きく

貢献してきたのが、税・社会保険のあり方である。

国民年金こそ個人単位であったものの、厚生年金をみれば、年収一三〇万円未満の配偶者は、第三号被保険者として扱われ、保険料免除が適用される。税制においては、年収一〇三万円未満であれば、配偶者控除が受けられる。第三号被保険者というカテゴリーは一九八五年基礎年金が導入された年金大改正時に設けられた。これは当時被用者の妻に独立の年金権を与える画期的なものといわれた。第三号被保険者制度や配偶者控除は家計にとって負担軽減となることは事実であるが、女性が、パートタイマーなどで働く場合（家事負担の重い主婦はパートタイム労働を求める場合が多い）、これらの上限額を超えるとむしろ負担が増えるため、超えないように雇用時間調整を行うのが慣例化している。

日本では一五歳以上の女性の労働力率は過去三〇年間ほぼ五〇％前後で推移し、大きな変化はみられない。近年二〇代後半の女性の間では七〇％台後半の就業率を示すようになっているが、結婚出産後の退職率が高く、三〇代になると六〇％台に落ち込み、四〇代になって子育てが一段落すると再び七〇％を超えるようになる。女性就業率に、いわゆる「M字カーブ」がみられるのである。

環境変化

日本の家族主義福祉レジームは、大きな環境変化の圧力を受けている。人口的要因についてはすでに述べたので、ここでは経済的社会的要因の変化について簡単に言及する。

一九九〇年代に入って経済バブルがはじけ、景気が低迷すると失業率が上昇した。かつて失業率が二％台とほぼ完全雇用状態を維持していたのが、五％台にまで達するようになり、完全雇用は過去のものとなる。また非正規雇用労働者の比率も高くなり、一九八四年一四・三％であった非正規雇用の比率は、二〇〇二年からは三〇％を超えるようになった（総務省統計局「労働力調査」各年度）。賃金や社会保険の適用率が低い非正規雇用の増加は、デフレの進行するなかでワーキング・プアを大量に発生させる要因となり、政府の財政支出への圧力が高まった。また政府はバブル崩壊後の不良債権処理や景気対策で莫大な財政支出を余儀なくされる一方、税収が減っているため（近年ではバブル時代の三分の二、四〇兆円あまりの税収しかない）、累積債務が膨らむことになった。財政赤字の深刻化は政府支出の抑制圧力となり、社会保障関係費の見直しを促す。

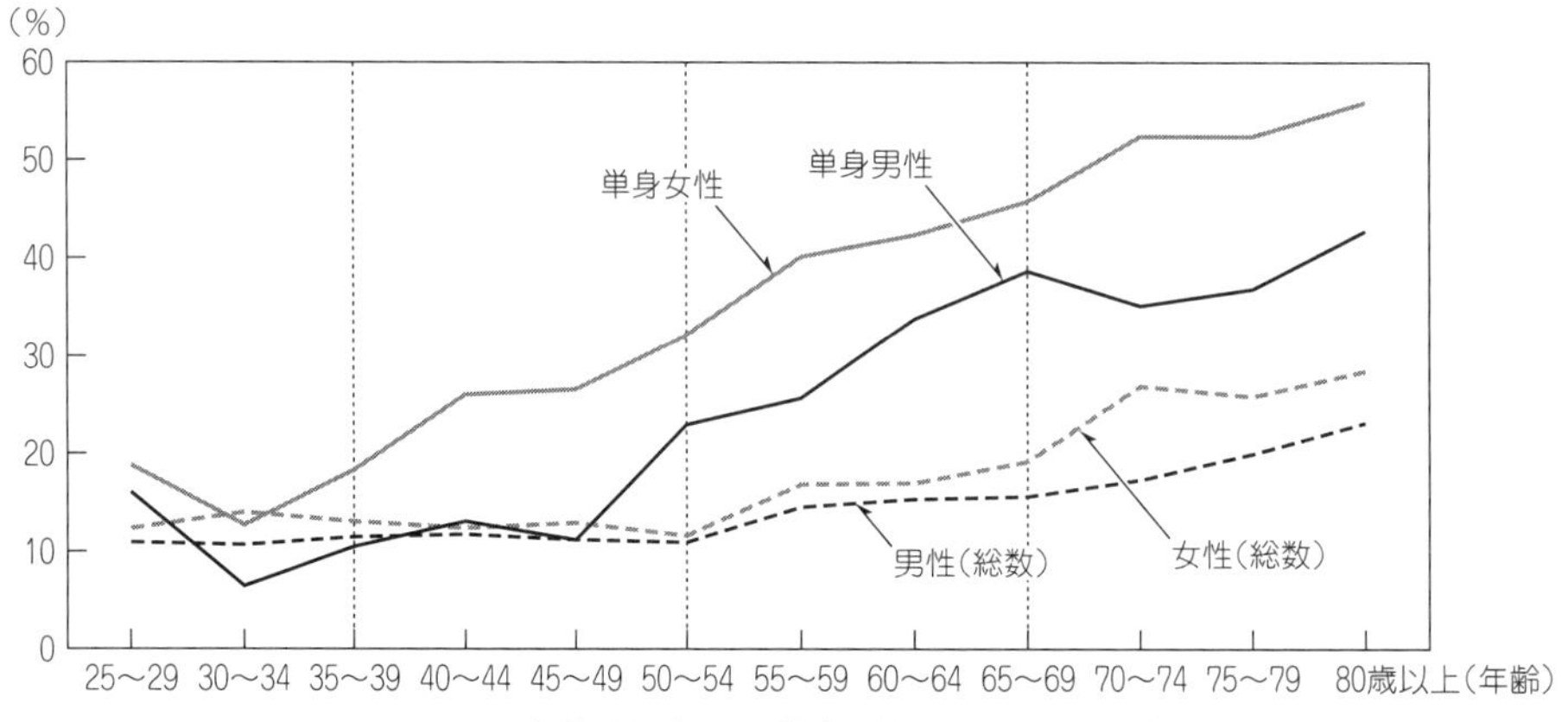

図1－4　年齢階層別にみた単身世帯の貧困率（2007年）

注：「貧困率」とは，世帯の合計可処分所得を世帯人員数で調整した1人当たり可処分所得（等価可処分所得）中央値の50%（貧困ライン）以下で生活する人々の割合。

出所：阿部彩氏が厚生労働省『平成19年国民生活基礎調査』の個票に基づき集計した結果（内閣府男女共同参画局『生活困難を抱える男女に関する検討会報告書』2010年3月，113～123頁）を藤森（2012）より転載。

次に社会的要因として、家族構成の変化についてみる。一九八五年以降の世帯数の変化を国勢調査と労働力調査からみれば、単身世帯数が一九八五〜二〇〇六年間で平均三・〇％伸び、二人以上世帯数の伸び率（〇・七％）を大きく超えている。単身世帯は、二人以上世帯に比べて貧困に陥りやすい。図1－4をみるとわかるように、単身の場合、加齢に伴い貧困化が進む。正規雇用への就業率の低い女性の場合、特にこの問題は深刻である。高齢者（六五歳以上）になると、単身男性の三八・三％、単身女性の五二・三％が貧困に陥っている（藤森 2012）。またいうまでもなく、単身世帯には家族福祉機能が備わっておらず、単身者の高齢化は直接公的介護の要請となる。このように単身世帯の増加は、再分配とケア、両側面において公的負担増の圧力となる。

福祉レジームの変容

日本の福祉レジームがどのように変化したのかを、脱商品化と脱家族化という二つの軸にそって整理する。まず、脱商品化からみると、一九九〇年代から年金や医療支出の抑制措置が相次いで導入された。公的年金は一九八五年の改革から保険料引き上げと給付抑制へと一八〇度方針転換したが、このような決定はその後五年ごとの財政再計算のたびに繰りかえされ、制度不信が強まった。これに対して小泉政権は二〇〇四年に「最後の年金改正」との触れ込みで「マクロ経済スライド」方式を導入する。改正案によれば、二〇一七年までに保険料を一八・三％に引き上げ、その後は資産運用率や人口動向を勘案して給付額を決定していく。

一九九四年には基礎年金部分の支給開始年齢が六〇歳から六五歳に段階的に引き上げられることが決定し、九九年には厚生年金など報酬比例年金についても同様の決定がなされた。高齢者医療をみても、一九八二年の一部自己負担導入以来、負担額は徐々に増え、二〇〇〇年改革では七〇歳以上の自己負担が定額制から一割定率負担へと変更になった。また二〇〇〇年には介護保険が導入された。介護保険は「介護地獄」といわれた家族福祉の負担を軽減するもの（ケアの社会化）であったが、当時に社会的入院による医療支出膨張に歯止めをかけるものでもあった。

企業福祉をみれば、長引く不況のなかで財政状況が厳しくなる。企業年金の中心であった適格年金は一九九三年をピークに解散が相次ぎ、二一世紀を迎えるまでには約二万件減った。公的年金の代行を兼ねるため設立・解散の要件が厳しい厚生年金基金をみても、一九九六年を境に減少に転じた。こうした企業年金の窮状を救うため、政府は二〇〇一年に企業年金の大幅な見直しに着手する。かねてより受給権保護の脆弱性が指摘されてきた適格年金は二〇一一年度末で廃止されることとなり、代わって受給権保護を強化した規約型年金が設けられた。厚生年金基金については、代行部分の返上が認められ、その後の受け皿となる制度として、基金型企業年金が新たに設立された。むしろ設立要件さえ満たせば、適格年金、厚生年金を問わず、どちらの制度を選択することも可能である。

さらに注目されるのは、新たに確定拠出年金（いわゆる日本版401k）が導入されたことである。確定拠出年金においては、運用に伴う使用者側のリスクを大幅に軽減することができるだけではなく、被用者は個人勘定をもつため、転職に伴う受給権の喪失リスクを大幅に減じることができるが、給付額は不確定となる。このようにかつては日本企業の家族主義の支柱とみなされた企業年金は、老後保障としての機能を大幅に減少させることになった（新川 2005：303-306）。

企業福祉の縮減は、日本的労使関係の変容を反映するものであった。一九九五年日経連は「新しい時代の『日本的経営』」を公表し、従来の日本的雇用慣行（終身雇用や年功制賃金）の見直しを示唆、その後労働市場の規制緩和策が相次ぐことになる。一九九八年に労働基準法が改正されたが、なかでも女性保護規定が撤廃され、ホワイトカラーに裁量労働制が導入されたことが注目される。また、一九九九年には労働者派遣法が改正され、派遣の対象業務が大幅に拡大され、原則自由化となった後、二〇〇三年には再び改正され、最後まで禁じられていた製造業への派遣が認められ、派遣期間の延長も行われた（安 2013：新川 2005：300-301：新川 2007：225-231）。

労働市場の規制緩和、雇用の柔軟化が進むと、中高年の女性だけでなく若年層にも非正規雇用に従事するものが増え、正規雇用においては雇用保障が弱まっている。労働市場の規制緩和を進めた小泉構造改革は、「格差社会」や「ワーキング・プア」といわれる現象が広く社会的関心を集めるようになると、一転批判の的となり、自民党政権は「行き過ぎた」自由化を是正するため、二〇〇七年には労働契約法やパート労働法改正を行った。それらの改革は自由化にブレーキをかけるものではあったが、新たな方向へとハンドルを切ったわけではなく、それまでの規制緩和による雇用劣化を改善するものではなかった。たとえばパートタイマー改正法によって差別是正の対象になるのは、厚生労働省の試算でも全体パートタイマーの四～五％にすぎなかった（二〇〇七年二月一三日衆議院予算委員会における柳澤伯夫厚生労働大臣の答弁）。

一九八〇年代にはパートタイム雇用は増えていたものの、なお正規雇用に対しては日本的雇用慣行（終身雇用や年功制賃金）が維持されていたが、一九九〇年代後半以降、とりわけ二〇〇〇年代に入ると、非正規労働の待遇は改善されないまま、正規雇用の保障もまた切り崩されていった。社会保障制度と労働市場、双方において企業や政府の負担を軽減するような改革が進められたことを考えると、日本では大陸ヨーロッパ型のフレキシキュリティ（フレキシビリティ＋セキュリティ）が実現せず、文字通りフレキシビリティ、保障の伴わない雇用の柔軟化が進んだといえる。

脱商品化が抑制される一方で、脱家族化は促進された。女性の家庭内での介護や育児の負担が女性の労働市場参入を抑制する要因として指摘され、一九九〇年代から女性の負担を軽減するような政策が進められた。一九九二年に「育児休業法」が施行され、一九九九年には介護休業、二〇〇五年には子の看護休暇が制度化された。また、子育て支援策も積極的に展開された。一九九四年一二月には「今後の子育て支援のための施策の基本的方向について」（エンゼル・プラン）が策定され、保育所の量的拡大や低年齢児（〇～二歳児）保育、延長保育などの多様な保育サービスの充実、地域子育て支援センターの整備などを図るための「緊急保育対策等五カ年事業」などの具体的な方針が示された。政府は二〇〇二年の「少子化対策プラスワン」において、男性の育児への積極的加担の必要性を明確にした（新川 2011）。

従来の家族主義的社会保障・税制にも変化の萌しがみられる。二〇〇四年年金改革では、夫婦間の年金権分割が導入され、育児休業中の保険料免除措置が拡充された。税制については、男女共同参画社会基本法の精神に則り、男性稼得者モデルに依拠した税制から中立な税制への転換が図られている。政府税制調査会の答申「少子・高齢社会における税制のあり方」では、配偶者控除についても、共稼ぎの増加を睨んで、税制面で片稼ぎを一方的に優先することは適切ではないと指摘している。

日本においては介護の社会化や子育て支援がなされているものの、それが社会サービスの拡充を通じて労働市場の性差によるデュアリズムを解消するという社会民主主義的なルートには結びつかず、女性は非正規雇用に動員されている。他方において正規雇用もまた不安定化し、労働市場の柔軟化が進んでいる。このように日本の脱家族化は、市場化＝自由化を促進している。

福祉政治

企業と労働

敗戦によって経済が破綻した日本において国家福祉を拡大する余裕はなく、企業福祉が発展した。その後経済成長のなかで発展した福祉国家は、こうした企業福祉の存在を前提とした公私混合型の福祉体制を特徴とした。企業は、企業福祉を高度経済成長期においては福祉国家の遅れとして消極的に捉えていたが、一九七三年石油危機を契機に不況が始まると、福祉国家の肥大を避ける道として、さらに労務管理の手段として、企業福祉は積極的に評価されるようになる。

このような体制は、グローバル化のなかで一九九五年に日経連が日本的労使関係を放棄し、雇用を柔軟化する方針を示したことによって、大きく変質する。雇用柔軟化は、従来の雇用維持を前提とした厚生年金基金（公的年金の企業年金による代行）や企業福祉を時代遅れのものにした。このように、日本における家族主義福祉レジームの形成・維持・変容には、経営側の意向が大きく反映されている。翻って、それは労働組合の抵抗力の脆弱性を意味している。

日本の家族主義的福祉国家は、労働組合が企業内組織であって、普遍主義的な再分配政策を求める戦略も力ももたなかったことに規定されたものといえる。日本の高度経済成長は製造業の大企業中心に担われ、労働組合運動もまたそれに対応したビッグ・ビジネス・ユニオニズム、すなわち大企業雇用者を中心とした労働組合運動が展開されてきた。しかしその後、とりわけバブル経済崩壊以降は非正規雇用が増え、雇用構造が大きく変化したにもかかわらず、組合の組織構造は旧来から大きく変化していない。

一九八九年日本労働組合総連合会（連合）の結成は、官公労のなかで新たに主導権を握った穏健派と民間労組の合作であった。それは労使協調路線の勝利であり、反合理化を唱える階級的労働運動の凋落を象徴するものであった。連合は、結成以来体制内において政策的影響力を確保するというスタンスをとってきたが、一九九〇年代以降の福祉見直し、労働市場規制緩和のなかで、社会権や労働権を守るような存在感を示していない。その理由として、世界的に組織労働がグローバル化のなかで地盤沈下が進み、戦略的地位を弱めていることが指摘できる。また連合は依然として企業別組合の利害代表にとどまっており、全労働者を代表する組織としての信頼を勝ち得ていない。結果として、非正規労働者の組織化に失敗しているのみならず、正規雇用者の組織率を維持することも困難になっている。格差問題が深刻なまま放置されている現状のなかで、連合は自由化に対抗する勢力の結集軸とはなりえていない（新川 2007；安 2013 参照）。

政党政治

政党レベルにおいても、福祉拡充を求める声は弱い。自民党は生産第一主義に基づいた利益誘導政治に終始し、社会権としての福祉拡充には消極的であった。民主党が一九九六年に誕生し、二大政党的な枠組が生まれ、二〇〇九年には政権交代が実現したものの、民主党は自民党に代わる政策ビジョンをもっていたわけではなかったし、いわんや社会民主主義勢力ではなかった。民主党内に旧社会党系の議員はなお存在したが、彼らが民主党内でイニシアティヴをとったことはなく、小泉構造改革が始まるまで民主党はむしろ新自由主義的なスタンスから小渕・森自民党内閣の政策を批判していた。ところが小泉構造改革に新自由主義の看板を奪われてしまい、対抗上それを批判する立場に回ったのである。

確かに民主党は、「国民の生活が第一」、「コンクリートではなく、人間を大事にする政治」というスローガンによって、二〇〇九年の衆議院選挙に勝利した。民主党政権は、高校授業料の無償化、子ども手当の実施など普遍主義的な政策を展開したことも事実である。しかし民主党に格差社会を是正するトータルな社会経済戦略があったわけではなく、単なるバラマキにすぎなかった。一見社会民主主義的ともいえるような民主党の普遍主義的政策は、社会民主主義の理念や価値とは無関係に、選挙戦略として利益誘導のために打ち出されたものであった。

民主党内部に混在する多様な政策指向や価値観を考えれば、民主党が一つのまとまった将来ビジョンをもつことは極めて困難である。二〇〇九年のマニフェストが総花的なものであり、そのままでは到底実現困難であることは明らかであったにもかかわらず、政権に就いた後、それを党内討論によって国民に説明できる形で修正することができず、マニフェスト固守を叫ぶ者たちが大挙脱党したところに、民主党の限界は明らかである。政党を単に選挙や権力奪取の手段としてしか考えない者たちの集まりは、「通常の政権党」(natural governing party) に対する不満のはけ口以上のものとはなりえない。

新しいガバナンスの可能性と今後の展望

日本の家族主義レジームは、公的社会保険制度の再編見直しと家族福祉の破綻や企業福祉のスリム化のなかで自由化の傾向を強めている。脱家族化について国家イニシアティヴで推進されたものの、それは女性を周辺的労働力として動員する傾向に歯止めをかけるものではなく、むしろ労働市場の規制緩和によってその傾向を促進した。

構造改革を掲げた小泉政権が退陣した二〇〇六年以降、とりわけ民主党政権が登場した二〇〇九年以降自由化を抑制する動きがみられた。非正規雇用保護の動きのほかに、高校の授業料無償化や子ども手当のような普遍主義的な政策も行われた。しかしながら、すでに指摘したように、民主党のこれらの政策は成長戦略なきバラマキにすぎなかった。現在にいたるまで、日本の政党政治には脱商品化政策の抑制と脱家族化を通じて自由化を促進する方向への代替肢はみられない。

3 韓国の福祉レジーム

家族主義福祉レジームの発展と特徴

韓国においては、日本よりも社会保障制度の歴史が短く、制度の成熟度が低いため、家族の福祉負担は日本以上に重い。一九八七年の民主化直後の一九八八年に国民年金が施行され、一九八九年には農村部の地域住民はもちろん、都市地域の自営業者も公的医療保険の対象となった。また、児童の教育と保育に関する社会的責任を明文化した「乳幼児保育法」は一九九一年に施行され、介護に対する家族の負担を軽減するための「老人長期療養保険」(日本の介護保険に該当) が二〇〇八年に施行された。失業に対する公的責任を制度化した「雇用保険」は、一九九六年から導入された。いずれも日本よりも導入が大幅に遅れたため、社会支出の対GDP比は、二〇〇〇年に入ってようやく五%を超えるようになったにすぎない。

したがって家族が疾病、失業、育児、介護などに対応せざるをえなかった。家族福祉頼みは、老後の生活保障によく表れている。韓国の高齢者世帯では、一九九六年の時点においても生活費に占める子の援助が五六・三%に達し、公的年金の割合は二・九%にすぎない。ちなみに同時期の日本においては子の援助が四・二%、公的年金の割合が五七・一%である (宮本・ペング・埋橋 2003: 305)。

家族の福祉負担は、家族賃金や企業の福利厚生制度によって支えられるところが大きい。つまり、男性の賃金労働と女性の無償労働 (家事分担) という性別分業、またそれを支える企業体制が、男性稼得者中心の家族主義を維持してきた。ただ家族単位の賃金や労働条件は、財閥系大企業の男性正規労働者だけが享受できたものであり、中小企業や自営業に従事する男性は必ずしも家計を支えるに十分な収入を得ていたわけではなかった。しかも、自営業率 (就業者数に占める自営業者数の割合) が二〇一〇年においても二八・八%と高いため、男性だけでなく他の家族構成員の収入によって家計が支えられている世帯の割合が高い。つまり韓国の場合、家族は総出で働くという伝統が根強く残っている（横田 2012: 198-204）。

こうした点は、労働市場における男女の地位からも確認できる。二〇〇二年の韓国「経済活動人口調査」によれば、男性のなかで非正規労働者の割合は三三・五%であり、女性の場合は、三二・九%となっている。同年日本では、男性の非正規率が一四・八%、女性の割合が四八・一%となっているのに比べれば、韓国における男女の非正規労働者の割合の差は小さいといえる。（「労働力調査詳細集計」二〇〇二年）。しかも、長時間労働に従事する女性の比率は、日本よりも韓国の方ではるかに高い。韓国の二〇〇四年「生活時間調査」と日本の二〇〇一年「社会生活基本調査」によれば、週四九時間以上に働く日本女性の比率は、一六%であるのに対して、韓国では三九%である（尹・安 2013: 51）。

いずれにせよ韓国においては、性別による労働市場の二重構造は、日本ほどに顕著ではない。このことは、韓国において男性稼得者モデルが、日本ほどは支配的であるとはいえないことを示している（横田 2007）。

以上のように、韓国において脱商品化の制度化は低く、保育や介護を家族に負担させる典型的な家族主義の特徴がみられ、女性の労働力率も日本同様低いものの、日本ほど性差による労働市場の二重構造は甚だしくないといえる。

環境変化

韓国においては、一九八七年の民主化以降労働運動が活発化し、賃金が上昇した。ただし韓国では、日本同様に企業別に労働組合が形成され、規模の大きい企業だけで労働組合が組織化されたため、賃金上昇と福利厚生制度の拡充はほぼ大企業に限定された。結果として、民主化以降に企業規模別の賃金や労働条件の格差はむしろ広がった。このような状況に対して、大企業は労働市場の規制緩和と福利厚生の縮小を求めた。一九九七年アジア通貨危機の後には、整理解雇制や労働者派遣法が導入された。企業福祉もまた、一九九〇年代前半にはすでに見直しがスタートし、アジア通貨危機以降には企業福祉を業績に連動させ、弾力的に運用する企業が増えた（李・盧 2006: 149-153）。このように韓国においては、内部労働市場が定着し始めた途端に、経営側はそれを解体する取り組みに着手したのである。

一九九七年アジア通貨危機のなかで企業福祉が削減された結果として、社会保障政策の必要性は高まった。韓国では、アジア通貨危機によってそれまで約二%だった失業率が六・八%まで跳ね上がり、失業対策が喫緊の課題となった。また産業構造が高度化したにもかかわらず、自営業の比率は依然として高かったため、自営業者に対する社会保障制度の拡充も課題として浮上した。彼らは、景気冷え込みの影響に最も脆弱でありながら、公的福祉から排除されてきたのである。

さらに家族形態の変化が、社会保障制度改革を推進する要因となった。一九九〇年から二〇〇〇年までの平均家族数が三・七人から三・一人に減り、同時期の単身世代の比率は九・六%から一五・五%へと増えた（統計庁 2004）。福祉の担い手としての家族の潜在的能力が低下していることがうかがえる。

以上のように、規制緩和の進行、経済危機、家族形態の変化が相まって、韓国の従来型の家族主義福祉レジームの維持は困難になっている。

福祉レジーム変容

一九九七年のアジア通貨危機直後に誕生した金《キム》大中《デジュン》政権は、社会保障制度の拡充に着手し、社会保険の適用拡大、最低生活水準の保障、福祉サービスの拡充がなされた。一九九八年一〇月より失業給付の対象が全事業所の労働者となり、二〇〇〇年一月からは労災保険も全事業所へと適用が拡大された。国民年金においては、五人未満の事業所も労使折半の保険料負担が義務づけられるようになり、企業規模別の労働者待遇の格差是正がはかられた。医療保険においては、一九九九年から地域・職場ごとの財政運営と管理の統合が進み、地域・職場加入の格差の是正も図られた。また、国民基礎生活保障法が一九九九年に制定され、生活保護の対象がこれまでの障害者と高齢者から全国民となった。貧困の責任が個人であるのではなく、受給者の権利と貧困に対する国家の責任が明文化されたのである。

　さらに、少子高齢化やワーキング・プアに対する対策も進められた。二〇〇一年には育児休暇制度が改正され、雇用保険基金から休暇中に給与の四〇％が支給されることになり、同時に給付期間も六〇日から九〇日へと延長された。二〇〇八年には、「勤労奨励税制」（ＥＩＴＣ）が施行され、世帯年収が一七〇〇万ウォン（二〇一三年八月のレートでは約一五〇万円）以下の場合、その世帯に年間最大一二〇万ウォン（同上、一〇万六〇〇〇円）が支給されるようになった。まだ不十分ではあるものの、生活保護の対象にならない低所得者の所得を補填することが制度化されたといえよう。

　二〇〇五年には低出産高齢社会基本法が制定され、保育・育児支援政策が強化された。これによって保育予算は二〇〇四年から〇九年までの五年間に四・五倍増加した。また、国民皆年金制度が発足したのが一九八八年であり、まだ制度的に成熟していなかったため、高齢者の貧困が深刻な社会問題になった。これに対応するため七〇％の高齢者が支給をうける税方式の基礎老齢年金制度が二〇〇八年から施行された。さらに同年に「老人長期療養保険」が施行され、家庭の介護負担の軽減が図られた。

　このような制度変化の下で、男女の性別分業が一定程度緩和された。二〇〇四年と〇九年の未就学の子どもをもつ夫婦の時間使用を比較すれば、夫の市場賃金労働時間が減り、無償労働時間は増加したのに対して、妻の賃金労働時間は増加し、無償労働時間は減少した。つまり、未就学児をもつ夫婦の間で時間使用の違いが小さくなり、わずかながらも性別分業が緩和されている（尹・安 2013）。

　雇用政策においては、金大中、盧武鉉《ノムヒョン》両政権で労働市場の規制緩和が進められた。とはいっても、どちらの場合も、日本からみれば限定的である。金大中政権下では整理解雇制や労働者派遣法の導入が決まったものの、政府当初案よりも派遣労働の範囲が狭められた。整理解雇については経営上やむ得ない場合に限られ、六〇日前に労働者に整理解雇通告を行い、解雇計画を労働部に申告する義務が課せられた*。盧武鉉政権下でも労働市場の規制緩和はなされたものの、派遣対象業務の拡大と派遣期間の延長に関して政府案は後退し、有期契約雇用期間、雇用みなし制度などにおいては、むしろ規制が強化された。このように韓国では、対外依存度が日本よりもはるかに高い経済構造にもかかわらず、労働市場の自由化は限定的なものにとどまった（安 2013：序章）。

　金大中、盧武鉉政権時代に全般的に福祉拡充があったといえるかどうかについては、議論が分かれるところである。一方では新自由主義にすぎないという評価があり、他方では国家責任の強化であるという評価がある（金編 2006；鄭編 2009 参照）。両政権は、福祉における国家の役割を大きくする一方で、「生産的福祉」や「社会投資戦略」を強調した。つまり福祉の拡充に取り組む一方、福祉の効率性や経済的貢献を強調した。福祉拡充は、民間保育施設の認可基準の緩和、労働市場の柔軟化、医療保険の民営化など、市場原理の導入と同時並行に進められた。このことは、金大中・盧武鉉政権の下で行われた福祉拡大が、権利性を伴うものではなかったことを意味する。こうした二面性が、韓国福祉国家の性格をめぐって全く異

表1-6　労働者の主な社会保障制度の適用率

（単位：％）

		2001年	2002年	2003年	2004年	2005年	2006年	2007年	2008年
国民年金	正規職	92.7	92.3	94.8	96.6	98.0	98.2	98.7	98.3
	非正規職	19.3	21.6	25.4	30.3	32.8	33.6	33.3	33.4
健康保険	正規職	94.8	94.6	95.8	97.3	98.3	98.4	99.3	98.3
	非正規職	22.2	24.9	27.8	33.0	33.4	34.5	35.0	35.8
雇用保険	正規職	80.0	79.1	78.0	80.5	81.6	82.9	82.6	81.7
	非正規職	20.7	23.2	25.0	29.7	30.7	31.5	32.2	33.0

出所：金（2009：110）。

なる見解を生むことになったと考えられる。

さらに、両政権の福祉拡充がどの程度実効性をもっていたのかについて懐疑的な声もある。確かに社会支出は増加しているが、両政権併せて一〇年の任期の後にも、社会支出の対GDP比はなお一〇％を超えておらず、OECD平均の四〇％程度にとどまっていた。非正規労働者の社会保険適用率を高めるため、零細企業に対する政府の財政的補助が検討されたものの、結局抜本的対策は実現しなかった。表1-6の社会保険の適用率をみれば、正規雇用と非正規雇用の格差は縮小傾向にあるとはいえ、なお大きい。

もちろん経済危機を経験した韓国にとって財政均衡が最優先課題であり、それを無視して大胆に福祉拡充を推進することはできなかったという点は考慮する必要があるが、二つの革新政権の福祉拡充の後にも、社会権は確立せず、十分な政策効果を挙げていないことは事実である。

＊　韓国では労働行政と福祉行政が分かれており、労働部は日本の旧労働省、保健福祉部が旧厚生省に該当する。

福祉政治

企業と労働

韓国においては、政府は財閥を中心とした輸出産業政策を実施し、財閥には低金利の融資を優先的に与えてきた。このような政府の支援策の下、財閥は製造業だけでなく、金融や建設業などの多様な業種に進出し、急速に成長した。韓国においては、政府が寡占・独占を容認し、経済発展のキャッチアップを達成したのである。そのため、韓国では財閥系の大企業が経済に占める役割が非常に大きく、それに応じて政治的影響力も強い（安 2013：第二章）。

このような強力な財閥に対して、労働勢力は脆弱であった。一九八七年に一八％まであった労働組合の組織率は、二〇一三年には一〇％を下回るようになった。しかも、日本と同様に労働組合が主に企業別に形成されていたため、労働者全体を視野に入れた運動が展開されず、民主化以降労働運動が活発になるなかで、企業規模別・雇用形態別の賃金格差は改善されなかった。労働組合は、企業内の雇用保障や待遇改善を求め、福祉国家を推進する勢力として十分に成長できなかったのである（梁 2004）。しかも、ナショナルセンターが韓国労総と民主労総に分裂しているため、労組の政治的影響力は一層削がれた。労働組合の力を測る独占度（政府や企業側と交渉する労働組合の数）、集権度（上部団体の権限）、組織率、いずれからみても、韓国の労働組合の力は弱い。

政党政治

民主化後、政党再編は、経済的軸（効率vs.再分配）ではなく地域間対立にそってなされた。民主化直後に行われた一九八七年末の大統領選挙では、民主化運動を主導してきた野党の金泳三《キムヨンサム》派と金大中派が分裂した結果、与党の盧泰愚《ノテウ》が当選し、翌年の国会議員選挙でも与党は過半数には届かなかったものの、第一党の座を保つことができた。さらに、盧泰愚大統領は、金泳三と手を組み、金大中を排除した保守連合を実現した。金大中と金泳三は、全羅道と慶尚道という地域を代表する政治指導者であり、両陣営の分裂によって、地域間亀裂が政党再編の軸となったのである。こうした地域間対立に基づく政党間競合は、労働者や社会的弱者の利益を十分に汲み上げることができなかった（崔 2012）。保守連合が崩れ、革新政権といわれる金大中、盧武鉉政権が登場した後も、やはり労働勢力を代表する政党は存在しなかった。

金大中・盧武鉉両政権は、議会において少数与党をもつにすぎなかったため、政策的に大企業に対抗し、労働者の福祉を守る政策を行うためには、そもそも能力的限界があった。金大中政権は、新政治国民会議と自由民主連合の連立に基盤を置いていたが、自由民主連合は保守系のため、大胆な改革路線をとることはできなかった。両政党の間には議院内閣制導入以外の合意は存在せず、政策的に一致できない部分が大きかった。仮に両党の間に革新的政策への合意があったとしても、新政治国民会議の議席七八に自由民主連合の四三を合わせても全議席数の約四〇％にすぎず、議会多数派を形成することはできなかった。

盧武鉉政権もまた、脆弱な権力基盤をもつにすぎなかった。そもそも盧武鉉は大統領選挙で苦戦を強いられ、財閥系企業の会長として立候補していた鄭夢準《チョンモンジュン》の選挙協力を得るなどして（最終的には協力関係は破綻するが）、辛うじて当選を果たしたにすぎない。大統領となったものの、盧武鉉は議会で多数派の支持を得ることができず、国会議員の三分の二の賛成を必要とする弾劾訴追が可決されてしまう。弾劾訴追審判中に行われた国会議員選挙では、訴追への世論の批判が追い風となって、与党ウリ党が過半数議席を獲得し、またその後、憲法裁判所において大統領弾劾訴追は棄却されたものの、与党内紛などによって盧武鉉政権は結局議会を掌握することはできなかった。

このように政権交代によって福祉政策に変化の兆しはみえたものの、それを継続させる政党の力は依然として弱いものにすぎなかった。

福祉政治と今後の展望

自由化に対抗する勢力は、脆弱であるとはいえ、成長しているのも事実である。たとえば民主労総の支援下に二〇〇〇年に結党した民主労働党が、二〇〇四年の国会議員選挙の比例区で一三・一％の得票率を獲得し、五六議席の内八議席を獲得したほか、小選挙区でも二議席（小選挙区総数二四三議席）を得た。民主労働党の議席は、全議席の三・三％にすぎなかったとはいえ、一三・一％という比例区の得票率が示すように、民主労働党に対する支持は獲得議席数に表れた以上に大きかった。これまで社会民主主義的指向を持つ政党が国会に進出することができなかったことを考えると、民主労働党の躍進は韓国政党政治にとって大きな意味をもつ（林 2009: 241）。

労働者政党の躍進とともに、注目されるのが企業別組合から産業別組合への組織再編である。韓国では従来日本と同様に企業別に労働組合が形成され、大企業雇用者中心の運動が展開されていたが、企業別労働組合では労働者の利益を包括的に代表できないという問題が早くから自覚され、民主労総は一九九五年結成当時から産業別労働組合への移行を目指していた。協調路線を堅持する韓国労総もまた、一九九七年から産業別労働組合への再編を決定した。一九九八年二月全国医療産業労組が誕生し、二〇〇〇年三月全国金融産業労組、二〇〇一年二月全国金属労働組合、二〇〇六年全国運輸産業労働組合が設立された。二〇一〇年の時点で、民主労総の組合員の七九・五%は産業別労働組合に所属しており、韓国労総を含めても五四・一%、過半数が産業別労働組合に属していた（雇用労働部 2010: 11）。労使交渉は依然として企業ごとに行われているなど、産別化を徹底するためにはまだ課題が多く残されているが、組合員の三分の二の同意を必要とする産別化への組織転換が進んでいることの意味は大きい。

韓国では、労働組合の組織率は低いが（二〇一〇年現在の労働組合組織率は一〇・一%である。ちなみに日本は一八・五%、台湾は約七%となっている）、依然として企業別組合から脱することができず、政治的に明確な友党をもてず、労働市場規制緩和にほとんど歯止めをかけることのできていない日本の労組と比べると、韓国の労組は政策過程でその存在感を高めている（安 2013）。

このような新たな政治的勢力布置状況のなかで、労働運動と福祉擁護推進運動の連携が以前より強まっている。革新政権の福祉改革は結局失敗に終わり、その後に登場した保守系の李明博《イミョンバク》政権では成長戦略に基づく経済政策が展開された。にもかかわらず、経済は回復せず、格差はさらに拡大したため、有権者の間で成長主義への反発が強まり、分配政策や福祉への関心が高まっている。市民団体や労働組合は、近年「普遍的福祉」の実現に取り組んでおり、朴槿恵政権の下で民営化と福祉政策をめぐる緊張と対立が厳しくなっている。こうした対立が、福祉レジーム再編にどのような影響を及ぼすか、現時点では不透明であるが、韓国福祉レジームが現在大きな分岐点にあることは間違いない。

4　台湾の福祉レジーム

家族主義レジームの発展と特徴

長く冷戦の最前線にあった台湾は、「反共の砦」として軍事衝突のリスクを抱えていたため、国家財政の多くは国防予算に注がれてきた。一九六〇年代国家予算の半分以上が国防予算であり、一九八〇年代に至っても四割以上を占めていた。国民党政府が本格的に産業発展に乗り出したのは、一九六〇年代後半からであり（最初の輸出加工区は一九六六年に設立された）、台湾経済は一九八〇年代に急成長を遂げ、後に「東アジアの奇跡」と言われる輸出振興型体制を作り上げたのである。

台湾における権威主義体制下の経済発展において社会保障は等閑視されていたが、民主化とともに様々な改革が施されるようになった。「大陸反攻」のスローガンの下に権威主義体制を敷いていた国民党政府は、自らの統治基盤である公務員、教師や軍人の支持を強化するため、これらの職域には優先的に社会保険制度を設けた。このようなトップダウン的な恩恵供与として考えられていた社会保険制度は、民主化のなかで徐々に拡充していった。さらに選挙競合を通じて、一九九五年には皆保険制度、二〇〇二年には雇用保険、二〇〇九年には皆年金制度が実現された。*

皆保険は職域別の総合型社会保険の医療給付の一元化に成功したのみならず、それまで除外されていた自由業、学生、零細労働者などをも対象とし、医療給付の質的改善と普遍化を進めた。しかしながら、それから一五年遅れて実施された皆年金体制は、職域別年金を残したまま、主婦、学生、自由業、零細労働者などの「社会的弱者」が加入する「国民年金制度」を発足させることによって実現したものであり、各年金の給付水準の違いや財政問題は未解決のままであった。このように、台湾の皆年金制度は、日本における一九六一年の皆年金体制の実現と同様に、既存制度に残余的制度を加えたものであり、一元化的制度の確立ではなかった。

児童教育と保育をめぐっては幾度かの法改正を経て、二〇一二年「児童少年福祉および権益保障法」（児童及少年福祉與權益保障法）が施行され、育

表1－7　台湾の高齢者世帯の収入構造（1989～2009年）

（単位：％）

	仕事による収入（配偶者含む）	退職金，保険金などの給付	個人の貯蓄，投資	子らによる援助	社会，個人による援助	政府による手当
1989年	10.95	11.87	16.11	58.37	0.86	1.23
1991年	10.78	16.07	17.41	52.37	1.09	1.57
1993年	10.85	14.76	19.18	52.30	0.86	1.61
1996年	11.64	17.55	15.21	48.28	0.40	6.37
2000年	13.72	15.93	9.26	47.13	0.53	12.33
2002年	13.40	16.48	10.28	44.11	0.31	14.81
2005年	14.49	13.04	9.22	46.48	0.46	15.97
2009年	11.59	16.40	12.33	42.00	0.17	17.12

出所：行政院内政部「老人状況調査報告書」各年度。

児／保育に関する法制度の整備が試みられた。しかし同法第三条では、「両親および監護人は児童および少年の保護、教育の責任を負うべきである」と規定しており、基本的に育児／保育は家族の責任であるという原則を明確にしている。高齢者ケアをみれば、介護保険を導入した日本や韓国とは異なり、二〇一三年現在台湾には介護保険が存在せず、二〇一六年以降の導入が議論されているが、実現の見通しは立っていない（苦労網〔http://www.coolloud.org.tw/node/68336、二〇一三年一月一〇日アクセス〕「長照保険提現金給付民團批――阻礙長照服務發展」）。

このように台湾では健康保険や年金などの社会保障制度の整備があったとはいえ、家族に多大な負担を強いる状況に変化はない。高齢者の収入内訳をみると、子からの援助割合が一九九〇年代は五〇％台を占め、二〇〇九年に行われた調査でもなお四〇％を超えるのに対して、政府からの年金給付の割合は一七・一二％にすぎない（表1－7を参照）。公的給付が占める比率が九〇年代後半から急上昇したとはいえ、子の援助に依存する部分は依然大きく、この点では日本よりも韓国に近い。

日本、韓国において、企業は家族主義福祉レジームを担う存在である。台湾ではどうであろうか。台湾の福祉レジームにおける雇用主の役割について、労働者（被用者）が加入する社会保険の保険料の一部負担、企業福祉（fringe benefits）、そして退職金の拠出について順次みてみよう。

社会保険の保険料の一部負担は、皆保険、皆年金が実施される以前より、医療給付が含まれていた総合型の「労働者保険」（労工保険）の時代から始まっていた。一九九〇年代の制度改革を経て、現在も基本的には労働者保険（育児、年金給付、労災等が含まれる）拠出の七〇％を企業（使用者）が負担しており、様々な医療給付を統合した「全民健保」においても六〇％の保険料を負担している。

配偶者手当は、台湾においてはほとんど存在しておらず、結婚、育児、祝儀・香典などの一時支給金がある程度である。企業のなかには営利状況次第で随時ボーナスを支給するところもみられる。二〇〇六年に行われたアンケート調査によると、五五社の台湾企業にみられる労働費用の構成は、現金給与が最多の八三・六％を占めており、福祉と退職金がそれぞれ八・四九％と五・五一％となっている（上村 2010）。

退職金は、かつては同一企業において一五年以上勤続しないと受給資格を得られなかったが、転職の多い台湾ではその資格を得ることが困難であり、一九九九年の時点で退職金を受給した退職者は全体の八%しかなかった（上村 2010：153）。この「見えるが、貰えない」と揶揄された企業の退職金制度は二〇〇五年に改革され、現在は個人口座の設置によって転職後も「携帯」可能になった。使用者に最低限給与の六%の拠出が要求されるため、企業からの反対が強く、退職金制度の改革が実現するには一四年を要した。

ようやくにして導入された個人口座制であるが、一部の専門家や市民団体からは強く批判されている。個人口座制は、リスク分担の機能が全くないうえ、退職金基金そのものが行政院労工委員会（日本の厚生労働省に相当）労工保険局という政府組織の管理下にあるため、政治的意図に基づいて株式市場に投入され、労働者の老後保障が不必要なリスクに晒されているというのである**（郭 2006：270）。このような批判にはもっともなところがあるが、転職率が高く企業福祉の規模が小さい台湾において、退職金が実際にもらえるような制度が導入されたことの意義は大きい。

税制をみれば、台湾の所得税は世帯合算課税方式を取っており、一見家族本位の税制になっている。しかし、一九八九年までは配偶者の個人免税額が一以下にしか数えられなかったため、結婚すれば税負担が重くなるという批判があった***。一九八九年所得税法改正によって、夫婦合算あるいは夫婦分離方式、どちらでも申告することができるようになった（この改正をめぐる議論は、「立法院公報」第七八巻第九九期〔1990〕を参照）。ただし日本のような配偶者控除はなく、配偶者が被扶養者として認定されても社会保険（主に健保）の負担が免除されることはない。このように台湾においては、男性稼得者モデルを優遇する税制はなく、かつては結婚へのハードルを高くするような所得税の仕組すらあったのである。

* 台湾の福祉国家をめぐる包括的な分析は、林（2002）、李（2011）。なお、雇用保険（就業保険）は実際一九九九年に既存の労働者保険（労工保険）の失業給付の実施によってすでに開始されていたと一部の研究者が指摘しているが、すべての労働者（軍人と公務員を除く）が強制加入する社会保険の法制化は二〇〇二年である。

** たとえば、株市場の急落に対して、政府自らが管理している基金を市場に投入し、株価を支えることがある。特に選挙前は株価の維持が支持に繋がるため、濫用される場合もある。

*** 台湾の税制では、子どもを含むすべての自然人に定額の「免税額」が付与されている。日本の基礎控除に相当する概念である。

環境変化

すでにみたように、台湾における出生率は急速に低下している。少子高齢化によって家族構成にも著しい変化がみられる。平均家族員数は一九九〇年には四・〇〇であったが、二〇一〇年には二・九二にまで減少している。その背景には、単身世帯の増加がある。一九九〇年の全世帯を占める単身世帯の割合は一三・四%であったが、二〇一〇年には二二・〇%に増加している（表1-8を参照）。

次に雇用構造の変化をみてみよう。台湾政府による直近の過去三回の「製造業サービス業センサス」（工商及服務業普査報告）によると、一九九六、二〇〇一、二〇〇六年の大企業（製造業、サービス業）における従業員が占める割合は、それぞれ三一・八六%、三五・六八%、三八・〇九%と増加を続けている*。これに対して、自営業者を含む小事業所で働く労働者の割合は、一九・八三%、二一・二六%、二〇・六二%であり、ほぼ横ばいの状態にある。

非正規労働者の問題は台湾でも近年大きく取り上げられているが、日韓に比べればその比率は低い。台湾政府が発表しているデータによれば、二〇〇八、二〇〇九、二〇一〇年の非正規労働者が占める比率は、それぞれ六・二%、六・七%、六・九%と微増にとどまる。二〇一〇年においては男性労働者の六・二%、女性の七・九%が非正規労働者であった。パートタイマーに限ってみれば、二〇一〇年のデータでは、男女の比率が二・六%対三・九%であった。ちなみに韓国では六・九%対一四・二%、日本では一〇・五%対三三・

表１－８　台湾の家族構成の変化（1990，2000，2010年）

家族形態	1990年		2000年		2010年	
	戸　数	％	戸　数	％	戸　数	％
総　数	4,943,275	100.0	6,471,840	100.0	7,414,327	100.0
1．核家族	3,140,624	63.5	3,562,175	55.0	4,037,729	54.5
1.1　夫婦のみ	339,477	6.9	512,427	7.9	817,637	11.0
1.2　夫婦＋未婚子女	2,515,520	50.9	2,675,928	41.3	2,657,786	35.8
1.3　夫（或は婦）＋未婚子女	285,627	5.8	373,820	5.8	562,306	7.6
2．三世代家族	801,768	16.2	1,013,467	15.7	1,214,503	16.4
2.1　祖父母＋父母＋未婚子女	601,461	12.2	668,822	10.3	808,105	10.9
2.2　父母と既婚子女	155,002	3.1	270,605	4.2	305,550	4.1
2.3　祖父母と未婚孫子女	45,305	0.9	74,040	1.1	100,848	1.4
3．単　身	664,571	13.4	1,400,105	21.6	1,628,597	22.0
4．その他の家族	336,294	6.8	496,063	7.7	533,498	7.2
4.1　親族関係者との同居	297,724	6.0	417,373	6.4	436,290	5.9
4.2　非親族関係者との同居	38,570	0.8	78,720	1.2	97,208	1.3

出所：東アジア雇用保障資料データ集，第７章，図表７－２－２－２より抜粋。

八％となっている。このように台湾では非正規雇用の割合が低く、女性の雇用がそこに集中する傾向はない。

台湾で非正規雇用が際立って少ない一因として、台湾の労働市場はもともと流動的であり、日本や韓国のような企業主義的な終身雇用慣行が存在せず、これまでは企業福祉が極めて低水準であったため、非正規雇用を必要としなかったと考えられる（王 2011）。

＊　行政院主計處（2006）。大企業の定義は、製造業が二〇〇人以上、サービス業その他は五〇人以上を雇用している事業所である。ちなみに調査に用いられた種類は、大企業、中企業、小企業であった。小企業は、雇用員数が五人未満の事業所あるいは自営業者であり、中企業は、大企業、小企業でないその他の事業所として定義されている。

福祉レジームの変容

高齢化によって二〇〇〇年以降台湾において注目を浴びるようになったのは、従来あまり論じられることのなかった介護政策である。二〇〇七年当時の民進党政権は、社会保障制度を全体的に向上させるための大型政策パッケージとして、「思いやりのある社会福祉政策」（大温暖社会福利）を打ち出し、その先陣を切って発表されたのが、「介護一〇カ年計画」（長期照護一〇年計画）であった。これは、それまで制度化されていなかった介護サービスの提供、利用システムの改善、マンパワーの訓練育成などを総合的に推進するため、一〇年間で八一七億台湾ドル（約二〇〇〇億円）を投入する野心的な計画であった。これによってサービスの多元的供給を実現し、コミュニティ・ベースを築き、質の高い介護を確保することが目指された（台湾内政部社会司ホームページ［http://sowf.moi.gov.tw/newpage/tenyearsplan.htm、二〇一二年一二月一〇日アクセス］より、ダウンロードした「我国長期照顧十年計画摘要本」、三頁）。

この一〇カ年計画の実施によって介護をめぐる諸問題を洗い出し、第二段階として「介護サービス法」（長期照護服務法）、第三段階として「介護保険法」（長期照護保険法）を導入するというのが当初プランであったが、その後このような段階分けをなくし、介護サービス法と介護保険法の同時に導入を目指すことになり、二法案は、二〇〇九年、二〇一〇年にそれぞれ行政院において可決され（日本の閣議決定に相当）、国会において審議中である。ごく一部の市民団体が介護への現金給付に反対しているが、それは大きな影響を及ぼすことなく、むしろ介護への現金給付の方法をめぐって激しい対立が続いており、保険制度を導入した

表1-9　台湾における外国人労働者数（2011年，セクター別）

（単位：人）

	総　計	産業一般 A＝B＋C＋D	農，漁，牧，船員等B	製造業C	建設業D	福祉一般 E＝F＋G	介護F	家事手伝いG
労働者数	425,660	227,806	8,670	215,271	3,865	197,854	195,726	2,128

出所：行政院勞工委員會外勞業務統計より。

場合に生ずる国庫負担（七〇〇億から一三〇〇億台湾ドル）についての懸念のため、審議が難航している。*

介護サービス充実を目指した一〇カ年計画の基本は、地方自治体が制度運営、サービスの提供あるいは提供者の管理などを担い、国が補助金を拠出する構図になっている。しかし、計画発足から五年を経た二〇一三年時点で介護を必要としている高齢者の介護サービス利用率は二一％にとどまり、国内でのケア労働市場は拡大せず、外国人ケア労働者に依存する状況が続いている。家庭内で介護に従事している外国人労働者の実態は把握しにくいが、専門家によれば、最低限三〇％の要介護高齢者は外国人ケア労働に頼っている。**

台湾では、一九九〇年代以降法改正によって外国人労働者の受け入れが容易になり、その数は急速に増加してきた。二〇一一年現在外国人労働者の数は四二・五万人を超え、その半分弱が家庭内で働く「介護労働者」あるいは「家事労働者」に分類されている（表1-9参照）。二五〇万近くの高齢者のなかで長期介護を必要とする者が三一万人前後いるといわれていることを考えると、介護における外国人労働者の役割の大きさがうかがえる。*** しかし外国人労働者の受け入れや監督体制の不備が指摘され、とりわけケア労働の場合は住み込みのため、労働内容や時間について監視することが難しく、労働問題にとどまらず人権問題が生ずる場合も多い。二〇一二年七月現在において累積された事業所／雇用主から脱走した外国人労働者は約五万二〇〇〇人に上るが、そのなかで最も多いのは家庭介護従事者で、二万六五二八人に達する（次は製造業の一万九六九一人であるが、介護機構からの脱走者も二三九四人いる。詳細は、新新聞二〇一二年一一月一二日『台湾長照靠瑪利亞、観世音伸援手』）。

以上のように、台湾では高齢化対策として介護サービスへの公的支援が強化されてきているものの、高齢者が財政的に子に頼り、ケアについても家族福祉への依存度が高い状態が続いている。家族福祉は必ずしも家族構成員によって担われるのではなく、外国人労働者を家事労働のために雇うことが常態化している。台湾においては、家族主義が外国人労働によって維持・再生産されており、それは再家族化と呼ぶことができる。

しかし育児、とりわけ乳幼児の育児においては、依然として家族の直接負担が大きい。二〇一〇年の調査によると、三歳未満の育児負担は、母親（五四・九％）、祖父母／親族（三四・七四％）が負っており、保母や公立／私立保育所の役割は極めて限定的である（台湾女性の労働状態をめぐる分析は、主に上村［2006: 142-144］に依拠し、それに最新のデータを加えている）。しかし三歳から六歳未満の子どもになると、公立／私立保育所（五四・二一％）、母親（三四・二三％）、祖父母／親族（一〇・五一％）、保母（一・五九％）という順番になり、保育所の役割が一気に拡大する（行政院主計總處 2011年4月: 20, 表9）。従来民間の施設やサービスについてほとんど野放しの状態であったが、二〇一二年一月「幼児教育保育法」（幼児教育照顧法）が施行され、行政の監視や規制が強化された。

女性の社会進出および平等参画を促進するために、二〇〇二年から「性別職業平等法」（性別工作平等法）が実施されており、出産／流産有給休暇、育児有給休暇、生理有給休暇などが保障されるようになったが、二〇一二年には同法の改正によって有給の「家庭介護休暇」も導入された。二〇一〇年に労働者保険（労工保険）に加入している事業所において産休制度を実施している割合は九六・八％、配偶者出産休暇、流産休暇を実施している割合は、約五割に達している（行政院主計總處 2012b: 4）。実際これらの制度を利用するのは公務員が多く、民間企業では産休は歓迎されないといわれるが、産休の制度化によって出産前後の休暇が人事評価に与える悪影響が軽減され、出産に伴う退職も減った（尤 2002）。

台湾では家族主義のなかで企業の果たす役割がもともと弱かった。それは転職率が高く、正規と非正規との垣根が日本や韓国のように高くなかったことによる。労働市場が元来流動的であり、台湾は日本や韓国のように労働市場の規制緩和をさほど必要としなかったのである。こうした自由主義的労働市場を反映して、社会的保護政策も手薄であった。しかし近年著しい出生率低下に見舞われ、少子化対策として保育園などのインフラ整備とその監督強化、産休制度の整備などがなされている。二〇一二年一月から導入された「児童手当」（父母未就業家庭育兒津貼）は、両親のいずれか、あるいは両方が職業に就いておらず、二歳以下の子どものいる世代で所得課税率が二〇％未満の場合、子ども一人当たり毎月二五〇〇台湾ドルの手当が支給されることになった。****

高齢化対策としては、退職金制度の改正が注目されるが、その額は老後生活の保障として十分ではなく、依然として高齢者は子からの財政支援に頼っている。公的介護についてはなお導入の目処がたっておらず、外国人労働者に頼った「脱家族化→再家族化」という現象がみられる。台湾では、労働市場や税制のなかに男性稼得者モデルを維持・再生産するようなメカニズムが組み込まれていないが、社会保障や社会サービスがほとんど未発達な状態にあるため、家族主義的福祉機能に依存せざるをえない状況にある。

企業慣行をみても、台湾ではもともと企業福祉が限定的であるため、日本のように企業が疑似家族的機能を果たすことはない。退職金は個人口座制導入によってほぼすべての労働者が受給できるようになったが、実際の所得代替率は極めて楽観的に見積もっても二〇％未満であり、労働者保険（労工保険）と合わせても所得保障の機能を十分に果たしているとはいえない（台湾政府は退職金と労働者保険の年金給付を合算すれば退職前の平均基本給の七五％の代替率に達すると主張しているが、労働者団体や市民団体には楽観的すぎると批判されている）。

台湾の福祉レジームは、日本や韓国と比べて自由化に向けた改革があまりなされなかった。その最大の理由は、台湾の家族主義が自由主義的な特徴をもっていたことにある。台湾の労働市場は従来から規制が弱く、家族主義的な保護政策や慣行は存在しなかった。女性の労働力率はなお低いとはいえ、近年上昇を続けており、韓国や日本のようにM字曲線が存在しない。育児・介護ケアにおいては家族への依存度が高いとはいえ、高齢者介護については外国人労働力の輸入によって女性の労働力化と再家族化が促進されている。

＊　現金給付を外国人ケア労働者の雇用に当てるかどうかは任意である政府案に対して、民間団体は、介護サービス産業の育成に繋がらず、介護サービスの質の低下と外国人労働者の悪質な利用に繋がると批判している。詳細は、「台湾半心半意辦長照」『新新聞』（二〇一二年一二月一二日）。なお、二〇一四年三月現在、介護サービス法は国会本会議にて審議中であり、介護保険法は二〇一三年に否決され、二〇一四年五月を目処に行政院（内閣）によって再提出される予定である。

＊＊　『台湾醒報』（二〇一二年五月一八日）。多くの外国人労働者は介護を理由として招聘されるが、実際には雇用主の事業に駆り出され、高齢者は最低限の介護を家族から受ける状況もよく知られている。

＊＊＊　行政院主計處のデータによると、二〇一〇年に台湾の高齢者（六五歳以上）は、二四四万四七六〇人おり、そのなかで長期介護が必要なのは、三一万七九〇人になる。長期介護が必要な高齢者の半分近く（一五万五八五九人）は、子どもと同居している。養護施設を利用しているのは、四七万八三二四人であった。

行政院主計處（2012年9月：48-79, 表37, 38）。

**** その他の条件として、有給休暇や育児補助金など公的補助をすでに受給していないことである。また、低収入世帯と中低収入世帯に対してはそれぞれ五〇〇〇、四〇〇〇台湾ドルの金額（一万五〇〇〇円、一万二〇〇〇円に相当）になる。

福祉政治

企業と労働

権威主義体制の時代から、財界の頂上団体の会長はほぼ例外なく国民党の中央常務委員会のメンバーであった。しかし資本が政党の意思決定組織を経由して、様々な影響力を行使するメカニズムは、民主化以降かなり弱体化した（台湾の企業―国家間関係や、企業への行政指導については、Wade〔1990〕を参照。国民党の意思決定メカニズムに関しては若林編〔1987〕、松田〔2006〕。ほかに日本語で台湾の労使関係と社会政策について整理したものとして上村〔2006〕がある）。二〇〇〇年に誕生した民進党政権においては、企業団体がその影響力を行使するルートは、民進党の大物政治家、特に総統との個人的な繋がり、そしてマスコミを通じての影響力行使であった。これは民進党が、財界との公式コミュニケーション・チャネルをもっていなかったためである。*

労働組合は、民主化まで経済発展に協力し、成果配分を受けていたが、政治的には無力であった（Deyo 1987）。労働組合は、労使協調による経済発展のためには重要な政策手段とみなされていたが、権威主義体制下では独立の政治勢力となることは許されず、国民党自らが労働組合の結成を促し、多くの党員を組合幹部として送りこみ、労組を支配したのである（李 1992：86-101）。それは、疑似コーポラティズムともいうべき体制であった。**

しかし民主化と同時に自立的な労働組合が出現し、二〇〇〇年五月一日「全国産業総工会」（全産総）が発足した。実は民主化以前、一九八〇年代後半にはすでに労働紛争が増加を始め、国民党の統制力に翳りが見られた。特に組織力の高い公共企業体労組は、民営化に抗して、自らの「生みの親」である国民党との対立を深め、当時野党であった民進党に接近し、選挙においては民進党候補者を支持するなどの造反を行った（Huang 1999：201-202）。

二〇〇〇年以降、労働組合は政党とイシューごとの連携を行い、政党側も様々な労働代表を比例代表の国会議員として取り込むようになり、国民党、そこから分裂した親民党、そして民主化勢力の流れを汲む民進党は、それぞれの国会議員のなかに労組幹部からの転出組を抱えるようになった。結果として、台湾の労働政治は疑似コーポラティズムから多元主義的に移行しつつあるといわれる（上村 2006：2007 参照）。

しかし台湾の組織労働は主に産業組合（産業工会）と職業組合（職業工会）に分かれ、前者は企業別の労働組合であるが、後者は皆保険と皆年金が実現される前に零細労働者、家庭主婦等が医療給付と年金給付を受け取るために組織されたものであって、労働組合としての実体をもっていなかった点に注意する必要がある。民主化以降もこのような制度的遺産が災いして、産別の組織化が進んでいない***（張 2010）。台湾の公式発表によると、二〇一〇年の労組組織率は、三七・三％であるが、社会保険に参加するための職業労組を排除すれば、わずか七％前後になってしまうといわれる（張 2011）（労働組合組織率のデータは、行政院勞工委員會ホームページから労働統計資料庫〔http://www.cla.gov.tw/cgi-bin/siteMaker/SM_theme?page=450f92d3、二〇一二年一月九日アクセス〕）。

このように民主化の後も、台湾労働組合の力は向上したとはいえず、むしろ市民団体やアドボカシーグループが政策ごとに政党と連携役を果たし、マスコミを通じて積極的にアジェンダ設定を図っている。****

* 二〇〇〇年に政権を発足させた当時の総統府国策顧問（総統の無給指南役）に、世界的有名な半導体メーカー、パソコンメーカー、世界四位のコンテナ物流企業の社長らが名を連ねていたことからも分かるように、重要なのは財界の大物たちと当時の総統である陳水扁

労働組合は脆弱であったが、一九

政党と制度

九〇年代半ばから始まった社会保障制度の拡充が民主化によって促進されたことは間違いない。つまり選挙を通じて政党間競争が生まれ、各政党は少しでも多くの支持層を獲得するために「公平な」分配を訴えるようになったのである。台湾では、社会保障制度の拡充はいわゆる「手柄争いの政治」によって実現したのである。台湾の国民年金制度の導入は、その代表例と考えられる（林 2002）。一九九〇年代前半、まだ弱小野党であった民進党は、軍人と公務員は「老人年金」の恩恵を長く享受してきたのに対して、高齢に達した労働者や農民にはそのような恩恵が一切ないことを指摘し、国民党政府を批判し、選挙で躍進した。民進党の綱領には社会民主主義的な要素が含まれていたが、それは民進党の創立メンバーであった一部の知識人たちが主張したものであって、党として政策的に十分論議されたものではなく、年金問題はむしろ票集めのためにもち出されたものであった。

また、仮に望んだとしても、民進党政権は包括的な福祉改革を推進するだけの安定した権力基盤をもっていなかった。総統選に勝利したといっても、民進党は一貫して国会において少数派であった。政権交代が起こった二〇〇〇年に民進党は、三一・一%の議席数しか占めておらず、二〇〇一年の立法委員選挙の結果、立法院で最大政党となったものの、その議席数八七は全議席数二二五の半分には遠く及ばず、少数与党であることに変わりはなかった。

台湾においては総統が行政院長（首相相当）を立法院（国会）の同意なしに任命できるが、総統は国会解散権をもたず、また法案への拒否権ももたず、再審議を要求できるだけである。再審議法案が可決されるためには、国会議員全体の二分の一の賛成があれば成立するが、民進党政権は議会で多数派を形成することができなかった。したがって民進党政権が実現した社会保障や福祉政策は、野党との駆け引きのなかで生まれた妥協の産物以上のものではなかった。

女性団体

外国人介護労働者の受け入れを政府に強く求めたのは、女性団体である。政府は、その要求に応え、一九九二年介護に従事する女性外国人労働者の受け入れを申請ベースで七〇〇〇名を上限として許可するようになった（潘 2002：54）。しかし、こうした女性団体の影響力は特定イシューに関して特定の政治家個人（国家議員、大臣）に働きかけることによってもたらされたものであり、政党との制度的な影響力関係があるわけではなかった。

の個人的繋がりであった。このような関係は、民進党の組織運営に制度的に組み込まれたものではない。
また、財界の大物たちがマスコミでの発言を通じて世論に影響を及ぼすのは、長く経済成長が国是として考えられていた台湾において、しばしば観察される現象である。有力財界人はオピニオン・リーダーであるだけではなく、セレブリティであり、その言動はマスコミに大きく取り上げられることが多い。財界人はそれによって社会保障、福祉、労働、雇用政策などに積極的に発言し、政策に影響を及ぼしている。
台湾におけるメディアと政治の関係は本格的な研究がまだ少ないが、特定の政策について財界人の発言を繰り返し報道することによって政権与党や総統に圧力を加える現象は顕著である。例えば、二〇〇〇年に民進党政権が勤労時間を短縮しようとした「工時短縮案」がそうであった。詳細は台湾最大日刊紙の一つである中国時報の一連の特集を参照（http://forums.chinatimes.com.tw/special/working/89122901.htm、二〇一三年一月一〇日アクセス）。

** 単なる古典的な国家コーポラティズムではなく、「疑似」コーポラティズムというのは、台湾における労働組合およびその頂上団体は、労働者の利益を代弁、あるいは労働組合を統制するために作られたのではなく、むしろ労働を政治から排除するために用いられたためである（Deyo 1987：Huang 2002）。

*** 労働団体に関連する「労働三法」といわれている労働組合法（工会法）、団体協議法（団体協約法）、労使紛争処理法（労使争議処理法）などは、本格的な改正を経て、二〇一一年五月に施行された。個人による産別組合への参加が可能になり、それが今後は産別組合の拡大に繋がるかどうかは今後観察せねばならない。

**** その代表的な存在が「台湾労工陣線（略称労陣：Taiwan Labor Front）」である。もちろん、「労陣」の幹部等は自主的労組やその頂上団体である全産総にも勤務経験を持つ人が多いが、労組が影響力を発揮するよりも、このようなアドボカシー団体の幹部として政策ごとに合従連衡する例が多い。

アメリカにおいてキャリアを追求する女性が安価なケア労働（移民女性が大半）を利用することはよく知られているが、台湾においては女性が、介護労働の負担軽減のために自ら外国人ケア労働力の輸入を求め、それによって家族主義を維持・再生産するルートを創りだしたのである。これは家族主義的伝統が強いながらも、市場のジェンダー・バイアスが強くはない台湾で生まれたユニークな現象である。

近年では女性団体の政治への関与は、政治家個人よりも各レベルの政府機関に設けられている「婦女権益促進委員会」を通じてなされることが多い。たとえば、行政院（内閣）の「婦女権益促進委員会」は「ジェンダー主流化」（gender mainstreaming）を推進し、それによって予算配分等にジェンダーの視点を反映するだけでなく、「介護の普遍化」「児童の授業後補導」「コミュニティ・ベース保育士のサポート」など、地域共同体や学校を拠点とする活動を始めており、一定の成果をあげている（傅 2010：228-229）。

福祉レジーム改革の展望　二〇一〇年中国と締結した自由貿易協定（両岸経済協力枠組協議）を契機に、台湾の市場はいっそう開放度を高めることになったが、多くの先進国同様に、財政的には常に積極策と緊縮策の間で揺れ動いている。

またグローバル化がもたらす格差問題は、台湾においても政党間競合にかなり反映されるようになってきている。二〇一二年の総統選キャンペーンにおいて野党の民進党が打ち出したスローガンは、「公平」「社会的正義」であった。このような民進党の政策は国民党政権によって取り込まれたため、選挙での争点とはならなかったが、公的福祉や社会的正義は今後も台湾政治の重要争点の一つであることは間違いない。

5　日韓台の分岐

日本、韓国、台湾の家族主義レジームをみると、脱商品化、脱家族化ともに低いという特徴は共有しているものの、大きな違いがみられる。三カ国のなかで、日本の社会支出は飛びぬけて大きい。これは日本の社会保障制度がより整備されているとともに社会の高齢化が韓国、台湾よりはるかに進んでいるためであって、ヨーロッパの先進諸国と比べると、日本は高齢化の割には社会支出を効果的に抑制している。世界一の高齢化率にもかかわらず、日本の社会支出は近年ようやくＯＥＣＤ平均を上回るようになったにすぎないのである。

ここで日韓台の家族主義を改めて比較すると、三カ国は女性の労働力率が低い点では共通している。ただし韓国、台湾では全就業者に占める自営の割合が高く、今日でも二五％を超えており、そこでは当然のこととして女性も家業に駆り出されている。韓国と日本の場合、女性就業率の年齢別推移にM字曲線がみられる。これは家族主義、とりわけ男性稼得者を中心とする家族形態が支配的な社会でよくみられる現象である。

韓国のほうがよりはっきりしたM字を示しており、日本のほうが若干底の浅いM字になっているが、これは日本が戦後直ちに民主化され、一九五〇年代中葉から経済発展が進んだことを考えれば当然である。むしろ経済大国となって四〇年以上が経過しているにもかかわらず、M字が残っているところに日本の特徴がある。日本の場合、税制・社会保障において男性稼得者家族を維持・再生産する政策がとられてきたのである。

男性稼得者モデルが日本で強いことは、男女の非正規雇用割合からもうかがえる。日本では女性が非正規雇用に就く割合が、同じ家族主義の韓国、台湾と比べても高い。韓国は企業主義や男性稼得者モデルを維持している点で日本に類似しているが、一九九七年の通貨危機以降自由化が進んだ。他方日本においても自由化が進んでいるが、韓国の自由化は、日本とは異なる特徴をもつ。第一に、労働市場規制緩和において韓国の改革は、日本よりも限定的なものにとどまっている。第二に、韓国の育児支援策は、日本とは異なり、男女の家事分担の不公平を是正する効果をもち、第三に、近年韓国では福祉拡充を求める声が左右を超えて高まっている。

こうした違いは、韓国の場合社会保障制度が日本と比べても整備されておらず、そもそも男性稼得者世帯を保護する制度が日本のように手厚くなかったことから生まれてきた面もあるが、他方韓国では財閥が経済的支配力をもち、それを背景に政治的影響力を行使してきたことを考えれば、自由化に抗してジェンダー平等や社会的公正を求め、活動してきた労働組合や市民団体などの役割に注目すべきであろう。韓国では、自由化がジェンダー平等な労働市場の実現、包括的なセイフティネット構築という動きを伴っており、その限りでは大陸ヨーロッパにおけるフレキシキュリティ戦略への親近性を示しているといえる。

台湾の家族主義は、日韓とは大きく異なる。女性の雇用率では日韓台同レベルであり、自営業率では台湾と韓国は同じようなレベルであるが、台湾の女性雇用率の年齢別推移にはM字曲線がみられず、台形となっている。つまり女性の労働力率が低いとはいえ、女性は一度就業すると結婚や出産で一時的に労働市場を退出するという現象がみられない。台湾ではそもそも労働市場において日韓のような男性を中心とした企業主義的雇用慣行が存在せず、性差中立的な労働市場を実現していた。換言すれば、労働市場において男性正規雇用が特権化されておらず、女性保護という観点も弱く、自由主義的な労働市場が実現していたのである。したがって台湾では、日本や韓国のように労働市場の規制緩和が大きな政治問題とはならなかった。

台湾において高齢者介護への公的支援はなく、育児支援が近年ようやくスタートしたにすぎないのに、なぜ女性が働き続けることが可能なのかといえば、外国人労働者の役割が大きい。台湾の場合、外国人労働力を利用することによって家族主義を維持している。ケア労働力の受け入れは日韓でも全くみられないわけではないが、なお限定的であり、再家族化を可能にするレベルには程遠い。性差中立的な労働市場や外国人（移民）労働力の利用による家族機能の維持という点では、台湾はアメリカに類似している。しかし台湾では家族が介護するという規範が根強く、女性の労働力率がなお低いだけでなく、韓国同様に高齢者の生活保障の支柱は、子からの経済支援である。このような点を鑑みれば、台湾の自由主義的労働市場は、なお家族主義的な社会統合に依存しているといえる。

台湾の家族主義が変容を続ければ、その向かう先は、自然に考えればアメリカ流の自由主義であろう。すでに自由な労働市場が存在し、外国人労働力の受け入れが進んでいる点で、台湾は日本の「自由化」にはるかに先行している。しかし台湾がアメリカ化するためには、皮肉な話であるが、高齢者が子から経済的に自立できるレベルの老後保障が求められる。公的保障と組み合わせて企業福祉を発展させることが考えられるが、すでに「自由化」が浸透している台湾で企業にそのような動機づけを与えることは容易ではない。

また台湾では今日までのところ福祉拡充は選挙での「手柄争い」として利用されてきたにすぎないが、今後社会的公正や福祉拡充を進めていくとすれば、そのような方向性を経済成長戦略と結びつけ、プログラム化する政党が求められるだろう。福祉拡充の牽引役を果たしてきた民進党は、これまでのところそのようなプログラムをもっていない。また家事労働を担う外国人労働力の受け入れで活躍した女性団体も、公的介護支援や福祉拡充では目立った動きを示しておらず、労働組合は社会保障制度整備を推進するような政治的影響力をほとんどもっていない。従来のように政治家個人に影響力を行使するという手法では、政策の継続性は保障されず、現在の家族主義レジームの微調整に終わる可能性が高い。

以上、本章では日韓台の家族主義レジームを比較検討し、各々が高齢化やグローバル化の要請する自由化に対してどのように対応してきたのかを検討した。各国固有のレジーム遺産が各々の対応を規定していることは間違いないが、最終的に政策の方向性を決定するのは政治である。レジームの抵抗力という点では台湾が、政治のダイナミズムにおいては韓国が注目される。換言すれば、最も大きなレジーム変容の可能性を示唆するのが韓国であり、最も変化しない可能性がある（変化する必要がない）のが台湾である。日本は、韓国や台湾以上に家族主義を制度的に保護してきたため、自由化を実現するためにはより大きな制度改革が必要であったが、格差社会批判のなかで小泉構造改革が否定的に評価されるようになったため、自由化に一定のブレーキが掛けられた。しかし、その後新たな方向性が見出されたわけでもない。仮に日本が、家族主義の残滓を解消せず（伝統を尊重しつつ）、一層の脱家族化を推進するのであれば、台湾のように、なんらかの再家族化政策が必要になるだろう。


【付記】

本章は、科学研究費補助金基盤研究（A）『労働の国際移動が福祉国家政策および政治に与える影響に関する比較研究』（平成二三〜二六年度、新川敏光代表）に関する研究成果の一部である。


【参考文献】


〈日本語〉

安周永（二〇一三）『日韓企業主義的雇用政策の分岐――権力資源動員論からみた労働組合の戦略』ミネルヴァ書房。

上村泰裕（二〇〇六）「台湾の労使関係と社会政策」宇佐見耕一・牧野久美子編『新興工業国における雇用と社会政策――資料編』アジア経済研究所。

――（二〇〇七）「台湾の政労使関係と社会政策――新たなコーポラティズムへの模索？」宇佐見耕一編『新興工業国における雇用と社会保障』アジア経済研究所。

――（二〇一〇）「台湾――政府が奨励した企業福祉とその変容」末廣昭編『東アジア福祉システムの展望――七カ国・地域の企業福祉と社会保障制度』ミネルヴァ書房。

金淵明編／韓国社会保障研究会訳（二〇〇六）『韓国福祉国家性格論争』流通経済大学出版会。

金淵明（二〇〇九）「韓国における社会保険の危機と改革――社会保険の死角と『分断された』福祉国家？」埋橋孝文・木村清美・戸谷裕之編『東アジアの社会保障――日本・韓国・台湾の現状と課題』ナカニシヤ出版。

厚生労働省編（二〇一二）『厚生労働白書（平成二四年版）社会保障を考える』日経印刷。

新川敏光（二〇〇五）『日本型福祉レジームの発展と変容』ミネルヴァ書房。

――（二〇〇七）『幻視のなかの社会民主主義』法律文化社。

――（二〇一一）「日本型家族主義変容の政治学」新川敏光編著『福祉レジームの収斂と分岐』ミネルヴァ書房。

辻由希（二〇一二）『家族主義福祉レジームの再編とジェンダー政治』ミネルヴァ書房。

崔章集／磯崎典世・出水薫・金洪楹・浅羽祐樹・文京洙訳（二〇一二）『民主化以後の韓国民主主義――起源と危機』岩波書店。

内閣府（二〇一一）「少子化社会に関する国際意識調査」。

東アジア雇用保障資料データ集　オンライン・データ集（http://webiss.u-tokyo.ac.jp/gov/asia-data.html、二〇一三年一月一日アクセス）。

藤森克彦（二〇一二）「単身世帯の増加と金融機関に期待される役割」『金融ジャーナル』六月号、二四〜二七頁。

松田康博（二〇〇六）『台湾における一党独裁体制の成立』慶応義塾大学出版会。

宮本太郎・イト・ペング・埋橋孝文（二〇〇三）「日本型福祉国家の位置と動態」G.エスピン-アンデルセン編／埋橋孝文監訳『転換期の福祉国家――グローバル経済化の適応戦略』早稲田大学出版部。

尹子英・安周永（二〇一三）「両親の時間使用変化に関する日韓比較研究」『大原社会問題研究所雑誌』六五一号、四四〜五九頁。

横田伸子（二〇一二）『韓国の都市下層と労働者――労働の非正規化を中心に』ミネルヴァ書房。

李蓮花（二〇一一）『東アジアにおける後発近代化と社会政策――韓国と台湾の医療保険政策』ミネルヴァ書房。

林成蔚（二〇〇二）「社会保障制度改革をめぐる政治過程――台湾と韓国の比較分析」東京大学博士学位論文。

――（二〇〇四）「台湾と韓国における社会保障制度改革の政治過程」大沢真理編『アジア諸国の福祉戦略』ミネルヴァ書房。

若林正丈編（一九八七）『台湾――転換期の政治と経済』田畑書店。

〈英語〉

Deyo, Frederic (1987) "State and Labor: Modes of Political Exclusion in East Asian Development," in Frederic Deyo (ed.), *The Political Economy of the New Asian Industrialism*, Ithaca and New York: Cornell University Press.

Huang, Chang-ling (1999) "Labor Militancy and the Neo-Mercantilist Development Experience: South Korea and Taiwan in Comparison," Ph.D. Dissertation, The University of Chicago.
——— (2002) "The Politics of Reregulation: Globalization, Democratiation, and the Taiwanese Labor Movement," *The Developing Economies*, XL-3, pp.305-326.
Wade, Robert (1990) *Governing the Market: Economic Theory and the Role of Government in East Asian Industrialization*, Princeton, New Jersey: Princeton University Press.

〈中国語〉（漢字音読み五十音順）

王雅雲（二〇一一）「我國非典型就業概況」『台灣勞工季刊』二〇一一年九月二七期、一〇〇～一一一頁。

郭明政（二〇〇六）「勞退新制之政策形成與立法過程之分析」『臺灣勞動法學會學報』二〇〇六年六月五期二六九～三一六頁。

行政院經濟建設委員會（二〇一二）「二〇一〇年至二〇六〇年台灣人口推計（報告）」（http://www.cepd.gov.tw/m1.aspx?sNo=0000455、二〇一二年一一月二四日アクセス）。

行政院主計處（二〇〇六）「工商及服務業普查報告」。

———（二〇一一）「社會指標統計年報」。

行政院主計總處（二〇一一年四月）「婦女婚育與就業調査報告」。

———（二〇一一年一一月）「人力資源統計月報」。

———（二〇一二a）「人力運用調査報告」。

———（二〇一二b）「二〇一二性別圖像」。

———（二〇一二年九月）「九九年人口及住宅普査——總報告統計結果提要分析」。

行政院内政部（一九九一、一九九三、一九九六、二〇〇〇、二〇〇五）「老人狀況調査」。

行政院内政部統計年報（http://sowf.moi.gov.tw/stat/year/list.htm、二〇一二年一一月二〇日アクセス）。

行政院勞委會勞動統計年報（二〇一一）。

行政院勞工委員會外勞業務統計（http://www.evta.gov.tw/content/list.asp?mfunc_id=14&func_id=57、二〇一二年一二月二九日アクセス）。

苦勞網（http://www.coolloud.org.tw/node/68336、二〇一三年一月一〇日アクセス）。

張烽益（二〇一〇）「臺灣工會的危機與轉機」『臺灣勞工季刊』二三、二〇一〇年六月、五六～六三頁。

張智程（二〇一一）台湾人權電子報「台灣新勞動三法下的集體勞動人權」（http://enews.url.com.tw/human/67589、二〇一三年一月二日アクセス）。

潘淑雯（二〇〇三）「我國外籍勞工政策制定過程——政策網絡的分析」中正大學勞工研究所碩士論文。

傅立葉（二〇一〇）「從性別觀點看台灣的國家福利體制」『台灣社會研究季刊』二〇一〇年一二月、二〇七～二三六頁。

尤美女（二〇〇三）「從立法到執法談兩性工作平等法之落實」『全國律師』六：三期。

「立法院公報」第七八巻第九九期（一九九〇）。

李允傑（一九九二）『台灣工會政策的政治經濟分析』巨流圖書公司。


〈韓国語〉（ガナダラ順、ハングル表記は日本語表記に改めた）

雇用労働部（二〇一〇）『二〇一〇年全国労働組合組織現況』雇用労働部。

鄭武權編（二〇〇九）『韓国福祉性格論争Ⅱ』人間と福祉。

梁在振（二〇〇四）「韓国の大企業中心企業別労働運動と韓国福祉国家の性格」『韓国政治学会報』第三九集三号、三九五～四一二頁。

李スヨン・盧ヨンヒ（二〇〇六）「外貨危前後の労働力柔軟化と韓国企業福祉制度の変化」『韓国社会福祉学』第五八巻二号、一四三～一六六頁。

横田伸子（二〇〇七）「一九九〇年代以降の韓国就労体制の変化と労働力の非正規化——日本との比較分析を中心に」ジャンジヨン・横田伸子編『グローバル化とアジア女性』ハンウルアカデミ。

林玄鎭（二〇〇九）『韓国の社会運動と進歩政党』ソウル大学校出版部。

統計庁（二〇〇四）『韓国の社会指標』統計庁。

韓国保健社会研究所（二〇一一）『二〇〇九年度韓国の社会福祉支出推計とOECD国家の障害者所得保障体系比較』韓国保健社会研究所。

第2章

後発的福祉国家スペインの失われた改革

横田正顕

一九九〇年代以降の福祉国家研究の飛躍的発展を支えたエスピン－アンデルセンの福祉レジーム論は、スペイン福祉国家の後発的性格を理解する上で最も基本的かつ重要な参照枠組みである。スペインの福祉国家に関する比較研究は、今なお福祉先進国に比べて質・量ともに貧弱であるといわざるをえないが、さまざまな非典型的要素を抱えるスペインの事例はレジーム論に関する論争と重要な接点をもつ。

1 福祉レジーム論のなかのスペイン

スペイン福祉国家と家族主義

「家族主義」（familialism）または「脱家族化」（defamilialization）をめぐる論争は、レジーム論批判の文脈における重要論点の一つである。エスピン－アンデルセン（2000）自身は、スペインにおける脱家族化の不十分さを指摘しつつ、最終的にはこれを保守主義レジームの不完全な表れにすぎないと評価した。これに対して、脱家族化を福祉国家の性質を測る独立の次元と捉える立場からは、脱商品化と脱家族化のレベルがともに低い「温情主義レジーム」（新川 2014）などの概念も提起されている。

しかし、三〇年にわたるスペイン福祉国家の量的拡大が額面上での脱商品化レベルの改善をもたらしたことは否定できない（表2－1参照）。他方で、脱家族化のレベルが依然として低いことが他の保守主義レジーム諸国との大きな違いであり、スペインの福祉国家化の物語を後発的近代化の成功譚に終わらせることを許していない。ビスマルク型の社会保障体系の改革の際に保守主義レジーム諸国が直面する困難については多くの指摘がなされているが（Palier 2010）、スペインでの展開は、脱家族化の遅延が福祉改革の困難を倍加する事例の一つとして理解することができる。

表２－１　社会支出の対 GDP 比

（単位：％）

	1980年	1985年	1990年	1995年	2000年	2005年	2009年
老　齢	4.6	5.8	7.2	8.3	6.8	6.5	7.7
遺　族	1.7	1.8	0.9	0.9	2.1	2.0	2.2
障害・労災・傷病	2.4	2.2	2.3	2.5	2.4	2.5	2.7
保健・医療	4.2	4.3	5.1	5.4	5.2	5.8	7.0
家　族	0.5	0.3	0.3	0.4	1.0	1.2	1.5
積極的労働市場政策	0.2	0.3	0.8	0.4	0.8	0.8	0.9
失　業	2.0	2.7	3.2	3.2	1.7	1.8	3.5
住　宅	0.0	0.0	0.1	0.2	0.2	0.2	0.2
その他	0.0	0.0	0.1	0.1	0.1	0.2	0.3
社会支出合計	15.5	17.8	19.9	21.4	20.2	21.1	26.0

出所：OECD. Stat Extracts（http://stats.oecd.org，2014年７月10日アクセス）データベースより筆者作成。

スペイン福祉国家の複合的性格

本章では、スペイン福祉国家の構造的特徴を次のように捉える。第一に、スペイン福祉国家がマルチレベルな構造を有しており（Gallego and Subirats 2011）、南欧型福祉モデルの特徴として全体的に複合的な性格を有している（Ferrera 1996）点である。自治州政府への権限移譲と並行して形作られた普遍主義的な医療・保健制度（一九八六年）、残余的な無拠出型扶助（一九八四〜八五年）、および残余主義的な最低所得補償制度（一九八〇年代末〜）は、中央の所管する所得保障と失業保障を補完する（地方財政の七〇％は社会支出に充てられる）。

第二に、マルチレベル構造の中でナショナルな制度的枠組みの基幹的構成要素だけを見れば中心的な制度的枠組みは職域主義型の年金・失業保険であり、その基本的性格はビルマルク型ないし保守主義型社会保障である。ただし、その運用は労働市場の局所的ながら徹底した自由化に特徴づけられる雇用レジームと結びつき、インサイダー／アウトサイダーにおける給付水準の二重構造を強化している。

そして第三に、公的年金制度の比重の大きさに対して中央・地方を問わず社会サービス分野での政策展開が弱く、福祉国家の内部的不均衡を調整する場として、その外部にある社会組織の一つである家族への負荷が肥大化する傾向にあることが挙げられる。制度的福祉の運営コストが家族に転嫁される矛盾は、ライフコース・モデルの多様化に伴う世帯構造の変化や女性就業率の上昇などに伴って増幅され、スペイン福祉国家のアキレス腱となりつつあった。

制度的福祉と雇用と家族のこのような相互依存関係は、後発的なスペインの福祉国家化が新たな段階に移行する上で乗り越えられるべき対象であった。二〇〇〇年代に入って遅ればせながら着手された脱家族化政策は、一九八〇年代に敷かれた経路依存的な発展軌道からの離脱の試みとして重要であった。しかし、その試みが欧州危機後の全般的な緊縮圧力に屈したことによってこのトリアーデの矛盾が一気に表面化し、スペイン福祉国家は今や全ての要素を失う危機に直面している、というのが本章における観察である。

2　スペイン福祉国家における不均等発展

公的年金制度

すでに述べたように、スペイン福祉国家の制度的骨格は職域ごとに細分化された社会保険制度を軸とするコーポラティズム型構造であり、その起源はフランコ体制以前にさかのぼる。フランコ体制は労働者の分断的包摂の手段として社会政策を利用したが、体制移行期の政府も一九六三年の年金法に規定された枠組みを基本的に維持しようとした。しかし、モンクロア協定（Pacto de la Moncloa）（一九七七年）に基づいて体制移行期に取られた単純な拡張路線は、年金財政の急激な膨張や重複受給を始めとする不正受給などの副産物を生じた。

一九八二年から九六年まで長期単独政権を担ったフェリペ・ゴンサーレスの社会労働党（PSOE）は，当初より年金制度の合理化と制度運用の適正化の課題に直面し，社会保障法（法律二六／一九八五）では最低拠出期間の延長（一〇年から一五年へ），年金支出額の算定基準の変更（退職前二年の平均給与からから八年へ），物価スライド制の導入などが行われた。一九八五年法の枠組みは公的年金制度の発展軌道を方向づけた点に加え，政労使合意（社会的協調）を年金改革の政治的前提として利用した点でも重要であった（横田 2008）。

現行制度はスペインに居住して働く一六歳以上の労働者が強制的に加入するもので，民間被用者と一部公務員に対して適用される「一般制度」（Régimen General）と，特別公務員，炭鉱労働従事者，農業従事者，海事労働従事者，家事労働従事者，自営業者などのカテゴリーにそれぞれ適用される「特別制度」（Régimen Especial）の枠組みに大別される。退職年金については一五年の保険金拠出の実績がある者については最低保障があり，それを超える部分についての給付は所得比例である。公的年金制度の上には私的年金制度として二階部分に企業・職域年金，三階部分に労組・団体による団体年金や個人年金が付け加わる。

それぞれの制度的枠組みは強制的な拠出金制度に基づいて年金をはじめとする広範な領域をカバーし，独自の給付体系や財政基盤を有している。複数の制度の併存は旧体制の政策遺産そのものであると同時に，季節農業労働者や家事労働者などを抱えるスペイン労働市場の特殊な構造の反映でもある。これらの要因が拠出型の公的年金制度の簡素化と合理化を難しくしている。このほか，どのカテゴリーにも属さない無年金者を救済する手段として，一九八五年に無拠出型年金が創設された。

INE（国立統計局）集計による二〇一〇年のデータによれば，一般制度に加入する労従事者は一三二七万二五〇〇人，自営業者特別制度の加入者が三一二万六〇〇〇人，農業従事者特別制度の加入者が八一万八八〇〇人，その他三六万四六〇〇人で，合計一七五八万一九〇〇人であった。ここから八六七万一〇二〇人分の年金給付が行われた。その内訳は，五一四万五五〇人に退職年金（月額平均八八四ユーロ），二二九万九〇人に遺族年金（同五七二ユーロ），九三万三七二〇人に永久障害年金（同八五〇ユーロ），二六万八九七〇人に孤児年金，三万七六八〇人に扶養家族手当（同四五九ユーロ）である。

特別制度の加入者は一九八五年の四〇五万九五一二人から二〇一〇年の四三〇万九四〇〇人に増加しているが，六五五万三七八二人であった一般制度の加入者はほぼ倍増に近い形で増加し，社会保障制度のカバレッジは一般制度を中心に大きく拡大したことがわかる。また，この間に年金受給者総数も五三七万七一一八人から一・六三倍に増加しているが，その背景には，永久障害年金の受給資格の厳格化による受給者の五〇万人近い減少を補う退職年金受給者の激増（一九八五年の二四六万一八九八人から二・〇九倍に増加）がある。

このように，一般制度・特別制度を通じて突出した比重と伸び率を示すのが退職年金である。中位所得層における退職年金の純所得代替率は，最新の年金制度改革（二〇一一年）の効果が表れる前の値として，八四・五％（OECD三四カ国平均では七二・〇％）であり，ギリシャの一一〇・三％には及ばないものの比較的高い水準を示している。少子高齢化の進行に対する懸念が高まりつつある昨今においては，退職年金に重心を置く年金体系の安定性が問題にならざるをえないが，スペインでは内戦（一九三六～三九年）の後遺症と海外への移民流出の影響でベビー・ブームの発生が一九七〇年代にずれ込み，高齢化社会の可視化が相対的に遅れがちであった。

それでもスペインでは、先進福祉国家における社会支出の規模と給付水準に達するはるか以前において年金財政の危機が顕在化しており、制度の拡張と存続可能性の両立を図ることが制度改革の前提となっていた。そのような合意を具体化したものが、一九九五年に下院の主要政党間で締結された「トレド協定」(Pacto de Toledo) である。トレド協定は労使を含む関係アクターの基本原理として速やかに共有されていった。

一五の項目からなるトレド協定の主な内容は、特別制度と一般制度の拠出・給付水準の収斂、特別制度の簡素化と統合、労使の拠出金の軽減、拠出と給付のバランス、退職年齢の引き上げ、私的年金制度による補完である。一九九〇年代半ば以降のスペインでは、公的年金制度に断絶的変化をもたらす改革が可能な限り回避され、ビスマルク型ないし保守主義型制度構造の微調整という経路依存的な改革パターンが定着した (横田 2011)。

PSOE長期政権の後に政権の座についたPP(人民党)のホセ・マリア・アスナールもまた、少数派政権として誕生した事情もあって合意型の改革手法を踏襲し、社会協定の成立を受けて一九九七年に年金改革法 (法律二四/一九九七) を成立させた。その主眼は公的年金制度の財政的な健全化と合理化にあって、内容的には公的年金制度の基本構造に立ち入らない経路依存的改革であった。

注目すべきは、他の福祉国家でしばしば主題となる世代内・世代間の不平等の改善がスペインの公的年金制度の改革においてはほとんど検討されないことであり、代わって遺族年金や障害年金などの給付水準のバランス、すなわちリスク間の不均衡是正が改革の焦点となっていたことである (Natali and Rhodes 2008: 40-41)。言い換えればそれは、世代内・世代間の不平等が、公的年金制度の外部に存在する家族的連帯を通じて吸収・解消されることが期待されていることを意味した。

失業保障制度

現代スペインにおける失業保障の枠組みもやはり権威主義期の産物であって、フランコ体制期の法制 (一九六一年) に由来し、社会保障の一般制度・特別制度の区別に対応する失業保険の枠組みを基本とする。ただし、旧体制下での失業保障の水準は必ずしも十分ではなく、むしろ労働者の自発的団結を認めない代償として利用された厳格な解雇規制による雇用の保障こそが、相対的に貧弱な失業保障を補うものとして機能していた。

スペインにとって、政治体制の移行期は経済的にも格別に厳しい時期であった。一九七六年時点では五%程度にすぎなかった失業率は、二度のオイル・ショックの影響を受けて一九八〇年の一一・〇%、一九八二年の一五・八%へと着実に上昇し、一九八四年までにほぼ二〇%に達した。EC加盟を目前に控えて国内の社会・経済の近代化に余念がなかったPSOE政権は、拡張的財政策への全面的コミットメントを回避する一方、フランコ時代の遺産である強固な解雇規制の打破を雇用創出につなげようと試みた (以下、Pérez and Laparra [2011] および del Pino and Antonio Ramos [2009] を参照)。

労働憲章の改正 (一九八四年) による一四種の有期雇用契約 (六カ月~三年) の新設は、失業率を十分に押し下げる効果を直ちに発揮したわけではない。しかし、一九八〇年代後半の景気回復を通じてスペイン経済における有期雇用契約への依存度は急激に高まり、一九九〇年には全労働者の三二%にも達した。その傍らで、PSOE政権は、失業保障制度を補完するための無拠出型失業扶助を創設したが、その結果、失業給付の受給者は一九八〇年から八五年までに一〇万六〇〇〇人から五〇万人に急増した。

その後、PSOE政権は労働市場柔軟化に再度取り組もうとするが、これがUGT (労働者総同盟) とCCOO (労働者委員会) の抵抗によって頓挫すると (一九八八年ゼネスト)、その翌年には失業給付の受給資格の緩和と給付内容の拡充を行い、保護対象は二〇〇万人にまで膨張した。一九九二年から九四年の間にかけては、EMS危機の影響で失業率が再び急上昇したために（二四％）、PSOE政権は再び柔軟化戦略に訴え、同時に失業保護のカットに踏み切らざるをえず、実際に受給者は三分の一にまで減少した。現行の失業保障制度は、このような振り子状の政策変化の中で形作られてきたものである。

一般制度における失業保険（prestación por desempleo）は、非自発的な失業に至るまでの六年間に保険料納付実績が三六〇日以上あることや、一六歳以上で年金受給開始年齢未満であることなどを基本要件として、過去六年間における納付期間の長さによって、一二〇日から七二〇日までの幅で支給される。また、失業保険給付の最低額と最高額は、IPREM（公的給付水準：二〇一〇年以降は月額五三二・五一ユーロ）をもとに、扶養する子や障害者の数に応じてIPREMの七／六倍の八〇％から同二二五％まで変動する。この範囲に収まる場合、給付開始後一八〇日は失業前一八〇日間の平均給与の七〇％が、それ以後は五〇％が支給される。

一方の無拠出型失業扶助（subsidio desempleo）には資力調査があり、本人所得および一人当たりの世帯所得がSMI（職業間最低賃金：二〇一四年には月額六四五・三〇ユーロ）の七五％を超えないことが受給条件である。そのうえで、支給対象は失業保険の加入期間を満たさない者、失業保険による給付を使い果たした者、四五歳以上の失業者に対する特別扶助などに分類されるが、IPREMの八〇％、六カ月を基準として、被扶養者の数などに応じて支給額の増額や期間延長が行われる。年金受給開始までの無期限失業扶助の資格年齢は五五歳以上である。

失業保障制の拡充により、失業保険・失業扶助の個人所得に対する粗所得代替率は一九八〇年代以降に著しく改善され、二〇〇〇年代に入ってからは三一～三三％を保っている。もっとも、実際に失業保険で失業前平均給与の七〇％を得るには、被扶養者が〇人の場合、少なくとも失業前の給与が一五〇〇ユーロ未満である必要がある（INE, *Encuesta Anual de Estructura Salarial* によれば、二〇一一年の労働者の平均月収は一九〇八・三ユーロ）。また、失業期間が長引けば、それだけ保障の水準も低下せざるをえない。

また、失業保障の効果は、労働市場柔軟化の影響と併せて考える必要がある。一九八〇年代以降に紆余曲折を経ながらも大規模に進められた「部分的規制緩和」としての労働市場の柔軟化は、常用雇用の下で比較的強い雇用保障を受ける中核的労働者と、労働市場への参入と退出を不安定に繰り返す有期雇用の周辺的労働者による労働市場の二重化性を定着させた（Polavieja 2005）。

高い確率で失業給付の世話にならざるをえないのは、こうした労働市場の周辺に位置する不安定な労働者である。しかもそのほとんどは、自ら希望してフルタイム労働よりも少ない労働時間で働くパートタイマーとは異なり、他に選択肢を持たないがゆえに契約期間の終了とともに失職することを予定された、有期雇用に従事せざるをえない者たちであった。歴代政権が有期雇用契約からパートタイム契約や常用雇用契約への切り替えを促進してきたにもかかわらず、スペインで労働者全体のなかでパートタイマーが占める割合は、欧州全体のなかでも最下位に属する。

このように、全体の三〇％を占める有期雇用労働者が景気変動の調節弁として機能する反面、失業保障制度自体が景気変動に対して脆弱となり、失業率自体の高止まり傾向によって、支給条件の段階的な厳格化による失業給付の総量規制が必要とされるようになった。失業保障の不十分さは新しい不安定雇用を作り出すことによって補完される形となり、失業保障制度自体は不況時の緩衝機構として十分に機能しなくなっていったのである。

家族政策の不在

スペイン福祉国家の特徴の一つである社会サービス分野での政策展開の弱さの背後には、乳幼児・障害者・高齢者などに対する持続的ケアを家族・親族に委ねることを規範的価値として推奨する「家族主義」の傾向が強く関係している（Mora-Sitja 2011）。フランコ体制期には、民事上の離婚や人工妊娠中絶の禁止に加え、既婚女性が家庭外で働くことへの夫の許可や女性が銀行口座を開くことへの制約など、様々な次元でのジェンダー不平等の上に、多産報奨金をはじめとする家族政策が具体的制度として存在していた。

フランコ派との妥協の上に成立したスペイン一九七八年憲法は、「家族」の明確な定義を避けつつ、第三九条において家族の社会的・経済的・法的保護の保障、嫡出子と非嫡出子の平等、母性の保護、家族同士の扶養義務を定めている。しかし、このことをもって「家族主義」の連続性を指摘することは早計である。一九八〇年代から九〇年代にかけて現代福祉国家の中核的制度を作り上げたＰＳＯＥは、「女性解放」の理念に与しながらも、家族の領域に政策的に介入していくことに積極的ではなかった。とりわけ後に問題となる少子化問題への公的取り組みについては、かつての「出産奨励主義」（pronatalidad）を彷彿させるものとして、ＰＳＯＥ内部にさえ大きな抵抗があった（Naldini 2003: 118-119）。

スペインでは公教育に対する財政支出が他のＥＵ諸国と比べても四・三％と低く、その分を上・中流家庭の子女が通う私立学校がカバーしている。公立の幼稚園・保育園に通う〇～三歳児の割合はスウェーデンの四〇％、デンマークの四四％、フィンランドの二一％と比べてわずか八％にすぎない（Navarro 2004: 23）。このことは、特に就学前児童の教育が各家庭の資力による格差を生じ、平等な教育機会を掘り崩していることを意味するのであるが、この点についての取り組みも長らく放置されてきた。

また、スペインで介護が公的福祉の対象として整備され始めるのも比較的最近のことである。介護とは長らく六～六四歳（就学後から法定退職年齢まで）の障害者の世話を主に指していた。スペインでは、六五歳を超える高齢者のわずか二％が在宅ケアを利用するにすぎず、この割合はスウェーデンの三〇％、デンマークの二〇％、フィンランドの二八％と比べても大きな差を示す。フランス（七％）、イギリス（九％）と比べてもかなり低い。このことはスペインの高齢者の健康ではなく、既婚女性の「シャドウ・ワーク」として高齢者の世話が位置づけられてきた伝統が健在であることを表している。

このように社会サービスの供給体制が不十分であることに加えて、少なくとも一九九一年ごろまで、ＰＳＯＥ政権は家族に対する財政的支援にも不寛容であった。年金給付におけるジェンダー間の不均衡も顕著であり、一九九〇年代半ばには、拠出型退職年金受給者の三分の二が男性であるのに対して無拠出型年金受給者の七六％が女性という状況であった。これは、スペインの福祉国家の前提である、平均的世帯の既婚男性をその世帯の中心的稼得者とするモデルの影響力を示唆している。

長期にわたる家族政策の意図的軽視は、スペインの福祉国家化の過程で露呈した様々な制度上の矛盾を家族という「ミクロな連帯」（microsolidarity）において解決することを強いていた。一九九〇年代以降の労働市場における急速な変化が、失業率の高止まりと有期雇用などの非典型雇用の増大を生み出したことはすでに見たとおりであるが、特に若い世代に対する失業保障制度の保護機能が不十分であることは、二次的な救済手段として家族や親族と生計を共にすることを促してきた。

成年男女の両親との同居率が高く、独立世帯を構成するタイミングが遅れがちになるのはこのような背景による。両親と同居する二五歳から三五歳までの男女の割合は、リーマン・ショック前夜の二〇〇七年において三八・九％を記録した（男性四四・四％、女性三三・一％）（Eurostat, EU-SLIC, lic_lvps08）。その後同居率が若干下がるのは、二〇〇八年に、二二歳から二九歳までの男女に対して住居の賃貸を補助する自立基礎所得が給付されるようになったからであるとされる。

一方で一九八〇年代以降の家族政策なき福祉国家化は、このような機能を担いうる家族そのものの再生産に次第に大きな負荷をかけるようになった。一九八五年から九五年の一〇年で女性の教育水準が急速に向上し、高等教育修了者の割合は一二・六％から二二・七％に倍増した。これと並行して女性労働力率も顕著に上昇し、一九八七年から二〇〇九年までに二五～四九歳女性の値は三二・一％ポイント上昇して五六・八％に達した。また、年を追うごとに労働力率の年齢分布はM字型から台形型へと徐々に変化しつつある（Salido and Moreno 2012）。

しかしながら、一面での解放は他面での束縛を強化するものでもある。女性稼働率が上昇するにつれて、伝統的な家事労働と家庭外での仕事を両立させる「スーパー・ウーマン」（supermujeres）の存在が必要となったからである（Moreno 2004）。その弊害は、三五～五五歳の女性にストレス性の病を抱える割合が集中する（全国平均値の三倍）ことにも表れていた（Navarro 2004: 27）。また、徹底的な労働市場の二重化がスペインにおける社会的排除を深刻化させていないのは、家族がその衝撃を受け止めているからでもある（Polavieja 2005: 254）。家族とりわけその内部の既婚女性への重圧は、合計特殊出生率の劇的な低下（図2-1参照）とその論理的帰結である超高齢化社会の予測を導いた。

人口動態予測には様々なシナリオがありうるが、スペインについては、総人口に占める六五歳以上人口の割合（高齢化率）は二〇〇四年にEU一五カ国の平均をわずかに下回る程度の一六・九％（EU平均一七・〇％）であったのに対して、二〇二〇年代以降に急激に上昇して二〇五〇年には三五・六％（同三〇・〇％）に達し、これに対応して高齢者依存率が二四・六％（同二五・五％）から六七・五％（同五三・二％）に達するとの予測もある（Eurostat, *STAT/05/48*, 2005）。

こうして、就学前児童の保育サービス、高齢者・障害者に対する持続的ケア等の具体的な家族政策の必要性が痛感されるようになった。このような要請に最初に応じたのはアスナールのPP政権であった。アスナール自身は、家族政策の前提として積極的なジェンダー平等の確立が必要であるとは必ずしも捉えていなかったが、EU指令の国内法化の要請を機に「家庭生活と職業生活の両立支援法」の制定（法律三九／一九九九）と「家族支援総合プラン」（二〇〇一年）の策定に取り組むことになった。

確かにアスナールの両立支援策は、革新的であ

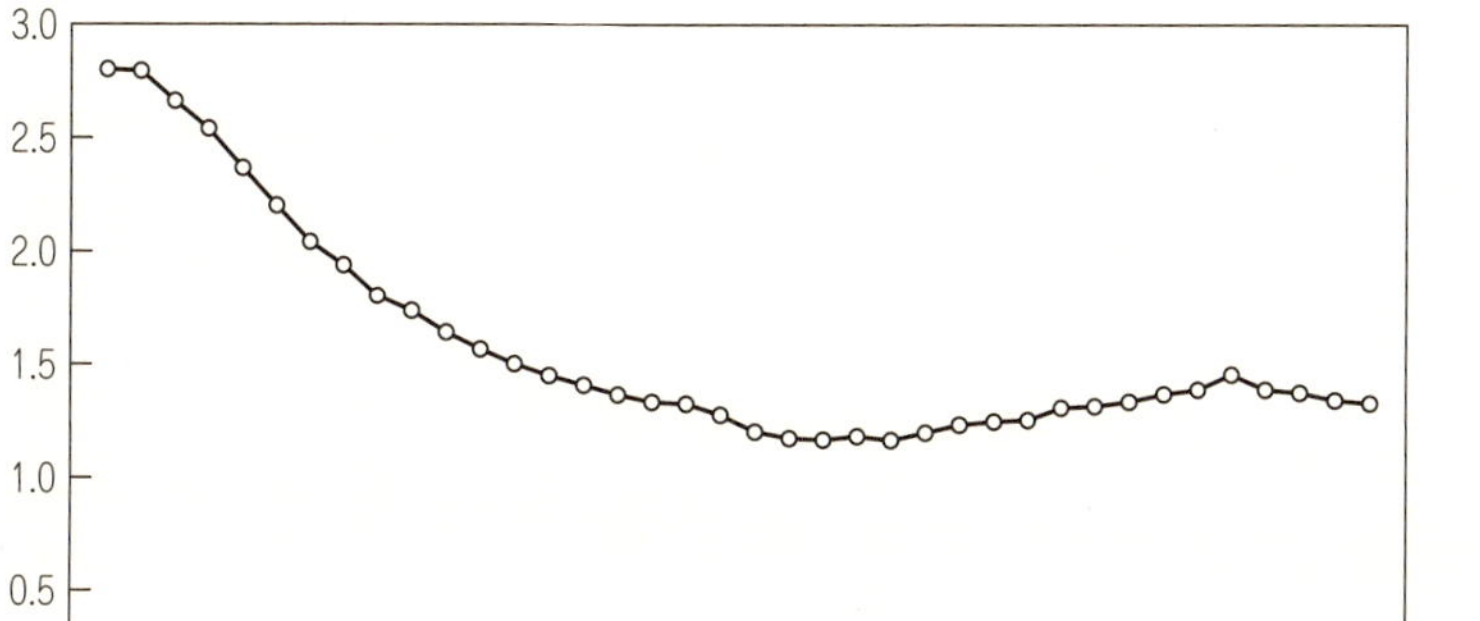

図2-1　合計特殊出生率（1975～2012年）

出所：World Bank（http://data.worldbank.org/, 2014年7月15日アクセス）データベースより筆者作成。

るというよりはむしろ伝統的な家族像の維持を望む保守層の心情に訴えるものであるとされる。具体的な立法措置として、父親の育児休暇や三歳児までのシングルマザーに対する月一〇〇ユーロの所得控除などを見ても十分ではない。しかし、施策の内実はともかく、二期にわたるアスナール政権の意義は、民主化後のスペインで等閑視されてきた政策分野の再定義を行ったことである（León 2011: 66）。二〇〇四年のPP政権の下野を受けて返り咲いたPSOEのホセ・ルイス・ロドリゲス・サパテロ政権では、より大胆な形での継承と発展が見られたのである。

3 スペインの失われた改革

サパテロ政権による「第二の移行」

一九九〇年代初頭にEMS危機による深刻な不況に陥ったスペイン経済は、一九九六年に成立したアスナール政権の下で回復基調を取り戻し、共通通貨ユーロの第一陣に加わることで飛躍的な発展の軌道に乗った。ユーロ参加の収斂基準を満たすことに余念がなかったアスナール政権下では、医療・保健分野の州政府への権限移譲の促進などを除いて目玉となるような新しい福祉政策がほとんど見られなかった。しかし、両立支援法に代表される家族政策分野に衆人の耳目を集める結果となったことは、先に見たとおりである。

一九八〇年代以降のスペイン歴代政府を常に悩ませてきた高水準の失業率は、PP政権期に顕著に抑制され始めた。それにもかかわらず、アスナールは二〇〇一年三月に「雇用促進のための常用雇用契約」の創設、常用雇用者の解雇コストの引き下げ、有期雇用契約の制限、パートタイム労働および断続的常用雇用の運用の柔軟化に関する法案を提起し、懲罰的色彩の濃い「アクティヴェーション」パラダイムの下で失業者の権利の制限と失業給付の全体的削減を行おうとした。結果は大衆的な抵抗による廃案と、四五歳以上の失業者に対する「積極的統合所得」（RAI: Renta Activa de Inserción）の創設であった。

申請者の殺到を恐れた当時の政府はRAIに関する周知をほとんど行わず、受給者は失業者の八％に留まったとされる（Pérez and Laparra 2011: 158）。懲罰的アクティヴェーションの試みは従来の労働市場柔軟化戦略と併せてきわめて不人気であったが、好景気に伴う失業解消傾向の中で十分な議論を経ないまま影を潜めていった。両立政策と同様に、サパテロ政権下で積極的労働市場政策の一環としてRAIが取り上げられたことは重要である。ただし、これもまた換骨奪胎というべき政策継承であり、PSOEとPPとの間には大きな断絶も存在していたのである。

二〇〇四年の総選挙でPPを退けたサパテロがPSOE政権を率いたことは、二〇〇四年三月一一日のマドリード鉄道駅爆破テロ事件という偶発的条件によるところも大きいとされる。PP政権から受け継いだ持続的好況の波がサパテロ政権による新しい社会政策の展開を下支えし、抜本的な福祉改革に向けての「機会の窓」（window of opportunity）が開かれようとしていた。二〇年以上にわたって一五～二〇％の幅で浮動し続けた失業率は、一九九四年から二〇〇八年までに創出された約八二〇万の新規雇用によって実質的に半減したと考えられている。

サパテロ政権は閣僚の半数に女性を起用するなどの派手なパフォーマンスで登場したことで知られるが、実際それは単なるパフォーマンスに留まらず、深い部分でのジェンダー平等ないしジェンダー中立的な政策指向性の表れであった。福祉国家そのものとは直接関係しないが、ドメスティック・バイオレンス禁止法（組織法一／二〇〇四）、同性婚法（法律一三／二〇〇五）、改正中絶法（組織法二／二〇一〇）などが具体策にあたり、それぞれに物議をかもしながらもサパテロ政権の独自色として受け止められていった。

多様性の承認と包摂に軸足を置いた社会政策を特徴とするサパテロの試みは、一九七〇年代の民主化＝「移行」（transición）になぞらえて、「スペイン第二の移行」（Field 2011）と呼ばれることがある。この「第二の移行」路線の下で、政権第一期目には「再調整」（recalibration）型の福祉改革に関連する二つの重要施策が行われた。「自立推進および要介護者の世話に関する法律（介護法）」（法律三九／二〇〇六）と、「男女の実質的平等に関する法律（男女平等法）」（組織法三／二〇〇七）である。

前者は、高齢者介護に関する普遍的な枠組みが必要であるとの共通認識の下に、二〇〇五年の政労使合意に基づいて、社会保険制度との関係や中央政府と自治州政府との間の権限配分などの制度構築上の争点をクリアすることで初めて法制化に至ったものである。同法律の目的は、年齢その他の理由で基本的な日常生活を送れない要介護者に対して行政が様々な介護サービスを提供し、精神障害者や知的障害者に対して自立支援サービスを提供することであり、具体的には、①軽度（一日に少なくとも一回の介助が必要）、②重度（一日に二～三回の介助が必要）、③全面的要介護（常に介助が必要）の三段階六レベルによって要介護認定された者が、全国各地で普遍的サービスを受けられることを定めている。

また、介護ないし自立支援サービスが、サード・セクターを含む官民の組織の参加や民間業者への委託を含む「自立・要介護者支援システム」（SAAD：Sistema para la Autonomía y Atención a la Dependencia）のネットワークによって提供される点にも特徴があった。制度が発足した二〇〇七年当初には、二〇一五年までに一二〇万人がSAADを利用することによって、三〇万人の雇用が新規に創出されるとまで考えられていた。介護法は、既婚女性の無償ケア提供に依存して公的ケア・サービスをほとんど整備してこなかったスペインにおいて、脱家族化を促進する画期的政策となりうるものだった。

後者は、男女均等待遇原則の実施に関するEU指令二〇〇二／七三／CEの国内法化によるもので、その内容は狭義の労働分野のみならず、社会全般に及ぶジェンダー平等に関連している。ジェンダー平等に立脚したワーク・ライフ・バランスの促進を図るため、同法律では調停その他の手続的手段を定め、企業内での男女平等計画の策定を義務付けている。脱家族化との文脈で重要であるのは、父親固有の譲渡できない権利としての育児休暇の導入とその段階的延長である。

これに加えて、サパテロは月一〇〇ユーロの税控除を主婦にも拡大することや、新生児（または養子）一人につき一律二五〇〇ユーロを支給する「新生児手当」（cheque bebé）の構想など、子育て支援に関する現金給付の幅を広げた。その上で、二〇〇八年の総選挙公約では〇～三歳児の早期教育の強化をうたい、第二次政権の発足とともに三〇万人分の保育施設の拡充（Educa3）を提案したのであり、現金給付、育児休暇、保育・教育の三本柱による家族政策を展開する予定であった。これらが機能すればスペイン福祉国家の性質は大きく変化していたかもしれない。しかし、時間はあまり残されていなかった。

福祉国家の再調整から縮減へ

サパテロ政権の「第二の移行」戦略が実際に成果を上げ始めるとすれば、それは政権二期目以降であったはずである。任期満了に伴う総選挙を無難に乗り切ったサパテロは、二〇〇八年四月にはジェンダー平等の問題を専門的に取り扱う最高の国家機関として「平等省」（Ministerio de Igualdad）を設置し、強い意志で公約を実行に移そうとしていた。しかし、リーマン・ショックを引き金とする「グレート・リセッション」は時間差でスペインにも到達し、世界第九位の経済大国の地位に上り詰めたスペインの経済的バブル（burbuja）を圧倒的な破壊力で押し流した。続く欧州債務危機を決定打として、スペインのあらゆるシステムの構造的脆弱性が白日の下にさらされることになった（Royo 2013）。

二〇〇七年前半期に七・九五％であった失業率は、二〇〇八年には六〇万人の登録失業者数の増加によって一三・九％、二〇一〇年第四四半期には二〇・三三％にも達し、文字通りの「雇用破壊」を生じていた。実質GDP成長率は二〇〇七年の三・六％から二〇〇九年のマイナス四・七％へと急下降し、貯蓄銀行の経営危機を救済する必要から、財政赤字はマイナス一・九％から一一・四％に膨張した。二〇一一年に約三〇〇〇億ユーロの債務の償還・借換えに迫られたスペイン政府は、「トロイカ」の直接監視下に入ることを拒絶するがゆえに自らの決断で徹底的な緊縮政策を実施すべき状況に追い込まれた。

第二次サパテロ政権は、リーマン・ショック後もしばらくは甘い見通しをもって政権一期目のプログラムに固執し、また拡張的財政政策によって経済状況の改善を試みていた。しかし、その間に状況はますます悪化し、二〇〇八年だけでユーロ圏の失業の四〇％を占める二三〇万の雇用が失われたとされる。その中心的な犠牲者は外国人や若年層を中心とする有期契約労働者であった。若年失業率の上昇はスペイン全体の失業率の二倍に達し、改めてスペイン労働市場の二重構造を浮き彫りにしたのである。

サパテロ政権が用いた積極的労働市場政策はこの際焼け石に水であり、RAI財源の枯渇と失業給付・失業扶助の膨張（二〇〇九年から二〇一〇年に約五七％の増加）を招くだけに終わった（図2-2参照）。未曾有の不況は、失業者の増加のみならず、若年層を中心とする国外への人口流出さえ生んでいた。二〇一一年にスペインが特に若い世代を中心とする反グローバリズム運動の世界的中心地の一つとなり、政権末期のサパテロ政権をさらに追い詰めたことは偶然ではない。

EU閣僚理事会における要請を受けて、サパテロ政権が包括的な緊縮政策の採用を決定した二〇一〇年五月、スペインは「第二の移行」から構造改革の季節へと決定的に移行する（Sánchez-Cuenca 2012）。サパテロ政権の挫折を象徴するものが、二〇〇九年に合意されながら実施に至らなかった父親の育児休暇期間延長であり、二〇〇八年当初は選挙対策目的とも揶揄されていた新生児手当の全面撤回である（二〇一一年）。二〇〇九年までに三歳未満の乳幼児の登録が一〇一％増加したにもかかわらず、二〇一〇年までに全国に新設された保育施設は八万人分であり、Educa3の目標値にはるかに及ばなかった（以下、del Pino 2013: 209）。

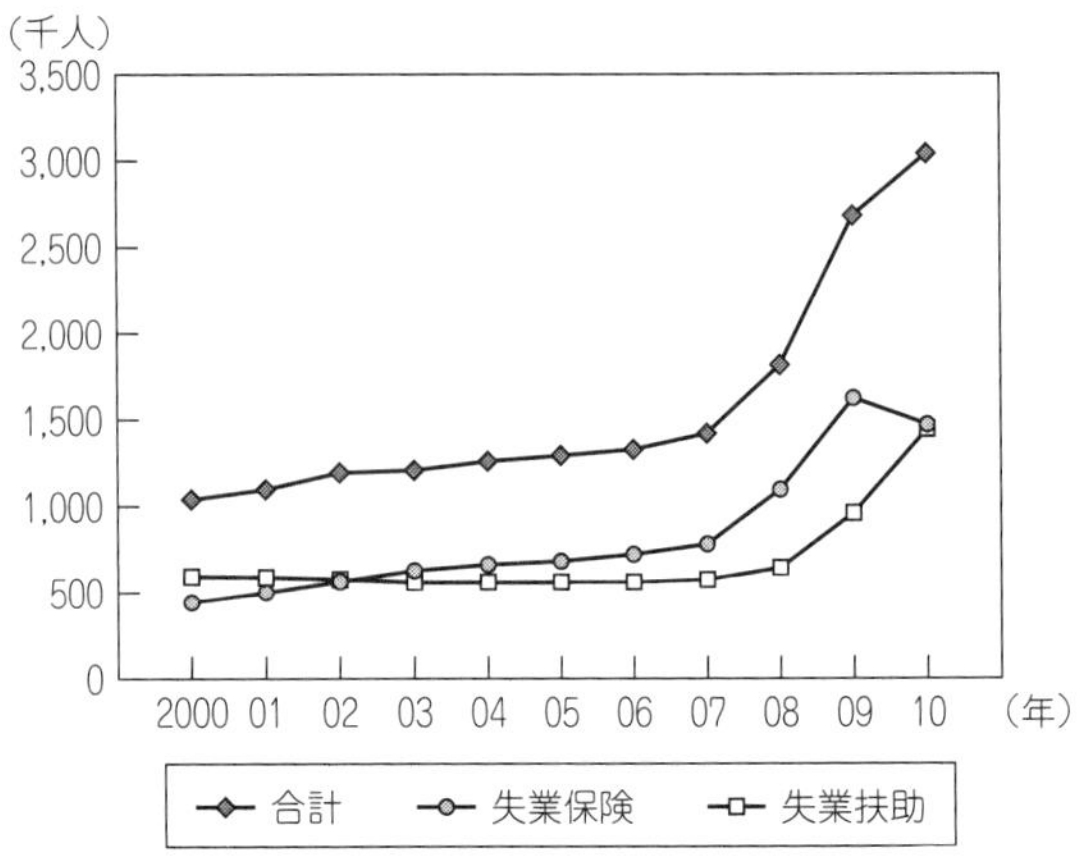

図2-2　失業給付受給者数（2000〜2010年）
出所：INE（http://www.ine.es/, 2014年7月8日アクセス）データベースより筆者作成。

より深刻な挫折は、介護法およびSAADの行き詰まりである。介護サービスが無料ではなく、国、自治州、市町村の間での財政負担の比率に関して確固たる合意が存在しないことに加え、潜在的な要介護者数の推定が不完全であり、その作業がますます遅れる傾向にあること、また、末端における実施体制の未整備によって、例外的措置としての現金給付が結局は優勢となっている点も問題となっていた。これらの問題の一部を認識していたサパテロ政権は、緊縮政策への転換に伴って長期ケア給付金の支給遅延に対する請求権を廃止せざるをえなかった。

失業率の急上昇と移民労働者の減少は賦課方式年金を下支えする人口基盤の縮小をもたらし、スペイン福祉国家の歴史的転機とも言うべき、年金財政の長期的削減に向けての年金改革に帰着した。サパテロ政権下における新たな年金改革の試みは、まだ比較的余裕があった二〇〇八年四月の時点において、トレド協定の継続という前提の下で着手されたものである。しかし、二〇一一年一月に下院の超党派委員会の報告書が承認される以前に、サパテロ自身の状況認識が変化したことで改革のベクトルが変形してしまったのである（Chulià 2011; Rubio Lara 2012）。

二〇一一年八月に成立した新社会保障法（法律二七／二〇一一）は、次のような特徴をもつものであった。二〇一三年から二〇一七年までの最長一五年をかけて行われる法定退職年齢の段階的引き上げ（六五歳から六七歳へ、ただし三八・五年以上の保険料納付歴のある者については六五歳定年を適用）と、年金支給額の算定に用いられる拠出期間の延長（支給額算定の基準となる対象期間を一五年間から二五年間へ）、さらには五年毎の平均寿命の見直しに対応して年金制度の関連パラメーターを調整するサステナビリティ・ファクターの導入である。

これらを通じて年金支給が抑制されるため、所得代替率は二〇五〇年までに七四・九％に下がり、対ＧＤＰ比で三・五％の年金支出の圧縮が可能となると予測されている。しかし、問題はそこに留まらなかった。すでに述べたように、雇用破壊は社会保険制度の加入者自体を減少させることによって、より急速に制度の空洞化を推し進める可能性があるからである。サパテロ政権の後を受けて成立したＰＰのマリアーノ・ラホイ・ブレイ政権は、年金に手を付けないという前提で他分野での緊縮政策を推し進めたが、結局は年金制度改革の議論に回帰せざるをえなかった。

恒常的緊縮とその暫定的帰結

二〇一一年一一月の繰り上げ選挙で下院の絶対多数を得て成立したＰＰのラホイ政権は、そもそもサパテロ政権下におけるジェンダー平等の方針や脱家族化志向の諸政策、移民の大量「正常化」（normalización）（二〇〇五年）に代表される多様性の承認について、そもそもイデオロギー的な理由から批判的であり、また、政権奪還のあかつきには、サパテロ政権以上に厳しく緊縮政策に取り組むことが予測されていた。歴史的敗北を喫したＰＳＯＥの短期的な支持回復が見込めないことにより、深刻な経済・財政危機のさなかでありながら、ラホイは「第二の移行」の巻き戻しと緊縮改革の断行に好都合な安定した政治環境を享受することになった。

未曾有の経済・財政危機がラホイ政権に対する追い風となったのは、危機発生時の野党として、この危機に対する直接の責任を問われずに済むという点、また、厳格な緊縮政策の実施をＥＵからの要請ないし命令として利用できる点、さらには退陣直前のＰＳＯＥが緊縮政策の下地を作り、緊縮政策遂行のための強力な手段として憲法第一三五条に追加された財政安定化条項を金科玉条として用いることができる点にあった。少なくとも政権初期のラホイには、「非難回避」（blame avoidance）の様々な手段が与えられていた。

ラホイ政権は暫定目標として一六五億ユーロの歳出削減を掲げ、公的機関の統廃合と行政支出の削減を通じて包括的な財政支出削減に取り組むことを明言し、予算策定にあたっては、憲法第一三五条の財政赤字上限に基づく施行法によって、財政赤字の削減と政府債務残高の対ＧＤＰ比六〇％以下への圧縮を目指すこととされた。そのようななかで、当面は増税を避け年金支出に手を付けないとするラホイ政権の表向きの方針が、よりいっそうの構造改革を求めるＥＵの主張と呼応して結果的に社会支出の圧縮強化を促した。

Educa3を純然たる教育政策とは認めず、むしろ貧困救済の手段として、あるいは伝統的家族像にそぐわないものとして見ていたラホイは、〇～三歳児の新規収用計画を事実上停止した。また、介護法体制ないしＳＡＤの運用についても、実際的見地からという名目でさらに厳格な措置が導入された。具体的には①待機期間の延長、②在宅ケアを選択した要介護者に対する現金給付の最低一五％の引き下げ、③政府が負担していた家族介護者の社会保険料等の自己負担化、④軽度要介護者の認定の停止である（del Pino 2013: 207）。


ラホイ政権の緊縮路線は、女性の就労機会を狭めることによって経済危機のフェミナイゼーションをもたらしているという指摘がある（González Gago and Segales Kirzner 2013）。他方で今回の経済危機においては、他の景気後退の事例と異なって、女性の労働力率がそれほど下がっていない（Flaquer et al. 2014）。ただしその原因としては、多くの世帯が住宅ローンなどの負債を抱えていることも指摘されるため、従来通りの負担に加えて、新たな重圧が女性の上にのしかかっていると見ることもできる。

また近年の危機が家族の持つ保護的機能をかえって強化している面があるとの指摘もある（Moreno 2012: 102-109）。一九九〇年代以降に急増した女性移民労働者にケア労働を外注することは危機以前から普及しつつあったが、そのようなケア労働を監督するのは主として介護対象家族の一員としての女性である。介護法体制においてさえ現金給付による代替が一般化し、かつ縮小しつつあるなかでは、ケア労働の外部化が脱家族化に十分貢献するとは言い難く、かえって既婚女性の二重・三重の負担の原因ともなる。

周辺的労働市場の緩衝機能さえ働かなくなった現状で家族への負荷が緩和される兆しはないが、こうした「再家族化」（refamilialization）は「第二の移行」の試み以前への単純な回帰ではない（León and Pavolini 2014）。ラホイ政権は財政安定化条項を盾に地方政府に対する緊縮政策の徹底を求め、二〇一二年四月に公的医療の受診資格を社会保険料の納付実績と連動させる緊急措置を導入した。スペイン福祉国家の中核であり続けてきた公的年金制度の基盤は、福祉国家の理念もろとも崩れ去ろうとしている。強力な緊縮圧力の下でスペイン福祉国家の自己変革の可能性が失われつつある現状が新たな「決定的分岐点」（critical juncture）（中島 2014）となりうるかどうか、やがて明らかとなるであろう。

［付記］
本章は、科学研究費補助金基盤研究（A）『労働の国際移動が福祉国家政策および政治に与える影響に関する比較研究』（平成二三～二六年度、新川敏光代表）に関する研究成果の一部である。

【参考文献】

エスピン‐アンデルセン、G.／渡辺雅男・渡辺景子訳（二〇〇〇）『ポスト工業経済の社会的基礎――市場・福祉国家・家族の政治経済学』桜井書店。

新川敏光（二〇一四）『福祉国家変革の理路――労働・福祉・自由』ミネルヴァ書房。

中島晶子（二〇一四）「スペイン」鎮目真人・近藤正基編著『比較福祉国家――理論・計量・各国事例』ミネルヴァ書房、二六七～二八七頁。

横田正顕（二〇〇八）「戦略的行動としての『社会的協調』――現代スペインにおける労働政治の変容とその意味」『大原社会問題研究所雑誌』第五九五号、二～一七頁。

――（二〇一二）「スペイン・ポルトガルにおける『遅れてきた』福祉国家の変容」新川敏光編『福祉レジームの収斂と分岐――脱商品化と脱家族化の多様性』ミネルヴァ書房、二六〇～二八七頁。

Chuliá, Elisa (2011) "Consolidation and Reluctant Reform of the Pension Sistem," in Ana Marta Guillén and Margarita León (eds.), *The Spanish Welfare State in European Context*, Farnham and Burlington: Ashgate, pp.285-303.

del Pino, Eloísa (2013) "The Spanish Welfare State from Zapatero to Rajoy: Recalibration to Retrenchment," in Bonnie N. Field and Alfonso Botti (eds.), *Politics and Society in Contemporary Spain: From Zapatero to Rajoy*, Basingstoke and New York: Palgrave Macmillan, pp.197-216.

del Pino, Eloísa y Juan Antonio Ramos (2009) "Proceso político y reformas de la protección por desempleo en España," en Luis Moreno (ed.), *Reformas de las políticas del bienestar en España*, Madrid: Siglo XXI, pp.137-170.

Ferrera, Maurizio (1996) "The 'Southern Model' of Welfare in Social Europe," *Journal of European Social Policy*, Vol.6, No.1, pp.17-37.

Flaquer, Lluís, Brigit Pfau-Effinger y Alba Aritaga Leiras (2014) "El trabajo familiar de cuidado en el marco del estado de bienestar," *Cuadernos de Relaciones Laborales*, Vol.32, Núm.1, pp.11-32.

Field, Bonnie (ed.) (2011) *Spain's 'Second Transition'? The Socialist Government of José Luis Rodriguéz Zapatero*, London and New York: Routledge.

Gallego, Raquel and Joan Subirats (2011) "Regional Welfare Regimes and Multi-level Governance," in Ana Marta Guillén and Margarita León (eds.), *The Spanish Welfare State in European Context*, Farnham and Burlington: Ashgate, pp.97-117.

González Gago, Elvira and Marcelo Segales Kirzner (2013) "Women, Gender Equality and the Economic Crisis in Spain," in Maria Karamessini and Jill Rubery (eds.), *Women and Austerity: The Economic Crisis and the Future for Gender Equality*, London and New York: Routledge, pp.228-247.

León, Margarita (2011) "The Quest for Gender Equality," in Ana Marta Guillén and Margarita León (eds.), *The Spanish Welfare State in European Context*, Farnham and Burlington: Ashgate, pp.259-284.

León, Margarita, and Emmanuele Pavolini (2014) "'Social Investment' or Back to 'Familism': The Impact of the Economic Crisis on Family and Care Policies in Italy and Spain," *South European Society and Politics*, Vol.19, No.3, pp.353-369.

Moreno, Luis (2004) "Spain's Transition to New Risks: A Farewell to 'Superwomen'," in Peter Taylor-Gooby (ed.), *New Risks, New Welfare: The Transformation of the European Welfare State*, Oxford: Oxford University Press, pp.133-156.

Moreno, Luis (2012) *La Europa asocial ¿caminamos hacia un individualismo posesivo?* Barcelona: Península.

Mora-Sitja, Natalia (2011) "Spain," in Quentin Skinner (ed.), *Families and States in Western Europe*, Cambridge and New York: Cambridge University Press, pp.167-185.

Naldini, Manuela (2003) *The Family in the Mediterranean Welfare States*, London and New York: Routledge.

Natali, David and Martin Rohdes (2008) "The 'New Politics' of Psnsion Reforms in Continental Europe," in Camila Azra and Martin Kolhi (eds.), *Pension Reform in Europe: Politics, Policies, and Outcomes*, London and New York: Routledge, pp.25-69.

Navarro, Vicenç (2004) "El Estado de Bienestar en España," in Vicenç Navarro (ed.), *El Estado de Bienestar en España*, Barcelona: Tecnos, pp.15-32.

Palier, Bruno (ed.) (2010) *A Long Goodbye to Bismarck?: The Politics of Welfare Reform in Continental Europe*, Amsterdam: Amsterdam University Press.

Pérez, Begoña and Miguel Laparra (2011) "Chances and Pitfalls of Flexible Labour Markets: The Case of the Spanish Labour Market Strategy," in Sigrid Betzelt and Silke Bothfeld (eds.), *Activation and Labour Market Reforms in Europe*, Basingstoke and New Yotk: Palgrave Macmillan, pp.147-172.

Polavieja, Javier G. (2005) "Flexibility or polarization? Temporary employment and job tasks in Spain," *Socio-Economic Review*, Vol.3, Issue 2, pp.233-258.

Royo, Sebastián (2013) *Lessons from the Ecoonomic Crisis in Spain*, Basingstoke and New York: Palgrave Macmillan.

Rubio Lara, Mª Josefa (2012) "Los avatares del estado del bienestar: mercados, política y reforma de las pensiones de jubilación en España," en César Colino y Ramón Cortarelo (compl.), *España en crisis: balance de la segunda legisratura de Rodríguez Zapataro*, Valencia: Tilanto Humanidades, pp.383-410.

Sánchez-Cuenca, Ignacio (2012) *Años de cambios, de crisis: ocho años de gobiernos socialistas, 2004-2011*, Madrid: Fundación Alternativa.

Salido, Olga and Luis Moreno (2012) "Female Employment and Welfare Development in Spain," in Ayse Bugra and Yalçin Özkan (eds.), *Trajectories of Female Employment in the Mediterranean*, Basingstoke and New York: Palgrave Macmillan, pp.16-37.

第3章 イタリアの家族主義的福祉レジームの揺らぎ

伊藤　武

イタリアの福祉レジームは、脱商品化・脱家族化ともに低い家族主義に区分されるが、その中では保守主義に近い中間性が特徴である。この中間的性格が、少子高齢化や経済危機に対応する福祉改革を困難にしている。本章では、年金、医療、ケアの政策間の相違にも配慮しながら、現代イタリアの福祉レジームが直面する課題と対応を検討する。分権化など新しい変化が、国単位のレジームを超えた多様な政策アプローチを生み出していることを示す。

1 イタリアの福祉レジームの基本的特徴

経済危機とイタリアの福祉レジーム

一九九〇年代以来続く景気低迷とユーロ危機の打撃を受けたイタリアでは、国・地方を問わず、福祉の縮減による公的な赤字削減が求められている。二〇一三年、財政赤字は安定成長協定違反の対GDP比三％、地方自治体も含む公的債務はGDP比一三〇％（ユーロ圏諸国でギリシャに次ぐ第二位の大きさ）に達している。その主要な原因の一つが、中央・地方を含む福祉支出の膨張にあると言われている。

同時に、失業の増大や貧困問題の深刻化は、福祉の重要性を一段と高めている。失業率は二〇一四年一月には一二・九％と近年にない高さに達した。特に、一五歳から二四歳までの若年層の失業率は、四二・四％（同時期）にまで上昇している。二〇一三年一二月イタリア国家統計局（ISTAT）が発表した相対的貧困率は、一九九七年に統計を取り始めて以来最悪の一二・七％を記録した。

イタリアの福祉レジームは、近年、福祉縮減と再編の両立という困難な課題に直面してきた。イタリアの福祉レジームは、どのような対応を行い、変化を経験しているだろうか。

福祉レジーム論とイタリア

最近の福祉レジーム論では、イタリアの福祉レジームは、脱商品化・脱家族化ともに低い家族主義（あるいは南欧型福祉国家）に区分される。それ以前、エスピン－アンデルセンを代表とする福祉レジーム論では、イタリアは独仏やベネルクス諸国と並ぶ保守主義レジームに区分されてきた。

家族主義レジームと保守主義レジームは、家族に依存した制度設計、男性稼得者モデルに基づく家計への所得移転重視、公的社会サービス供給水準の低さ、職域ごとの社会保険を基盤とした福祉で共通している。しかし、新川によれば（本書総論）、両レジームは、保守主義レジームでは各制度の給付水準の底上げと平等化傾向が見られるのに対して、家族主義レジームでは保障水準の低さや一部の特権的社会保険など格差の大きさが見られる点で、相違している。

イタリアの福祉レジームは、レジーム論上の位置づけに曖昧さが残る、非典型事例である。いかなる正確規定が適切かについては、社会支出の構造と社会保障・雇用保障の制度を再検討する必要があるだろう。

2　社会支出から見るイタリアの福祉

全体的社会支出の特徴

イタリアの福祉レジームの特徴を捉えるために、まず社会支出の概要を見よう。OECDの社会支出統計（二〇〇九年）は、イタリアの福祉の国際比較上の特徴をよく表している（図3－1）。

公的社会支出（公的支出と義務的私的支出を含む）の規模は、過去数十年増加を続けてきた。一九八〇年には一八・〇％だったものが、二〇一三年にはGDP比で二八・三％に達した。ただし、少子高齢化が進み支出圧力が増す条件下でありながら、今世紀に入るとほとんど増えていない。特に二〇一一年は前年から〇・二％低下している。近年進められた大規模な福祉縮減の改革の帰結であった。

イタリアの社会支出水準を先進国で比較すると、社会支出の水準が伝統的に高いとされてきた北欧諸国や、大陸ヨーロッパでもその水準が高いとされるベルギーやフランス、オーストリアに匹敵する高さである。同じ南欧諸国でも、約二〇％のポルトガルやギリシャと比べて格段に高く、スペインも一％程度上回っている。したがって、全体的支出水準だけを見れば、イタリアが保守主義レジームに近い。

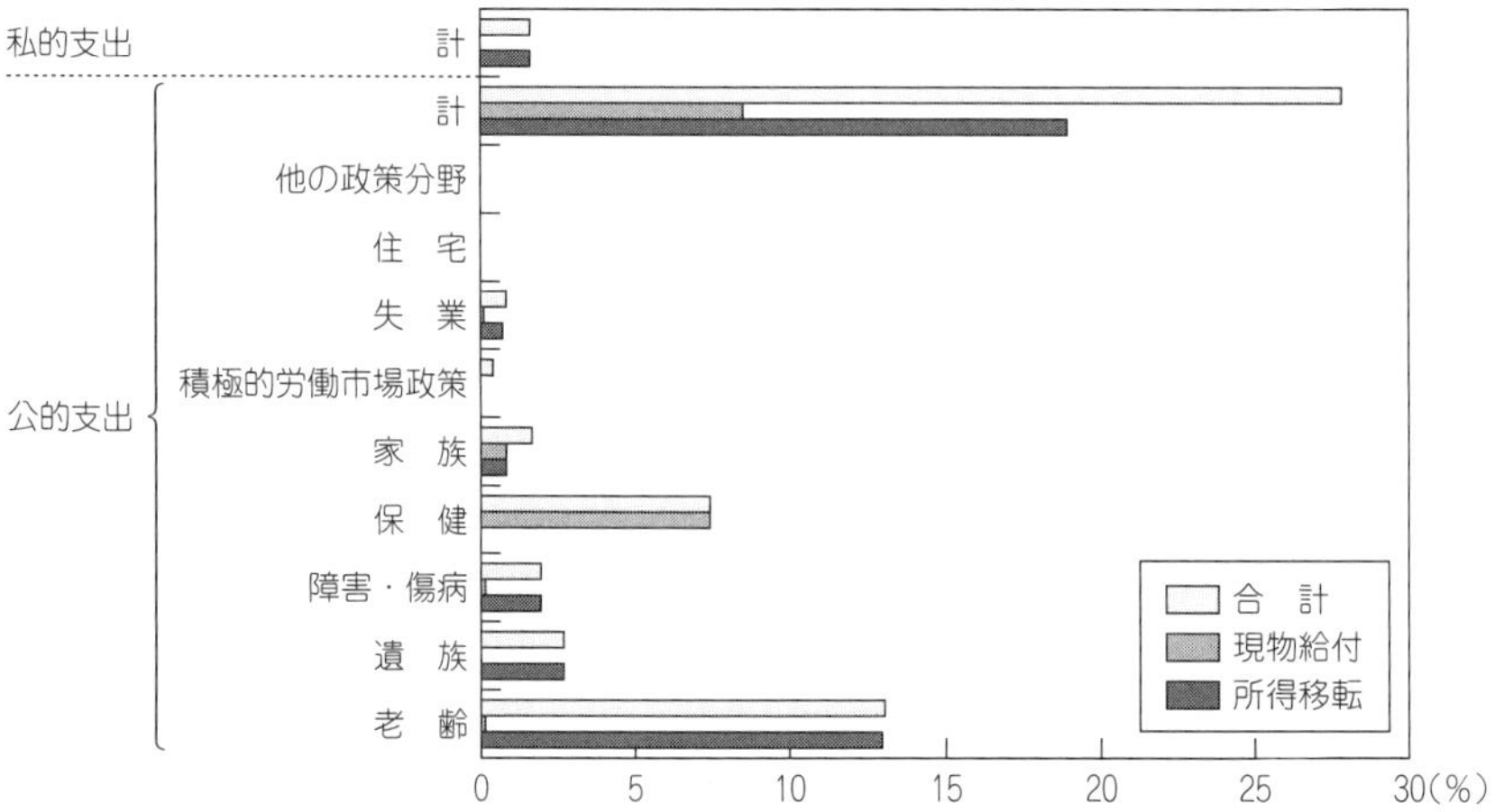

図3－1　イタリアの公的社会支出内訳（2009年，対GDP比）

出所：OECD SOCX より筆者作成。

支出内訳を見ても、ほとんどが高齢者のリスク保障に向けられており、医療以外の支出項目は低水準にとどまる。積極的労働市場政策など新しい社会的リスクに対応した支出項目はほとんど無視できるほど低い。現金給付と現物給付を見ても、現金給付が圧倒的比重を占めることは、南欧や大陸ヨーロッパに共通した特徴である。

支出項目別の特徴

しかし、イタリアの社会支出の内訳（図3-1）を見ると、保守主義諸国との相違は際立つ。特に家族向けの公的支出水準は、現金給付・サービス給付ともに対GDP比で〇・八％（二〇〇九年）と、低水準にとどまる。

公務員部門など一部の社会保険がきわめて寛大な条件の給付を行うなど、職域間格差がきわめて大きい。他方で、最低限保障としての社会年金などの水準も低いままにとどまっているように、セイフティネットの整備も不十分である。この点では、南欧の家族主義レジームの典型である。

したがって、社会支出からは、イタリアは保守主義に限りなく近い、家族主義レジームと言える。特に平等性・給付水準が決して保守主義ほど高くないにもかかわらず、支出水準が高いことは、問題である。なぜなら、それは、格差の大きさ、セイフティネットの穴の深さの例証であると同時に、一部でイタリアを「クライエンテリズム型福祉国家」と呼ぶように効率の悪さと腐敗との結びつきを示唆しているからである。

3　戦後福祉レジームの制度設計

第二次世界大戦後の福祉拡大

現代先進国の福祉レジームの起源は国ごとに多様であるが、直接のきっかけは第二次産業革命が進行した一九世紀末から二〇世紀初頭の世紀転換期に求められるだろう。従来の福祉は、教会の慈善事業や地方行政の救貧対策として行われていた。しかし、一九世紀末のビスマルク時代のドイツ帝国における社会保険の導入を契機に、労災保険や年金など、産業社会に伴う様々なリスクを保障する制度が構築されていった。

イタリアでも、一八九八年、労災保険法や労働者の老齢・疾病に備える年金制度が相次いで導入された。第一次世界大戦後の一九一九年に整備された年金制度（一般義務制度）は、ファシズム時代にさらに拡充された（小島他 2009）。第二次世界大戦前の福祉制度は、選挙権拡大や戦争への参加を通じて加速した民主化の反映であるとともに、国家が社会を管理しようとする社会国家的側面を色濃く有していた。

第二次世界大戦後に第一共和制が発足すると、戦後の民主化・経済成長を反映して、福祉制度の拡充が進められた。年金は、労働者以外の職種にもそれぞれの制度が順次創設されていった（伊藤 2006：105）。保健・医療については、ファシズム時代に誕生した疾病共済組合金庫制度やその統一を目的として成立した全国疾病保険機構（INAM）を中心に、各種の社会保険基金が拡がっていた（小島他 2009：168）。先進国における戦後福祉の拡大期は、「黄金の三〇年」と呼ばれる。イタリアも出発は遅れたものの、年金を中心に福祉制度の整備は急速に充実した。

年金制度

戦後イタリアの年金制度は、一九七〇年代までに骨格が完成した。前述のように、農民、手工業者、商業などの職種向けの制度が次々と創設された。一九六〇年代以降、給付条件の寛大化が進み、従来の保険料に応じた拠出比例原則に代わって所得比例原則が導入された。こうして、先進国では最も寛大な水準の年金制度をもつ国になった。

年金制度の特徴としては、まず、公的年金からなるいわゆる「第一の柱」が肥大化し、第二の柱（職域年金など）、第三の柱（私的年金）が未発達に止まる構造を成していることが挙げられる。この点では、戦後、企業の退職手当（TFR）が整備・発展したために、第二・第三の柱に属する補足的年金を育てる制度的誘因が乏しかったという事情も関係していた。

職種ごとに細分化し、給付・拠出の条件も異なる制度的多様性も特徴である。公的年金については、全国社会保障機関（ＩＮＰＳ）が管理する制度でさえ、被用者向けの一般義務制度に加えて、個別の職種や業界向けの特別制度が多数存在した。さらにＩＮＰＳ外にも、公務員や専門職、個別公共企業の年金制度などが存在していた（詳細は、小島他 2009：125の図を参照）。複雑化した制度設計は、しばしば「年金ジャングル」と呼ばれたほどである。

肥大化・複雑化制度拡大が財政的根拠や展望をもたないまま行われてきたことも特徴である。将来の負担予測作業は、一九七〇年代後半まで実施されていない。ようやく一九八〇年代以降、高齢化の急速な進行と年金財政の悪化が認識されるようになった。しかし、同時期一部業種への所得比例原則拡大など党派的事情から一段の寛大化が進められたように、問題意識の深刻さは不足していた。

このような問題にもかかわらず、年金財源として、労使折半による現役世代の保険料拠出を財源に、高齢年金受給者の年金を賄う賦課制を採用していたことは、危機を一層深刻化させることになった。少子高齢化の進展によって受給者が増大するため、保険料は上げ続けなくてはならない。そのため社会保障コストは上昇し、企業の競争力にとって大きな負担となった。また、給付については所得比例原則を採用しているため、現役世代も含めて、年金給付は重要な権利と認識され、条件切り下げへの抵抗は強くなった（伊藤 2006）。

保健・医療制度

イタリアの医療制度は、一九七〇年代に分立する各種基金に基づいた制度から、国民保健サービス（ＳＳＮ）に基づく普遍主義的制度へと劇的な変貌を遂げた。

一九七〇年代に至ると、共産党を含む左翼や労働勢力の政治的影響力は飛躍的に拡大し、その要求する社会経済改革が現実化していった。一九七〇年代初め、普通州制度の創設とともに州への移行が定められた権限のなかで、保健行政は代表的な分野であった。その後、基金の廃止に続いて、一九七八年の法律第八三三号によってＳＳＮの成立が定められた。これによって、保険基金間のサービス不均衡、保険未加入者の問題などが解決に向かった。

ＳＳＮの制度では、人口二〇万人を超えない範囲で、地域保健機構ＵＳＬが設置された。ＵＳＬの管轄区域は概ねコムーネ（基礎自治体）に沿っており、ＵＳＬは区域内の病院・保健サービスを管轄することになった。この制度下では、通常、市民は最大一五〇〇人の患者数を受け持つ家庭医にかかることが求められ、病院での専門的治療は家庭医の指示によることになる（自己負担による自由診療も可能である）。

普遍主義的な医療・保健制度の成立は画期的であったが、この保険改革については幾つか留保が必要である。第一に、ＳＳＮの成立後も、財源としては所得比例の保健税（実質的には社会保険料）が徴収されていた。完全に租税方式に移行したのは、ようやく一九九〇年代後半になってからである（小島他 2009：168）。

第二に、保険別の格差はなくなったものの、地域別の格差は深刻化した。名目上は全国的な統一基準が定められ、それに沿ったサービスが提供されるはずであった。しかし、実際には、財政力の豊かな中北部と、貧しい南部との間には、提供されるサービスに大きな違いが生じた。邦訳も出たジョルジョ・ボッカのルポルタージュ『地獄』のなかで、南部の病院において、収容しきれない入院患者が廊下に置かれたベッドに横えられている状況が告発されたが、ほんの一例にすぎなかった。

第三に、ＳＳＮ導入が必ずしも医療サービスの質向上に結びついたわけではなく、却って問題を生み出している。大規模病院での専門的治療を受けるには、数カ月待ちは当たり前であった。先進的医療を受けたい患者は、自費診療や近隣他国での診療を選択することも少なくないため、経済力による格差が医療の平等性を損なっているという指摘もされた。

これらの非効率な制度が、高齢化社会の進展を受けて保健財政に大きな負担を与え、医療費膨張を招いた。そのため、財政上も、医療費抑制は不可欠の課題となった。

社会的ケア

前節の社会支出データに表れたように、イタリアでは、家族や高齢者・身障者へのケア・サービスへの支出は、きわめて乏しかった。

戦後は共和国憲法三八条で社会的扶助の権利が謳われた。また憲法制定過程では州が中心的役割を担い、コムーネなど地方自治体が実際のサービスを担当することになったが、普通州制度の実現はしばらく放置されていた。その結果、医療と同じく、職種別の社会保険に立脚したサービスが基本となり、公的なケア・サービスの提供はきわめて限定された。およそ六割のコムーネでは、「最低生活保障制度（minimovitale）」が個人もしくは家族に対する金銭給付を行う制度として存在していたものの、地域間格差が大きかった（小島他 2009: 383-392）。

一九六〇年代末以降、一連の改革が続いた。一九六八年、マリオッティ法が施行されると、公衆衛生業務と社会的扶助業務が区分された。一九六九年には、六五歳以上で年金受給権の無い人限定ながら、一種の最低限所得保障として社会年金が導入された。一九七〇年代には州制度導入に伴う分権化の過程で、州と地方自治体への権限移譲が実施された。

ただし、ケア・サービスの分野では、保健・医療以上に、財源、地域間格差、質のばらつきの問題は深刻であった。そもそも一九七〇年代の権限移譲時に、ケア政策を包括するような全国レベルの統一的指針は策定されないままであった。社会サービスの統一的システムが成立するのは、ようやく二〇〇〇年になってからである。

労働市場政策と雇用保障

正規雇用が強固に保護された硬直的労働市場というイタリアのイメージは、一九七〇年代に確立した。それ以前のイタリアでは、与党のキリスト教民主党、社会党や共産党の系列労組が積極的に組織化を進めており、特に一九五〇年代から六〇年代初めの高度成長と急速な工業化、一九六〇年代の中道左派政権成立を機に、政策的影響力を強めていた。さらに、一九六〇年代末以降、南部から北部工業都市への移民急増が、未組織労働者の増大と一部労働運動の急進化を招いていた。一九六九年の「熱い秋」の全国的な労働運動の高まりを経て、労働市場改革も最重要の政策課題となった。

一九七〇年五月に定められた労働者憲章（法律第三〇〇号）は、労働運動の最大の成果であった。とりわけ正当事由なき解雇を厳格に禁じた同一八条のように、正規雇用の労働者の雇用はきわめて強く保護された。

他方、それ以外の労働市場政策、特に積極的労働市場政策は、ほとんど成果を結ばなかった。一九五五年に導入された見習い就労制度は、若年労働者の就労促進という本来の趣旨と違い、使用者の都合に合わせた一時的労働のために使われる結果となった。一九七〇年代に導入された若年労働者の雇用促進や職業訓練充実の措置も、十分な効果を発揮しなかった。

戦後福祉レジームの特徴

イタリアの戦後福祉レジームは、職種・社会集団別の格差が大きいビスマルク型の福祉制度の典型であった。社会保障のなかでは、老後のリスク保障に関する公的年金が圧倒的比重を占め、医療、ケアには十分な資源が割かれなかった。保健・医療のみが、社会保険型から普遍主義へと大転換を経験した一方、ケアについては量的・質的にもきわめて不十分な改革しか行われなかった。

社会保障と雇用保障は、男性の正規労働者の雇用を軸として、その家族の社会的リスクを保障する考え方を採用していた。男性の労働とそれに繋がる社会保険を基幹とした男性稼得者モデルの特徴は、戦後を通じ維持された。その裏面として、女性、若者、移民など「弱者」の雇用保障と社会保障は、脆弱なままに置かれた。

福祉レジーム区分の点では、イタリアは、家族の重視、普遍的保健医療制度の存在、非効率かつ格差の大きい福祉供給など南欧・家族主義レジームに属するといえよう。ただし、年金給付水準の高さ、労働組合勢力の政策参加などの点では、大陸の保守主義レジームに接近している。したがって、制度的にも、家族主義と保守主義の中間的位置が特徴として指摘できる。

このような中間的性格で非効率さを伴うまま肥大化した福祉の誘因は、左翼政党・労働組合の強力な権力資源動員の成果であるとされる。特に労働者憲章や医療改革は、その典型であった。ただし、年金の拡充などをみると、むしろカトリック系与党のキリスト教民主党DCが中心となって進めた改革も多かった。これらの政党勢力が支持獲得のために、党派的な利益誘導を進めたこと、明確な多数党が存在しないために異なる政策アイディアの妥協を余儀なくされたことが、ジャングルのように複雑で、抜本的改革を困難にする福祉レジームの制度設計を温存する結果となったのである。

4　現代の福祉改革

一九九〇年代の第一共和制から第二共和制への移行、ユーロ導入への参加を契機に、イタリアは大規模な財政赤字削減と経済改革の課題に直面した。その中で、福祉改革は、中心的争点の一つとなり、実際顕著な改革が進んでいる。これらの改革は、イタリアの福祉レジームにいかなる影響を与えているであろうか。特に、先進国の福祉改革で共通の処方箋とされる「社会的投資福祉国家(social investment welfare state)」戦略が、新しい社会的リスクに対応する積極的労働市場政策やケアなど社会サービスの刷新で、ワークフェアか福祉肥大化かのディレンマを乗り越えようとしている現在、最も距離を置いてきたイタリアの適応戦略がいかなる経路を辿っているかは重要な問題である。

以下では、まず各分野の改革を見た後で、福祉レジーム論の変容の観点からその効果を検討する。

労働市場改革

イタリアの労働市場の問題点は、特に、一部正規雇用の硬直的な労働市場のコストが高く、競争力が低いこと、それと移民や非正規雇用の労働市場の格差が大きいこと、そのために失業率が若者を中心に高止まりしていることであった。格差のある雇用保障をいかに労働者の間で調整するかが問われていた。このためには、労働市場の柔軟化（規制緩和）、格差是正、積極的労働市場政策を総動員する労働市場改革が求められた。

一九九〇年代末以降、まず急速に進んだのは、労働市場の柔軟化である。一九九七年のトレウ法、二〇〇二年の「イタリアのための協定」、二〇〇三年のビアージ法と相次ぐ改革によって、一時雇用など新たな形態の労働契約の導入、職業紹介への民間企業参入などが行われた（伊藤 2011：249）。さらに、二〇一二年モンティ政権は、労働者憲章一八条の改正に着手し、経済的理由による解雇を可能にする道を開いた。

ただし、イタリアの労働コストは先進国屈指の高さにとどまっている。改革の「失敗」は、今世紀初頭同じく高い労働コストの問題を抱えながら、その後大胆なコスト削減によって雇用回復を果たしたドイツの成功と対照的である。改革の停滞原因は、中核的な正規雇用の改革が進まないことにある。モンティ政権の改革も、労組の反発によって裁判所の判断が要件となったことで、事実上柔軟な雇用調整は難しくなっている。

改革によって、十分な雇用保障に欠けた非正規労働者の急増と貧困問題は一段と深刻化した。女性を中心とした就業率も、他の先進国と比べて低いままである。四〇%前後を記録する若年失業率に見られたように、職業訓練など積極的労働市場政策はきわめて不十分なままである。

年金改革

社会保障プログラムの内圧倒的比重を占める年金改革は、経済改革最大の標的となった。

急速な高齢化による給付膨張と財政悪化、保険料負担の急上昇、早期退職・女性の就業率低下との関連など構造的問題、制度間格差が問題となっていた。そこで、改革では、コスト抑制（給付抑制・収入基盤強化）・多柱化（団体年金・私的年金の発展）・制度間格差縮小が課題とされた。

主要な年金改革としては、一九九二〜九三年のアマート改革、一九九五年のディーニ改革、二〇〇四年のベルルスコーニ改革、二〇一一〜一二年のモンティ改革が挙げられる。これらの改革では、まず、受給開始年齢の引き上げなど支出抑制が行われた。さらに、ディーニ改革では、諸制度間の一元化、見なし拠出建て制度の導入など、制度設計の基盤に踏み込む改革にも手が着けられた。同時代の欧米諸国の年金改革としては、スウェーデンに匹敵する早期の大規模な改革であった（伊藤 2006）。

ただし、改革の効果には限界があるとされる。第一に、一元化や見なし拠出建てなどの制度改革は、新規に労働市場に参入する若者に適用されるにとどまり、即効性は薄い。第二に、補足年金、私的年金の発展も微々たる程度であり、単柱型の基本構造は維持されている。第三に、これらの限界のために、社会保険料負担と労働コスト上昇への悪影響は抜本的に解消されていない。年金改革の主眼は、制度設計の改革よりも財政破綻回避のためのコスト引き締めに偏っているのが実情である。

保健・医療改革

保健・医療制度も、一九九〇年代初めからの経済改革の流れのなかで、医療費の膨張、非効率な制度細分化などの問題に対応するため、幾つかの改革が実施された。一九七〇年代の改革に続く第二の改革一九九二年・九三年の改革では、不在であった国家レベルの保健計画の制定、州権限の強化、細分化したＵＳＬの集約と新たな運営単位・地域保健公社ＡＳＬと財政・運営上の自律性強化などの措置が導入された。普遍主義の根幹は維持されたものの、経済的水準に基づく統一的医療水準の設定、水準以上の医療の承認（補完保健金庫制度）など原則からの距離が拡大した点で、「反改革」「改革の改革」と呼ばれる（小島他 2009: 168-169）。続く第三の改革は、一九九八年から九九年にかけて実施された。先の改革とは逆に、中央・コムーネの権限再強化、企業メカニズム導入抑制などの措置が実施された。

今世紀に入ると、保健医療改革は、財政連邦主義強化との対応を強めていった。医療保険分野では州の財政的自律化が図られた。ただし、国内の安定化協定に州や地方も加わることになったため、財政上の制約が緩やかになったわけではなかった。保健分野の財政負担は、州財政にとって大きな負担となった。州の財政力の差のため、南北の医療格差はさらに拡大しただけでなく、北部も含めた州財政全体が深刻な赤字に苦しむことになるのである。

社会サービス改革

現代先進国の福祉改革において、最も革新的分野である社会サービスにおいて、イタリアの改革は後手を踏んでいる状況である。高齢者ケアについては、介護手当の拡充、二〇〇〇年の非営利団体参入拡大策、バウチャー制度など小規模な改革は導入された。子育て分野の支援は立ち後れ、イタリア女性の就業率を低下させる一因となっている。特に社会サービスは州や地方自治体レベルが実質的実施主体のため、地域間格差による差異が甚しい。

いずれにせよ、社会サービス分野への資源投入は依然として低水準である。保守主義レジームのような充実した財政支援も、社民主義レジームのような公的サービスの充実と市場メカニズムの一部導入にも向かうことができず、抜本的改革に着手できていない。結果的に、非合法移民も含めた移民ケア労働への依存など、現金給付を財源にサービスを購入するような、商品化・家族化に沿った政策が採られている。

5 イタリア福祉政治の隘路と改革可能性

雇用保障・社会保障の摩擦

現代イタリアの福祉改革を見ると、保守主義に近接した家族主義レジームという特徴は、大きく変わっていない。このようなイタリア福祉レジームの中間的・両義的特徴は、各レジームに対応して用意された適応戦略の採用を難しくしている。スペインなど他の南欧諸国のように、雇用保障面での規制緩和と社会保障面での新しいリスクへの資源投入強化は、社会保障における公的年金の肥大化と雇用保障面での正規雇用保護が強固に結びついているため、障壁は高い。他方、保守主義レジームのように、雇用保障面での穏健な規制緩和と新しいリスクに対応した社会保障面での政策支援（家族手当強化・ケア・サービスの充実）の組み合わせも、財政的制約や社会サービス資源の制約によって困難である。最低原書特保障の導入も、実験的試みにとどまっている。

もちろん雇用保障と社会保障の歴史的結びつきは、いずれの国でも強固であり、抜本的転換が困難であるのは共通している。現代の福祉改革で、福祉レジームの相違を乗り越えた処方箋として、フレキシキュリティや社会投資型福祉改革が注目されるのは、そのような理由からである。しかし、イタリアの場合は、自由主義レジームのような柔軟な市場での調達も、社民主義レジームのような手厚い公的サービスの蓄積と市場メカニズムとのミックスも、保守主義のように相対的に手厚い財政支援と市場や公的サービス・アソシエーションの組みあわせた福祉ミックスの利用もできない。雇用保障と社会保障が相互に悪影響を与え合い、雇用も福祉もない袋小路に陥っている。イタリアの福祉レジームは、もはや福祉再編に対する解決策を失ってしまったのだろうか。

新しい福祉政治と改革の可能性

確かに、イタリアの福祉レジームについて、ナショナル・レベルの制度設計に注目した改革可能性には、大きな限界があるだろう。このレベルで取り得るのは、既存制度の上に中小規模の新制度を重ねるような漸進的改革にとどまる。

ただし、現実の福祉改革をさらに深く見ると、三つの注目すべき福祉政治の変化が見られる。第一に、州や地方への分権化の進展によって、社会的投資型福祉改革で求められるような社会サービスの供給主体はサブナショナル・レベルに移行している。このレベルでは、中部イタリアの公行政と労組や協同組合との緊密な連携、北部におけるカトリック系団体の参入など、ケア・サービス面で地方の社会関係資本を活かした柔軟な対応が試みられている。

第二に、制度の直接的改革を伴わないまでも、制度転用による新しい社会的リスクへの対応も進んでいる。高水準の年金など家庭への現金給付を軸とした福祉ミックスは、かつてのように老後の所得保障だけでなく、（十分ではないが）介護手当などと併せて、ケア・サービスの利用の財源として転用されている。

第三に、一九九〇年代の福祉改革が政府と労使との「協調」を取りどころとしていたのに対して、今世紀には首相を中心とした政策決定の集権化が福祉改革の政策決定にも影響を及ぼしている、この「大統領化」は、執政権強化（首相の政策決定権強化、コア・エグゼクティブの形成、専門家への委任）と、政党内の指導者権力強化（首相候補者予備選挙の導入と選挙制度改革など）を併せて、行政的にも政治的にもリーダーシップが強化されていることの反映である。

もちろん、いずれの変化も、貧しい自治体との格差、資源の不十分さ、支持政党の離反の可能性など、制約や不安定さを伴っているのは事実である。ただし、制度的に「凍結した」イタリアの福祉レジームであっても、福祉ミックスを変化させるのは不可能でないことは示されている。

［付記］

本章は、科学研究費補助金基盤研究（A）『労働の国際移動が福祉国家政策および政治に与える影響に関する比較研究』（平成二三～二六年度、新川敏光代表）に関する研究成果の一部である。

【参考文献】


伊藤武（二〇〇六）「現代イタリアにおける年金改革の政治――『ビスマルク型』年金改革の比較と『協調』の変容」『専修法学論集』九八号、九一～一三八頁。

――――（二〇一一）「イタリア福祉レジームの変容――『雇用も福祉もない』福祉国家における適応戦略」新川敏光編『福祉レジームの収斂と分岐――脱商品化と脱家族化の多様性』ミネルヴァ書房、二三八～五九頁。

小島晴洋他（二〇〇九）『現代イタリアの社会保障』旬報社。

土岐智賀子（二〇一一）「イタリアの若者の社会的状況――増える高学歴者と家族・教育・雇用制度の特徴」『立命館国際地域研究』三三、九一～一一〇頁。

稗田健志（二〇一〇）「新しい社会的リスクの比較政治経済学――拒否権プレーヤーを用いた計量分析」『レヴァイアサン』第四七号、一〇七～一二七頁。

フェレーラ、マウリツィオ、マティオ・ジェッソーラ（二〇〇四）「イタリアの年金改革――膠着から包摂的改革へ」新川敏光・ジュリアーノ・ボノーリ編（新川敏光監訳）『年金改革の比較政治学――経路依存性と非難回避』ミネルヴァ書房、五七～八五頁。

ボッカ、ジョルジョ／千種堅訳（一九九三）『地獄――それでも私はイタリアを愛する』三田出版会。

第4章 保守主義レジームから変化するドイツ

近藤正基

一九九〇年の統一後、ドイツでは福祉縮減とケア労働（育児・介護）の社会化が推し進められた。コール政権は介護保険を創設し、介護の社会化を進めた。その一方で、医療費の抑制や年金給付の縮減を実施した。シュレーダー政権は、ハルツ改革によって失業手当Ⅱを創設し、失業時の所得保障を大幅に縮減した。同時に、積立方式の個人年金の導入を通じて、年金の縮減を推し進めた。メルケル政権は、医療保険における保健基金の導入や、年金の支給開始年齢引き上げなどの縮減改革を行った。その一方で、労働者送出法の改正によって部分的ではあるが最低賃金を導入し、児童助成法や両親手当などの家族政策の改革を行った。福祉縮減改革と並んで、貧困対策や育児の社会化にも取り組んだといえる。

1 ドイツ統一までの福祉レジーム

本章では、一九九〇年の統一以降、ドイツの福祉レジームがどのように変化したのかについて論じる。あわせて、変化を生み出した政治的要因についても検討する。* まずは、統一以前のドイツ福祉レジームと福祉政治の特徴について、簡潔にまとめておきたい。

福祉レジームの特徴

比較福祉レジーム論において、ドイツは保守主義型福祉レジームの典型とみなされてきた。保守主義型福祉レジームの特徴は、以下の四点にまとめることができる。

第一に、対GDP社会支出が比較的高かったことが挙げられる。統一以前の対GDP社会支出の国際比較をみると、この割合はスウェーデンなどの北欧諸国で高く、アングロ・サクソン諸国では低かった。ドイツはその中間に位置しているが、ＯＥＣＤ平均を上回っており、比較的高い部類に入る。一九八九年のＯＥＣＤのデータを見ると、ドイツのそれは二一・九％である。この値は多くの北欧諸国より若干低いものの、ＯＥＣＤ諸国の平均一七・二％を上回っている。

第二に、職域別の社会保険を中心とした構造を持っているということである。スウェーデンなど北欧諸国では、国民全員が加入する単一の福祉制度があり、税方式が採用されている場合が多いが、これはドイツには当てはまらない。ドイツでは、職域別に社会保険が構成されており、職業ごとに加入する保険が違う。そして、主な財源は社会保険料である。統一以前、たとえば年金は六つに分立していた。農業従事者、自営業、鉱山労働者、事務職員、労働者、官吏の年金制度がそれぞれ存在しており、主として社会保険料で賄われてきた。

第三に、社会団体が福祉供給で重要な役割を担ってきたことである。ドイツは「団体社会」と呼ばれるほどに数多くの社会団体が存在する。福祉の領域もそうであり、半公共的な福祉団体が国家から助成金を受けながら、福祉供給業務にあたっている。そのなかでも、巨大な福祉団体として、カリタス、ディアコニー、労働者福祉団、ドイツ赤十字などがある。これらの団体が、介護労働人員の派遣、ホームレスのショートステイ、社会扶助受給の案内、職業紹介、移民のドイツ語教育などをドイツ各地で実施し、国家の業務を一部肩代わりしている。福祉団体抜きでドイツ福祉レジームは存立できないほどであり、この点で、国家が福祉供給の中心となる北欧諸国と異なっている。

第四に、社会サービスが脆弱であるという点である。ドイツの福祉レジームは、大規模な財の移転を行う一方で、社会サービスは脆弱だと言われてきた。つまり、介護や育児における人的サービスが乏しいということである。これは、ドイツの福祉レジームが、女性が家事労働を負担することを前提として構築されてきたこと、言い換えれば「男性稼ぎ手家族」を重んじてきたことを意味している。つまり、日本などの家族主義型福祉レジームと同様に、ケア・サービスは家庭内で女性が担うべきものだとされてきたのである。さらにいえば、これも家族主義型福祉レジームと同様に、専業主婦（夫）化を促進するような税制が敷かれており、夫婦単位課税制度が存在してきた。

福祉政治の特徴

では、統一以前の福祉政治にはどのような特徴があるといわれてきたのだろうか。ドイツの福祉政策は、原則的に、様々なアクターの合意に基づいて決定されてきた。それが「自発的合意」であれ、「強いられた合意」であれ、合意なき政策決定は困難だったし、政策分野によって異なるものの、多様なアクターが政策決定過程に参加してきた。これがドイツ福祉政治の最も重要な特徴である。この点を踏まえた上で、以下では、政党政治、労使関係、連邦参議院の三つの側面から、合意が生じる政治メカニズムについて概観しておきたい。

第一に、福祉をめぐる対立軸が党派を超えて形成されてきた点を指摘したい。ドイツは比例代表制を基礎とした選挙制度を採用しているので、単独政権が成立したことはなく、連立政権が常態化している。よって、まずは連立与党内部での合意が必要になる。それだけではない。福祉をめぐっては党派を超えた対立軸が存在している。つまり、一方にキリスト教民主／社会同盟（ＣＤＵ／ＣＳＵ）の社会委員会派**とドイツ社会民主党（ＳＰＤ）があり、もう一方にＣＤＵ／ＣＳＵの経済派と自由民主党（ＦＤＰ）があり、この間に分断線が走っていたということである。留意すべきは、原則的にこのような構図が見られたということであり、つねにこの二つの陣営に分かれるわけではなく、時期や政策分野によっても分断のあり方が違っていた（近藤 2009）。年金や医療などの主要政策はおおむねどの時期も上記のように理解できるが、たとえば家族政策をめぐっては社会委員会派とSPDの政策選好には大きな開きがある。***

第二に、労働組合が強い影響力を持ってきた点に注目する必要がある。とりわけ最大のナショナルセンターであるドイツ労働総同盟（DGB）は様々なかたちで福祉政策に強い影響を及ぼしてきた。一九六六年の「協調行動」に始まり、コール政権前半期の「産業立地と雇用のための同盟」に至るまで、各政権で継続的に福祉政策を審議する場に参加してきた。また、一九八四年の大規模ストとデモはコール政権の経済的自由主義路線を頓挫させた。労組はときとして直接行動に打って出て、その力をいかんなく発揮してきたのである。一九八〇年代からの組織後退によって影響力を減じつつあるものの、福祉政策に強い影響を及ぼしてきたといえる。

第三に、政策決定プロセスにおいて連邦参議院が障壁となってきた点を挙げたい。戦後ドイツで成立した法案のおよそ半分は同意法であり、連邦参議院での過半数の賛成が必要だった。賛成を得られず、両院協議会での交渉が失敗に終われば、廃案となる。そのため、連邦参議院の反対が予想される場合には、事前に両院協議会を開催し、政策のすり合わせを行うのが一般的である。また、同意法でない法案についても、連邦参議院は異議申し立ての権限を有している。**** このように連邦参議院は立法過程において強い影響力を有しており、ここに合意のメカニズムが働くことになる。合意のメカニズムは、連邦議会と連邦参議院の間に「ねじれ」が生じると一層強力になる。

* 本章は、西田慎・近藤正基編著『現代ドイツ政治——統一後の20年』（ミネルヴァ書房、二〇一四年）の第九章「福祉政策」を加筆・修正したものである。

** 社会委員会派とは、CDU／CSU内の派閥の一つであり、労組から強い支援を受けているところに特徴がある。結党直後は、CDU／CSUで最大の派閥であった。「キリスト教労働者翼」とも呼ばれる。

*** 大きく分けるなら、社会委員会派が男性稼ぎ手家族を優遇する一方で、SPDは脱家族化という選好を有しているといえる。

**** 連邦参議院が過半数で異議を議決したのであれば、連邦議会は過半数でもって、連邦参議院が三分の二で異議を議決したのであれば、連邦議会は三分の二の再議決でもってこれを退けることができる。

2　コール政権後半期の福祉レジームと政治

本節から第四節まで、統一以後の福祉レジームと政治について検討する。まずはコール政権の後半期を見ていこう。

ドイツ統一と従来型の福祉国家改革

ドイツ統一という歴史的事業を達成したコール首相は、西ドイツの社会保障制度を旧東ドイツ地域に拡大するという社会実験に乗り出した。ブリューム労働社会相によって主導されたこの試みは、莫大な社会支出、保険料率の上昇、そして財政赤字を生み出した。たとえば、年金制度の場合、一九九一年に年金受給者が約一八四万人増加し、社会扶助受給者と失業保険受給者もそれぞれ約五〇万人の増加を示していた。その結果、社会支出の対GDP比は統一から三年のうちに三％も上昇した。社会保険料率の総計は統一からの五年間で三・七％も上昇した（表4－1参照）。そして、財政赤字は一九九五年まで毎年、前年比一〇％以上の伸びを示した（表4－2参照）。コール自身は認めていないが、彼が社会主義国の優等生と呼ばれた旧東ドイツの経済力を過大評価しており、楽観的な再建計画を立てたのは明らかであった。

こうした問題群が発生したことによって、福祉レジームの改革は急務となった。だが、この時期は、従来の福祉政治の主役である社会委員会派が健在であった。また、SPDの伝統的社民主義者も勢力を減退させていたが、その組織的後退は始まったばかりであり、また連邦参議院での野党多数の情勢を利用して福祉縮減に抵抗できたために、まずは目立った改革は実行されなかった。統一から一九九五年までは、従来の決定パターンが継続

表４－１　社会保険料率の推移(1990～2013年)

（単位：％）

年	社会保険料率	年	社会保険料率
1990	35.6	2002	41.3
1991	36.7	2003	42.0
1992	36.8	2004	41.9
1993	37.4	2005	41.9
1994	38.9	2006	41.9
1995	39.3	2007	40.6
1996	40.9	2008	40.1
1997	42.1	2009	39.6
1998	42.1	2010	39.6
1999	41.3	2011	40.4
2000	41.1	2012	40.1
2001	40.9	2013	39.45

出所：BMAS (2013) より作成。

表４－２　財政赤字の推移（1991～2012年）

（単位：１万ユーロ）

年	財政赤字	年	財政赤字
1991	60,660	2002	129,530
1992	69,494	2003	138,377
1993	77,887	2004	145,412
1994	85,689	2005	152,480
1995	102,771	2006	157,382
1996	109,625	2007	158,366
1997	114,285	2008	165,260
1998	118,545	2009	176,892
1999	122,527	2010	205,609
2000	123,225	2011	208,518
2001	124,314	2012	216,628

注：1999年のユーロ導入までについては１ユーロ＝1.95583マルクで換算。

出所：Statistisches Bundesamt (2013) より作成。

したといえよう。たとえば、一九九二年医療保険改革と一九九五年の介護保険創設は、統一以前と同様に、ＣＤＵ／ＣＳＵの社会委員会派が主導権を握ったのだった。

　一九九二年医療保険改革では、高騰した保険料率を抑制することが改革の主眼であった。この目的を達成するためには、いくつか方策がある。一つは、患者の窓口負担を増やすことである。この案は、ＣＤＵ／ＣＳＵの経済派などが唱えていたが、真剣に検討されなかった。もう一つは、国庫負担を増加させるという案である。一部のＳＰＤ議員が提起していた案であるが、審議が開始されると、ほどなくして棄却された。結局、最後に残った案、つまり「病院経営の合理化」案が採択された。「一日定額支給」に代わって、「一件あたりの包括支払」が盛り込まれた。これは、過剰な医療サービスによる病院の不正所得を阻止するための政策だったといってよい。もちろん、患者負担の増加などをめぐっては対立があったが、これまでどおり経済派は追認したのだった。

　一九九五年の介護保険の創設もまた、社会委員会派とＳＰＤによるものであった。まず、長らく公的介護保険の導入を訴えてきたブリューム労働社会相が、ＳＰＤの同意を得て、介護保険原案を作る。これに反対したのが、ＦＤＰと使用者団体であり、彼らはブリューム案が社会保険方式であり、そのために使用者負担の増加をもたらす点に難色を示した。ブリュームは、社会保険料の負担者である使用者から同意を得るため、社会保険方式を導入する代わりに法定休日削減を盛り込んで、使用者負担を軽減し、法定保険料を当面は固定するという案を示した。*そうすることで、保険料率の上昇を危惧する使用者の不安を除去し、ＦＤＰの同意を取り付けようとしたのであった。この案にはＦＤＰや使用者団体も賛意を示し、全政党の同意のもとで介護保険法が可決されたのである。

　こうして、統一のインパクトが残るなかで、介護の社会化という新しい福祉ニードに応えようとしたのだった。

＊　雇用主と雇用者の折半で合計一・七％に設定された。

コーポラティズムの失敗と限定的縮減

　以上のような改革方針は、縮減改革を目指すコールの意図に反するものであった。そのため、コールは福祉レジーム改革の路線転換を試みるようになる。「交渉民主主義」の申し子であり、様々な政治勢力間の妥協を重視していたコールは、まずはコーポラティズム的解決を模索していった。つまり、労使団体双方から支持を得ながら、改革を進めようとしたのである。コール政権が協調的な福祉政治を求めた背景には、一九九五年ストでＩＧメタルが大きな勝利をおさめたこともあった。労組の同意なしには、福祉レジーム改革は難しいだろうと判断していたのである。

　こうして、一九九六年に政労使のトップが集う「産業立地と雇用のための同盟」が発足することになる。だが、コールの期待に反して、コーポラティズムは機能不全を露呈した。二〇〇〇年までに失業者を半減させるという目標のために、労組と使用者団体は、雇用創出が先か、労働コスト削減が先かで、出口の見えない対立を繰り返した。まず新しい雇用を年五〇万人分創出するよう使用者団体に求める労組に対し、使用者団体は高騰した労働コストを引き下げるのが先だとした。労働コスト引き下げ策として、使用者団体は賃金継続支払の減額を主張したが、これにはツヴィッケル・DGB委員長は頑として首を縦に振らなかった。そのため、金属産業使用者団体代表であるシュトゥンプフェがコーポラティズムの「死亡宣告」を出す一方、ツヴィッケルはスト決行をほのめかすに至った。加えて連立与党の内部でも、FDPはそもそもコーポラティズムに否定的であり、政労使会談を終了すべきとしていた。結局、実質的な結果がないまま、労組が離脱を表明し、協調的決定は終幕を迎えることになる。

　コーポラティズムに失敗したコールは、次なる方策を模索した。つまり、経済派、FDP、ドイツ使用者連盟（BDA）による改革を目指すようになったのである。しかし、この方策は失敗に終わることが多かった。

　コールの縮減改革の第一歩は、経済成長・雇用促進法であった。その主眼は、次の三点であった。第一に、女性の年金支給開始年齢の引き上げ、第二に、賃金継続支払の削減、第三に、解雇制限の緩和である。これらの政策は経済派とFDPによって主導され、可決された。SPDはもとより、社会委員会派の一部も反対票を投じたが、その抵抗は失敗する。SPDはさらに両院協議会を開催し、CDU／CSUの説得を試みたが、これも失敗に終わった。

　しかし、経済派とFDPが成功したのは、この改革だけだったといってよい。それ以外の改革はことごとく失敗したのである。児童手当の引き上げ延長措置は、SPDの拒否権行使により、連邦参議院で否決された。一九九七年の税制改革は、減税によって社会保障財源が減ることを危惧したSPDによって、これも連邦参議院で否決された。そのほか、連邦参議院の拒否権が利用できない法案では、超党派合意を拒否して、改革の骨抜きを狙った。ウィーヴァーは、超党派合意に基づいて福祉縮減改革を行う場合、有権者の非難がいくつかの政党に拡散するので、縮減改革は成功しやすいとしている（Weaver 1986）。裏を返せば、超党派的合意を阻止すれば、縮減改革は進まないことになる。これこそが、SPDの戦略であった。たとえば、一九九六年と一九九七年の医療保険改革では、SPDが超党派合意を拒否することで、穏健な改革に終わった。一九九六年年金改革でも、SPDは超党派合意を拒否した。一九九九年年金改革も同様だった。SPDは、間近に迫った連邦議会選挙で政権を奪ったあかつきには改革を白紙に戻すと宣言し、超党派的合意を拒否した。事実、一九九八年連邦議会選挙で勝利したSPDが緑の党と連立政権を組むと、一九九九年年金改革は無効にされたのであった。

3　シュレーダー政権期の福祉レジームと政治

　次にシュレーダー政権期（一九九八～二〇〇五年）について検討しよう。

福祉縮減と脱家族化

一九九八年連邦議会選挙で勝利したSPDは、一六年ぶりに政権を奪還した。連立パートナーになった緑の党は、初めての政権参加であり、「赤緑プロジェクト」の実施に期待が集まった。

　ただ、この時期、SPD内部では亀裂が広がりつつあった。党内には、大きく分けて伝統的社民主義者とモダナイザーという二つの勢力が併存していたのである。伝統的社民主義者は従来のドイツ福祉レジームの擁護者であった。これに対し、モダナイザーは自由主義的改革を含むドイツ版「第三の道」を標榜していた。政策選好が異なる二つの勢力が政権内にあったため、政権発足当初、福祉レジームの改革は実施されなかった。

モダナイザーを代表するシュレーダー首相は、自身の選好に反して、政権奪取直後にマクロ・コーポラティズムである「雇用のための同盟」を発足させた。これは、親労組である伝統的社民主義者への配慮であった。また、シュピーゲル誌のインタビューで「社会的公正にかなった改革を行う」として伝統的社民主義者への配慮を見せ、党内対立を避けようとしていた。しかし、異なる政策選好を持つ勢力が対立するのは、時間の問題であった。事実、政権発足から間もない一九九九年三月に、伝統的社民主義者であるラフォンテーヌは財務相を辞任した。以後、シュレーダーは本格的に福祉縮減改革を進めるようとする。

まず、改革の矛先は年金制度に向かった。一九九九年に高齢者財産法が連邦参議院で可決され、二〇〇一年年金改革が達成される。この改革は、公的年金に積立方式の個人年金を付設するものであり、一九五七年年金改革以来の賦課方式から逸脱するものだった。たとえ当初は一％という小規模のものであっても、積立方式の個人年金が導入されたことによって財源が社会保険料から家計へと移行し、将来的に給付の平等性が低下するばかりか、将来の給付水準が低減することになった。

いわゆる「リースター年金」（個人年金）を創出する過程で、伝統的社民主義者とモダナイザーとの対立が激化した。しかし、結局のところ、弱体化していた伝統的社民主義者の反対を押し切って、シュレーダー率いるモダナイザーが改革を断行したのであった。伝統的社民主義者は有効な対抗手段を打てなかった。それに比べ、より強い抵抗を示したのは、労組であった。労組は、特に個人年金の導入を攻撃していたが、シュレーダーは、経営組織法や賃金継続支払法の改正、さらにいわゆる「若年労働者プログラム」などの積極的労働市場政策という代償を支払うことで、消極的ながらも労組の同意を取り付けることができた。もちろん、シュレーダー政権は、その他の点では労組の要望も取り入れている。たとえば、給付開始年齢の引き上げを取り消し、これを据え置くとともに、国庫負担の維持のために新たに環境税を導入し、さらには公的年金の給付も当初の計画より増額した。

そのほかにも、シュレーダーは自由主義的改革を目指して、労働市場柔軟化政策に力を注ぐようになる。しかし、二〇〇一年年金改革と同様に、シュレーダー政権は労組に配慮する必要があった。たとえば、二〇〇一年の職業斡旋法は、シュレーダーの本来の意図に反し、労働市場柔軟化の効果は限定的であった。そのため、BDAのフント会長などは、一連の改革を「見せかけの規制緩和」として批判したのであった。

次いで、シュレーダー政権の家族政策の展開を見ておこう。まず二〇〇〇年には、育児休暇および育児手当法の改正があった。これによって、第一子と第二子への手当が増額されたが、増額幅は月額一〇ユーロに留まっており、大きな成果とはいえなかった。けれども、育児休暇中のパートタイム労働時間の上限を週一九時間から週三〇時間に引き上げたのは、注目に値する。同時に、両親が同時期に育児休暇を取得できるよう、母性保護期間でも父親の育児休暇取得が可能となった。続いて二〇〇二年には、再び育児手当の改正が行われた。その骨子は、第一子から第三子まで手当を増額するところにあり、それぞれ約一六ユーロずつ増額された。さらには、社会サービスも拡充された。保育施設建設法により、二〇〇五年からの五年間に、三歳未満児のための保育施設を二三万人分増設することが定められたのである。

これらの政策は、伝統的なドイツ福祉レジームの経路とは異なっている点に留意する必要がある。従来、ドイツ家族政策においては、家庭での（母親による）育児と寛大な現金給付とを両立させることが目標に据えられてきた。しかし、これらの法の施行によって育児の社会化が進むことになったのである。

ただ、この脱家族化の性格に関しては、慎重な判断が必要である。というのも、上記の一連の法案は、確かに女性の家事労働からの解放を進めはしたが、それが女性のどのような雇用形態に至るかは、労働市場政策の動向を見て判断する必要があるからである。この観点から労働市場政策を見ると、一九九九年の僅少労働の拡大、二〇〇〇年末の派遣労働法改正、そして二〇〇二年のハルツ改革によるミニ・ジョブの創出による、労働市場のデュアリズム化を促進する政策があった点に注目しなければならない。二〇〇三年時点で僅少労働者の六八％、ミニ・ジョブの約六〇％が女性労働者によって占められていたことを考慮するなら、家事労働が緩和された多くの女性が、非正規労働者として労働市場に参加していたことが分かる。この点で、シュレーダー政権の脱家族化政策は、女性のフルタイム労働を促進する北欧の脱家族化政策とは異なる性格を有していたといえる。

ハルツ改革による脱商品化の低下

第二次シュレーダー政権は、脱商品化を低下させる政策にも力を入れた。その中心が、「ドイツ連邦共和国史上最大の福祉縮減改革」ともいわれるハルツ改革であった。これは、四つのパッケージ法案から成っている。ここではハルツ第三法と第四法について論じよう。

第三法は、連邦雇用庁の再編と失業給付資格の厳格化に目的があった。いわゆる「失業隠し」スキャンダルを契機として、シュレーダー政権は労働市場政策の実施や失業保険の管理・運営を担う連邦雇用庁を改組しようと試みた。第三法によって、連邦雇用庁の労働市場政策の運営が経済相に委譲され、同時に職業紹介業務の民間への開放も促進された。長官と副長官の任命も、政府の決定権限とすることで、労働市場政策における労組の影響力を低減させたのであった。また、失業保険の給付要件の厳格化については、失業者は職業再訓練に参加するなど義務を履行しない場合、給付減額もしくは打ち切りというペナルティが設定された。

第四法の重要事項として、最初に挙げなければならないのが、失業保険の縮減と、失業扶助と社会扶助の統合である。まず、二〇〇三年一二月に失業保険改革が可決され、最長六四カ月であった給付期間が三六カ月へと大幅に短縮された上に、給付水準が大幅に低下した。次いで失業扶助が社会扶助の一部と統合され、失業手当Ⅱが新設された。これは長期失業者を対象にしたものであり、税財源で賄われるが、重要なのは給付水準が社会扶助レベルに大きく下落することになった点である。ここでもまた脱商品化が大幅に低下したのである。

ハルツ改革は、戦後ドイツの福祉レジームからの大胆な経路逸脱であり、ワークフェア改革と評価してよいだろう。失業率が高止まりしている状況下でこのような改革を行ったことについて（表4-3参照）、福祉レジームを擁護するグループから批判が相次いだのは当然だった。彼らはこれに反対票を投じる意思を表明した。実際、採決にあたって、伝統的社民主義者のうち一二名が反対票を投じ、与党単独では過半数を取れなかった。しかし、彼らの抵抗は失敗に終わる。というのは、連邦議会ではCDU／CSUが助け舟を出し、モダナイザーと経済派、そしてFDPの同盟によって法案が可決されたからである。その後も、ハルツ改革に対する批判は鳴りやまなかった。月曜デモに代表されるように、労組などによる大規模な抗議活動がドイツ全土で活発化したのだった。

福祉縮減に関する超党派的な合意が形成される

表4－3　失業率の推移（1990～2013年）

（単位：％）

年	失業率	年	失業率
1990	6.16	2002	8.70
1991	5.47	2003	9.78
1992	6.58	2004	10.52
1993	7.83	2005	11.21
1994	8.43	2006	10.19
1995	8.28	2007	8.78
1996	8.95	2008	7.60
1997	9.69	2009	7.74
1998	9.43	2010	7.06
1999	8.63	2011	5.95
2000	8.00	2012	5.46
2001	7.88	2013	5.65

出所：IMF (2013) より作成。

と、これまでドイツの福祉政治でイニシアティヴを握っていたグループは窮地に立たされることになる。社会委員会派やＳＰＤの伝統的社民主義者はもはや抵抗の手段を見つけ出すことができなかった。このような状況に至った背景には、このグループの組織力が弱まっているという事実があった。ＳＰＤ議員に占める労組出身議員は統一前から約二〇％下落して七四・一％となり（Schindler 1999）、ＤＧＢの組合員数は統一から一〇年の間に四一〇万人も減少していた。一方、社会委員会派の構成員は一九九〇年から五〇〇〇人減少し、二万人になっていた（Dümig et al. 2006: 104）。このような背景から、超党派の経済的自由主義者が大規模な改革を推進したのであった。

4　第一～二次メルケル政権期の福祉レジームと政治

本節では、二〇一三年連邦議会選挙までのメルケル政権の取り組みについて論じる。

年金と医療の縮減

二〇〇五年連邦議会選挙では、ＣＤＵ／ＣＳＵとＳＰＤがともに得票率を減らした。両党合わせても六九・四％にしかならず、一九七二年連邦議会選挙から見ると、二〇％以上も下落していた。このことは、戦後ドイツ政治を牽引してきた国民政党が、その足場を失いつつあることを物語っていた。

ともあれ、ＣＤＵ／ＣＳＵとＳＰＤが大連立を組むことで合意し、第一次メルケル政権が発足した。確かにこれは弱体化しつつある二大政党による「敗者の連立政権」であったが（Kornelius and Roth 2007）、連立与党は連邦議会で三分の二以上、連邦議会内の労働社会委員会でも三分の二以上の議席を確保し、第一六立法期末を除けば連邦参議院でも過半数を占めていた。つまり、強力な与党が誕生したのであり、こうした背景から様々な方向性の改革が実行に移される。まず、福祉縮減改革を見てみよう。年金改革においては、ミュンテフェリング労働社会相がイニシアティヴを握って、改革を進めていこうとする。だが、労働社会相の所属するＳＰＤの内部から、批判が飛び出すことになる。問題となったのは、段階的に支給開始年齢を引き上げていくとして、いつから六七歳支給開始とするかであった。これについて、当時、ＳＰＤ内部には、シュレーダーの改革路線を堅持しようとするミュンテフェリングなどに対して、伝統的社民主義へと回帰しようとするグループが勢いを増しつつあった。また、左翼党の躍進が顕著で、バーデン・ヴュルテンベルク州などで州議会選挙が間近に迫っていることもあり、ＳＰＤがこれ以上福祉縮減を行うことに慎重な意見が根強く存在していた。加えて、ドイツ最大規模の産別労組であるＩＧメタルが年金支給開始年齢の引き上げを厳しく批判していたという事情もあった。そうしたなか、ミュンテフェリングは批判をかわすために、高齢労働者の雇用促進政策と例外規定を設定することとした。それでもベックやナーレスといったＳＰＤの伝統的社民主義者はミュンテフェリングを糾弾することは止めなかったし、ＣＳＵのゼーホーファーも改革に断固反対の姿勢を示していた。労組はベルリンで大規模デモを行い、大連立政権を批判していた。波乱含みの展開が続くと思われたが、最終局面でメルケルがミュンテフェリングの案に賛意を示し、素早く閣議決定することになる。与党内部および労組からの批判は止むことはなかったが、こうして二〇〇八年年金改革が実現されたのだった。この改革によって、年金の支給開始年齢は段階的に引き上げられていき、二〇二九年時点で六七歳とされることが決まった。ただ、割引なしの支給が六五歳から認められており、例外規定が設けられることになった。

いま一つの福祉縮減改革として、二〇〇七年医療保険改革が挙げられよう。医療保険については、SPDが国民保険を提案しており、その一方でCDU／CSUは一律保険料制度を主張していたことから、両政党の改革プランには大きな隔たりがあった。留意すべきは、両政党の改革プランは、党内で一致した支持を得ていたわけではなかったことである。たとえば、CSU出身のゼーホーファー農相はSPDの国民保険案を支持していたし、CDUのブリューム元労働社会相などは自党の一律保険料制度に強く反対していた。反面、SPDでは、シュレーダーやクレメント前経済相は自党の国民保険案に反対の姿勢を示していた。その一方で、州レベルでも増税をもたらす改革に反対するコッホ・ヘッセン州首相などがいた。これまでのドイツにおける福祉政治と同様に、党派を超え、州を巻き込む形で複雑な対立軸が形成されていたことになる。CDU院内総務のカウダーは折衷案を提出して党内の合意形成を目指すが、失敗する。一方、SPDは党内が混乱状況にあり、左派が巻き返していく過程にあった。そのため、シュトルック院内総務が党内をまとめあげることは無理であった。こうした事情から、院内総務や連邦幹部会という各党の組織ではなく、それらの上部に位置付けられる連立委員会が主導権を発揮することになる。連立委員会によるトップダウンで修正案が提起されることにより、この案を基礎として最終的に二〇〇七年医療制度改革が達成されることになる。ただ、一律保険料でも国民保険でもない折衷案であることや、各議員の意見を必ずしも十分に反映させた改革ではなかったことから、連立政権内部で五三もの反対票が投じられることになった。党議拘束がかかっていたにもかかわらず、このように多くの反対票が出たことは、きわめて異例なことである（横井 2009）。このような経緯を経て実現された二〇〇七年医療保険改革は、疾病金庫間のコスト削減への競争を強める内容であった。疾病金庫がコストを抑え、保健基金からの資金配分内で運営でき、余剰金が発生した場合には、その一部が被保険者に還付されることになる。反対に、保健基金から配分された資金でやりくりできない場合には、その疾病金庫に加入する被保険者は追加保険料を支払わなければならない。それは、疾病金庫から被保険者が脱退することを導く可能性がある。こうして、疾病金庫のコスト管理意識を高め、競争を促すことがこの改革の目的だったといえる（松本 2008）。

貧困対策と育児の社会化

第一次メルケル政権は、縮減改革だけを実施してきたわけではない。その改革は多岐にわたる。というのは、福祉縮減改革と並んで、脱家族化や貧困対策にも取り組んだからである。最低賃金から見ていこう。最低賃金の導入をめぐっては、連立委員会がイニシアティヴを握り、そもそも最低賃金の導入自体に反対していたCDU／CSUの経済派や、全産業での適用を目指すSPDの伝統的社民主義者からの批判を受けながらも、成立させた。そのため、採決に際して与党から二〇もの反対票が投じられた。労働者送出法の改正によって最低賃金を定めることとなり、まずはビル清掃業がこれに加えられた。その後、順次、適用される産業分野が拡大して、九産業に適用されることになった。第一次メルケル政権は、上記の福祉縮減改革だけではなく、貧困対策にも力を入れたと評価できよう。

その一方で、家族政策では、CDU政治家であるフォン・デア・ライエンが主導権を握り、CSU／CSUの女性議員たち、さらにはSPDの支持を受けながら立法を進めた。この法案の敵対者はSPDではなく、むしろ彼女の所属政党であるCDU／CSUの保守派だった。彼らの批判の矛先は、両親手当におけるパパ・クォータであり、児童助成法であった。家族相は、SPDの支持を受けつつ、メルケルも彼女を支持していたことから、自党からの反対の声を押さえて可決にこぎつけたのだった。両親手当は、中間層へと給付範囲を拡大し、パパ・クォータによって父親の育児参加を促進するものだった。また、児童助成法は、二〇一三年までに三歳未満児七五万人を受け入れるだけの保育施設の建設を決めたものであり、育児の社会化を大きく前進させたのだった（倉田2014）。

保守主義的な家族政策

次いで、第二次メルケル政権の政策について検討したい。CDU／CSUとFDPの連立与党は、連立協定に盛り込まれていたような自由主義的改革を実行することはなかった。医療保険改革を行ったものの、CSUの反対によって、一律保険料制度はきわめて限定されたかたちでしか導入できなかった（横井2012）。また、年金改革はペンディングされた。

縮減改革が停滞する一方で、いくつかの家族政策改革が行われた。まず、保育手当の政治過程を見てみよう。二〇一三年八月から、三歳未満の子どもをもつ親は、子どもを保育施設に入れるための請求権を有することになっていた。そして、保育施設への請求権付与と並行して、現金給付も行うべきだと主張する議員がCDU／CSU内部にいた。そのため、すでに大連立政権期よりフォン・デア・ライエンが政策の実現に取り組んでいたのだった。第二次メルケル政権になってからは、K・シュレーダー家族相がこの難題にあたっていた。連立協定には一五〇ユーロの保育手当を支給すると書かれていたものの、与党内には保育手当は必要ないとするCDU経済派とFDPが、保育手当を強く支持するCSUと対立する。妥協点を探るためにK・シュレーダーが出した案は、保育施設に入れない三歳未満児をもち、パートタイムで働く親に対して、一年間の保育手当を支給するというものだった。CSUの家族政策担当議員であるベアやCSU党首のゼーホーファーは、保育施設に入れるか現金給付を受けるかという「選択の自由」を確保するためにも、保育手当はK・シュレーダーが提案するより寛大なものでなければならないと主張していた。こうして、K・シュレーダーの案は棄却されることになり、代わってCSUが主導権を握るようになる。これに危機感を覚えたのが、FDPのレスラー保健相だった。彼は、支給額が増やされることに強く反対した。しかしながら、FDP内部にもクビッキのように保育手当に賛成する有力者がいたために、FDPは党内でまとまりきれずにいた。とりわけレスラーが党首になってからは、リーダーシップの欠如から、FDP党内が混乱状況に陥っていく。レスラーは具体的な対案を示そうとし、CSUと対峙する構えを見せたが、結局は党内をまとめきれなかったために失敗に終わった。その後も対立は続くが、メルケルは基本的に保育手当の導入を支持していたため、CSUの要求が基本的に認められることになった。ただ、連立協定とは違って、二〇一三年からは月額一〇〇ユーロ、二〇一四年からは一五〇ユーロの支給として、若干ではあるが支給額が引き下げられることになった。こうして、保育手当は可決されるのだが、ガブリエル・SPD党首は連邦憲法裁判所への提訴をも示唆し、SPDが二〇一三年連邦議会選挙で勝利した場合、保育手当を廃止する意向を示したのだった。

二〇一一年の家族介護時間法の制定プロセスについても見ていこう。保育手当とは違って、ここではK・シュレーダー家族相がリーダーシップを発揮した。すでに連立協定で、家族による介護を促進するような介護休業を拡充することが決まっていたために、与党内部では導入に関して合意が見られたものの、細部を詰める必要があった。FDPが求めたのは、使用者の負担とならないことであった。家族相は、法的請求権ではなく、使用者の同意を得た場合にのみ家族介護時間を利用できるとして、FDPの同意を得た。FDPの女性・高齢者政策担当議員であるブラハト＝ベントは、雇用者と企業の結びつきを強める効果もあるとして、K・シュレーダーの提案を高く評価した。一方で、CDU／CSUの議員たちからは大きな批判はなかった。そうして、家族相は草案の作成作業に入る。これに対し、野党は強く反対していた。SPDは、ケア労働の社会化を遅らせ、介護を家族の仕事として矮小化し、結局は使用者の同意が必要であることから、きわめて不十分な制度だと主張した。結局、野党が反対のまま、K・シュレーダー案は与党の賛成多数で可決されたのだった。このように、第二次メルケル政権下では、家庭内での育児・介護を促進するために現金給付を行うという、ドイツ統一以前に見られたような保守主義的な家族政策が実施されたのだった（近藤 2014）。

5　ドイツ福祉レジームの組み直し

本章で見てきたように、ドイツ統一という歴史的出来事に直面して、ドイツの福祉レジームは動揺した。その後の政権は、福祉レジームの縮減と育児・介護の社会化という二つの大きな課題に取り組んできた。

コール政権は介護保険を創設し、ケア労働の社会化を進めた。その一方で、解雇規制改革によって労働市場の規制緩和を行い、医療や年金の縮減改革を実施した。シュレーダー政権は、ハルツ改革によって失業手当Ⅱを創設し、失業時の所得保障を大幅に縮減した。また、積立方式の個人年金の導入を通じて、年金縮減を推し進めた。同政権は、ドイツ福祉レジームを縮減し、自己責任の原理を拡大したといえるだろう。メルケル政権は、医療保険改革によって保健基金を導入し、年金の支給開始年齢を引き上げるなど、社会保障費抑制のための縮減改革を行った。その一方で、労働者送出法改正によって部分的ではあるが最低賃金を導入した。また、保育手当などの揺り戻しはあったものの、基本的には脱家族化改革を推し進めた。ドイツ統一後、福祉縮減だけではなく、貧困対策や脱家族化にも取り組んだといってよい。

福祉レジームがこのように移り変わっていった背景には、それを支えてきた福祉政治の変化があった。統一以前に福祉政治を主導してきたCDU／CSUの社会委員会派やSPDの伝統的社民主義者は弱体化しており、代わって経済的自由主義者や時の首相がイニシアティヴを握るようになった。また、メルケル政権下では、女性議員が家族政策を主導し、社会委員会派に代わってCSUがCDU／CSUの「社会的」側面を代表するという新しい傾向も観察された。さらにいえば、CD

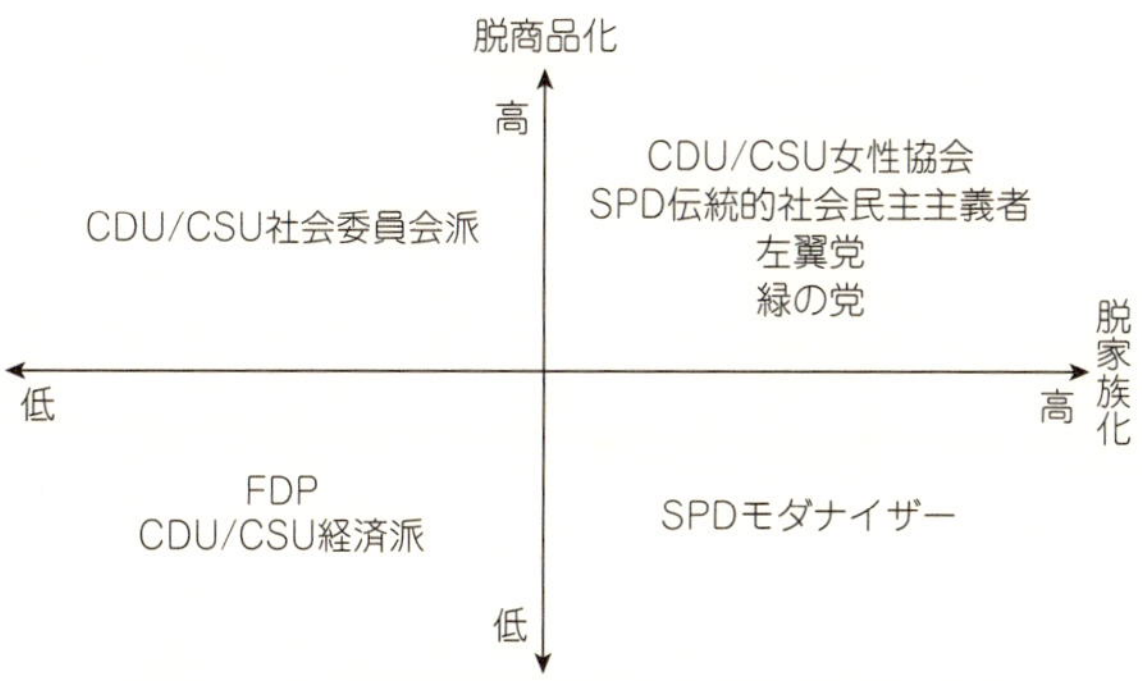

図4-1　ドイツ福祉国家をめぐる対立軸（2013年時点）

出所：筆者作成。

U／CSUのみならず、SPD内部にモダナイザーが台頭したことによって、同党内でも福祉レジームのあり方をめぐって対立軸が形成されることになった。このように、ドイツの福祉政治はますます複雑化しており、党派を越えた亀裂が幾重にも走るようになっている。二〇一三年時点の状況を簡潔にまとめるなら、図4-1のとおりとなる。

長引く不況、社会保険料の高騰、財政赤字の増加。統一以後、ドイツ福祉レジームは未曾有の危機に直面した。そのなかで、福祉縮減ばかりではなく、貧困対策や育児・介護の社会化が推し進められてきた。統一のインパクトによってもたらされた財政的逼迫と、時代とともに変化していく市民のニードに、同時並行で対処してきたといえるだろう。そして、統一ドイツという新しい時代に相応しい福祉レジームのあり方を模索してきたのである。

[付記]

本章は、科学研究費補助金基盤研究（A）『労働の国際移動が福祉国家政策および政治に与える影響に関する比較研究』（平成二三～二六年度、新川敏光代表）および科学研究費補助金基盤研究（C）「日本とドイツにおける福祉国家再編の比較研究」（平成二六～二八年度、近藤正基代表）に関する研究成果の一部である。

【参考文献】

倉田賀世（二〇〇八）『子育て支援の理念と方法——ドイツ法からの視点』北海道大学図書刊行会。

——（二〇一四）「メルケル政権下の子育て支援政策」『海外社会保障研究』第一八六号、三九～四九頁。

近藤正基（二〇〇九）『現代ドイツ福祉国家の政治経済学』ミネルヴァ書房。

——（二〇一四）「メルケル政権の福祉政治」『海外社会保障研究』第一八六号、四～一五頁。

土田武史（二〇一一）「ドイツ医療保険における『連帯と自己責任』の変容」『早稲田商学』第四二八号、五五七～五八六頁。

松本勝明（二〇〇四）『ドイツ社会保障論Ⅱ　年金保険』信山社。

——（二〇〇八）「ドイツにおける二〇〇七年医療制度改革——競争強化の視点から」『海外社会保障研究』第一六五号、六九～七九頁。

横井正信（二〇〇九）「メルケル大連立政権の改革政策と連立与党の停滞（Ⅰ）」『福井大学教育地域科学部紀要』第六四号、一四一～一九一頁。

——（二〇一二）「第二次メルケル政権と『黒黄改革プロジェクト』の限界（Ⅱ）」『社会科学論集』第五〇号、二九～五四頁。

BMAS (2013) *Sozialbericht 2013*.

Dümig, K., M. Trefs and R. Zohlnhöfer (2006) "Die Fraktionen der CDU," in Köller et al. (eds.), *Innerparteiliche Machtgruppen: Faktionalismus im internationalen Vergleich*, Frankfurt am Main: Campus, pp.99-126.

IMF (2013) *World Economic Outlook Databases*.

Kornelius, B. and D. K. Roth (2007) "Bundestagswahl 2005. Rot-Grün abgewählt. Verlierer bilden die Regierung," in C. Egle (ed.), *Ende des rot-grünen Projektes. Eine Bilanz der Regierung Schröder 2002-2005*, Wiesbaden: VS Verlag, pp.29-59.

Schindler, Peter (1999) *Datenhandbuch zur Geschichte des Deutschen Bundestages 1949 bis 1999*, Baden-Baden: Nomos Verlag.

Statistisches Bundesamt (2013) *Statistisches Jahrbuch 2013*.

Weaver, Kent R. (1986) "The Politics of Blame Avoidance," *Journal of Public Policy*, 6, pp.371-398.

第5章 ポスト保守主義レジーム・オランダの可能性

水島治郎

グローバル化や少子高齢化に対応する改革の遅れがしばしば指摘される保守主義レジーム諸国のなかにあって、オランダは一九八〇年代以降いちはやく改革に着手し、政労使三者の協調を軸としつつ、「オランダモデル」として知られる福祉・雇用改革を成し遂げてきたといわれている。本章ではオランダにおける福祉国家の展開を概観するとともに、その方向性が「ポスト保守主義レジーム」とも呼びうる、新たなレジーム形成の可能性を含むものであることを示したい。

1 福祉国家の形成と特徴

保守主義レジームとは

一九九〇年代末以降、特にフィッセルとヘメレイクによる『オランダの奇跡』の刊行以降、オランダにおける福祉・雇用改革に国際的な関心が向けられている（Visser and Hemerijck 1997）。本来は保守主義レジームに属し、グローバル化や少子高齢化といった構造変容への対応が遅れがちとされる大陸ヨーロッパ諸国の一つでありながら、オランダは先陣を切って改革の端緒を開いたと評されている。しかもそのさい、「既得権益の牙城」として改革を阻害する方向に作用することも多いといわれる、コーポラティズム的政策決定システムが積極的に活用されたことも特徴である。その意味でオランダの事例は、保守主義レジームにおける福祉国家改革の成否を考える重要な参考例となることはもちろん、日本を含め、曲がり角に立つ先進諸国の福祉国家の今後を占う貴重な事例となるであろう。そこで本章では、保守主義レジームの枠組みを踏まえながら、オランダにおける福祉国家の形成と展開をみていきたい。

さて、そもそも保守主義レジームにおける「保守主義」とは何であろうか。社会民主主義レジームの主たる担い手が「社会民主主義」政党であることは自明であるが、同じ意味で保守主義レジームの担い手が「保守主義」政党であるということはできない。「保守主義」を明示的に掲げる政党は大陸ヨーロッパでは少数派であり、むしろイギリスやスウェーデンのような、保守主義レジームに属さない国々のほうが、有力な「保守主義政党」を有している。大陸ヨーロッパ諸国で有力な保守系の政治勢力であったキリスト教民主主義政党は、内部に多様な潮流を含んでいることもあり、「保守主義」を前面に掲げることはほとんどない。保守主義レジームの主たる担い手は、実は「保守主義政党」ではなかったのである。

　オランダについてみれば、一九世紀後半から二〇世紀初頭にかけて成立した初期の社会立法を進めたのは自由主義系の政党であったが、一九一八年以降は一貫して宗派政党（後のキリスト教民主主義政党）が政権の中核を占めた結果、特に二〇世紀半ば以降急速に進んだ福祉諸制度の推進者は、主としてキリスト教民主主義政党であった。キリスト教民主主義政党の中でも、キリスト教労組などと近い「キリスト教社会派」系の閣僚や議員が、特に福祉国家建設に熱心に関わった。彼らが自らを「保守主義」と認識していなかったことは、いうまでもない。

　それでは、保守主義レジームの何が「保守」なのか。保守主義レジームにおいて顕著な特徴は、政治勢力としての「保守主義政党」ではなく、当該福祉レジームを貫く原理そのもののもつ「保守性」である。具体的には、①男性稼得者を軸とし、男女の役割分担を前提とした家族モデルを単位としてきたこと、②階層や職業による格差を温存し、むしろ再生産させる形で福祉政策が機能してきたこと、③国家が福祉政策の実施に直接的な役割を果たすことに消極的であり、家族や地域社会、職業集団をはじめとする中間団体が福祉の担い手となってきたこと、などがあげられる（水島 2012）。

　ただそうだとしても、なぜ大陸ヨーロッパの福祉国家の建設者たちは、長年にわたり、多数の社会立法を積極的に成立させてまで、「保守的」な福祉レジームの構築に取り組む必要があったのだろうか。

　その背景にあったのは、一九世紀末以降の大陸諸国における、社会主義勢力と宗派系勢力との対抗関係である。たとえばオランダでは、産業革命を背景とした社会主義運動の拡大、とりわけ信徒労働者層への浸透に危機感を抱いた下級聖職者や信徒指導者たちが、独自の宗派系労組の結成を主導するとともに、宗派政党内の社会派を構成し、穏健な社会政策を通じた労働者層の取り込みを図った。そして社会主義勢力の主張する国家介入を通じた再配分の強化、普遍主義的「平等」に対抗し、コーポラティズム的な労使協調に基づく漸進的な社会改革を進めるとともに、ジェンダーや職業・階層間格差を維持する形で福祉政策を枠づけていく。既存の社会関係の大胆な変革ではなく、産業社会に適応しつつ社会秩序の「保守」と再強化を図る福祉レジームであったといえる。

　そしてその結果、オランダを含む大陸諸国の多くにおいては、社会民主主義政党は北欧と異なり労働者層の包括的な支持を得ることに失敗し、代わってキリスト教民主主義政党が階級横断的な支持基盤を確保する。その意味で保守主義レジームは、大陸のキリスト教民主主義政党にとって、ライヴァルである社会主義勢力を念頭に置いた、対抗的な権力動員の手段でもあった。宮本太郎は『福祉国家という戦略――スウェーデンモデルの政治経済学』において、スウェーデンにおける福祉国家建設が、社会民主主義勢力による政治的な「戦略」の帰結として進展したことを論じているが（宮本 1999）、オランダにおいては、キリスト教民主主義勢力による「福祉国家という対抗戦略」が作動したといえようか。こうしてオランダにおけるキリスト教民主主義政党の優位は一九九四年まで続く。彼らのもとで形成された保守主義レジームに本格的なメスが入れられたのは、同年のキリスト教民主主義政党の総選挙における大敗と下野を経てのことであった。

オランダにおける保守主義レジーム

次に、保守主義レジームの特徴に即しながら、そのオランダにおける展開についてみていこう。

第一の特徴は、キリスト教的社会観を反映して、前述のように家族の役割を重視し、男女間の役割分担を前提とした男性稼得者モデルが確固として存在していたことである。男性労働者は手厚い「雇用保護」で守られた一方、女性は結婚後、退職して家事・育児に専念することが前提とされた。中央政府では、既婚女性を解雇することさえ定められた時期もあった。家族が徴税や福祉給付における基礎単位であって、女性の給付資格が制限される一方、妻への給付は夫を通じてなされるものとされ、児童手当も稼得者である父親を通じて支給された。

しかし他方で、男性労働者が何らかの事情で働けない状態に陥った場合の所得保障は充実していた。本来安定的な雇用の下におかれていたはずの男性稼得者の収入が途絶することは、家族の生計の困難に直結するものとされたため、「家計維持」の観点から、所得代替率は高く設定され、支給基準も緩かった。障害保険、疾病保険、失業保険、就労不能保険などの給付額は従前賃金の七〇～八〇%に設定されたのである。児童手当も高水準であったが、その反面、公的な保育サービスの発達は遅れ、それが女性の就業をますます阻害する結果となった。「男性稼得者モデルが維持・再生産」(新川 2014: 33) されていったのである。

第二の特徴は、前者とも関連するが、既存の社会的格差を温存する形で福祉制度が形成されたことである。そもそも保守主義レジームにおいては、一九世紀後半以降進展してきた各種の社会的保護の諸制度、特に社会保険制度の主たる目的は、貧困や格差の是正というよりは、すでに存在する職業的・社会的地位などによる格差を前提としたうえで、労働者の従前所得に比例した給付を行うことにあった。ホワイトカラーとブルーカラー、熟練と非熟練、男性と女性といった労働市場における位置、年齢や家族状況の違いなどが、給付額に如実に反映されたのである (Palier 2010)。その意味では、保守主義レジームにおける社会保険制度は、「社会的階層を再生産する」ものにほかならなかった。

第三の特徴は、福祉諸制度を支える分権的システムの存在である。下位集団の自治を尊重するサブシディアリティ (補助性原則) を各国のキリスト教民主主義勢力が重視してきたこと、国家介入を嫌う使用者側の意向が反映されてきたことなどから、保守主義レジームでは概して非国家的主体が社会保険を運営する仕組みが形成されてきたが、オランダはその典型であった。疾病保険、就労不能保険、失業保険などの被用者保険は、産業別に設立され、労使双方が拠出し、労使代表によって共同運営される産業保険組合によって運営されてきた。給付申請に対する可否の判断については、当該団体が強い自律性を保持してきた。一種の中間レベルのコーポラティズム、すなわち「メゾ・コーポラティズム」があったのである

確かにオランダでも、老齢年金については、全国民強制加入による均一給付型の年金制度が存在している。しかしその額は相対的に低いことから、ほとんどの産業・企業は労働協約に基づいて職域年金を設立し、全従業員を強制的に加入させた上で、現役時代の約七割の給付を行う二階建て年金を運営している。被用者保険も、退職後の職域年金も、いずれも産業レベルのガバナンスが重要な位置を占めていたのである。

さらにこれらに関わる労働政策・福祉政策に関しては、「公労使」三者からなる社会経済協議会、「労使」二者からなる労働協会など、マクロ・

コーポラティズムに基づく有名な機関があり、労使の影響力を個々の産業を超えて担保する場となっていた。

なお、このような中間集団の自治を重視する保守主義レジームは、当該団体の問題解決能力を信頼する一方、団体外部の国家による介入には否定的であり、公的雇用による労働力の維持、公的職業訓練を通じた労働力の移動と就労促進といった、北欧諸国で典型的にみられる積極的な労働市場政策を取り入れることはほとんどなかった。実際オランダでは、一九九〇年代に入るまで、職業訓練をはじめとする公的な就労促進政策はほとんど機能しておらず、各産業レベルにおける福祉給付の自治が最優先されていたのである。

2 保守主義レジームの「危機」とオランダ

曲がり角に来た保守主義レジーム

しかしこのように大陸各国で発達してきた保守主義レジームは、一九七〇年代以降、いずれも大きな曲がり角を迎えることになる。石油危機後の先進諸国では、産業構造の転換と構造的な不況の出現、失業者・福祉給付受給者の急増、福祉支出の増加と財政赤字の悪化といった様々な危機に見舞われたが、保守主義レジームに属する各国は、とりわけ深刻な危機に直面した。「開放的な小国経済」であるオランダは、石油危機の影響がとりわけ大きく、それは保守主義レジームそのものの根本的な見直しを進める契機となった。

ではなぜこの時期以降に、保守主義レジームは危機を迎えたのか。その背景にあるのが、脱工業社会への移行に伴う生産・労働・ライフスタイルのあり方をめぐる変化、とりわけ「新しい社会的リスク」の出現である。

脱工業社会の中核となるサービス産業では、雇用形態はパートタイムや短期契約など、非正規雇用の占める比率が高く、雇用は不安定になる傾向がある。しかも不安定雇用のもとで職業能力の向上の機会を逸する労働者も増えるため、低熟練の技術しかもてないリスクも高まる。これに対し、従来の保守主義レジームは、安定的な雇用に守られた長期雇用の男性稼得者の工業労働者を前提としており、それゆえに拠出制に基づく社会保険を福祉諸制度の基本に置いていた。しかしこれは雇用の不安定さという新しいリスクには対応が困難であり、家族形態の変化による一人親家庭の増大と併せて、支援を新たに必要とする人々に社会保障の網が届かない可能性が高い。

またサービス産業では概して女性労働力に対する需要が強く、女性の労働市場への進出が促されるが、ケア・サービスの供給が不十分な中で就労した女性たちは、しばしば子どもや高齢者のケアと仕事の両立の困難に直面し、リスクを負うことになる。特に、「男性完全雇用（full male employment）」を前提とする保守主義レジームにおいては、ケア・サービスの供給は圧倒的に不足しており、リスクに直面する女性たちの就労はなかなか進まず、労働力の供給そのものに困難をきたすことになる。

このように経済のサービス化は、労働力の中核を男性のフルタイム工業労働者とみなす、従来の前提を掘り崩した。しかし保守主義レジームには男性稼得者を軸とする発想が強く残り、「新しい社会的リスク」への対応が遅れる。その結果として、非正規雇用労働者の増大に手を打つことができず、また、失業者・主婦層・学生など「周辺」を包摂することにも失敗するなかで、保守主義レジーム諸国では、「社会保障制度や雇用、家族がそれぞれ困難な状況に陥」（千田 2012: 38）ることになった。

保守主義レジーム特有のガバナンス構造も、問題を深刻化させた。保守主義レジーム諸国では、産業ごとに分立した労使共同運営による社会保険制度が定着してきた。いわば、「労使拠出による社会的リスク保障」のために発達した制度だった

(伊藤 2012: 27)。しかしその結果、運営を担う労使は「拒否権プレイヤー」となり、その反対する改革や給付水準の変更は容易ではなく、とりわけ石油危機後の合意形成は困難に直面することになる。

「雇用なき福祉」の出現

オランダでは、一九七〇年代後半以降、まさにここで説明したような保守主義レジームの弱点が露呈した。石油危機後のインフレと工業部門を中心とした大規模なリストラの進展、失業の大幅な増加のもとで、オランダでは就労不能保険（WAO）の受給者が大幅に増加する。この就労不能保険は、就労が全面的、あるいは部分的に困難となった労働者に対して、従前賃金の八〇%を給付する被用者保険であるが、判定にあたっては業務外の原因も認めたことにより、独特の「寛大な」保険制度となった。しかも各産業の労使が運営する産業保険組合は、不況下における解雇に代わる余剰人員の削減手段としてこの保険を手軽に利用し、積極的に活用した。すなわち労使は、労使紛争を併発することなく、賃金水準の高い中高年労働者のリストラ手段として就労不能保険を利用し、お手盛りの審査で給付資格を認定していったのである(水島 2012)。

そもそも保守主義レジームにおいては、先に述べたとおり、一家を支える男性稼得者への給付水準は高めに設定されていた。そのため不況期に入ると、労働コストの削減を狙う使用者と、高い所得保障水準に魅力を感じる労組は、一致して早期退職などの手段により労働力の「退出」を選好する。しかも一旦労働市場の外に出た労働者の復帰には関心が薄く、職業訓練制度の活用に消極的であることから、エスピン－アンデルセンのいうところの「労働力供給の削減戦略」が保守主義レジームの選択となる(Esping-Andersen 1996)。しかしこの方法は社会保障負担を一層増加させて労働コストを押し上げるため、企業は新規雇用を控えることになり、全体としての雇用は一層減少する。他の大陸諸国では早期退職制度が多用されていたところ、オランダでは条件の有利な就労不能保険が利用されることとなったが、いずれも機能的には同様のものといってよい。

こうして労働市場から男性労働力の退出が一方的に進行し、しかも女性労働力の参入が遅々として進まないなかで、非労働力人口に対する労働力人口の割合は低下の一途をたどる。労働力人口の減少の原因としてしばしば少子高齢化が指摘されるが、エスピン－アンデルセンが指摘するように、「ヨーロッパにおける高齢化の危機とは、かなりの程度、福祉国家における労働削減政策の副産物」なのである。しかもセクターを超えた労働力の移動が進みにくい制度のもとで、本来なら成長産業であるサービス産業における雇用率も目立った上昇がみられなかった。こうして保守主義レジームの諸国では、「雇用なき福祉(welfare without work)」状態が出現することになる。

3　雇用・福祉改革

ワセナール協定

この手詰まり状態を脱し、保守主義レジームの改革の嚆矢となったとされる転機が、政労使による包括合意として国際的に名高い「ワセナール協定」であるとされている。このワセナール協定以降、オランダでは雇用・福祉分野における多様な改革が進展し、従来の保守主義レジームの枠を大きく超える雇用・福祉の仕組みが出現してきている。

石油危機後の景気後退と失業増が深刻化するなかで、一九八二年秋、成立したばかりのルベルス中道右派政権は、賃金抑制による雇用確保とインフレ抑制、(賃金に連動する)社会保障給付の削減を目指し、労使に対して賃金上昇の抑え込みを強く要請した。労使代表も、雇用の確保と企業業績の回復に協調して取り組む立場から、この呼びかけに応じ、ハーグ近郊のワセナールという緑豊かな郊外都市などで交渉を重ね、最終的に政労使三者は、いわゆるワセナール協定と呼ばれる、労働時間の短縮と賃金抑制を柱とするパッケージ・ディールで合意に達する。これにより、労組は賃金の抑制を受容し、企業業績の回復と国際競争力の強化に協力するが、他方で企業側は、雇用の確保に努めるとともに、労働時間短縮を進めるという枠組みが成立する。これ以後オランダでは、一時は悪化していた政労使の協力関係が復活するとともに、雇用の増加と失業率の減少が実現し、経済的な回復への道が開かれたと評されている。

このワセナール協定とそれに至るプロセスについては、政労使協調＝コーポラティズムの成功による危機克服の例として、国際的に広く関心が集まることとなった。特に日本では、この労働時間短縮と賃金抑制による雇用の維持の試みは、「ワークシェアリング」との呼称で知られることとなり、一時はワークシェアリングを導入・検討した企業もかなりの数に上っている。

ワセナール協定以降、パートタイム労働者の増加も顕著である。フルタイム労働者の労働時間が短縮されるなかで、特にサービス産業を中心にパートタイム労働者の雇用が増え、特に女性の雇用が大幅に増加した。保守主義レジームの弱点の一つが、女性の雇用率の低さにあることは先に述べたが、その点ではオランダはパートタイム労働というかたちではあるものの、いち早く女性の就業率の向上を実現することとなった。

就労強化・促進政策の展開

そして一九九〇年代に入ると、オランダでは保守主義レジームの欠点の克服を意図した、積極的な福祉国家改革が展開される。その重要な契機は、キリスト教民主アピールが一九九四年選挙で大敗し、八年間にわたって下野したことである。この下野によって一九一八年以来ほぼ継続してきたキリスト教民主主義政党の政権参加にいったん終止符が打たれ、代わって成立した、労働党のコックを首班とする新政権は、キリスト教民主主義政党優位の下で形成されてきた、「受動的」福祉国家の抜本的な改革に着手する。

その改革の最大の目的は、就労の強化・促進を通じた福祉国家の再編である。コック政権は、これまで労働市場の外部にいた多様な人々の労働市場への統合・再統合を進め、「雇用なき福祉」のディレンマの解消を図るため、様々な政策手段を動員した。その最たるものが、福祉と雇用の連動である。公的扶助の受給者には求職義務が課せられ、違反者には制裁が科せられた。また、従来は分断されてきた、公的扶助をはじめとする福祉給付行政と、職業紹介行政とを架橋する新機関を発足させた。これにより公的扶助や失業保険など、福祉給付の受給を申請する者は、まずはこの新機関に足をはこび、就労可能性に関するチェックを受け、職業紹介や職業訓練の計画作成などを経てようやく給付にたどり着くこととなった。「家計支持者」への「寛大な」所得保障を柱とした保守主義レジームのあり方は、大きく変わっていったのである。

コック政権による福祉国家改革は、福祉政策をめぐるガバナンスのあり方そのものにまで及んだ。先述のように、オランダでは被用者保険は労使の手に握られており、産業別に置かれている産業保険組合が運営・審査を担っていた。特に就労不能保険の審査に際しては、意図的に「緩い」基準を適用して中高年労働者の労働市場からの退出を促していた。しかし「政治の優位」を掲げて改革を進めるコック政権のもとで、産業保険組合は廃止され、被用者保険を一括して担う合同機関が設立されたことにより、労使の影響力は決定的に低下する。こうして保守主義レジームのもう一つの特徴である、福祉国家の分権性についても、大胆にメスが入れられることになった。

改革の継続

二期にわたるコック政権は二〇〇二年に終わりをつげ、以後二〇一〇年に至るまで、キリスト教民主アピールのバルケネンデを首班とするバルケネンデ政権が継続する。返り咲いたキリスト教民主主義政党が主軸の政権ではあったが、この政権はコック政権下の就労促進改革を基本的に受け継ぎ、市民の「参加」を掲げて、むしろ改革をさらに進める政策を打ち出していった。バルケネンデ政権下では、公的扶助給付受給者に対し厳格な求職義務が課されるようになったほか、失業保険や就労不能保険などの被用者保険についても、給付期間の短縮や審査の厳格化などを通し、再就労を促す仕組みが一層強化された。

特に際立っていたのは、高齢者の就労促進政策である。年金支給開始年齢（六五歳）になるまで、早期退職者に現役所得並みの給付を保証していた早期退職制度のもとで、かつては多くの労働者が早めに退職を選択していたが、バルケネンデ政権は二〇〇六年、早期退職をめぐる優遇措置を撤廃した。この影響は大きく、以後わずか五年の間に平均退職年齢は六一歳から六三歳へと二歳も上昇している。中高年労働者の「労働市場からの退出」を最優先していた政策と慣行は、もはや過去のものとなったのである。

現在、オランダにおける就労率は男性が八〇%、女性が七〇%をそれぞれ超え、いずれもEU加盟国で最上位のグループに位置している。

ガバナンス改革

いわゆるオランダモデルの議論では、オランダにおける三者協議のコーポラティズムを通じた経済危機の克服と雇用・福祉改革についての成功物語が知られている。確かにワセナール協定以後、政労使のマクロな協力関係が復活し、とりわけ雇用の増加を目指した三者の協調的な行動が以後の諸改革の基礎となったことは確かである。

しかしこと福祉政策に関わるガバナンスのあり方をめぐっては、実は政労使の合意の調達はきわめて難しく、結果的には三者合意に基づく解決ではなく、労使を排除した「政治優位」の解決に終わることが多かったことは、注意すべきだろう。一九九〇年代以降に進められた改革のなかには、前述の産業保険組合の廃止による労使の影響力の切断をはじめとして、伝統的に認められてきた労使の権益を直接浸食し、その強い反発を招いたものも少なくなかった。たとえばオランダの社民系労働組合の委員長は当初、産業保険組合の廃止案に対し、被用者保険は「われらの保険」であり、その役割を一方的に政府が奪うことは「国家社会主義」に等しいと批判し、労使で足並みをそろえて反対した。最終的に労使は政府案を容認したものの、保守主義レジーム特有のコーポラティズム的政策過程そのものの改革自体は、コーポラティズムを通じて行うのではなく、「政治の優位」を背景とせざるをえなかったのである。

近年、改革に最も後ろ向きとされる保守主義レジーム諸国について、その改革の進展を積極的に指摘する研究が次々と出されている（Palier 2010; Häusermann 2010）。いまやドイツやフランスをはじめとして保守主義レジームの国々は、雇用維持と所得保障に偏った従来の福祉国家のあり方を見直し、就労促進を重視する「雇用親和的」かつ「ジェンダーニュートラル」な福祉国家への「全体的なパラダイムシフト」のさなかにあるというのである（Hemerijck and Eichhorst 2010: 323）。

これら保守主義レジーム諸国における福祉国家再編において特徴的なことは、それが就労促進や人的投資重視の方向へと舵を切ったのみならず、多くの場合、福祉国家を支えてきたガバナンス構造そのものにメスを入れることを含んでいたことだった。特に、労使の関与を切断する形での改革の断行については、実はすでにフィッセルとヘメレイクの『オランダの奇跡』においても示唆されていたことは想起してよい（Visser and Hemerijck

1997)。同書は、三者協議制のコーポラティズムによる危機克服を描いた本というイメージが強いが、彼らはコーポラティズムが危機に対応して改革を進めるうえで有効であるかどうかについては、楽観的ではなかった。むしろ二人は、労使が個別利益に固執し、拒否権を発動して改革を阻害した場合には、政府側が労使との協力関係を解消し、自律的に行動するという選択もありうると論じている（これを二人は、「コーポラティズムからの離脱 (corporatist disengagement)」と呼んでいる）。

エビングスハウスが指摘するように、具体的な改革案が労使の反対にあって実現の見通しが立たない場合には、しばしば政府は、「改革のための条件を改革する (reform the conditions for reform)」ことを決断し、労使の役割を弱めるかたちでガバナンス構造自体を変革していったのである (Ebbinghaus 2010: 270)。

4 ポスト保守主義レジームの可能性

社会民主主義レジームへの接近？

このようにワセナール協定以後のオランダでは、分権的な福祉制度を一元化し、かつて労働市場からの退出と給付を優先していた社会保障制度を抜本的に改革して福祉と就労をリンクさせるなど、保守主義レジームの固有の特徴とされてきた諸制度が大きく改められていった。既婚女性の受給資格制限などの明示的なジェンダーバイアスも、基本的にすべて取り払われている。グローバル化と脱工業化の波による衝撃を最も深刻に受けたとされる保守主義レジームは、改革の先陣を切ったオランダにおいて、政治的基盤であったキリスト教民主主義政党の退潮と併せ、その姿を根本的に変えようとしている。

それでは、その先に現れるものは何か。一つの有力な見方は、オランダが社会民主主義レジームに接近しつつあるというものである。とりわけ、近年のオランダについては、人的資源に投資する北欧型の「社会的投資国家」の特徴を備えつつあると指摘されている（この点については水島〔2014〕も参照）。

ヨーロッパにおける社会的投資国家への転換を比較研究したオランダの研究によると、一九九〇年代後半以降のオランダは、職業訓練などをはじめとする積極的労働市場政策関連の公的支出が顕著に増加し、北欧諸国レベルに次ぐ支出を達成した例外的な国として位置づけられる (Weistra 2009)。しかも同時期にオランダでは、教育・チャイルドケア・高齢者サービスなど、同様の人的投資にかかる公的支出も順調に増加している。全体としてみれば、二〇〇〇年代半ばまでに、EU内でオランダはスウェーデン・デンマークに次ぐ第三位の「社会的投資」を行う国として位置付けられるようになった。特に際立っているのは、積極的労働市場政策や高齢者サービス関連の支出であるが、かつては少なかったチャイルドケア・就学前教育関連の支出も、二〇〇五年における対GDP比〇・五％から、二〇〇九年には対GDP比〇・九％へと増加している (OECD 2014)。

そしてこの人的投資への重点配分に対応して、オランダでは就労率が顕著に上昇し、特に高齢者や女性の労働市場への参加が進んでおり、この点でもオランダは北欧諸国と並んで労働力人口の「活性化 activation」に成功した国とされている。他の大陸諸国の多くが「社会的投資」に関して漸進的な変化、あるいは停滞を示していることと比較すれば、オランダの変化は際立っている。大陸諸国のなかで「オランダのみが、社会的投資レジームの方向への移行を継続しているようにみえるが、他の諸国は同水準にとどまって」いるのであって (Weistra 2009: 36)、オランダは今や、「過去一〇年のうちに社会民主主義の特徴を示すようになった」国とみなされているのである (Weistra 2009: 56)。

パートタイム労働という選択

とはいえ、これらの変化をもって、オランダが社会民主主義レジームの仲間入りをしたと判断するには慎重でなければならない。

その理由の一つは、「労働と家庭生活」をめぐる方向性、特に女性の就労をめぐる基本的な理解が、オランダと北欧諸国では、依然として大きな開きがあることである。

一九八〇年代以降、オランダにおける女性の就労率は大幅に上昇し、二〇年強で約二倍に増加している。今やオランダは、女性の労働市場への参加という点で見れば、ヨーロッパでもトップグループに位置している。かつてのように性別役割分業意識が強く、女性の就労それ自体が強く抑制されていた時代と比べれば、隔世の感がある。

しかし実際には、この間に大幅に増加した女性労働者の圧倒的多数は、パートタイム労働者である。サービス業を中心にパートタイム労働など非正規労働に対する需要が高まるなか、それまで専業主婦だった多数の女性たちが、パートタイム労働者という形で労働市場に参入していったのである。その結果、かつての男性稼得者モデルは過去のものとなったとはいえ、それに代わったのは男性フルタイム労働者＋女性パートタイム労働者という意味における「一・五名稼得者モデル」であった。これが北欧型の、男女が共にフルタイムで働き、子育てに公的育児サービスを積極的に利用する「二名稼得者モデル」とは、大きく異なるものであることは明らかだろう。その結果、オランダでは女性の就労率は確かに七〇％を超えているものの、実はフルタイム換算した就労率では五〇％に満たず、EU加盟国で下から五番目に位置している（European Commission 2014）。

たとえば二〇〇八年時点でみると、〇～二歳児を持つ家族のうち、両親がともにフルタイムで働いている比率はオランダではわずか六・二％にすぎないが、親の片方がフルタイム、もう片方がパートタイムである比率は五八・七％に達する。これをスウェーデンと比べてみると、同様の家族構成の場合、両親がフルタイムで働いているのは四一・九％に上るのに対し、フルタイム一名＋パートタイム一名の組み合わせは二七・七％であり、両国の間には大きな違いが存在することがわかる（OECD 2014）。

なぜオランダの女性たちの多くが、フルタイムではなく、パートタイムという形で働くことになったのだろうか。その背景にあるのが、今もなおオランダでは、子どもをもつ母親のフルタイム就労について否定的な見方が強いことである。未就学児はもちろん、就学児のいる母親についても、フルタイム勤務を容認する人はオランダでは少数派である。母親のパートタイム勤務は認めつつも、時間をやりくりしながら母親が基本的に子どもの養育を担うべきだという考え方は根強い。また、近年顕著に増えてきたとはいえ、公的な保育サービスの提供がまだまだ不足していることも、母親のフルタイム就労にたいする制約として作用しているといえるだろう。

しかし他方、一九九〇年代以降、いわゆる均等待遇をはじめとして、パートタイム労働をめぐる条件整備や待遇改善が進展したことにより、子どもを抱えた女性たちにとって、パートタイム労働が「使い勝手の良い」就労形態になっていったことも、見逃すことはできない。一九九六年の「労働時間差別禁止法」は、労働時間に基づいて労働者を差別することを禁止し、これによりパートタイム労働者は、労働時間に応じてフルタイム労働者と同等・均等な賃金・労働条件を保障された。また二〇〇〇年の労働時間調整法（変更法）は、労働時間の退縮・延長を求める権利を労働者に認めた法律であり、これによりオランダの労働者は、育児など自分のライフプランの必要性に応じて、フルタイムとパートタイムの相互転換や、同じパートタイム労働者であっても、勤務時間の増減を実現できるようになった。オランダはこの結果、パートタイム労働者に関する権利保障の点でヨーロッパで最も高いレベルの国となっているのである。

そもそもオランダでは、年齢を問わず、自らの勤務形態としてフルタイムを望む女性は二割程度しかないとされており、子どもの年齢が上がっても、フルタイム勤務に移行する女性は少ない。二〇〇八年時点で、六〜一四歳の子どもをもつ母親における労働時間をみると、週三〇時間以上働いているのはわずか一九・一％にすぎず、八割以上は三〇時間未満の労働時間にとどまっている（なお同様の家庭状況において母親が週三〇時間以上働いている比率は、ドイツで三一・七％、フィンランドで九〇・四％である〔OECD 2014〕）。近年進んだパートタイムをめぐる制度の整備は、パートタイム勤務という形でワーク・ライフ・バランスを望むオランダの女性労働者の希望に沿うものでもある、という面は否定できない。

ポスト保守主義レジームへ

このようにみてみると、オランダでは就労促進型福祉国家への転換が明確に生じ、女性や高齢者、福祉給付受給者などの労働市場への包摂が大規模に進行していること、制度上のジェンダーバイアスが基本的に取り払われたこと、福祉諸制度の分立性がある程度克服され、公的機関による被用者保険の一元的管理が実現したことから、従来想定されてきた保守主義レジームからの脱却が実現しつつあることは確かである。しかしその先に姿を現してきた新たなレジームは、社会民主主義や自由主義のそれとはやはり異なり、保守主義レジームの有してきた一種の「保守性」を受け継ぐ形で形成される、「ポスト保守主義レジーム」と呼ぶことができるのではないだろうか。

ここで注意すべきは、この「ポスト保守主義レジーム」の持つ「保守性」が、単なる後ろ向きの制度的粘着性を示すにとどまるものとはいえないことである。

第二節で述べたように、グローバル化や脱工業化にさらされた現代の福祉国家の危機の一つの原因は、「新しい社会的リスク」の出現であった。産業構造の転換に伴う不安定な低賃金労働の拡大、ライフスタイルの変化による労働と家庭生活の両立の困難といった新しい課題が、福祉国家に新たな挑戦を突きつけ、特に保守主義レジームの基礎を掘り崩すものとなったのである。しかし実は「ポスト保守主義レジーム」は、保守主義レジームの欠陥を克服する試みであるだけでなく、この「新しい社会的リスク」への対応という点で、ある種の有効な解決策を示すレジームである、とはいえないだろうか。

まず、低賃金の非正規雇用の増大という「新しいリスク」について。オランダでは先に述べたように、フルタイム・パートタイム間の均等待遇が一九九〇年代に規定されることで、パートタイム労働者の待遇の大幅な改善が実現された。また、いわゆる「フレキシキュリティ」原則により、やはり一九九〇年代には派遣労働者と一般労働者間の均等待遇も確立している。「非正規労働」に広く「正規化」の網をかけることで、労働形態の違いによる「格差」の発生・拡大を可能な限り防止しているともいえる。もはやオランダでは、パートタイム労働者や派遣労働者は「非典型労働者」ではあっても、「非正規労働者」ではない。悪条件の非正規雇用の一方的な増大という新しい社会的「リスク」の顕在化は、未然にある程度防がれているのである。

ここで思い返すべきことは、保守主義レジームの重要な特徴であった、「手厚い雇用保障」の存在である。かつては男性フルタイム労働者を念頭に置いて成立していた「手厚い雇用保障」が、ポスト保守主義レジームにおいては、（主に女性から構成される）パートタイム労働者や派遣労働者にもスピルオーバーし、多様な雇用形態で働く様々な労働者にも適用されている。

次に、出産・育児や介護などのライフイベントに伴う「新しいリスク」について考えてみよう。これについてもオランダでは、フルタイム・パートタイム間の相互移動を含む労働時間の設定を基本的に労働者の権利として認めたことで、特に女性の労働者が、ライフサイクルに応じて労働時間を増減させながら、就労を継続することが可能となった。ワーク・ライフ・バランスを重視しつつ働くことが、ポスト保守主義レジームでは積極的に保障されているのである。

やはりここで思い返すべきことは、保守主義レジーム以来の「家族重視」の発想である。かつての保守主義レジームが、「家族の生計を維持する」ことを重視していたとすれば、ポスト保守主義レジームは、「家族のための時間を確保する」ことに重きを置く。社民レジームにおける男女フルタイム雇用モデルと異なり、ポスト保守主義レジームは、労働時間を柔軟に増減させることで、男女がともに家庭生活に十分な時間を割けるよう保障しようとする。

かつて保守主義レジームを特徴づけ、しかしそれがゆえに近年は時代遅れとされて旗色の悪い、「雇用保障」や「家族重視」といった基本的価値。ポスト保守主義レジームは、いわばこれらの弱点を逆手に取る形で積極的に活用し、「新しい社会的リスク」への対応策として提示したといえるだろう。保守主義レジームの遺産から脱却するのではなく、むしろその現代的な展開の可能性を追求したレジームが、「ポスト保守主義レジーム」であるといえよう。

第一節で論じたように、保守主義レジームにおける「保守」とは、「保守主義」を意味するのではなく、そのレジームを特徴づける「保守性」にあった。そうだとすれば、ポスト保守主義レジームにおける「保守性」とは、次のようにいえるだろう。すなわち、男性フルタイム労働者にとどまらず、パートタイムを含め多様な雇用形態の労働者を安定的な「雇用保障」の傘の下に引き入れてしまうという意味における「保守性」である。そして男女間の一定の役割分担は前提としつつも、ワーク・ライフ・バランスを重視し、仕事優先の傾向に抗して「家族重視」を貫こうとする「保守性」である。

そしてこのポスト保守主義レジームにおける「保守性」は、実は保守主義レジームと多くの共通の特徴をもつとされる日本の今後の方向を考えるうえでも、参考になる。非正規雇用の歯止めなき増大により「雇用保障」が大きく揺らいでいる日本、正規非正規を問わず労働者の長時間労働が常態化し、「家族重視」が風前の灯火となっている日本において、ポスト保守主義レジームの示す「保守性」は、重要な示唆を与える可能性があるのではないだろうか。

【付記】
本研究はJSPS科研費（25285038）の成果の一部である。

【参考文献】

伊藤武（二〇一二）「年金改革の政治――政治主導改革の可能性」宮本太郎編著『福祉政治』ミネルヴァ書房、二一～三五頁。

新川敏光（二〇一四）『福祉国家変革の理路――労働・福祉・自由』ミネルヴァ書房。

千田航（二〇一二）「ライフスタイル選択の政治学――家族政策の子育て支援と両立支援」宮本太郎編著『福祉政治』ミネルヴァ書房、三七～五一頁。

平島健司（二〇一四）「歴史の長い影――ビスマルク型福祉国家改革と政治過程」『社会科学研究』第六六巻一号、一三九～一六一頁。

水島治郎（二〇一二）『反転する福祉国家――オランダモデルの光と影』岩波書店。

――（二〇一四）「オランダ――社会的投資戦略への華麗なる転換？」『生活経済政策』第二一四号、一四～一八頁。

宮本太郎（一九九九）『福祉国家という戦略――スウェーデンモデルの政治経済学』法律文化社。

Ebbinghaus, Bernhart (2010) "Reforming Bismarckian Corporatism: The Changing Role of Social Partnership in Continental Europe," in Bruno Palier (ed.), *A Long Goodbye to Bismarck?: The Politics of Welfare Reform in Continental Europe*, Amsterdam: Amsterdam University Press, pp.255-278.

Esping-Andersen, G. (1996) "Welfare States without Work: The Impasse of Labour Shedding and Familialism in Continental European Social Policy," in G.

Esping-Andersen (ed.), *Welfare States in Transition: National Adaptations in Global Economies*, London: Sage, pp.66-87（G・エスピン－アンデルセン〔二〇〇三〕「労働なき福祉国家――大陸ヨーロッパ社会政策における労働削減政策と家族主義の袋小路」エスピン・アンデルセン／埋橋孝文監訳『転換期の福祉国家　――グローバル経済下の適応戦略』早稲田大学出版部、一〇七～一四〇頁）.
European Commission (2014) *Labour market participation of women*（http://ec.Europa.Eu/Europe2020/pdf/themes/31_labour_market_participation_of_women.pdf、二〇一四年七月三〇日アクセス）.
Häusermann, Silja (2010) *The Politics of Welfare State Reform in Continental Europe: Modernization in Hard Times*, Cambridge: Cambridge University Press.
Hemerijck, Anton and Werner Eichhorst (2010) "Whatever Happened to the Bismarckian Welfare State?: From Labor Shedding to Employment-Friendly Reforms," in Bruno Palier (ed.), *A Long Goodbye to Bismarck? : The Politics of Welfare Reform in Continental Europe*, Amsterdam: Amsterdam University Press, pp.301-332.
OECD (2014) *OECD Family Database*, OECD, Paris（www.oecd.org/social/family/database、二〇一四年七月三〇日アクセス）.
Palier, Bruno (2010) "Ordering Change: Understanding the 'Bismarckian' Welfare Reform Trajectory," in Bruno Palier (ed.), *A Long Goodbye to Bismarck? : The Politics of Welfare Reform in Continental Europe*, Amsterdam: Amsterdam University Press, pp.19-44.
Visser, Jelle and Anton Hemerijck (1997) *'A Dutch Miracle': Job Growth, Welfare Reform and Corporatism in the Netherlands*, Amsterdam: Amsterdam University Press.
Weistra, Thijs (2009) *Towards a Social Investment State in the Member States of the European Union?*, Master Thesis, Utrecht University（http://dspace.library.uu.nl/handle/1874/35725、二〇一五年一月一六日アクセス）.

第6章

保守主義レジーム・フランスの状況

唐渡晃弘

フランスの福祉制度は、女性の就業率の相対的高さゆえに、留保をつけながら保守主義レジームに分類されてきた。所得保障による脱商品化がみられる反面、そのシステムは男性稼得者モデルに基づいており、ケアは専ら家庭が担うものとされてきたフランスの状況は、変化しているのであろうか。市場の利用が促進されているのであろうか。脱家族化の意味とともに、制度の変遷のもつ意味を検討したい。

1 フランス社会保障の特徴

法制化の経緯

フランスにおける社会保障の法制化の動きは、戦争終結後、臨時政府の下で始まった。その中心的役割を担ったピエール・ラロックは、組織の一元化を意味する「単一性」、国民全体をカバーする「普遍性」あるいは「一般化」、そして組織運営についての「自律性」を指針として掲げていた。このプランを支えていた思想的基盤が、前世紀から続く「連帯」の思想であった（田中 2006）。ラロックがこの三点を強調した理由は、前世紀後半から広範に、しかし独立して組織されていた共済組合、および様々な社会保険が存在していたからである。しかしながら、既存の制度の抵抗が強かったため一元化は実現せず、保険の種別ごと、老齢保険、疾病保険、家族給付と別の組織が存続することになり、その上、同種の保険のなかでも、商工業被用者の制度の他に、農業被用者、国鉄職員、船員等々と職域ごとにも別の組織が残ることになった。その結果として、金庫と呼ばれる各組織は、被用者の制度であれば労使の代表が運営することで、「自律性」のみが実現することになった。また、失業に関する保険については、第一次大戦中に不十分な制度ながら、失業国民基金が設置されていたが、第二次大戦後の社会保障制度設計の枠組みのなかで検討対象とされることはなく、一九五八年に法制化されるものの、今日に至るまで、労使協約の枠組みに基づいており、社会保障制度には含まれていない。つまり、フランスにおける失業保険は、社会保障、社会扶助及び補足制度と並んで社会保護を構成する一部門となっている。

制度上の課題

この経緯から明らかなように、保険料率や給付水準の実質的な決定権限は国家にあった反面、組織の運営については、国家、従って議会の関与は限定的となった。また、社会保険の仕組みを存続させたことは、受給者を拠出金負担者に限定することを意味し、失業リスクへの対応が労使間交渉に委ねられたことをあわせて考えると、国民連帯の実現が語られながら、現実は職域連帯になってしまい、当初は脱商品化も完全ではなかったため、「普遍性」も不十分であった。そこで、これらの特徴の継続性と変化を手がかりにしながら、保守主義レジームに分類されるフランスの現状を検討してみよう。

2 脱商品化を拡大し維持する試み

普遍化に向けて

社会保険の性格上、職に就かなければ、あらゆる保険制度から取り残されてしまう上、保険の管理運営に当たるのが労使代表であるため、普遍化への関心は低くなる。もっとも、経済成長が継続した、いわゆる栄光の三〇年間は、完全雇用がほぼ実現し、失業は一時的であることが前提であったから、大きな問題にならなかった。とはいえ、その間なんら対策がとられなかったわけではない。拠出期間が不十分なため、老齢年金の受給権がなかったり、給付額が低かったりする場合への対策として、老齢最低所得保障が一九五六年に実施され、無拠出の保障が開始された。疾病保険への未加入者については、一九六七年に任意保険という名称の制度が創設され、同年、失業保険も公務員を除く全産業被用者に拡大され、保障のない人々を制度に取り込む試みが行われていた。従来から存在していた社会扶助については、その名称がスティグマをもたらすゆえに、残余的制度と考えられ、保険でカバーされない人々への対応は、社会保障すなわち社会保険の枠組みの中で対応することが模索されていた（都留 2000：76）。

オイルショック後の経済危機を受けて、一九七六年には失業者が一〇〇万人を超えるようになると、長期失業が認知され、いわゆる「新しい貧困」が発見されるようになると、新たな対応の必要性が認識され始めた。その後も失業者数は、景気動向により増減はあるものの、一九八三年には二〇〇万人、一九九三年には三〇〇万人以上を数え増加していった。

疾病保険の分野では、批判のあった任意保険を引き継いで一九七八年に個人保険が創設され、保障される範囲が拡大し、年金分野でも老齢最低所得保障が一九八一年に大幅に増額された。しかし、最大の問題は失業であった。失業者の増加は、拠出金負担者の減少とともに受給者が大幅に拡大するため財政難を招いた。それと同時に、給付期間が終了した失業者や、一度も就職できず保険加入できない若者など、給付の受けられない者が顕在化し、社会的排除が大きな問題となった。そこで一九七九年に、国庫による失業扶助を失業保険と一本化し、財源の三分の一が国庫負担となった。社会扶助を回避しようとする姿勢が、ここにもみられる。しかし、その後も失業者は増加し保険制度は危機に陥る。そこで一九八四年に、保険制度とそれ以外とを再び分離し、国費による新たな制度を創設した。つまり、失業保険を費消した者について特別連帯手当、二五歳未満の新規求職者等、そもそも失業保険に加入できない者については、給付期間は一年のみであるものの参入手当を設けて、社会的排除に対応した。つまり、保険の枠組みは維持しつつ、かつ保険制度自体を守るためにも、保険では対応できないケースについては、国庫負担による連帯制度が導入されたのである。

他方で、増加する失業と国庫負担に対応するため、職への復帰を奨励する政策が模索された結果、職業的参入活動、すなわち就職活動を行う「契約」締結を条件とした社会参入最低所得が一九八八年に導入された。もっとも参入支援はうまく機能せず、この制度による給付からの退出者は多くなかった。そこで、就労インセンティブを強めるため、就労による所得増が給付額増をもたらす仕組みをもった積極的連帯所得が、二〇〇八年に制定された。ここでは、就労が義務化されているのではなく、努力する契約を締結することが義務化されている。疾病保険についても、加入できない者を対象として二〇〇〇年から普遍的医療給付が開始され、ようやく国民皆保険が実現した。

こうして、多くの場合「連帯」の名を冠し、受給者の拠出金によらず、国庫が負担する制度が各分野で発展してきた。すなわち、男性稼得者を前提として、生産活動への参加を通じて獲得できる給付というシステムが部分的に変化し、普遍化がもたらされたのである。その過程で、たとえば前述の老齢最低所得保障にかかる給付については、別組織である老齢連帯基金を設置し、国庫負担部分を一九九三年に移管したように、「連帯」の制度は社会保険の本体の制度から切り離され、保険の枠組みを存続させている。それと同時に、社会参入最低所得や積極的連帯所得は、その普遍的性格付けから、給付は家族手当金庫がになっており、皮肉にも大家族促進のための政策道具が、家族の支援を奪われた孤立した個人への制度を担うことになっている（Levy 1999: 249）。

そこで問題となるのは、社会保障給付の普遍化を行うために拡大した国庫負担を、いかにして賄うかという問題である。

財政問題と負担の「普遍化」

社会保険の性質上、失業保険を含めてフランスの社会保障は、労使の拠出金を原資として運営されてきた。しかしながら、一九七〇年代半ば以降の経済成長の大幅鈍化と失業者数増加によって、いずれの制度も財政上の問題に直面することになった。さらに失業が拡大した結果、拠出金負担者が減少することで、財政問題はより深刻になった。

もっとも、以前から、職域ごとの制度間では財政移転が行われており、その意味では社会保険の原理とは合致しない、むしろ国民連帯と考えられる仕組みが、保険制度内にも整えられていた。また、労働協約によって成り立っている失業保険についても、赤字の補填は、国家が保証する債券を金融機関が引き受ける制度になっていたため、表面的には国家予算の投入を避けながらも、国家が各制度の財政を支えてきた点には留意しなければならない。他方で、前述のように、国庫が直接負担する給付制度も各分野で開始していた。そこで、社会保障会計を国家予算から独立させたままで、必要となる給付額増加に如何に対処すべきかが問われることになった。

財政難に直面した各制度では、老齢保険や失業保険にみられるように、必要とされる拠出期間の延長や給付額の削減が行われてきたが、縮減政策は当然ながら政治的に非常に困難な状況を惹起してきた。他方で、さらなる拠出金の引き上げもまた困難であった。そこで、社会保障費を負担するための目的税の導入が検討される。しかしながら、全国民が負担する税を投入する制度は、拠出金に基づく社会保険の原理と衝突するため、受給者が国民全体となる制度でなければならない。そこで、名称は「税」としないものの、あらゆる所得に対して一律の税率で徴収される一般社会拠出金が、家族給付の財源として一九九〇年に創設された。一九九三年には、税率を一・一%から二・四%に引き上げて老齢連帯基金を賄うことになり、九七年と九八年には、三・四%及び七・五%へと大幅に税率が引き上げられ、その結果として疾病保険の被用者負担は大幅に削減されることになった。つまり、疾病については、その性質を保険制度から大きく変化させることになったのである。

これは第一に、国家予算とは切り離しつつ社会保障財政を健全化する試みであったが、それだけが目的ではなかった。創設当初、まず家族給付に充当されたことは、雇用者負担を引き下げ、労働コスト削減に寄与する側面があり、国民連帯の思想に基づく制度については、国民全体で費用を負担する発想を制度化する側面もあった。さらに、この新たな財源は、疾病保険の受給権のない者について、新たな普遍医療保障を導入することも可能にしたのである。

また、過去の累積赤字については、一九九六年に新たな税、社会保障債務償還拠出金を設けて対応することになり、一九九七年度からは、社会保障財政法が実施され、国家予算とは切り離しながらも、社会保障予算についても議会の審議対象とした。さらに、要介護者のための手当を統合して二〇〇二年に個別自立手当が導入されたが、一年間で一就業日を「連帯の日」として無給とすることで、その財源の一部を負担することになり、「連帯」に基づく制度の財源も拡充してきた。

こうして、社会保険を中心に開始した社会保障は、財政面でみると、二一世紀に入ってからは、おおよそ保険料三に対して租税負担が一の割合となり、租税と公的負担をあわせると保険料の半分近くに及んでいる。また、社会保障制度の自律を重視していた労働組合も、一九八〇年代になると、制度維持のため、むしろ公的な資金に期待するようになったことも背景として重要である。これらのことから、フランスの社会保障は、労働を前提とする拠出金に基づく制度を中心としながら、それを維持するためにも、国民全体の負担に依拠した制度を導入してきたと指摘できよう。

縮減と市場の利用

社会保障の赤字は、財源に関する新たな対応だけではなく、政治的に激しい対立を引き起こしながらも、給付の削減による対応を生みだしてきた。例えば失業保険については、多数の失業者が恒常化する事態を受けて、労使は数度にわたって補償額を減額し、支給期間を短縮させてきた。

その失業保険を含まない社会保障支出の中で半分近くを占める老齢年金については、ベビーブーマーの年金受給開始に備えて世代間格差を平準化するため、一九九九年に年金積立基金が設けられ、賦課方式に部分的修正が加えられたが、平均寿命の伸びもあり、財源問題が解決されたわけではない。そのため、一九九〇年代には、支給額の算定基準変更による減額と保険料の実質引き上げ、および、支給開始年齢と満額受給のための拠出期間の延長が、一九九三年保革共存下のバラデュール内閣、二〇〇三年のラファラン内閣、そして二〇一一年のサルコジ改革によって繰り返されてきた。さらに、オランド大統領になってからも保険料率および満額受給のための拠出期間が引き上げられたことが示しているように、政権が左右どちらであれ、改革は常に縮減を指向してきた。

ところで、フランスの老齢年金は、一階部分となる基礎制度の他、被用者については一九七二年から、二〇〇三年からは自営業者も含めて強制加入となった補足制度が二階部分としてある。これらの受給条件が厳しくなる中で注目されているのが、二〇〇四年に導入された任意加入の私的な年金貯蓄制度である。この貯蓄を所得控除の対象とすることで、利用を促進していることが示すように、次第に給付が減少していく強制的な公的年金制度を補うものとして、市場に期待が寄せられているのである。

疾病分野については、自己負担分に対応するため、以前から共済保険や民間の医療保険等、公的ではない補足的な制度が広範に利用されている。これは、社会保障制度の創設以前より存在していた、職域ごとの共済制度の主要部分をもとにして、公的な制度を構築した経緯から容易に理解できる。現時点では、約九割の人が何らかの補足的な保険を利用しており、その加入の有無は受診回避率にも反映されている。すなわち疾病に関する社会保障制度は、すでに市場の利用が前提とされていることを示している。

保守主義の部分的変容

社会保険を中心に構成されたフランスの社会保障は、社会保険の性質上、稼得者たる男性が労働者であることを前提としていた。そのことは、労働者の範疇に入れない者は、実質的に社会保障を権利として行使できないことを意味する。この問題は、社会扶助として対応してきたが、多数の失業者が恒常化することによって、より顕在化することとなった。そこで、一方では国の財政負担により、保険制度に加われない人々を、「連帯」の精神によりカバーできる制度を構築することで、所得保障の及ぶ範囲を拡大してきた。しかしながら他方で、社会保障財政の逼迫から受給条件の悪化や給付額の減少が、いずれの分野にも認められ、それと反比例する形で、年金に顕著であるように、市場の活用が促進されてきた。フランスの社会保障制度は、混合型あるいはハイブリッド型であると評されるゆえんがここにある。もっとも、保険制度を中心とした所得保障は堅持され、連帯制度による対象拡大が各分野で続いてきたことからすると、脱商品化は維持されている。さらに、一〇％未満の組合組織率にもかかわらず、既得権益を代表する労働組合が大きな交渉力を保持したままであり、その結果合意された新たな政策はいずれも、脱商品化を確保できる既存のシステムの維持を目的としていたことを忘れてはならない。ただし、寛大な社会保障に依存できるインサイダーと、そのシステムから排除され「連帯」制度に依存するアウトサイダーへの分裂を引き起こしつつある（Palier 2010: 97）ことは否めない。

3　脱家族化の進展？

判断の困難さ

脱商品化については、混合的なレジームが考えられるにせよ、一時的あるいは恒久的な離職リスクに備えた制度枠組みから、その程度が判断できるのに対して、脱家族化の判断については、より複雑である。エスピン‐アンデルセンは、「家族への個人の依存を軽減するような政策を指」すと説明しているが、具体的にいかなる制度や政策を指すのか、指標を明示しているわけではない。脱商品化については、労働者たる男性をひとくくりにして議論しえたが、脱家族化については、それもままならない。それはまた、図総‐1の横軸上の位置づけを検討する際の問題でもある。

エスピン‐アンデルセンはその前後で、脱家族化されていないレジームについて「最大の福祉義務を家族に割り当てる体制のことである」と説明しており、「家族」「個人」といった性別中立的な表現をしているがために不明瞭となっているが、「家族」には男性は含意されていない。そのことは、引き続いて「女性（あるいは、少なくとも母親）が家庭の責任を負わされ」との文章に看取される。そのためこの観点は、アプリオリに、ケア労働を担うのは、女性（母親）か、国家か、市場か、を問うに等しくなることに留意しなければならないだろう。この問題系には、男性は登場しない仕組みなのである。

また家族政策と考えられる諸政策は、幾通りもの効果を、ときには脱家族化の観点からは相反する効果をもたらすことがあり、さらに判断を難しくしている。

たとえばフランスの家族政策で最も注目される家族手当については、一九世紀後半の追加賃金としての手当を起源とし、第三共和制下で法制化され、ヴィシー時代に拡充されたものを継続して、戦後も受け継いだものである（福島 2015）。そこには一貫して出産奨励主義が認められる反面、第三共和制が創設した主婦手当は専業主婦を対象とするものであったから、明らかに男性稼得者モデルを前提としたものであり、ヴィシー時代には就業女性を解雇する政策をとり、家庭にあって育児をする母親像を称揚していた。また、一世紀以上の歴史をもつ家族手当は、第一子に支給されたことが一度もない。これらの点を考えあわせると、普遍主義的な家族手当の存在のみをもって、脱家族化を読み込み、保守主義レジームとの相違を結論づけることはできない。

別の例を検討してみよう。失業対策として母親を労働市場から退出させるため、一九九四年に育児親手当が第二子から支給された結果、女性の就業率が著しく低下した（Piketty 2005）。そこで、二〇〇四年の改正で、仕事を継続しつつ保育ママ（フランス語でも女性形で表記されるが、男性が排除されているわけではない）等を雇用して、家庭的保育を選択した場合の所得要件を緩和し支給額を増加したところ、仕事を継続する女性が増加した（神尾 2012）。この側面だけに注目すると、二〇〇四年の改正によって、明らかに女性の就業が促進されたが、その変化は、支給要件や金額によって左右されることが示されており、ある制度が脱家族化を誘引するものであるかどうかは、詳細な条件、および制度を取り巻く社会・経済環境に強く影響を受けることになる点に留意しておかなければならない。

男性稼得者モデルへの修正の兆し

戦後フランスの家族政策は、出産奨励主義を引き継いだが、その生まれた子どものケアについては、男性労働者が稼得者として想定されていたことの裏返しとして、専業主婦がになう伝統的な家族観を当然の前提としていた。その伝統的な家族観は、たとえば以下のような制度に看守されよう。男性稼得者が死亡した場合、すなわち遺族としての受給権を除くと、専業主婦には年金がなかったこと。子どものいる世帯で、母親（定義上は男性でも可能）が働いていない場合に支給される単一賃金手当があったこと。一人の親が子育てをする場合に支給される単親手当は、離婚した場合には支給されなったこと。N分N乗方式で所得税を算定する家族係数は、多子家族に有利とされると同時に、夫婦間の所得差が大きければ大きいほど有利に働く制度であること。家族給付について夫婦ともに受給資格のある場合は、当然のこととして父親に支給されること等である。こうして、男性稼得者を中心に、望むらくは三人以上の子ども（三人の子どもがいる場合、家族手当と単一賃金手当の支給額を合計すると、参照賃金と同額になったのに対して、二人の子どもだけの場合は、その半分）を家庭にあって育児する母親を、政策の前提となる典型的な家族像としていた。

当時の具体的な家族給付としては、前述の家族手当と単一賃金手当の他、産前手当と出産手当の四種類のみで、いずれもミーンズテストのない、普遍的な給付であった。

こうした伝統的な家族観に変化の兆しが見え始めるのが、いわゆる五月革命を経た後、一九七〇年代に入ってからである。一九七〇年には、親権が母親にも認められるようになり、一九七五年には中絶の合法化と協議離婚が認められる等、伝統的な家族観が制度的にも揺らぎ始め、それは女性の就業が拡大し始めた時期でもあった。当時の家族給付は、ミーンズテスト等の条件付きの給付も含めて、二〇種類以上に及んでいたが、象徴的な変化として一九七二年には、子どものいない世帯も住居手当を受給できるようになり、一九七六年には離婚した場合にも単親手当が給付される法改正があり、さらに一九七七年には単一賃金手当が廃止された。とはいえ、単親手当が最低所得保障であることに示されているように、一部の世帯に給付が拡大したにすぎず、こうした変化によって軽々に男性稼得者モデルが修正されたと判断すること慎まなければならない。

ところでこの変化は、二つの大きな問題と密接に関連していた。一つは、まさに高度経済成長が終わりを迎え、社会保障全体について、これまでとは異なる政策の必要性が認識され始めたことである。もう一つは、一九六〇年代半ばに認識されていた出生率の低下が継続しており、一九六五年からの一〇年間で合計特殊出生率は一・〇以上低下して、人口増加にきわめて敏感なフランスで警鐘を鳴らす事態になったことである。この二つの課題は、今日に至る家族政策の通奏低音となる。

一九八一年にミッテランが大統領に選出され、左派政権は、家族手当の拡充にみられる出産奨励策を開始したが、雇用状況と財政状況の悪化から、一九八三年には経済政策を急転させたのにあわせて、家族政策も再検討を余儀なくされた。長期にわたる大量の失業者への対策と財政上の要請という課題が一方にあり、他方で既に多くの女性が職についており、伝統的な家族観に基づく政策のみでは、出生率の低下に十分対応できないという課題を解決しなければならなかった。こうした要請に応えるため、一九八〇年代後半から一九九〇年代にかけて創出された制度が、その後の改正や統廃合を経ながらも、今日の家族政策となった。

母親の離職を促すことで失業率を下げる目的をもって、三人以上子どもをもつ親が離職した家庭に給付される育児親手当が、一九八五年に創設された。翌年、支給額が増えて多子家族への手厚い給付となったことに示されているように、失業対策と同時に、出産奨励にも資する政策であり、財源は家族手当金庫であったため国の財政収支に直接影響を及ぼすものではなかった。この政策は、男性稼得者モデルとも合致している。

それに対して、一九八六年には母親の就業継続を前提とする制度が、興味深いことに保革共存下のシラク政権によって開始された。育児者を雇い、三歳未満の子どもを自宅で世話をする場合に支給される家庭保育手当が創出されたのである。さらに、認定保育ママを雇って子どもを預ける家庭に支給される手当も一九九一年に導入され、育児親手当とあわせると、自らの就業の選択も含めて、育児方法について(母)親の自由選択を認めると評される家族政策が始まった。これらの具体的な政策をもたらしたのは、家族のあり方の変化に対する認識の深まりであり、それは、一九九四年七月二五日に社会保障に関する法とともに採択された家族に関する法に現れている(江口 2010：104)。

同時期に育児ケア労働の担い手を準備する仕組みも導入されている。一九八六年に、養育親手当の三年目は、パート労働についている場合でも支給されることになり、同年に導入された家庭保育手当は、一定以上の収入を条件に、パート労働の親でも受給可能であった。つまり、子育てへの給付を契機として、その給付を用いた雇用の潜在的被用者となりうる道を準備したことに着目すると、フルタイムとは異なる非典型的雇用を拡大し、労働市場を柔軟化する傾向を看取できる。

国家の関与とケアの担い手

この時点における国家の育児への関与について検討してみよう。保育所は、一九八〇年代から一九九〇年半ばにかけて増加したものの、不足が指摘されていた。その後の増加数は、大幅に減少しており、それには、コスト高となる国家の関与を回避する方向性が表れている。また上述の手当に関して国家は、保育ママの認定に当たって研修を行うのみで、現金給付がすべてである。つまり、親が就業継続を選んだ場合は、認定を通じて一定のコントロールを働かせる他は、市場に任せる方向性が強いと判断できる。

ところで、養育親手当が第三子から（一九九四年には第二子から）であることと比較して、保育者を雇用する場合の手当は第一子から受給できることを考えると、これらの政策は、子どもが一人あるいは二人までの親が、就業継続を選択する誘因となりえる。実際に、子どもが一人いる女性の就業率は、一九八〇年代初頭に七〇％を超えてから継続的に増加しており、子どものいない女性の就業率をも上回っている。保育者を見つける困難さがあるとはいえ、「母親は家庭に」という価値観から離れて、状況はジェンダー中立的な方向に進みつつあると理解できるかもしれない。しかしながら、就業を継続しながら受給できる手当がそれぞれ導入された一九八六年と一九九一年前後の女性の離職率をみてみると、変化はほとんどみられないため、女性の就業に対する効果についての判断は慎重であるべきだろう。

この間、財源については大きな変化があった。家族手当が、企業による任意の追加賃金として始まった経緯に現れているように、家族給付については雇用者のみが供出金を負担し、老齢保険や疾病保険とは異なって、家族手当金庫は、ほぼ一元化していた。また給付の対象に関して、ミーンズテストのあるものも含めて多くの手当は、就業とは関係なく普遍化されていた。つまり、家族給付については、国民全体の中で受給者が偏在していなかったのである。また、種々の「連帯」に基づく制度も、家族手当金庫から給付されている理由もここにある。だからこそ、一般社会供出金の導入が検討された折にも、まずは家族給付の財源に充てることが検討されたのである。その結果として、雇用者の負担金を七％から五・四％に下げることで、労働コストを下げ、企業の競争力回復に寄与しながら、財源の一部を国民すべての負担に変更したのである。

家族給付の諸手当は、二〇〇四年に制度の大幅な統合が行われたが、制度の全体的な仕組みは変わっていない。変更点としては、養育親手当を引き継いだ就業自由選択補足手当が、第一子から受給可能となり、三人以上の子どもがある場合に受給できる就業自由選択オプショナル手当が導入されたことである。以後、支給額は毎年改定されながら今日に至っており、家族政策が雇用政策と密接に結びついている点、出産奨励主義が継続している点については、継続している。ジスカール、ミッテラン、シラクら三人の大統領の「異なった個人的スタイルによるレトリック上の違いを除くと、育児ケアへの大統領たちの処方箋は、驚くほど酷似している」（Jenson and Sineau 2001: 111）との指摘は、その後の二人の大統領にも当てはまる。それは、二〇一四年の年頭演説においてオランド大統領が、企業経営者に対して、雇用創出と引き換えに、二〇一七年までは企業の家族手当負担を免除する提案をしたことにも現れている。

家族とケア

これらの制度を保守主義レジーム、すなわち伝統的な家族観に基づく制度として、なお説明できるか検討しなければならない。まず指摘できるのが、養育親手当として始まった制度の重要性である。低賃金の場合には離職して、養育親手当を引き継いだ就業自由選択補足手当を受給するインセンティブが働くため、女性を労働市場から退出させる効果をもち、女性を家庭でのケア労働にとどめ、脱家族化に逆行していると指摘されているからである。それは同時に、「自由な選択」の名の下に、高所得の女性だけが就業継続を選択する結果を生みだし、女性間にある格差を温存し拡大しているとも批判されている。そこで制度の詳細として二〇一四年時点の給付額を検討してみると、就業自由選択補足手当だけで、最低所得保障の給付額を上回り、さらに種々の手当の受給条件となっている所得制限以下の家庭で三人子どもがいる場合には、この補足手当に加えて、家族手当と基礎手当を受給するだけで、最低賃金から社会補償費負担を除いた額と遜色なくなるため、確かに離職のインセンティブが働くであろう。その裏返しとして、ある程度の所得がある女性は、保育者を雇って働き続ける方が有利なことが示唆されており、実際そのための手当が存在する。これらのことは、女性間の格差の拡大につながりうると同時に、部分的に、女性の育児ケアからの解放を促進する効果を持つであろう。

比較の点からすると、二〇〇六年時点で女性のフルタイムの就業率は、ヨーロッパ連合の平均を若干上回っているため、雇用についての男女差は相対的に少ないが、就業率全体では平均を下回っており（Lewis 1992: 264）、女性の就業率が他国と比較して相対的に高かった状況は過去のものとなっている。また、家族給付がフランスの社会保障支出に占める割合は、二〇一二年で一七％にすぎない。家族給付がすべて脱家族化のためではないため、即断はできないが、最低所得保障の意味を持つ手当も含んだ数字であり、母数から失業保険が除外されていることを考慮するなら、低い値である。そのため、女性の就業率や家族政策に費やされる額から判断するなら、フランスにおける脱家族化は、なお進んでおらず、保守主義レジームに属することになる。

他方でケアの担い手の側から考えてみよう。公的な保育所は需要が大きいにもかかわらず期待通りに増加していないことは、国家がケアを引き受ける姿勢が乏しいことを意味する。例えば保育ママを直接雇用する場合の額は、保育方法自由選択補足手当によると、一日一人の子どもあたり、税込み上限額が四七・六五ユーロとなっている。この上限額あたりで、毎日三人の子どもをケアすれば、相当額の収入になりうるが、実際は時間あたりで随時結ばれる契約であり、その時々の需給関係に委ねられた市場で決まる。そのためケア労働者は、社会保障の対象になるとはいえ、非常に脆弱な立場におかれる。こうした育児のための手当受給を可能にするパート労働や、ケア労働の脆弱な低賃金労働に就くのは、多くの場合女性である。オルロフが指摘したように、脱家族化を、女性が労働市場に入ることによって自らを商品化するための前提条件である（Orloff 1993）という視点にたてば、女性が商品化され、二極化がもたらされたとしても、全体としての就業率が高まる場合は、その前提としての脱家族化が進んだことになり、この点をレジーム論の枠組みで十分に評価するのは難しい。

高齢者のケアについても手短にみておこう。一九七五年に開始した要介護者のための保障手当と一九九七年の介護特別給付を受けて、二〇〇二年に個人自立手当が制定され、利用者が拡大している。所得により給付額が異なるが、この手当は要介護者自身がケアを選択する自由を提供するとともに、非熟練低賃金労働としての介護職を生み出してきた。つまり、国家が自らケアを引き受けるのではなく、現金給付により「自由選択」を可能にすると同時に脆弱なケア労働を生み出したことは、育児ケアと状況は類似する。

次に、視点を変えて、ジェンダーギャップの点から検討してみるとしよう。父親の育児休暇も可能であるが、その取得率は四％のみであり、男性をケアに促す政策はみられない。失業対策として導入された週三五時間労働制によって、男性稼得者の自由時間が増えた後も、この点についての変化はない。さらに、家事労働の分担についての調査によると、分担に好意的に答える親が男女とも高率であるのに反して、じっさいの家事労働はきわめて男女差が強い状況がみられる（Lewis 1992: 265）。すなわち、「選択の自由」の主語は常に女性であり、選択肢は増えたものの、家事も含めたケア労働を選択項目から外すことはできず、かつ選択しない自由は存在しないことにかわりはない。フランスの政策は、ケアと家事について労働の性別分業を修正することを狙っているわけではなく、私的生活を如何に組織するかは各家族が自由に決定する「中立的」な姿勢である（Morel 2007: 624）。つまり、子どもをもつことについては手厚い政策があるものの、失業対策のために母親の労働市場からの退出を促す政策がとられたこととあわせて考えると、脱家族化が進展しているとはいいがたい。

　もっとも、家族という単位について、伝統的なとらえ方はもはや不適切となっている側面があることには注意が必要である。一九九九年に成立した民事連帯契約（PACS）を選択するカップル数が、婚姻を選択するカップル数に迫る勢いとなっている。家族給付の受給者を、婚姻関係にあるカップルのみならず、PACSあるいは同居中のカップルも加えていることが示すように、血統上の親子関係よりも、育児ケアに関する手当は、その担い手を名宛人とするようになっている（神尾 122-123）。この点に関しては、婚姻による家庭を単位とする考察は修正を必要とするだろう。

4　部分的修正を経ながらも継続する保守主義

　便宜上、図総-1の縦軸と横軸に分けて検討してきたが、それぞれの政策は関連している部分が少なくない。家族給付の中には最低所得保障と位置づけられているものもあり、年金満額受給のための条件の変更は、女性の就業にも当然影響を及ぼすからである。そのため限界はあるものの、大きなトレンドをつかむことは許されるであろう。

　まず、労働者の直面しうるリスクへの所得保障については、社会保障全体の縮減を受けつつも、社会保険の制度は維持されている。また、その枠組みでは対応できなかった人々には「連帯」の思想に合致した制度が創設されてきた。つまりナショナル・ミニマムはむしろ拡大しており、脱商品化は維持されている。さらに、既得権をもつ労働組合の一部もまた、従前の制度を維持するために、縮減政策を受け入れてきた側面もある。もっとも同時に、部分的とはいえ次第に市場の利用が促進されていることを見逃してはならない。

　家族化／脱家族化の判断は、女性の就業率だけではなく、その評価軸において、ケア労働をどのように位置づけるかという問題でもあろう。国家による直接の介入は乏しく現金給付に特化しているため、国家がケアの担い手になる方向性はみられない。その反面、種々の現金給付は、ケアの受給があいまって新たな労働市場を生み出しており、ケアを市場により調達するための枠組み作りは進んでいる。ここには、ケアの担い手となる新たな共同体はみえてこない。もっとも、共同体としてたとえばNPOを考えるとしても、利潤を追求しないにせよ、ケアの費用は発生するのであって、そうすると家庭は、育児ケア担当者を雇用するのと全く同じ課題に直面するのではないだろうか。家事・育児・介護といったケア労働を誰が担当するのか。フランスでは「自由選択」と称して、選択する負担は女性にとどまったままであること、今やフランスの女性の就業率は相対的に高いともいえないことからすると、脱家族化は市場を通じて進むものの、それによって可能なレベルにとどまっていると判断できよう。


【付記】

本章は、科学研究費補助金基盤研究（A）『労働の国際移動が福祉国家政策および政治に与える影響に関する比較研究』（平成二三〜二六年度、新川敏光代表）に関する研究成果の一部である。


【参考文献】

伊奈川秀和（二〇〇〇）『フランスに学ぶ社会保障改革』中央法規出版。

江口隆裕（二〇〇九、二〇一〇）「フランス少子化対策の系譜——出産奨励策から一般施策へ」『筑波ロー・ジャーナル』六号、七号。

神尾真知子（二〇一二）「フランスの家族政策と女性——『一家の稼ぎ手モデル』を前提としない家族政策とは？」井上たか子編著『フランス女性はなぜ結婚しないで子供を産むのか』勁草書房。

田中拓道（二〇〇六）『貧困と共和国——社会的連帯の誕生』人文書院。

千田航（二〇一〇）「フランス福祉国家研究における社会保険と家族政策の位置づけ」『新世代法政策学研究』六、一八三〜二〇二頁。

都留民子（二〇〇〇）『フランスの貧困と社会保護』法律文化社。
服部有希（二〇一二）「フランスにおける最低所得保障制度改革――活動的連帯所得手当ＲＳＡの概要」『外国の立法』二五三、三三～八五頁。
廣澤孝之（二〇〇六）『フランス「福祉国家」体制の形成』法律文化社。
福島都茂子（二〇一五）『フランスにおける家族政策の起源と発展――第三共和制から戦後までの連続性』法律文化社。
藤井良治（一九九七）『現代フランスの社会保障』東京大学出版会。
「特集　フランス社会保障制度の現状と課題」『海外社会保障研究』一六一号、二〇〇七年。
Barbier, Jean-Claude and Bruno Théret (2004) *Le nouveau système français de protection sociale*, La Découverte（中原隆幸・宇仁宏幸・神田修悦・須田文明訳〔二〇〇六〕『フランスの社会保障システム』ナカニシヤ出版）.
Esping-Andersen, Gøsta (1999) *Social Foundations of Postindustrial Economics*, Oxford University Press（G・エスピン－アンデルセン／渡辺雅男・渡辺景子訳〔二〇〇〇〕『ポスト工業経済の社会的基礎』桜井書店）.
―――― (2009) *Incomplete Revolution*, Polity Press.
Jenson, Jane and Mariette Sineau (2001) *Who Cares? Women's work, Childcare, and welfare State Redesign*, University of Toronto Press.
Levy, Jonah D. (1999) "Vice into Virtue? Progressive Politics and Welfare Reform in Continental Europe," *Politics and Society*, Vol.27, No.2, pp.239-273.
Lewis, Jane (1992) "Gender and the Development of Welfare Regimes," *Journal of European Social Policy*, Vol.2, No.3, pp.159-173.
Morel, Nathalie (2007) "From Subsidiarity to 'Free Choice': Child- and Elder-care Policy Reforms in France, Belgium, Germany and the Netherlands," *Social Policy & Administration*, Vol.41, No.6, pp.618-637.
Orloff, Ann Shola (1993) "Gender and the social rights of citizenship: the comparative analysis of gender relations and welfare states," *American Sociological Review*, Vol.58, pp.303-328.
Palier, Bruno (2010) "The Dualizations of the French welfare System," in Bruno Palier (ed.), *A Long Goodbye to Bismarck?: The Politics of Welfare Reforms in Continental Europe*, Amsterdam University Press.
Piketty, Thomas (2005) « L'impact de l'allocation parentale d'éducation sur l'activité féminine et la fécondité en France, 1982-2002», in C. Lefevre (ed.), *Histoires de familles, histoires familiales*, Les Cahiers de l'INED, No.156, pp.79-109.

第7章 自由主義レジーム・アメリカの医療保険・年金・公的扶助

西山隆行

福祉レジームの構成要素である国家、市場、家族、コミュニティ（NPO）が果たす役割とその義務性は、国家により、また、政策分野により異なっている。自由主義レジームの典型例とされるアメリカにおいて、国家、市場、家族、コミュニティ（NPO）はどのような役割を果たしているのだろうか。医療保険、年金、公的扶助の三分野に着目して検討する。また、近年、各分野で見られている変化についても、そのメカニズムを明らかにする。

1 福祉レジーム論とアメリカ

福祉レジームの構成要素

本書の基本テーマである福祉レジームという概念は、福祉供給について、国家、市場、家族、コミュニティが果たす役割分担のあり方を考えようとする意図から作り出された。そして、その構成要素の性格や果たしうる役割、果たすべきと考えられる義務の度合いの強さについては、国によって、また、一国内でも政策ごとに異なる。

本章では、アメリカの医療保険、年金、公的扶助の三つの政策分野に着目しながら、その問題について検討したい（三分野の基本的特徴は西山〔2013〕で概説しており、本章の制度に関する説明では同論文の文章を一部利用している）。アメリカは、脱商品化の度合いが低く、脱家族化の度合いの高い自由主義レジームに分類されている。各政策分野にも自由主義レジームの特徴が色濃く表れており、各政策が労働と密接に関わる形で発展してきたのがアメリカの特徴である。

国家と市場

アメリカの福祉レジームに特徴的なのは、市場の役割が非常に重視されていることである。資本主義経済の下では、人々は何らかの欲求をもつ場合、それを需要として表出し、市場を通じて供給を得るのが原則である。しかし、市場や自由競争では自らの正統な欲求を実現することのできない社会的弱者が存在し、彼らのニーズを否定するのは妥当でないと考えられている。社会政策とは、彼らのニーズを満たすための政策である。

資本主義経済の下では、人々は労働市場で自らの労働力を商品として売ることで生活の糧を得る。しかし、自らの労働力を商品化できない人にも生活を営む権利を保障することの重要性は広く認識されている。エスピン－アンデルセンが有名な福祉国家類型論を提起した際に指標とした脱商品化とは、このような文脈から理解することができる（Esping-Andersen 1990）。脱商品化した個人のニーズを満たすべく財やサービスを提供するのを国家の役割と考えると、これは、国家が果たすべき役割と市場が果たすべき役割の境界線をどこに定めるかという問題でもある。

脱商品化の度合いが低いアメリカは、エスピン－アンデルセンの類型で自由主義型に分類されている。そして、一九八〇年代以降の福祉レジーム再編の動きのなかでも、市場の役割をより積極的に位置づけようとする形で改革が検討されたのが特徴である。

家族と市場

しかし、国家に市場を対置して捉えるだけでは不十分との批判がフェミニズムの立場からなされた。伝統的な福祉国家は、男性が有償労働に従事し、女性が無償の家事労働に従事するという性別役割分担を前提として構築されてきた。エスピン－アンデルセンは脱商品化を福祉国家を類型化する基準としたが、無償労働に従事して男性稼得者への依存を余儀なくされている女性にとっては、脱商品化ではなく商品化こそが重要だとの批判がなされたのである。また、脱工業化社会が到来し、サービス産業の重要性が高まるなどして、求められる労働の性格が性差中立的になるという変化も現実として受け入れられていった。

このようななかで、エスピン－アンデルセンもその批判を受け入れ、脱家族化という指標を導入するに至った。これは、個人が家族への依存を低減し、経済的自由を活用できる社会を念頭に置いたものである。伝統的に無償の家族労働に携わって、稼得をもつ男性への従属を強いられてきた女性を取り巻く状況が改善された度合を測定しようとする指標である（Esping-Andersen 1999）。

ジェンダーの要素を取り入れた著作でエスピン－アンデルセンは、自由主義型、社会民主主義型、保守主義型という三類型を維持しているものの、福祉国家レジームではなく福祉レジームという表現を用いるとともに、脱商品化の指標を用いなくなっている。だが、脱家族化の問題を考える上でも市場の問題は重要である。脱家族化指標は雇用労働を可能にするための条件に関わるものであり、その際に市場が重要な役割を果たすからである。

伝統的に女性が大きな役割を果たすよう期待されてきたのは、ケアの領域である。家庭内で女性をケアの無償労働から解放するには、ケア労働を誰に委ねるのか、また、その費用を誰が負担するのかという問題が重要になる（cf. 辻 2012）。その点、アメリカは、ケア・サービスが市場で比較的安価かつ潤沢に提供されており、そのサービスを購入することで、女性が労働市場に参画しやすい条件が整っている。だが、そのために要する費用は家族で負担せねばならず、ケア・サービスが公的に整備されているわけでもないので、一部の論者が提唱するような「ケアをしない権利」が保障されているわけではない。

そのため、スラムに居住するシングルマザーなどは、主たる家計維持者として働きつつ、ケアを市場を通して購入するか、ケアと労働を両立させなければならないために、悪条件の仕事に従事せざるをえず、貧困状態から脱するのが困難になっている。その結果、キャリアを追求する女性と、安価な労働力として働く女性との間の賃金格差が顕著となっており、社会民主主義型の国々と比べると、男女間の賃金格差が縮小されているわけではない。

アメリカではケア労働が市場を通して購入可能だとしても、その費用を家族が確保せねばならない以上、その資金をいかに確保するかが重要な意味をもつ。自由主義レジームの下で脱家族化の問題を議論する上でも、労働や市場の問題が重要な意味をもつことは、確認しておくべきだろう。

NPO

エスピン－アンデルセンは、国家、市場、家族による福祉トライアングルを前提として議論を展開した。近年では、それにコミュニティを加えた福祉ダイヤモンドを想定する議論も提起されている。なお、ここでいうコミュニティは伝統的地域共同体に限られず、市場の論理に回収することのできない市民活動、たとえばNPOなどを含むとされている。

ただし、コミュニティについては、その位置づけが難しい所がある。人々のリスクを低減するために市場を活用すること、また、国家や家族に依存することは、その是非はともかく、一般的に見られる慣行となっている。そして、国家や市場は、社会契約、あるいは市場での契約を通して、一定の要件を満たした場合には社会給付を提供する義務がある。家族についてはそのような契約があるわけではないが、家族の構成員に対する支援を行う義務があるとの考え方は、一部の保守派の間では一般的である。もちろん、際立った考え方に立つリバタリアンは国家の義務を否定するし、家族の扶助の義務を否定する立場も当然存在するが、国家、市場、家族に対して一定の義務性を想定する考え方は、比較的広く受け入れられているように思われる。

コミュニティの位置づけは、社会によって、また時代によって大きく異なっている。たとえば、伝統的な地域共同体は相互扶助の役割を果たしていた。一部の宗教的、人種的マイノリティについては、今日でも同様の役割が期待される場合もあるだろう。だが、福祉ダイヤモンド論で多くの場合に念頭に置かれるコミュニティ、すなわち、NPOについては評価が難しい。NPOは物によって相当性格が異なり、たとえば国家と契約を結んでいる場合は、国家の下請け機関のような位置づけとなっている。そのようなNPOについては義務性を伴っているが、それ以外のNPOに義務性を期待するのは必ずしも妥当でない。

このように、NPOは福祉レジームの他の構成要素とは性格が異なることを認識する必要がある。近年では、福祉におけるコミュニティやNPOの役割を強調する研究が増大しているものの、NPOがどのような性格をもつかをはっきりと自覚した上で議論を展開する必要がある。

2　医療保険

民間医療保険の重要性

アメリカの福祉レジームで市場が大きな役割を果たしているのを典型的に示すのが医療保険の分野である。周知のとおり、アメリカでは国民皆医療保険が公的に制度化されていない。公務員や軍人などを対象とするものを除けば、公的医療プログラムは、高齢者と一部の障害者を対象とするメディケア、貧困者向けのメディケイド、そして児童健康保険プログラム（CHIP）に限られる。それらの制度でカバーされず、医療保険を希望する者は、民間医療保険に加入するしかない。

アメリカでは、医療保険の必要性は二〇世紀初頭から指摘されていた。そのニーズを受けて民間保険会社が設立されたが、医療保険には独特の困難が伴っていた。保険加入を完全に自由にすれば、健康状態の悪い者ばかりが保険に加入し、健康状態の良い者が加入しない可能性がある。すると、保険料が高騰し、健康な者はより加入を控え、更に保険料が高騰する。このような逆選択が発生するのを阻止するべく、多くの国では、政府による強制力を伴った介入が行われてきた。だが、アメリカではニューディール期にも公的医療保険を導入することができなかった。

　民間保険会社は、逆選択のリスクを減らすために、企業や業種を単位として一括して従業員に加入させるタイプの保険を開発した。企業のなかには労働者の忠誠を維持する観点から企業内保険の導入を試みる所もあったが、健康上のリスクは労働だけに起因するわけではないので、リスクを外部化するためにも民間保険会社と関係を深めていった。

　このように、アメリカの医療保険は雇用、市場と密接に結びつく形で出発した。そして、このような民間医療保険の存在は、アメリカの医療保険の発達に独特の性格をもたらした（Hacker 2002）。他の先進国では第二次世界大戦とその前後の時期に公的医療保険制度が導入されたが、アメリカでは一九五〇年の時点で人口の過半数が既に民間医療保険に加入していたので、公的医療保険導入に対する支持は必ずしも強くなく、民間保険会社など強力に反対する利益集団が存在した。公的医療保険が導入される余地があるとすれば、民間医療保険でカバーされない、労働市場に参入できない人々、具体的には高齢者と貧困者、若年者のみだった。その結果、一九六〇年代にメディケアとメディケイドが、一九九七年にはＣＨＩＰ（二〇〇九年まではＳＣＨＩＰという名称だった）が創設された。なお、貧困者のみを対象とするメディケイドやＣＨＩＰと異なり、メディケアは、一〇年間社会保障税を納入したことを条件として利用資格が与えられる。公的医療保険であっても、一定の雇用の経験が必要とされているのである。

　民間医療保険の発達は、公的国民皆医療保険の制度化を求める動きを阻害した。その潜在的受益者は業種や企業を単位として分断され、一元的な公的医療保険を求める声としてまとまりにくくなった。彼らはむしろ企業内での給付拡充を求めて活動したのである。

　さらに、企業や業種を単位として医療保険が発達した結果、労働市場に存在する、人種、エスニシティ、ジェンダーに基づく差別や不平等が医療保険にも反映された。民間保険には、企業雇用主が民間保険会社と契約して従業員に保険を提供する雇用主提供保険（国民の五五・三％が加入）と、直接個人が民間保険を購入するもの（同九・八％）がある。だが、マイノリティは失業率が高く、また雇用されている場合でも賃金が低かったり、雇用主によって医療保険が提供されていない職種に従事することが多い。今日、アメリカ全体で無保険者は約四九九〇万人と人口の一六・三％を占めているが、中南米系の場合は三〇・七％、アフリカ系は二〇・八％、アジア系は一八・一％に及んでいる。

オバマの医療保険制度改革

　無保険者問題は、単に本人の医療サービスへのアクセスが制限されるにとどまらない。労働者の健康状態の悪化などによって経済的生産性が低下するのに加え、将来的にメディケアのコストを増大させたり、緊急医療にかかった場合の費用が未払いとなるため、その負担は政府に、最終的には納税者に転嫁されてしまう。

　このような状態を改めるべく、二〇一〇年三月に、オバマ政権下で医療保険制度改革が達成された（天野 2013；山岸 2014）。ただし、注意する必要があるのは、この改革によって国民皆保険が達成されたのではないことである。実際、議会予算局も二〇一九年の時点で二二〇〇万人が無保険のまま残されると見積っている。オバマ改革のポイントは、既存の民間保険制度に依拠しつつ、一部の例外を除く全アメリカ国民および合法的居住者に医療保険への加入を義務付け、加入しない場合に罰金を科すよう定めたことである。それに加えて、個人や中小企業が比較的安価に保険に加入できるようにするために医療保険取引所が創設されるとともに、低・中所得者の保険加入を容易にするための税額控除、メディケイドの拡張、民間保険会社に対する規制強化なども決定されている。

その一方、審議過程で最も論争を巻き起こしたパブリック・オプションと呼ばれる公的医療保険創設案は挫折した。アメリカでは五〇〇〇万人近くが無保険状態だが、これは、国民皆保険制度が存在しないにもかかわらず、国民の六人に五人が医療保険に加入していることも意味している。パブリック・オプション案は、すでに医療保険に加入している人に拠出させて無保険者を助けるという性格をもっている。また、無保険者のなかでマイノリティが占める割合が高いこともあり、この案には十分な支持が集まらなかったのである。

では、国民への保険加入義務付けが実現した理由は何であろうか。一つには、リーマン・ショック以後で失業率が高くなっていたため、医療保険に対する不安が高まっていたことが指摘できる。雇用と医療保険が密接に関連するなかで、失業に伴い保険を喪失するのではないかとの不安が貧困者以外にも拡大していたのだった。

第二に指摘すべきは、保険加入義務付けが民間保険会社に新たな市場を創出したことである。無保険者のなかには、経済的余裕があるにもかかわらず、若くて健康であるがゆえに保険に加入しない人も存在した。オバマ改革は、価格規制や既往症による加入拒否の制限など民間保険会社にとって好ましくない側面もあったが、改革により創出された新たな市場は保険会社にとって歓迎すべきものだった。

第三に、オバマ改革の前にマサチューセッツ州で同様の改革が達成され、成果を生んでいたことがある。連邦制を採用するアメリカでは、州や地方政府が民主主義の実験場として独自に政策革新を達成し、そのアイディアと成果を取り込む形で連邦レベルの政策革新が実現することがある。アメリカでは州や地方の多様性が高く、政党規律も諸外国と比べると弱い。また、連邦政府と比べて州や地方政府は財政的制約も大きく、現実的な問題解決を図る必要がある。そのなかで、大統領等の高職への野心を抱く政治家が政治的企業家として独創的な政策革新を達成し、それが連邦でも取り入れられることがある（西山 2010）。

マサチューセッツ州は全米で最もリベラルな州だが、そこで州知事に就任した共和党のミット・ロムニーは、更なる高職への野心をもっていた（実際二〇一二年大統領選挙で共和党候補となった）。彼は、州議会で多数を占める民主党、更にはマサチューセッツ州選出のエドワード・ケネディ連邦上院議員（民主党）らと協力し、企業や病院経営者などの利害関係者とも調整しながら立法化を図った。保険加入義務付けというアイディアは、元々保守系シンクタンクのヘリテージ財団の研究員が提唱したものだったが、民主党もそれを受け入れた。改革案は超党派で圧倒的多数の支持を得て議会を通過し、実際に州内の無保険者数を大きく減少させた（天野 2013；山岸 2014）。このマサチューセッツでの改革の成功が、オバマ政権案の元となるアイディアを提供するとともに、それに対する支持を強めたのは間違いない。

このように、オバマ政権下で医療保険制度改革が達成された。しかし、これは二〇世紀初頭から続く民間医療保険制度を基礎としたものである。いわば、市場が重要な意味をもつ自由主義レジームの特徴を踏まえたものであり、レジームの性格を変えるものではなかったことに注意する必要があるだろう。

3 年金

二階建ての構造

アメリカの年金システムはアメリカでは例外的に包括的なプログラムであり、制度的安定性が高いのが特徴である（吉田 2012）。年金システムは二階建ての構造となっており、以下に述べるように、脱商品化の度合いが低く、民間企業が重要な役割を果たしている。

一階部分は一九三五年の社会保障法によって制度化された社会保障年金であり、労働賃金から強制的に徴収される社会保障税の額に基づいて提供される。税という形で強制的に貯蓄された労働賃金が還付されるという契約の形式をとっていると一般に理解されているが、実際の年金は現役世代によっても負担されており、厳密には自らの拠出金が返還されているわけではない。社会保障税は内国歳入庁が所得に応じて徴収しており、任意による不払いは認められない。年金は一部の公務員と鉄道業労働者を除く全労働者をカバーしていることもあり、年金基金に対する信頼性は高い。

社会保障年金は、労働と社会保障税の納付を一〇年（正確には四半期の労働と納付を四〇回）以上行っていれば受給資格が認められる。給付額は基本的には勤労時代の拠出に応じて定められるが、低所得者に対する一定の配慮もなされている。なお、政治判断で給付額を増大させたり増税を回避したりするのは好ましくないとの判断もあり、一九七二年に、社会保障給付と社会保障税は、生活費の平均値の増減に合わせて自動調整されることになった（Cost of Living Adjustment の頭文字をとってCOLAと呼ぶ）。保障水準は基礎的なものに限定され、一階部分単独で十分な退職後所得源となることは想定されていない。

二階部分の企業年金は雇用主の任意に基づく年金であるため、給付内容も多様である。企業年金は労働管理の手段として発達してきたこともあり、良質な労働者の忠誠を確保するために、勤労年数と現役時の給与水準に比例するように設計されていることが多い。

企業年金は企業における各自の貢献に応じて給付が得られるという自給の理念に基づいているが、支払い時までに企業経営が悪化した場合、給付が保障されないかもしれないという懸念を伴っていた。これに対し、企業年金は労働者の稼得に基づく没収不可能な権利だという受給権の考え方が、徐々に受容されるようになっていった。その受給権を確実なものとするよう制定されたのが、一九七四年の被用者退職後所得保障法である。

同法は、年金給付を確実に行えるように年金プランを提供する雇用主に資産積み立て義務を課すとともに、積み立て不足の年金プランを抱えた企業が倒産した場合にも年金給付をある程度保証するための制度終了保険を設立した。年金保険の破綻リスクを連邦政府が最終的に負担することによって企業年金の信頼を高め、その普及を推進したのである。

このように、強制的徴収を特徴とする一階部分、企業年金からなる二階部分共に、アメリカの年金は、生活資金は自ら稼いで得るべきだという規範に基づいて設計されており、その制度を連邦政府が担保する構造になっているのである。

安定と変容

アメリカの年金は、諸外国の年金と比べても安定した制度となっているとの評価が一般的である（Pierson 1994）。それは、一階部分の社会保障年金が広範な人々を対象としているために、この制度に対する既得権益者が多く、制度存続を求める声が強いためである。高齢者の利益関心増大を目的として一九五八年に結成されたアメリカ退職者協会は、三五〇〇万人もの会員を擁する全米最大規模の利益集団として、年金維持を求めている。また、社会保障年金の給付が現役時の労働賃金に対応して行われて再分配的性格が比較的弱く、金額的にも限定されていること、COLAによって年金給付が政治的に活用しにくいために、不正受給などの不満が発生しにくいことも理由として指摘できる。

もちろん、一階部分についても変革が求められる部分も存在する。年金財政は一般財源による補填を認めない一方で、退職世代への給付を現役世代による拠出で補填している。この方式は人口構成や経済成長率などの変動の影響を受けやすいが、なかでも、少子高齢化の進展に伴い世代間の不公正が発生する点は世界的な課題となっている。

これに対して、アメリカでも一九八三年に社会保障年金の支給開始年齢を六五歳から六七歳に引き上げる改革がなされた。だが、他の先進国と比べるとアメリカは出生率が高く、現役世代の移民が多数流入している。経済成長率も比較的高く維持されている。平均寿命が先進国のなかでは低いこともあり、社会保障年金財政は他の先進国ほどには危機を迎えているわけではない。

これに対し、二階部分は大きな変質を遂げてきた。グローバル化などの経済構造の変化を受けて、雇用者は企業年金の提供に消極的になっていった。労働者も、特定企業への長期勤務を想定する方式の企業年金には問題があると考えるようになった。

そのなかで、アメリカの企業年金は、確定給付型年金から確定拠出型の貯蓄年金に移行するという大変化を、一九八〇年代以降に経験した。

貯蓄年金プランとは、個人勘定に被用者が給与の一定割合を任意で拠出し、雇用主がそれに対応する費用を拠出して、その資産を被用者が運用するものである。労働者には、勤務先を変更した場合でもその個人勘定を持ち続けられるという利点がある。一方、その運用は被用者が自己責任で行うため、退職後の所得補償としての不透明性は高くなる。

このように、リスクが労働者に転嫁されて自己責任が追求されるシステムは、まさにアメリカ型福祉レジームの特徴となっている。二階部分の運用に失敗する危険の増大に対応して一階部分の拡充を図るなどの改革がされることは、アメリカではなかった。年金システムのうち、政府が関与する度合の高い一階部分には変化が見られなかったが、システム全体としてみれば、老後保障の役割を果たせない可能性があるものへと実質的に変化した。アメリカの年金保険制度は、政府の扱う部分が変化しなかったことによって、本質的に変容したといわれる所以である（Hacker 2002）。

4　公的扶助

受給期間制限とワークフェア

アメリカの福祉レジームの特徴は、合衆国憲法の規定（の欠如）に顕著に見て取ることができる。日本では憲法で全国民に健康で文化的な最低限度の生活を営む権利が認められているが、合衆国憲法には日本の生存権に当たる規定は存在しない。

今日のアメリカの公的扶助の中核的プログラムとなっている一時的貧困家庭扶助（TANF）は、自由主義レジームの特徴を顕著に表している。このプログラムの具体的な執行は州政府に委ねられているが、第一に、継続して二年間、あるいは通算して五年間TANFを受給した者に対する福祉給付に、州政府は連邦からの補助金を利用してはいけないことになった。第二に、TANFは、身体的、精神的に労働可能な貧困者に関しては、労働すること、あるいは労働に必要な訓練を受けたり就職活動をすることを条件として、労働収入を補完するために政府が援助する形で給付されることになった。なお、低所得者の労働意欲を高める工夫は他にもあり、勤労によって得た所得に対して一定率で税額を控除する勤労税額控除は、今日ではアメリカ最大の所得補助プログラムとなっている。これらは公的扶助の受給者をいわば商品化しようとする試みであり、自由主義レジームの特徴を端的に表している。

なお、TANFの受給期限を超えた場合でも、州以下の政府が連邦からの移転支出を用いずに独自に給付を行うのは妨げられていないので、州以下の政府から扶助を受けられる可能性はある。また、連邦政府から補足的栄養補助（SNAP）を受給できる可能性もある。SNAPは貧困者に食糧購入を可能にするための現物給付プログラムで、かつてフード・スタンプと呼ばれていたのが、デビットカード式に改められたのに伴って名称が変更された。ただし、SNAPの受給にあたっても、高齢者や若年者などの一部の例外を除き、健康な健常者には労働の義務が課されている。このように、アメリカの公的扶助は労働と密接に関わる形で構築されているのである。

一九九六年の福祉国家再編

受給期間制限とワークフェアを特徴とするTANFは、ニューディールの社会保障法が廃止され、個人責任就労機会調停法が制定された、一九九六年の福祉国家再編時に導入された。この福祉国家再編は、どのようなメカニズムに基づいて行われたのだろうか（以下、西山［2008：第八章：2010］、Weaver［2000］を参照）。

連邦政府による公的扶助政策の始まりは、一九三五年の社会保障法で定められた要扶養児童扶助（後に要扶養児童家庭扶助〔AFDC〕と改名）である。これは、家計の長たる役割を期待されていた成人男性のいない、扶養を必要とする児童のいる家族に現金給付を行う資産調査付きプログラムだった。第二次世界大戦後の経済成長を背景とした豊かな社会にあって、貧困は社会の構造的要因によってもたらされたとの認識が強くなり、一九六〇年代には福祉受給者に同情的な世論が高まっていった。だが、経済成長が一九七〇年代に終焉を迎えて以降、公的扶助に対する批判が強まっていった。

先述の年金や医療保険の場合は、基本的には受給者自身の拠出を前提として、資格を得た場合に給付がなされる。これに対し、公的扶助は拠出がない場合でも給付が得られる非拠出型プログラムである。ほとんどすべての人が税金という形で費用を負担する一方、便益を受けるのは一部の貧困者に限られるため、誰がどのように受け取るのが妥当かという受給の正統性の問題が伴う。従って、公的扶助に関しては、受給者がどのような人々であり、社会的にどのように見られているかが重要な意味をもつ。

AFDC受給者の正統性に対する疑問は、人種とジェンダーの問題を伴いながら提起された。なかでも、一九八〇年代に犯罪や麻薬等、低所得者層の生活様式に結びつけられることの多い都市問題が顕在化したのに伴い、AFDC受給者は、身体的にも精神的にも働く能力があるにもかかわらず、怠惰で勤労倫理に欠けるために労働していないのではないかとの批判がされるようになった。その認識は実際には誤っているのだが、勤労倫理が欠如した福祉受給者の多くは黒人に違いないという人種偏見により増幅されていった。

また、先述の通り、AFDC受給者は基本的には一人親の女性に限られていた。プログラム創設期には稼得者である夫が労働事故などで死亡した寡婦が受給者として想定されていたが、受給者の中で未婚の母の占める割合が徐々に増大していった。そのため、女性の社会進出が一般的になるなかで、受給中の女性は働く能力があるにもかかわらず、あえて働かず、またあえて結婚せずに、AFDCを生活の手段として悪用しているとの批判がされるようになっていった。

このようななかで、貧困問題の解決には福祉受給者の価値観と行動の変革が必要だと主張されるようになった。給付を得るには労働したり職業訓練を受ける等の義務を果たさねばならないという社会契約の考えが強調され、政府が監督して福祉受給者の価値観を変革する必要があるという「新しいパターナリズム」の考え方が提唱された（Mead 1997）。

新しいパターナリズムの考え方は、いくつかの州や地方政府でまずは導入された。ＡＦＤＣはプログラムの詳細を決定し実施する役割を州以下の政府に委ねていた。だが、州や地方政府は財源を自主的に確保せねばならない度合いが高いことから、高額納税者を呼び寄せたい一方で、十分な納税をせず社会サービスを要求する貧困者を追い出そうとする誘因をもつため、再分配政策の実施に消極的になる。アメリカの福祉国家は、制度的に再分配政策の執行に消極的にならざるをえない州以下の政府が、その中心的担い手となるというディレンマを抱えている（西山 2008）。そのため、実際に問題を解決せねばならない州以下の政府は、ときに党派対立を超えて現実的な改革を行う誘因をもつ。そのため、研究者などによって提供された魅力的な政策案を採用することも多いのである（西山 2010）。

新しいパターナリズムの考え方は、ウィスコンシン州やニューヨーク市など、いくつかの州や都市で顕著な成果をあげ、他地域にも広まっていった。多くの地域で実施された政策案は、実効的な制度設計を行いたいと考える連邦の政治主体にとって魅力がある。一九九六年は大統領選挙と連邦議会選挙が実施される年だったが、連邦政府は、民主党のビル・クリントンが大統領を務め、共和党が上下両院の多数を占める分割政府の状態となって膠着状態に陥っていた。クリントンは、最優先課題と位置づけていた医療保険制度改革に失敗したこともあり、選挙前に大きな成果をあげる必要があった。連邦議会も、選挙前に業績をあげたいという誘因をもっていた。このように、功績確保を目指す共和党議会とクリントン大統領の利益関心が合致し、州以下の政府による政策革新を取り入れることで、福祉国家再編が達成された（西山 2008：2010）。この福祉国家再編は、労働を重視するという自由主義レジームの特徴を、一層際立ったものとしたのである。

ＮＰＯの役割

伝統的な福祉国家についての考え方では、福祉は社会権として国民に保証されており、国家が最後のセイフティネットの役割を果たすと想定されていた。だが、今日のアメリカでは、国家がセイフティネットの役割を十分に果たせていない。アメリカでは、ニューディール体制下においてですら、公的扶助は権利（right）ではなく権利資格（entitlement）と位置づけられていて、その権利性は弱かった。そして、一九九六年の福祉国家再編以後、公的扶助は権利資格ですらなくなり、受給期間に制限が加えられた。その結果、セイフティネットの役割をＮＰＯに期待せざるをえなくなっているのが現状である（西山 2009）。しかし、国家とは違い、ＮＰＯには義務性が伴っていないという重大な限界がある。

現状ではＮＰＯの活動は現物給付やサービス提供が中心なので、貧困者はＮＰＯの所に赴かなくてはならない。それゆえ、ＮＰＯがどこに地理的拠点を構えているかが、貧困者にとって重要な意味をもつ。だが、貧困者が多く居住する地域とＮＰＯの拠点は必ずしも合致しない。ＮＰＯは資金獲得の観点からスポンサーに近い地域に拠点を構えるかもしれない。十分な数の専門家やボランティアを確保する上では、スラムよりも、交通の便と治安のよい地域に拠点を構えた方がよいかもしれない。ＮＰＯの地理的拠点を政府が強制的に指定できないこともあり、貧困地域とＮＰＯの地理的拠点にずれが生じるのである。

実際、シカゴ、ロサンゼルス、ワシントンＤＣで行われた調査では、貧困者の六〇％が貧困率が二〇％を超える地域に居住しているにもかかわらず、そのような地域に拠点を置くＮＰＯは三九％しかない。貧困率が四〇％を超える地域に拠点を置く組織が七％にとどまる一方、六一％の組織が貧困率が低いか中程度の地域に拠点を構えている（Allard 2008）。

あわせて注意する必要があるのは、一九九〇年代以降、郊外地域での貧困が上昇していることである。アメリカでは伝統的に貧困は都市部で発生する問題と考えられてきた。しかし、近年、スラムのような貧困密集地域が減少する一方、貧困が地理的に拡散している。都市部と比べて郊外では、就労機会を見つけるのが困難なだけではなく、ＮＰＯの数も少ない。今後、郊外に居住する貧困者への対応が大きな問題となるだろう。

信仰に基づくNPOとチャリタブル・チョイス

この点で、今後重要になるかもしれないのが、信仰に基づくＮＰＯである。教会を拠点に活動する、信仰に基づくＮＰＯがサービスを提供できるようになれば、各種教会が多く存在するアメリカでは、先の問題が軽減される可能性がある（西山 2009）。

その意味で、個人責任就労機会調停法内で定められたチャリタブル・チョイスの規定が重要になる可能性がある。この規定は、福祉サービス提供者を宗教性を根拠として差別するのを禁じたものである。チャリタブル・チョイスは、サービス提供時に宗教に基づいて差別をしたり、受給者に信仰を強制することは禁じているものの、政府と契約して資金を得たサービス提供者が宗教シンボルを使用したり、食事前に祈ったり、宗教的信条に基づいてスタッフを雇用するのを可能にすることを目指している（Black et al. 2004）。

とはいえ、チャリタブル・チョイスの規定を活用する条件として、援助を求める者が信仰に基づくＮＰＯ以外からのサービス提供を望む場合に他の選択肢を用意するよう義務付けられていることもあり、執行を担う州政府はチャリタブル・チョイスの活用に消極的だった。そこで、「思いやりのある保守主義」を掲げるジョージ・Ｗ・ブッシュ大統領は行政命令で、信仰に根差したイニシアティヴとコミュニティによるイニシアティヴを促進するための部署を設置し、チャリタブル・チョイスの積極的活用を提唱した。だが、ブッシュはハリケーン・カトリーナに適切に対応することができず、思いやりのある保守主義の理念は後景に退いた。

オバマ大統領は、シカゴでコミュニティ・オーガナイザーとして活動した経験もあり、信仰に基づく近隣パートナーシップを提唱している。この活動がどの程度の成果をあげているかは残念ながら明らかではないものの、連邦政府が貧困者救済を十分に行いえない今日では、信仰に基づくＮＰＯが果たす役割に期待せざるをえないのが現状だろう。

5 アメリカの福祉レジーム

エスピン－アンデルセンが提起した類型によれば、アメリカは自由主義レジームに分類される。以上の議論を見ればわかるように、アメリカでは医療保険、年金、公的扶助のすべての政策が労働と密接に関連する形で構築されている。また、ケア・サービスが安価で豊富に市場で提供されていることもあり、女性が市場で働きやすい環境が整えられている。脱商品化の度合いが低く、脱家族化の度合いが高い点で、まさに自由主義レジームの特徴を備えているといえるだろう。

福祉レジームの構成要素という点については、三つの政策領域により相違が見られる。医療保険、年金、公的扶助全ての領域で、市場が重要な役割を果たしている。それに加えて、公的扶助プログラムについては、国家がセイフティネットの役割を果たせなくなったため、ＮＰＯに大きな役割が期待されるようになっている。アメリカの公的扶助のあり方を理解する上では、国家と市場の役割にのみ注目する伝統的な福祉国家論の枠組みでは不十分であり、福祉レジームの視座を導入することは重要な意味をもつ。

いずれにせよ、国家、市場、家族、コミュニティなどの福祉レジームの構成要素が果たす役割は、同じ国家内でも政策分野ごとに顕著な相違がある。今後の比較福祉レジーム研究は、政策分野ごとの相違にも注意しつつ、進められる必要があるだろう。

【参考文献】

天野拓（二〇一三）『オバマの医療改革――国民皆保険制度への苦闘』勁草書房。
新川敏光（二〇一一）「福祉国家変容の比較枠組」新川敏光編『福祉レジームの収斂と分岐――脱商品化と脱家族化の多様性』ミネルヴァ書房。
辻由希（二〇一二）『家族主義福祉レジームの再編とジェンダー政治』ミネルヴァ書房。
西山隆行（二〇〇八）『アメリカ型福祉国家と都市政治――ニューヨーク市におけるアーバン・リベラリズムの展開』東京大学出版会。
――（二〇〇九）「アメリカの対貧困者政策」『甲南法学』五〇巻一号。
――（二〇一〇）「アメリカの政策革新と都市政治」日本比較政治学会編『都市と政治的イノベーション』ミネルヴァ書房。
――（二〇一三）「アメリカの社会保障――公的扶助、年金、医療保険」杉田米行編『アメリカを知るための一八章――超大国を読み解く』大学教育出版。
山岸敬和（二〇一四）『アメリカ医療制度の政治史――二〇世紀の経験とオバマケア』名古屋大学出版会。
吉田健三（二〇一二）『アメリカの年金システム』日本経済評論社。
Allard, Scott W. (2008) *Out of Reach: Place, Poverty, and the New American Welfare State*, New Haven: Yale University Press.
Black, Amy E., Douglas L. Koopman, and David K. Ryden (2004) *Of Little Faith: The Politics of George W. Bush's Faith-Based Initiatives*, Washington, D.C.: Georgetown University Press.
Esping-Andersen, Gøsta (1990) *The Three Worlds of Welfare Capitalism*, Cambridge: Polity Press.
―― (1999) *Social Foundations of Postindustrial Economies*, Oxford: Oxford University Press.
Hacker, Jacob S. (2002) *The Divided Welfare State: The Battle over Public and Private Social Benefits in the United States*, New York: Cambridge University Press.
Mead, Lawrence M. (1997) *The New Paternalism: Supervisory Approaches to Poverty*, Washington, D.C.: Brookings.
Pierson, Paul (1994) *Dismantling the Welfare State?: Reagan, Thatcher and the Politics of Retrenchment*, New York: Cambridge University Press.
Weaver, R. Kent (2000) *Ending Welfare As We Know It*, Washington, D.C.: Brookings.

第8章 賃金稼得者モデルから転換するオーストラリア

加藤雅俊

本章では、オーストラリアの福祉レジームの特徴について、国際比較の観点から明らかにする。まず、「福祉国家の黄金時代」におけるオーストラリアの特徴が、保護主義的な経済・労働市場政策によって男性稼得者の雇用と高賃金を実現し、また女性のケア労働へ依存することで、社会政策の対象を労働から所得を得られない人に限定する点にあることを明らかにする。そして、一九八〇年代以降、残余的社会政策の問題点と「新しい社会的リスク」の台頭に直面して、各政権ごとに多様な政策対応がなされ、老齢年金や医療保険制度などの整備・拡充と同時に、「再商品化」と「脱家族化」が進展したことを確認する。その結果、従来の雇用保障中心の社会的保護の提供から、現在では、低所得層だけでなく中間層も対象とした社会政策を通じた社会的保護の提供へと移行しつつあることを指摘する。

1 共通性のなかの多様性

本章では、オーストラリアの福祉レジームの特徴を、国際比較の観点から明らかにする。具体的には、①「福祉国家の黄金時代」におけるオーストラリアの福祉レジームの特徴は何か、②ポスト工業社会への移行や経済のグローバル化の進展により生じる「新しい社会的リスク」に対して、オーストラリアではどのような政策対応が取られたか、という論点を検討する。

分析視角と本章の構成

そもそも、ある国の福祉レジームの特徴を理解する上では、「共通性のなかの多様性」という視点が重要となる（cf. 新川 2011：2014）。すなわち、特定の経済社会環境を前提に形成される各国の福祉レジームに共通した特徴を理解した上で、各国ごとの多様性を把握することが必要となる。したがって、比較分析を行う上では、各国に共通した特徴を捉えるための段階論的発想と、共通性を前提とした上で、各国間の差異を捉えるための類型論的発想のそれぞれが必要となる（cf. 加藤 2012）。以下では、まずオーストラリアの福祉レジームの特徴を明らかにするための前提となる、福祉国家の特徴把握に関する段階論と類型論の枠組について簡単に整理する（オーストラリアにおける社会保障制度に関する邦語の概説としては、小松・塩野谷編〔1999〕、仲村・一番ヶ瀬編〔2000〕。また、オーストラリアの福祉国家システムの変遷については、加藤〔2012〕も参照。オーストラリア社会一般については、竹田・森編〔1998〕、竹田他編〔2007〕など）。

第二次世界大戦後の先進諸国に共通した政治経済システムは、「ケインズ主義的福祉国民国家」（Jessop 2002）や「工業社会時代の福祉国家」（Armingeon and Bonoli 2006）として整理されてきた。この段階の先進諸国は、自由貿易を前提としながらも一国レベルでの政策介入の余地を残した国際経済体制（いわゆる「埋め込まれたリベラリズム」）、経済成長の実現およびその果実の再配分に関する階級・政党政治レベルの労使和解・妥協とそれを支える諸制度（たとえば、集合的賃金決定制度、市場介入への政治的コンセンサス）、そして雇用と家族形態の安定性を前提とした性別役割分業などに依拠してきた。したがって、女性がケア労働や家事労働を担うことを前提として、社会政策の課題は、男性稼得者が労働から所得を得られない場合の保障を充実させる「脱商品化」に置かれることになった。

これらの共通した特徴を前提とした「福祉国家の黄金時代」における各国の多様性を検討したのが、エスピング－アンダーセンによって提出され、その後多くの論者によって、批判的に継承された「福祉レジーム論」である（Esping-Andersen 1990：1999：Goodin et al. 1999：Arts and Gelissen 2002 など）。すでによく知られているように、この段階の類型として、平等の実現を目的として、福祉生産・供給における国家の役割が大きい「社会民主主義レジーム」、従前の社会的地位の保全を目的として、補完性原理のもとで家族の役割が大きい「保守主義レジーム」、貧困の除去を目的として、市場の役割が大きい「自由主義レジーム」などが提示されてきた。

しかし、ポスト工業社会への移行や経済のグローバル化の進展によって生じた「新しい社会的リスク」（Taylor-Gooby 2004）に直面するなかで、先進諸国は大きな変容を遂げてきた（すなわち、「シュンペーター主義的ワークフェアポスト国民型レジーム」〔Jessop 2002〕や「ポスト工業社会時代の福祉国家」〔Armingeon and Bonoli 2006〕への移行など）。たとえば、サービス経済化や国際競争の激化により、安定的な雇用は減少する一方で、非正規雇用などの不安定雇用が増え、また失業リスクが高まった。女性の社会進出が拡大する一方で、少子高齢化が進み、従来女性が担っていたケア労働をどうするかが課題となった。このような文脈で、長期失業者や若年失業者、そして社会において不利な立場に置かれている人々などを労働市場に戻していくために、社会政策と労働市場政策の結びつきを再構築する「再商品化」と、女性のケア労働への依存からの脱却を目指す「脱家族化」が、社会政策の課題となった。

そして、この「ポスト工業社会時代の福祉国家」における多様性に関しても、議論が蓄積されつつある。たとえば、「再商品化」に関して、「就労を福祉の条件にする」と表現されるように、失業給付の縮減や就労義務の強化などを行う「ワークフェアの労働力拘束モデル」、また「福祉が就労を支援する」と表現されるように、安定的な雇用に就くための職業教育・訓練などを重視する

「ワークフェアの人的資本開発モデル」、そして、社会的に不利な立場に置かれている人々を積極的に支援する「アクティヴェーション」など、多様な選択肢が存在することが明らかにされている（Theodore and Peck 2000: 宮本 2002: 2013 など）。また「脱家族化」に関して、家族手当や税控除などの現金給付の整備・拡充と、保育や介護などの社会サービスの整備・拡充を重視する方向性が提示されている（cf. Korpi 2000）。

　したがって、オーストラリアの福祉レジームの特徴を明らかにするためには、「福祉国家の黄金時代」において、どのような「脱商品化」が進められたかを検討した上で、ポスト工業社会への移行と経済のグローバル化の進展により生じた「新しい社会的リスク」に対して、どのような「再商品化」や「脱家族化」が採られたかを考察する必要がある。

　本章の構成は、以下のとおりである。まず、「福祉国家の黄金時代」におけるオーストラリアの福祉レジームの特徴が、保護主義的な手段を通じて、男性稼得者の雇用を守り、比較的高い水準の賃金を実現する一方で、女性のケア労働に依存することによって社会政策の必要性を最小限にとどめる点にあったことを確認する。その上で、一九八〇年代以降、賃金稼得者モデルに内在する問題と、経済社会環境の変化により顕在化し始めた「新しい社会的リスク」に対して、政権ごとに多様な政策対応が取られてきたことを指摘する。最後に、これまでの議論をまとめた上で、オーストラリアの経験がもたらす示唆について検討する。

2　賃金稼得者モデルの特徴

　本節では、「福祉国家の黄金時代」におけるオーストラリアの福祉レジームの特徴を明らかにする。

国際比較から見たオーストラリア

オーストラリアは公的社会支出の規模が小さく、一般税を財源として、資産・所得調査に基づく画一的な給付に依拠するプログラムを多く利用してきたため、発展の遅れた福祉国家とみなされてきた。たとえば、公的社会支出の対GDP比に関して、キャスルズの研究（Castles 2004: Table 2.1）によると、オーストラリアが一九六〇年には七・四%、一九八〇年には一一・三%であるのに対して、ＯＥＣＤ二一カ国の平均はそれぞれ一〇・一%と一八・七%である（「新しい社会的リスク」という課題に直面する一九九八年には、オーストラリアが一七・八%、ＯＥＣＤ二一カ国平均は二二・七%である）。一方、個別の社会政策に関して、一九〇九年には老齢年金制度が連邦レベルで導入されるが、最低限度の生活保障を目的に、一般税を財源とした資産・所得調査を伴うものであった（西村 1999）。その後、一九三〇年代には拠出型の社会保障制度を導入するための法律（健康保険・年金保険法）が議会を通過するも、利益団体などの反対に直面して実施が断念された（Castles 1985）。また医療保険制度は、後に見るように、一九七二年に国民健康保険が導入されるまで、民間保険の利用が中心であった（その後、一度廃止され、一九八三年に再導入される）（McClelland and Smyth 2006）。一九四〇年代には、連邦レベルで、失業給付、疾病給付、寡婦給付、児童手当などが導入されたが、児童手当のみが所得調査を伴わないものであった（Castles 1985: 1988: 西村 1999）。このように、公的社会支出の水準、各プログラム導入の時期と内容などを簡単に振り返る限りでは、発展の遅れた福祉国家という評価はもっとものように見える。そして、エスピング－アンダーセンの福祉レジーム論でも、オーストラリアは自由主義レジームに位置づけられてきたのである（Esping-Andersen 1990: 1999）。

賃金稼得者モデルの論理と基盤

キャスルズは、オーストラリアを遅れた福祉国家と捉える前述の理解が一面的であることを批判する。彼は、「他の手段による社会的保護」という分析視角に基づき、狭義の社会政策に注目するのみではオーストラリアの特徴を把握することができないとして、その他の諸政策によって提供される社会的保護に注目する必要を説くのである（Castles 1985: 1988: 1994: 1996: 1997: 2001: Castles et al. 1996 など）。

彼は、対外的脆弱性に対する政治戦略として、「国内的な補償を充実させる政治（politics of domestic compensation）」と「国内的な保護を充実させる政治（politics of domestic defence、以下では、国内的保護の政治）」という二つの対応戦略が存在することを指摘する。前者は、カッツェンスタイン（Katzenstein 1985）がヨーロッパの小国分析において提示したものである。その特徴は、国際市場で競争力を確保するために、産業政策を活用して国際環境への積極的な対応を促す一方で、その調整コストを補償するための社会政策を充実させ、これらを支える制度的基盤としてコーポラティズムを形成する点にある。

それに対して、オセアニア諸国では、対外的環境の変化の影響それ自体を避けることが目的とされた。キャスルズによれば、その政策的特徴は、①関税やその他の貿易障壁による製造業セクターの保護、②労使紛争の調停および仲裁、③移民流入のコントロール、④労働市場の外側にいる人々を対象とした所得保障プログラムの残余性という四点に整理される。つまり、移民政策により労働力をコントロールし、高関税政策により競争力のない国内製造業を維持することで完全雇用を実現した上で、強制仲裁制度を通じて相対的に高い賃金（男性稼得者が家族を養うのに十分な「公正賃金」）やそれを補完する諸手当を提供することによって、社会政策の対象を就労できない人に限定し、財政的には小規模にもかかわらず効率的な再分配を実現するのである。キャスルズは、この「国内的保護の政治」に基づき形成される福祉国家を、「賃金稼得者型福祉国家（wage earners welfare state）」と名づける。言い換えれば、ヨーロッパ諸国では、労働者階級の利益を、「社会賃金」の充実という形で実現することが目指されたのに対して、オーストラリアでは、完全雇用を実現し、強制仲裁制度を利用することで「労働市場における賃金」の充実という形で実現することが目指されたのである。

賃金稼得者モデルが機能するためには、上記の特徴を支える諸基盤にも注意が必要である。たとえば、高齢期における住宅費負担の少なさを含意する持ち家率の高さ（Castles 1996）や、完全雇用を実現する上でのマクロ需要管理政策による補完と、賃金稼得者モデルを維持することへの政治的コンセンサス（Bell 1997: Smyth 1994）などが挙げられる。福祉レジームという点で重要になるのが、固有のジェンダーバイアスの存在である。シェーバーは、オーストラリアモデルが「男性」稼得者を前提としていることを指摘する（Shaver 2002）。すなわち、強制仲裁制度は、男性が労働を通じて家族を養うのに十分な所得を提供する一方で、女性は家事・育児・介護に従事するという性別役割分業を前提とすることで、男性に比べて女性の賃金を低く設定してきたのである（男女の賃金格差は、残余的な所得保障プログラムが中心で、社会サービスの発達が遅れるという社会政策の特徴とともに、女性の労働市場への参加のディスインセンティブとして機能したといえる）。

福祉国家の黄金時代におけるオーストラリア

以上のように、「福祉国家の黄金時代」におけるオーストラリアの福祉レジームの特徴は、所得・資産調査を前提とした残余的社会政策、保護主義的な経済・労働市場政策による男性稼得者の雇用と高賃金の保障、女性のケア労働への依存という形で整理することができる。言い換えれば、オーストラリアでは、狭義の社会政策（特に、老齢年金、医療保険、失業給付などの現金給付）の充実を含意する「脱商品化」は他国と比べて十分に進展しなかった一方で、男性稼得者の労働市場での地位を高める試みが充実していたといえる。

賃金稼得者モデルは、固有の経済社会環境を前提に形成されたものであるため、永続的に機能するというわけではない。ポスト工業社会への移行や経済のグローバル化の進展が始まる一九七〇年代に差しかかる頃には、失業率の上昇や経済成長率の低下など、経済指標が悪化する一方で、賃金稼得者モデルに内在する諸問題と「新しい社会的リスク」が顕在化し始めた。たとえば、経済政策領域では、国際・国内経済構造の変化や高関税のもつ弊害によって、保護主義的政策の有効性に疑問が示された（Bell 1993）。仲裁制度を通じた賃金政策については、労使の権力バランスが変化するなかで、賃金上昇のコントロールが課題になった（Schwartz 2000）。社会政策に関しては、福祉受給者や一人親世帯などにおける貧困問題、長期失業者の存在、女性の社会進出の増大などへの対応が課題となった（Castles 1988：Mendes 2003）。賃金稼得者モデルに内在する諸問題と「新しい社会的リスク」が顕在化するなかで、一九七〇年代以降、各政権は多様な政策対応を試みていく。次節では、これらの展開について整理する。

3　経済社会環境の変化への多様な対応

本節では、賃金稼得者モデルの諸問題と「新しい社会的リスク」の顕在化に対して、どのような政策対応が取られたかを確認する。ここでは、賃金稼得者モデルが男性稼得者の雇用と賃金を保障することに重点を置いていたこと、および、本章の関心が「再商品化」と「脱家族化」における多様性の把握にあることから、主として、社会政策および労働市場政策における政策変化に注目する。また以下で見るように、「再商品化」と「脱家族化」は同時に進行するとは限らない点にも注意が必要である。言い換えれば、「ケインズ主義的福祉国民国家」から「シュンペーター主義的ワークフェアポスト国民型レジーム」への移行や「産業社会時代の福祉国家」から「ポスト工業社会時代の福祉国家」への移行などは、直線的に進行するわけではない。オーストラリアでこれらの変化が生じるのは、一九八〇年代以降のホーク・キーティング労働党政権の時期である。

一九七〇年代の政策対応

一九七二年に政権を獲得したウィットラム労働党政権は、社会政策に関して、完全雇用を前提とした資産・所得調査に基づく限定的なモデルから、社会的公正を重視した社会民主主義的なモデルへの転換を目指し、諸法律を整備している（Mendes 2003：Castles 1988：西村 1999：McClelland and Smyth 2006 など）。たとえば、一九七二年の児童福祉法の制定によって、幼児をもつ親の雇用を支援する試みがなされた。また、貧困対策として孤児年金が導入された一方で、老齢年金の拡充や所得制限の廃止がなされた。そして、最も注目に値する政策は、一九七五年のメディバンクと呼ばれる連邦レベルの国民健康保険の導入である。これは、普遍主義的な医療保険制度であり、従来型の資産・所得調査に基づく給付からの離脱を示している。また経済政策においても、政府内の保護主義的政策の問題点に関する議論を受け、二五％の一律の関税カットを決断している（cf. Bell 1993）。しかし、公的社会支出の増大による財政状況の悪化や、賃金上昇を背景としたインフレ率の上昇などをもたらすなど、ウィットラム政権は経済運営に失敗することになる。

一九七五年に政権に就いたフレイザー自由党・地方党連立政権は、インフレ抑制を第一目標として、マネタリスト的な金融政策の追求や財政支出の削減を行い、規制緩和も実施した（Bell 1993）。しかし、一九七九年からの資源ブームによる好景気下で支出拡大を選択し、マネタリズムへのコミットメントは撤回されることになった（Schwartz 2000）。社会政策に関しては、一九七八年にメディバンクが廃止されるなど、ウィットラム政権下で見られた普遍主義的な志向性は撤回された。また、失業給付の受給資格の厳格化、児童手当と税払戻制度に代わる家族手当の導入（ただし実質的価値の減少を伴う）、雇用への参加を促す低所得層向けの家族付加給付の導入など、縮減という側面もある。その一方で、寡夫年金の導入、若年失業者対策プログラムの導入、児童福祉サービスの整備、老齢年金の物価スライド制の導入など拡充という側面もある（Mendes 2003: 西村 1999）。

以上のように、一九七〇年代の両政権では、保護主義的な経済政策からの離脱が始まり、社会政策に関しても様々な改革がなされた。ウィットラム政権では、社会的公正を重視したモデルへの転換が目指されたように、「脱商品化」が進められた一方で、フレイザー政権では、失業給付改革などの「再商品化」と、老齢年金など一部のプログラムでは「脱商品化」もなされている。また両政権に共通する点として、女性の社会進出の増大に対応する家族政策の整備など「脱家族化」の実施も指摘できる。しかし、強制仲裁制度に代表される労働市場政策の改革は十分になされていない。また福祉国家の段階的な移行のカギは、「再商品化」が含意する社会政策と労働市場政策の結合にあるが、この点に関しては十分な展開がなされていない。言い換えれば、一九七〇年代の試みは賃金稼得者モデルの抜本的改革とはいえないのである（cf. Schwartz 2000）。抜本的改革という方向性が明らかになるのは、一九八〇年代以降である。

ホーク・キーティング労働党政権による改革

一九八三年に誕生したホーク労働党政権、そして一九九一年にホーク政権を継承したキーティング労働党政権は、賃金稼得者モデルを抜本的に改革し、「新しい社会的リスク」への対応を行っている。まず、経済政策に関して、一九七〇年代の各政権において部分的に進められていた自由化・規制緩和が、全面的に展開されることになる。ここで重要な点は、一九八〇年代以降のオーストラリアでは、各政権ごとに差異はあるものの、党派性を越えた一般的な傾向として、「経済合理主義」と呼ばれる新自由主義な経済政策が追求されたことである（cf. Pusey 1991）。経済政策の目標は、従来の保護主義的な諸政策による完全雇用の実現から、自由化や規制緩和の推進へと転換し、インフレ抑制と財政赤字の削減が目指されることになった（cf. Goldfinch 2000）。言い換えれば、賃金稼得者モデルの改革に関して、保護主義的諸政策からの転換（自由化・規制緩和の追求）については、各政権に共通する特徴といえる。

その一方で、賃金稼得者モデルの改革における多様性が明らかになるのは、社会政策および労働市場政策である。ホーク・キーティング労働党政権では、賃金稼得者モデルに内在する問題と「新しい社会的リスク」に対応するために、社会政策に関して、従来未発達であったプログラムの拡充、対象の限定化による効率性の確保、社会政策と労働市場政策との統合が試みられた（Mendes 2003: 2008: McClelland and Smyth 2006: 西村 1999）。

まず社会政策の拡充は、政権初期に、政府と労働組合の間で結ばれた「アコード（accord）」と呼ばれる一連の協約を背景に進められた。初期のアコード（ALP/ACTU 1983）は、インフレを抑制し、将来の経済成長および雇用の確保のために賃金を抑制する一方で、その引き替えとして社会賃金の充実を図ることを目的としていた（Bell 1997: Castles 1988: Schwartz 2000）。賃金上昇を物価上昇率に連動させる賃金インデックス制を実施する一方で、普遍主義的な医療保険制度が再導入された（Castles 1988）。すなわち、ウィットラム政権で導入され、フレイザー政権のもとで廃止されていたメディバンクを、一九八三年にメディケアという形で復活させたのである。これにより、すべての国民を対象とした健康保険制度が再度確立したことになる。また一九八五年には、さらなる賃金抑制との引き替えに、高齢世代の生活を保障するために、退職年金制度が導入された（Pierson 2002）。これは一九九二年に退職年金保障法として法制化され、雇用主の拠出に基づく強制加入型の所得比例の退職年金制度へと再編された（公的規制のもとで、私的金融機関によって運用される）。退職年金制度は、従来型の老齢年金に付加されるものであり、高齢者の生活水準を向上させる側面をもつといえる（Castles 1994: Pierson 2002）。そして、女性の社会進出を支援するため、一九八四年に男女雇用平等法が制定され（竹田他編 2007）、保育サービスのさらなる充実のため、一九八八年には全国児童福祉戦略が制定され、一九九四年には児童成長戦略が打ち出されている（西村 1999）。介護に関しても、一九八五年に高齢者ケア改革戦略が制定され、地域・在宅ケアの支援が強化され、介護者年金も導入された（西村 1999）。また子どものいる家庭を支援するため、家族追加手当や家族パッケージが導入され、一九八九年には児童扶養手当も導入された（McClelland and Smyth 2006: Mendes 2003: 西村 1999）。

しかしその一方で、労働党政権は、社会政策の対象を限定化する試みもしている。すなわち、厳しい財政状況を踏まえて、ターゲット化によってニーズがある人々に給付を限定するのである（Mendes 2003: 西村 1999）。たとえば、一九八五年には老齢年金への資産調査が再導入され、一九八七年には所得制限がなかった児童手当に対して所得制限が導入された。しかし、これらのターゲット化は、対象を貧困層に限定するのが目的ではなく、あくまでも高所得層をその対象から外すことを目的としていた。言い換えれば、中間層を含め依然として多くの市民は受給資格を保持し続けていたのである（Castles 1997: 2001）。

最後に、社会政策と雇用政策の統合は、失業率の高止まりなどの経済実績の悪化に直面した一九九〇年代以降に顕著になった。ここでは、雇用政策を社会政策の中心に置くという要素が強まり、積極的労働市場政策を通じて、受給者を労働市場に包摂していくことが目指されたのである（Johnson and Tonkiss 2002: Mendes 2003: Pierson 2002など）。たとえば、一九八八年にカスにより提出された政府報告書（Cass 1988）では、新たな労働市場の状況に対応するために、受給者が社会政策に依存する状態から脱却し、自律した生活を送れるような機会を提供するため、よりアクティブな形態の社会政策に転換していく必要性が指摘された。特に、社会政策と職業教育・訓練など労働市場政策を統合する必要性が強調されている。この報告書をもとに、たとえば、一九九一年には長期失業者向けの「New Start」プログラム、一九八九年には一人親のための「Jobs, Education, and Training」プログラム、一九九一年には障害者のための障害者サポートパッケージなどが導入された。そして、この方向での改革の到達点といえるのが、一九九四年の「Working Nation」である（Keating 1994）。ここでは、経済成長の実現のみでは失業問題を解決できないことを前提として、政府と受給者の「互恵的義務（reciprocal obligation）」に基づいた新たな政策（たとえば、給付の受給条件として労働市場もしくは職業教育・訓練・ボランティアなどへの参加の要求、個別ケース管理システムなど）が導入された（Finn 1999）。これらの一連の諸改革は、給付と諸プログラムへの参加を結びつけることによって、従来型の権利に基づいた給付から、互恵的義務に基づく受給者と政府の契約に基づく条件付きの給付へと、社会権概念の転換をもたらしたといえる（Harris 2001: Macintyre 1999: Shaver 2002: Goodin 2001: McClelland 2002

など）。

労働党政権における社会政策の改革は、すでに言及してきたように、労働市場政策の変容とも結びついている。労働組合と政府の間の協約である「アコード」の展開のなかで、強制仲裁制度はその役割を大きく変化させてきた。一九八三年の段階では、賃金抑制の手段（社会賃金の拡充との引き替えに）として利用されていたが、一九八〇年代後半にはフレキシビリティの導入手段として利用され、一九九〇年代にはミクロ競争力政策との結びつきが強化された（Bell 1997：Schwartz 2000：Ramia and Wailes 2006 など）。たとえば、一九八七年のアコードの改訂（アコードⅢ）に際して、新たに二層賃金制が導入されることになった。すなわち、インフレ率以下に抑えられる従来の第一層に加え、生産性上昇にリンクした形での上昇が認められる第二層が付加されたのである。これは、従来の集合的な賃金決定システムからフレキシブルな賃金決定システムへの転換を示している。その後、一九九三年には労使関係法が制定された。この法律によって、賃金交渉の基本的単位として企業レベルでの決定が推奨されることになった。言い換えれば、仲裁制度は、集合的な賃金決定システムとしての役割を終え、効率性の改善を促す手段として利用されるようになる一方で、最低賃金や労働条件の設定などに権限が限定されることになったのである。

以上のように、ホーク・キーティング労働党政権では、賃金稼得者モデルの抜本的改革により、内在的な問題と「新しい社会的リスク」への対応が試みられた。経済政策においては自由化・規制緩和が進められ、労働市場政策においても経済政策との結びつきが強化された。その一方で、社会政策では、賃金稼得者モデルにおける残余的社会政策の問題点および「新しい社会的リスク」に直面する中で、多様な試みがなされた。前者に関して、従来十分に展開されてこなかった、退職後の生活水準を向上させるための退職年金制度の導入や国民健康保険制度（メディケア）の再導入がある。後者に関して、女性の社会進出に対応するために、現金給付の拡充と介護や保育などのケア・サービスの充実、そして、長期失業者や若年失業者の増加に対応するために、職業教育・訓練を重視した形での社会政策と労働市場政策の統合が実施された。言い換えれば、労働党政権では、社会政策の残余性と「新しい社会的リスク」の顕在化という二つの課題に対応するため、年金や医療保険などの拡充を含意する「脱商品化」、積極的労働市場政策などを重視した「再商品化」、家族政策に関する現金給付と現物給付のそれぞれを充実化させる「脱家族化」が実施されたといえる。

ハワード連立政権による自由主義化

一九九六年に誕生したハワード自由党・国民党連立政権は、前政権による賃金稼得者モデルの改革を通じた「新しい社会的リスク」への対応を継承していく。その特徴は、経済政策だけでなく、社会政策や労働市場政策にも市場メカニズムを適用していく点にある（Mendes 2008：Ryan 2005）。しかしその一方で、家族を支援するために、労働党政権とは異なる形での家族政策の拡充も行っている（Hill 2006：Disney 2004）。

ハワード政権は、医療保険制度に関して、メディケアの利用に歯止めをかけ、民間部門の活力を利用するために、民間保険の利用に対する補助金を導入したり、富裕層に対してメディケア課徴金を課してきた（McClelland and Smyth 2006）。これらは、普遍的な医療保険制度からの撤退を示唆している。また年金に関して、退職年金制度の利用を拡大するために、税制上の優遇措置を導入した（Wilson et al. 2013）。これらは、同制度を積極的に活用できるだけの余裕をもった中間層や富裕層にとって、メリットの多いものであった。市場メカニズムの導入という点で特に注目に値する領域が、失業給付の改革である。ここでは、労働党政権下で導入されていた、給付と諸プログラムへの参加の結びつきと、個別ケース管理の導入がさらに強化された。政府と受給者の関係は「相互的義務（mutal obligation）」とされ、政府の役割を限定する一方で、受給者の義務が強調されることになった（Mendes 2008；Ryan 2005）。たとえば、政権獲得後に積極的労働市場政策の予算を大幅に削減する一方で、諸プログラムへの参加やそれに関連したペナルティを強化することで、失業給付へのアクセスが厳格化された。若年者（一八歳から二四歳）の失業対策として「Work for Dole」が採用され、半年以上受給していた者に対して、諸プログラムへの参加が強制されることになった（後に対象年齢が拡大される）（Parker and Fopp 2004；McClelland and Smyth 2006）。また、「Working Nation」で導入された個別ケース管理を提供する雇用サービスを市場化するため、「Job Network」を導入した（Carney 2006）。また給付と諸プログラムへの参加の結びつきの強化は、失業給付だけでなく、障害者給付などの領域にも拡大している（Mendes 2008）。

その一方で、家族に関する社会政策の一部では、拡充もなされている（Hill 2006；Disney 2004；Wilson et al. 2013）。たとえば、ハワード政権は、子どものいる世帯に向けた支援を一般的に強化する一方で、複雑化していた家族手当の改革を行った（Hill 2006）。二〇〇〇年の改革において、現金給付は、家計全体の所得に対する調査を基礎に給付資格が決まる家族給付Aと、主たる稼得者の所得は関係なく、二人目の稼得者の所得に応じて給付資格が決まる家族給付B、そして、子どもケアのための補助金であり、家計全体の所得に対する調査を伴う子どもケア手当へと再編された。また、女性運動や性差別に関する政府委員会などが導入を求めていた所得補償のある出産育児休暇の導入を拒否する一方で、出産時の寛大な一時金給付（出産手当）を導入した（Hill 2006；Wilson et al. 2013）。これらの家族政策の変化は、全体としてみると、女性が家計補助的な労働もしくは家庭におけるケア労働を担うことへのインセンティブとなり、伝統的な性別役割分業に基づく家族を支援する効果をもった。その他には、老齢年金の給付調整や高齢者向けの税控除なども実施された（Disney 2004）。

また労働市場政策でも自由主義化が進められた。ハワード政権は、一九九七年に、仲裁制度のさらなる権限縮小、労働組合の権限縮小、職場協約の導入などを目的とした職場関係法を成立させた（竹田他編 2007）。しかし、上院で多数を保持していなかったため、法案成立のための譲歩が必要となり、その内容は当初の予想に比べて穏健的なものにとどまった（Schwartz 2000；Ramia and Wailes 2006）。ハワード政権は、上院で多数派を獲得した後、二〇〇五年に職場選択法を制定した（Mendes 2008；杉田 2009）。この法律は、賃金や労働条件に関する決定レベルの個人化、仲裁制度の権限のさらなる限定化、裁定を下回る不利益禁止条項の廃止を促すなど、労働市場の自由主義化をさらに進める性格をもっている。

以上のように、ハワード政権では、前政権による賃金稼得者モデルの改革の試みを継承しつつも、社会政策および労働市場政策において、差異を示している。たとえば、年金や医療保険における政府の役割を限定し、市場の役割を拡大している。また失業給付改革や労働市場政策などでは、市場メカニズムの強化がなされている。その一方で、家族政策の領域では、現金給付に関して、伝統的な性別役割分業に基づく家族への支援を強化している。言い換えれば、社会サービスの充実についてはあまり言及がなされていない。したがって、ハワード政権では、市場メカニズムの強化を通じた「再商品化」が進展し、家族政策に関して、伝統的な性別役割分業を前提とした家族を優遇する「脱家族化」が進んだといえる（むしろ、女性のケア労働を前提としている点で、伝統的家族に対する経済的支援にすぎないといえるかもしれない）。

ラッド・ギラード労働党政権による対応

二〇〇七年に誕生したラッド労働党政権、そして二〇一〇年に政権を継承したギラード労働党政権（二〇一三年には再びラッドが首相となる）は、他国と比べて影響が少なかったとはいえ、世界金融危機への対応という厳しい経済社会文脈において、前政権の自由主義化の行き過ぎおよび家族政策のバイアスに対する諸対応を採っている（Deeming 2013: Starke 2013: Wilson et al. 2013: Saunders 2013: Redmond et al. 2013）。

ラッド政権は、世界金融危機の発生に対して、他国と同様に大規模な財政出動を行う一方で、既存の枠組内部で、前政権の下での自由主義化の行き過ぎを是正している。たとえば、低所得層や年金受給者、子育て世代向けに、年金一時金、住宅取得一時金など、一度限りの現金給付を充実化することで支援を行った（Starke 2013: Redmond et al. 2013）。その他にも、老齢年金に関して、資産調査の強化や受給開始年齢の引き上げを行う一方で、給付水準の引き上げも行った。退職年金制度に関して、税制上の優遇措置を整理することによって、低所得層にとっても魅力的なものとした（Wilson et al. 2013）。また社会的排除への対応として、「社会的包摂」という概念を前面に押し出した（Saunders 2013）。たとえば、失業対策として、受給と就労支援の結びつきを維持しつつ（Wilson et al. 2013）、地域レベルでの職業訓練の促進や求職者に対する個別対応の充実を試みた（Starke 2013）。これらの多くは、金融危機の影響を受けやすい人々の支援を強化する試みといえる。

他方、家族政策に関して、家族給付Bや出産手当などにおいて、富裕層を対象から外す一方で、所得補償のある出産育児休暇の導入や子どもケア手当の拡充がなされた（Wilson et al. 2013: Starke 2013）。これらは、ハワード政権下における伝統的な性別役割分業を前提とした家族を優遇する諸政策からの転換を示唆する。

また労働市場政策に関して、ラッド政権は、二〇〇九年にフェアワーク法を制定し、不公正な解雇に対する保護、労働条件に関する新しい最低基準の導入、企業レベルでの賃金決定の推奨など、労働者の保護を強化した（Deeming 2013: Wilson et al. 2013）。これらは、ハワード政権下での自由主義化を逆転する試みといえる。

以上のように、ラッド・ギラード労働党政権では、ハワード政権下での自由主義化の行き過ぎを是正する試みがなされている。一時的な現金給付による支援を実施する一方で、「社会的包摂」を強調することで、前政権よりも積極的労働市場政策を充実化し、またフェアワーク法の導入による労働者の保護を図っている。また、家族政策の領域では、伝統的な性別役割分業を前提とした家族を支援する政策からの転換が見られる。したがって、ラッド・ギラード政権では、積極的労働市場政策など、政府の役割を重視する「再商品化」と、家族形態に対して中立的といえる形の現金給付を充実化させる「脱家族化」が進展したといえる。

4 新旧の社会的リスクへの多様な対応

本節ではこれまでの議論を整理した上で、オーストラリアの経験がもたらす示唆について検討する。

オーストラリアにおける福祉レジームの変容

本章の目的は、オーストラリアの福祉レジームの特徴を、国際比較の観点から明らかにすることにあった。「福祉国家の黄金時代」に関して、オーストラリアの特徴は、保護主義的な経済・労働市場政策によって男性稼得者の雇用と高賃金を実現し、また女性のケア労働に依存することで、社会政策の対象を労働から所得を得られない人に限定するという点にあった（賃金稼得者モデル）。

言い換えれば、狭義の社会政策の充実を含意する「脱商品化」は他国と比べて十分に進展しなかった一方で、男性稼得者の労働市場での地位を高める試みが充実していたといえる。

その後、賃金稼得者モデルの問題点（とりわけ、社会政策の未発達さと女性のケア労働への依存）と「新しい社会的リスク」に直面するなかで、大きな変容を遂げてきた。一九七〇年代から諸改革が進められたが、一九八〇年代の労働党政権以降、賃金稼得者モデルの抜本的改革が行われた。一九八三年から九六年にかけてのホーク・キーティング労働党政権では、未発達だった社会政策の領域（年金や医療保険など）を中心に整備・拡充（「脱商品化」）が行われる一方で、積極的労働市場政策など政府の役割を重視した「再商品化」や、事実として進んでいた女性の社会進出を支援するために、現金給付と現物給付を重視した「脱家族化」が進められた。一九九六年から二〇〇七年にかけてのハワード連立政権では、失業給付の縮減や労働市場政策の自由主義化を中心に、市場メカニズムの強化による「再商品化」と、伝統的な性別役割分業を前提とした家族を優遇する形での現金給付を充実化する「脱家族化」が進められた。二〇〇七年以降のラッド・ギラード労働党政権では、ハワード政権下での自由主義化と家族政策のバイアスに対応するため、社会的包摂や労働者保護の強調など、政府の役割を重視した「再商品化」と、家族形態に対して中立的な形での現金給付を充実化させる「脱家族化」が進展したといえる。

以上のように、賃金稼得者モデルの問題点と「新しい社会的リスク」への対応のなかで、オーストラリアの福祉レジームは大きく変容を遂げており、男性稼得者の雇用と高賃金の実現および女性のケア労働を前提とした残余的な社会政策を提供するモデル（雇用保障が中心で、社会政策の整備は副次的）から、雇用保障ではなく、低所得層だけでなく中間層も対象とした社会政策によって社会的保護を提供するモデルへと変化しているといえる。しかし、たとえ社会政策の対象が拡大したとしても、公的社会支出水準の低さに示されているように、必ずしも寛大なものとはいえない点に注意が必要である。

オーストラリアの経験がもたらす示唆

それでは最後にオーストラリアの経験がもたらす示唆について検討しよう。まず第一に、オーストラリアでは、「脱商品化」と「再商品化」や「脱家族化」が同時進行している。これは、男性稼得者の雇用保障（と女性のケア労働）に依存する賃金稼得者モデルでは、福祉国家の変容・再編期において、「新しい社会的リスク」への対応だけでなく、年金や医療保険の整備・拡充など、福祉国家の形成・発展期において実現されるべき諸課題への対応が迫られたことを示唆している。言い換えれば、福祉国家の変容・再編期という文脈で、オーストラリアは、「新しい社会的リスク」だけでなく、「従来型の社会的リスク」への対応も求められたといえる（この点については、オーストラリアは「福祉国家の黄金時代」において雇用保障を重視してきた日本と類似している）。そして、厳しい財政状況で、多くの課題に同時に対応することが求められたため、オーストラリアは、ポスト工業社会時代の福祉国家に関して、寛大なモデルを形成することはできなかった。このことは、賃金稼得者モデルという政策遺産の重要性、年金や医療保険といった政策導入のタイミングの重要性など、社会政策発展における時間的要素の重要性を示唆している。

第二に、政策対応の多様性の存在と、それをもたらす政治的メカニズムについてである。上述のように、オーストラリアでは、賃金稼得者モデルの問題点と「新しい社会的リスク」の顕在化に対して、多様な政策対応が試みられてきた。「再商品化」に関しては、積極的労働市場政策の重視から市場メカニズムの強化まで、また「脱家族化」

に関しては、女性の社会進出を促す現物給付の拡充から、家族形態に中立的な形での現金給付の拡充、そして伝統的な性別役割分業を前提とした家族を優遇する現金給付の拡充まで、多様な選択肢が採用された。これらの多様性をもたらした政治的要因として、たとえば、政権の党派性の差異（社会的公正や多様性を考慮する労働党政権と、経済的自由と保守主義的価値を重視する連立政権）、賃金稼得者モデルという政策遺産、政策変化の速度にインパクトを与える意思決定システム、政府や市場の役割に関する政策アイディアの差異、などが挙げられる。言い換えれば、多様な政策対応をもたらした政治的背景を理解するためには、利益、制度、アイディアの各要因に注目する必要があるといえよう（cf. 加藤 2012）。

本章では、国際比較の枠組から、オーストラリアの福祉レジームの特徴と動態を検討してきた。「福祉国家の黄金時代」における雇用保障に重点をおいた賃金稼得者モデルという特徴と、ポスト工業社会への移行と経済のグローバル化の進展に直面するなかで、従来型の社会的リスクへの対応がなされる一方で、「再商品化」と「脱家族化」に関して、各政権ごとに多様な対応が試みられたことを示すことができたならば、本章の目的は達成されたことになる。

［付記］
本章は、科学研究費補助金（若手研究B、課題番号：23730154、基盤研究A、課題番号：23243021、基盤研究B、課題番号：26285140）に関する研究成果の一部である。

【参考文献】

加藤雅俊（二〇一二）『福祉国家再編の政治学的分析』御茶の水書房。
小松隆二・塩野谷祐一編（一九九九）『先進諸国の社会保障② ニュージーランド・オーストラリア』東京大学出版会。
新川敏光（二〇一四）『福祉国家変革の理路』ミネルヴァ書房。
新川敏光編（二〇一一）『福祉レジームの収斂と分岐』ミネルヴァ書房。
杉田弘也（二〇〇九）「オーストラリアの労働運動、労使関係と福祉国家」新川敏光・篠田徹編『労働と福祉国家の可能性』ミネルヴァ書房。
竹田いさみ・森健編（一九九八）『オーストラリア入門』東京大学出版会。
竹田いさみ・森健・永野隆行編（二〇〇七）『オーストラリア入門（第二版）』東京大学出版会。
仲村優一・一番ヶ瀬康子編（二〇〇〇）『世界の社会福祉⑩ オーストラリア・ニュージーランド』旬報社。
西村淳（一九九九）「社会保障・社会福祉の歴史と現状」小松隆二・塩野谷祐一編『先進諸国の社会保障2 ニュージーランド・オーストラリア』東京大学出版会。
宮本太郎（二〇〇二）「社会民主主義の転換とワークフェア改革」日本政治学会編『年報政治学 三つのデモクラシー』岩波書店。
——（二〇一三）『社会的包摂の政治学』ミネルヴァ書房。
ALP/ACTU (1983) *Statement of Accord by Australian Labor Party and the Australian Council of Trade Unions Regarding Economic Policy*, ACTU.
Armingeon, Klaus and Giuliano Bonoli (eds.) (2006) *The Politics of Post-industrial Welfare States*, Routledge.
Arts, Wil and John Gelissen (2002) "Three Worlds of Welfare Capitalism or More ? A State-of-the-art Report," *Journal of European Social Policy*, 12, pp.137-158.
Bell, Stephen (1993) *Australian Manufacturing and the State*, Cambridge University Press.
—— (1997) *Ungovernig the Economy*, Oxford University Press.
Carney, Terry (2006) "Welfare to Work: or Work-discipline Re-visited?," *Australian Journal of Social Issues*, 41, pp.27-48.
Cass, Bettina (1988) "Income Support for the Unemployed in Australia," *Social Security Review Issues Paper*, No.4.
Castles, Francis G. (1985) *The Working Class and Welfare*, Allen and Unwin（フランシス・G・キャスルズ／岩本敏夫他訳（一九九一）『福祉国家論』啓文社）.
—— (1988) *Australian Public Policy and Economic Vulnerability*, Allen and Unwin.
—— (1994) "The Wage Earners' Welfare State Revisited: Refurbishing the Established Model of Australian Social Protection 1983-1993," *Australian Journal of Social Issues*, 29, pp.120-145.
—— (1996) "Needs-Based Strategies of Social Protection in Australia and New Zealand," in G. Esping-Andersen (ed.), *Welfare States in Transition*, Sage Publications.
—— (1997) "The Institutional Design of the Australian Welfare State," *International Social Security Review*, 50, pp.25-41.
—— (2001) "A Farewell to Australian's Welfare State," *International Journal of Health Services*, 31, pp.537-544.
—— (2004) *The Future of the Welfare State*, Oxford University Press.
Castles, Francis G., Rolf Gerritsen and Jack Vowles (eds.) (1996) *The Great Experiment*, Allen and Unwin.
Deeming, Christopher (2013) "The Working Class and

Welfare: Francis G. Castles on the Political Development of the Welfare State in Australia and New Zealand." *Social Policy & Administration*, 47, pp.668-691.

Disney, Julian (2004) "Social Policy," in R. Manne (ed.), *The Howard Years*, Black Inc. Agenda, pp.191-215.

Esping-Andersen, Gøsta (1990) *The Three Worlds of Welfare Capitalism*, Polity Press（G・エスピン－アンデルセン／岡沢憲芙・宮本太郎監訳〔二〇〇一〕『福祉資本主義の三つの世界』ミネルヴァ書房）.

―――― (1999) *Social Foundation of Postindustrial Economies*, Oxford University Press（G・エスピン－アンデルセン／渡辺雅男・渡辺景子訳〔二〇〇〇〕『ポスト工業経済の社会的基礎』桜井書店）.

Finn, Dan (1999) "Job Guarantees for the Unemployed: Lessons from Australian Welfare Reform," *Journal of Social Policy*, 28, pp.53-71.

Goldfinch, Shaun (2000) *Remaking New Zealand and Australian Economic Policy*, Georgetown University Press.

Goodin, E. Robert (2001) "False Principles of Welfare Reform," *Australian Journal of Social Issues*, 36, pp.189-205.

Goodin, E. Robert, Headey Bruce, Muffels Rud and Henk-Jan Dirven (1999) *The Real Worlds of Welfare Capitalism*, Cambridge University Press.

Harris, Patricia (2001) "From Relif to Mutual Obligation: Welfare Rationalities and Unemployment in 20th-century Australia," *Journal of Sociology*, 37, pp.5-26.

Hill, Elizabeth (2006) "Howard's 'Choice': The Ideology and Politics of Work and Family Policy 1996-2006," *Australian Review of Public Affairs*.

Jessop, Bob (2002) *The Future of the Capitalist State*, Polity Press.

Johnson, Carol and Fran Tonkiss (2002) "The Third Influence: The Blair Government and Australian Labor," *Policy & Politics*, 30, pp.5-18.

Katzenstein, Peter (1985) *Small States in World Markets*, Cornell University Press.

Keating, Paul (1994) *Working Nation*, Australian Government Publishing Service.

Korpi, Walter (2000) "Faces of Inequality: Gender, Class, and Pattern of Inequalities in Different Types of Welfare States," *Social Politics*, 7, pp.127-191.

Macintyre, Clement (1999) "From Entitlement to Obligation in the Australian Welfare State," *Australian Journal of Social Issues*, 34, pp.103-118.

McClelland, Alison (2002) "Mutual Obligation and the Welfare Responsibilities of Government," *Australian Journal of Social Issues*, 37, pp.209-224.

McClelland, Alison and Paul Smyth (2006) *Social Policy in Australia*, Oxford University Press（アリソン・マクレランド，ポール・スミス編／新潟青陵大学ワークフェア研究会訳〔二〇〇九〕『オーストラリアにおける社会政策』第１法規出版）.

Mendes, Philip (2003) *Australian's Welfare Wars*, University of New South Wales Press.

―――― (2008) *Australian's Welfare Wars Revisited*, University of New South Wales Press.

Parker, Stephen and Rodney Fopp (2004) "The Mutual Obligation Policy in Australia: The Rhetoric and Reasoning of Recent Social Security Policy," *Contemporary Politics*, 10, pp.257-269.

Pierson, Christopher (2002) "'Social Democracy on the Back Foot': The ALP and the 'New' Australian Model," *New Political Economy*, 7, pp.179-197.

Pusey, Michael (1991) *Economic Rationalism in Canberra*, Cambridge University Press.

Ramia, Gaby and Nick Wailes (2006) "Putting Wage-Earners into Wage-Earners' Welfare States: The Relationship between Social Policy and Industrial Relations in Australia and New Zealand," *Australian Journal of Social Issues*, 41, pp.49-68.

Redmond, Gerry, Roger Patulny and Peter Whiteford (2013) "The Global Financial Crisis and Child Poverty: the Case of Australia 2006-10," *Social Policy and Administration*, 47, pp.709-728.

Ryan, Neal (2005) "A Decade of Social Policy under John Howard: Social Policy in Australia," *Policy & Politics*, 33, pp.451-460.

Saunders, Peter (2013) "Reflections on the Concept of Social Exclusion and the Australian Social Inclusion Agenda," *Social Policy and Administration*, 47, pp.692-708.

Schwartz, Herman (2000) "Internationalization and Two Liberal Welfare State," in F. W. Scharpf and V. A. Schmidt (eds.), *Welfare and Work in the Open Economy VOL.2*, Oxford University Press, pp.69-130.

Shaver, Sheila (2002) "Australian Welfare Reform: From Citizenship to Supervision," *Social Policy & Administration*, 36, pp.331-345.

Smyth, Paul (1994) *Australian Social Policy*, University of New South Wales Press.

Starke, Peter (2013) "Antipodean Social Policy Responses to Economic Crisis," *Social Policy and Administration*, 47, pp.647-667.

Taylor-Gooby, Peter (ed.) (2004) *New Risks, New Welfare?*, Oxford University Press.

Theodore, Nik and Jamie Peck (2000) "Searching for Best Practice in Welfare-to-Work: The Means, the Method and the Message," *Policy & Politics*, 29, pp.81-98.

Wilson, Shaun, Benjamin Spies-Butcher, Adam Stebbing and Susan St. John (2013) "Wage-Earners' Welfare after Economic Reform: Refurbishing, Retrenching or Hollowing Out Social Protection in Australia and New Zealand," *Social Policy & Administration*, 47, pp.623-646.

第9章

イギリス「自由主義」レジームの変容と持続

島田幸典

イギリス福祉国家は一般に「自由主義」レジームに分類されるが、それはいかなる意味において「自由主義」的なのだろうか。本章は、一九世紀の新救貧法体制以来のイギリス福祉国家発展の歩みをふり返り、第二次世界大戦後の福祉国家の確立、サッチャー保守党政権による福祉縮減、ブレア労働党政権による福祉再編の政治を貫いて、こんにちにまで通底する、就労促進を基調とする「自由主義」の論理を浮き彫りにする試みである。

1 それははたして「自由主義」的なのか?

「自由主義」レジームとは

福祉レジーム論において、イギリスを「自由主義」レジームの一例として言及したとしても、さほど不自然な印象を与えまい。福祉国家は社会経済領域にたいする政治の働きかけを要請するものの、伝統的にイギリスは市民社会から自律的な政府の権力と権威にたいして警戒的な国制を擁してきたし(島田 2011)、近い過去ではサッチャリズムのもと、戦後のケインズ主義的福祉国家体制にたいして断行された広範かつ深甚な新自由主義的改革が強烈な印象を残してきた。とりわけ後者がもたらした遺産は、その批判者でさえサッチャー元首相逝去のさいの論説記事で認めたように、政策論争の方向性を現在においてもなお規定しており(*The Guardian*, 9 April 2013)、そのためにこの国の福祉レジームにリベラルというレッテルを貼ることは自明にすら感じられる。すなわち福祉給付を含む公的支出の量的削減や受給対象の絞り込みによる選別主義の強化、またそれを正当化する言説のために、その制度・政策体系はエスピン－アンデルセンによる自由主義レジームの定義とますます合致しているように見受けられるからである(近藤 2011: 53)。

はたしてエスピン－アンデルセンは自由主義

レジームを次のように類型化していた。それは資力調査付き扶助や控えめの普遍主義的移転あるいは社会保険プランを伴い、給付対象は低所得層に限定される。それゆえこうした国家は市場を活気づけるが、他方で脱商品化の効果は最小限に留まる（Esping-Andersen 1990〔2001〕: 26-27〔28-29〕）。

英国の位置づけの曖昧さ

ところが時間的尺度を長くとってこの国の来し方をふり返るとき、われわれを困惑が捉える。すなわち大戦後のイギリスは「揺り籠から墓場まで」という周知のキャッチフレーズとともに、福祉国家の模範として仰ぎみられもしてきたからである。この印象がもたらす類型論上の位置づけの難しさは、エスピン-アンデルセンその人の議論からもうかがえる。自由主義モデルと関連づけられる諸特徴は一般にアングロサクソン諸国において支配的であると論じられる一方、豪加米NZ諸国ほど明示的に英国を自由主義として言及することは少なく、しかも福祉国家としての英国の名声を高めた「ベヴァリッジ型」給付は、社会民主主義レジームとも共通するその普遍主義的性格が強調されるからである。じっさい現金給付にかんして受給条件の難易度や所得代替効果等に基づいて数値化された「脱商品化」スコアによる国際比較によれば、確かにアングロサクソン諸国は対象国中の下位集団を構成するものの、そのなかでイギリスは最上位に属し、中位集団最下位のイタリアとの差は微少にすぎない。すなわちイギリスは彼の類型論において「ボーダーライン上の事例」にほかならず、近藤の言葉を使えば「収まりの悪い国の一つ」なのである（Esping-Andersen 1990〔2001〕: 近藤 2011: 51）。

こうした位置づけの曖昧さを解消するために、代案が提示されることもある。キャスルズおよびミッチェルによる研究は、税制のように社会福祉移転支出以外に平等化を促進する政策にも着目して、自由主義と一括りにされがちな英語圏諸国を再分類し、イギリスをオセアニア諸国と同じく「ラディカル」類型に含めた（Castles and Mitchell 1993）。もっともこの試みについては、新川が指摘するとおり、福祉縮減を経験し、米国との類似性を高めたイギリスになお妥当性をもちうるのか疑問なしとは言えず（新川 2005: 271）、それ以降たびたび所得税最高税率が引き下げられ、経済格差が顕著に拡大しているという指摘もある（トインビー・ウォーカー 2009）。

福祉国家の歴史的展開

以上を要するに、イギリスにおける福祉政策の体系はサッチャー政権において変容を経験しており、レジーム論から見ればその変化は、それ以前の複合的な性格から自由主義への純化の動きが強まった（あるいは脱商品化の水準が顕著に低下した）と整理することができる。イギリス福祉国家を「自由主義」レジームと捉えることで生じる「矛盾」と見えるものについて、われわれはどうすれば統一的に理解することができるのだろうか。この問いにとり組むために、第二節ではまずイギリスにおける福祉国家成立の前史として一九世紀の新救貧法以来の歩みをふり返るとともに、ベヴァリッジ体制の歴史的意義について確認する。迂遠にも見える作業から開始するのは、福祉国家成立の画期と目されるベヴァリッジ体制の斬新さとともに、そこに滑りこんだ救貧法的な要素を見極め、サッチャリズム以降と通底する契機を浮かびあがらせるためである。次いで第三節では戦後福祉国家体制の「普遍主義」的と目される性格の特質と限界を明らかにすべく年金政策を中心に、第四節ではサッチャー保守党政権による福祉縮減・ブレア労働党政権による福祉再編の政治について、雇用政策に焦点を定め検討する。以上を通じて、福祉政策の力点が完全雇用のもとでの所得保障から、失業を前提とする給付と就労促進の結合へと推移してきたことを明らかにするとともに、後者がイギリス福祉国家の「自由主義」的性格をいかに強化したかについて論じる。最後に第五節では、現代における「ワークフェア」を基軸とする就労福祉政策に帰結する、イギリス福祉国家の歴史的特質について筆者の見解を述べ、国家と市場、個人との関係におけるその含意について考察する。

2　福祉国家の成立までの過程

新救貧法体制の論理

イギリスにおける救貧行政の発生はエリザベス時代にまで遡る。社会の脱宗教化とともに世俗権力が秩序維持の責任を担うよう迫られたからである。ひるがえって市場社会の成立とともに伝統的救貧も新たな意味を帯びるようになる。市場における労働を通じた個人の自活を前提として、救貧はその意志を欠く者への例外措置と位置づけられるようになったからである（田中 2011：26-31）。

裏返せば、一八三四年の新救貧法体制は、資本主義的経済原則が労働力にまで貫徹されたからこそ可能となった。労働力が商品として取引可能なものになったとき、救貧は労働市場への参加／不参加という観点から線引きされ、意味づけられることになったのである。救貧は市場からの落伍者を対象とし、救済の場も市場から隔離されたが、にもかかわらずその運営は市場と同じく経済原則によって律せられた。救貧法調査王立委員会の中心人物であるナッソー・シーニアは「被治者の福祉を導くものなら何であれ、それをすることは政府の義務である」と認めることにやぶさかではなかったが、その責務が、法とともに「政治経済学の諸法則」に服することを当然視していた。かくして労働能力があるにもかかわらず市場に参加する意欲をもたない貧民にたいしては、市場での最悪の雇用条件より良好でない労役所での労働を課す（「院外救済」廃止と「劣等処遇」）ことで、貧民を市場における自立へと駆りたてたのである（Briggs 1961：234）。

救貧法に見受けられるある種の寛大さも、経済原則から毫も逸脱するものではなかった。大澤によれば、貧民は申請によってただちに救済の適格性を満たしたものとみなされた。劣等処遇のもとでは、院内救済への申請そのものが困窮の合理的な証明になりえたからである（自動的テスト）。こうした「申請第一主義」は救済当局による恣意的裁量の余地を最小化するとともに、被救恤者の内面に立ちいる必要性をなくすという意味でも私的自治の原則に沿うものであった。その意味で新救貧法は『自由放任主義』の申し子にほかならなかった」のである（大澤 1986：78-81, 181）。

このように救貧法体制は労働力商品化の促進という観点から設計されており、福祉も市場原理によって配分された（Esping-Andersen 1990〔2001〕：36〔12240〕）。もっとも経済原則だけで全体のメカニズムを作動することは困難であり、一方で「ポーパリズムの烙印」への忌避感によって、他方で民間の慈善活動によって補完されなければならなかった。近代イギリスは非国家的な自発的団体の繁栄によって特徴づけられるが（島田 2011：180-192）、なかでも慈善団体による活動は市場における自助（ないし共助）と公的救済との落差が急峻なだけに緩衝材として重要であり、その規模は大陸諸国に比べても、また公的救済に比しても大きかった（金澤 2005：178-180）。国家による福祉給付が選別的・限定的だからこそ、それでは満たすことのできないニーズに応える非国家的なボランタリズムが福祉の供給源として重要性をもちえたのであり、それは大陸欧州のように行政の肥大化を回避できるという点でも自由主義に適合的であると考えられた。こうした事情はボランタリー・セクターとの連携を重視する現代イギリスにおいても変わらない（岡村他編 2012）。

社会保険の歴史的意義

ベヴァリッジ以前の「福祉」＝救貧は、選別的救済と再商品化への方向づけによって特徴づけられる。逆に言えば、労働をめぐる意欲や倫理にかんして資質に難のある（と目される）貧民に対象を限定せず、「あらゆる市民が、地位、職能、あるいは富裕に関する差異に基づき除外されることなく、ともに」（一九四四年政府白書）救済を受ける権利をもったとき、つまり福祉が社会権において基礎づけられたとき、現代的な意味における（国家）福祉が成立した。ロザンヴァロンの見るところ、貧窮が潜在的には誰しも免れぬ苦悩の種であるとき、その責任を個人に負わせることはできない。このとき保険の革新性は、困窮を「リスクという客観的観念」によって捉えなおすことで個人責任から分離し「安全と連帯とを産み出す見えざる手」となりうる点にあった。保険のもとでは救済も施しではなく、負担にたいする当然の対価と理解されよう（ロザンヴァロン 2006: 16-22）。英国においても一九一一年の国民保険法以来漸次拡張され、最終的にベヴァリッジ体制を支えるに至る保険原理の歴史的意義について、ブリッグスは「社会サービスから被救恤状態《ポーパリズム》の烙印を取り除き、給付のための「自発的」および「強制的」アプローチを和解させ、さもなくば論難されたであろう国家支出について「公的合意」を後押しした。かくしてそれらは旧来の思考方法（「自助」と「互助」）と新しいそれとを結ぶものとして役立った」と述べた（Briggs 1961: 226, 255）。大澤の所論に従えば、福祉給付の根拠を被救恤者への「差別」にも、自立への努力という「条件」にも置かず、ただ事前の「拠出」に求めることで、国家は救済に値する者とそうでない者を区別する責務から解放されるとともに、給付は権利として構成されることが可能となったのである（大澤 1986: 236-237）。

社会保険と公的扶助の共存

もっとも社会保険の整備によって、従来の公的救貧の意義が即座に喪われたわけではないという点に注意しなければならない。むしろ英国福祉国家を特徴づけるのは両者のいわば持ちつ持たれつの関係であった。そうなったのも自由主義は救貧法は勿論のこと、社会保険とも両立可能であり、それゆえに両者が並立しつづけたからである。すなわち劣等処遇原則に基づく救貧が資力調査付き社会扶助へと改編され、「労働者が就労の代わりに福祉を選ぶ気にならぬよう」その受給者が限定されるとき、国家の責任はなお「残余的」（ティトマス）なものに留まる一方、就労と拠出に基礎を置く社会保険も生産性の低い高齢者の退出を助け、強制加入であっても競争の公平性に資する点で自由主義と結合されえた（Esping-Andersen 1990［2001］: 42-44［47-49］）。社会保険の側からも救貧とは距離を置きがたい事情があった。大澤によれば、一九二〇年に失業保険が法制化されたものの、十分な基盤を確立するまえに大量失業に見舞われたため、給付条件の緩和が避けられなくなった。このとき標準的な要件を満たさないが救済が必要な受給者にたいしては、給付抑制の観点から資力調査や「求職の誠実性」テストが導入されたため、かえって従来の救貧の劣位性は稀釈され、「烙印」の心理的効果も低下した。かくして社会保険と救貧（一九二九年以後公的扶助）は「居心地の悪い協働関係」に陥ることになったのである（大澤 1986: 263-280）。

　したがってベヴァリッジ体制構築の背景には、社会保険と公的扶助の差異が曖昧化するという戦間期の文脈が横たわっていたことに注意しなければならない。だからこそその構想は、単に従来の救貧の選別主義を克服し、普遍主義を確立するという目的にのみ奉仕したのではなく、公的扶助から国民保険をどう差別化し、それぞれの役割と対象者をどう割りふるかという課題をも抱えることになったのである。田中によれば、ベヴァリッジ体制は対象に応じて三層から構成されていた。保険は「労働によって自活する個人」を広く包摂するものの、そこに「ナショナル・ミニマム以上のものを自分で勝ち取る余地を残し」（ベヴァリッジ）、相互扶助による上積みを期待する一方、右の枠組から洩れる個人には「保険給付よりも何か望ましくないものであるという感じをいだかせる」（同）よう資力調査付き国民扶助によって対応した（田中 2009：136-139）。すなわちベヴァリッジ体制は普遍主義的な均一原則を標榜しながら、より高度の給付のための努力の奨励（任意保険）と条件を満たさぬ者への劣等処遇（困窮の証明を含む条件づけ）を巧みに織りこむかたちで構想されていたのである（大澤 1986：308-310）。

このようにベヴァリッジ体制には、それ以前の救貧法体制のもとで培われた救済や個人の自立にたいする観念の影が刻印されているものの、にもかかわらず「国民への最低保障が国家の義務であり、市民の権利であるという考えが定着した」（新川）という点でイギリスにおける現代福祉国家確立の画期をなすのは確かである（新川 2011：9）。このように出発した戦後の福祉国家がなぜ新自由主義の圧力をまえに（普遍主義のもう一つの柱をなす医療を除いては）解体を余儀なくされたのか。次節で検討するのはこの問題である。

3　ベヴァリッジ体制の限界

国民保険の給付水準の低さ

ベヴァリッジは来るべき社会保険に「充分性」の原則を盛りこむことで、最低生活費が保障されるよう訴えた。だが、多様なニーズを均一な給付によって満たすことは当初より困難とみなされ、保守党側からはせいぜい「適度」な保障で満足するよう求められた（大澤 1986：1-5）。この点でその福祉体制は、扶助や私的福祉の果たす役割の大きさに加えて、給付水準のつましさのために「自由主義」的である一方、すべての市民を包摂しようとした点に「社民主義」的な性格を留めていた（大澤 1999：105；阪野 2002：150）。ところが後者によって証明されるはずのイギリスの福祉先進度も頼りないものであった。なるほど戦後すぐの数年こそイギリスは福祉予算の対GDP比において先頭集団の一員であったが、その後各国の躍進によって追い抜かれてしまったのである（毛利 1999：9）。

社民主義的要素の稀薄さは、均一拠出・均一給付に基づく国民保険の水準の低さに現れた。普遍主義を意味あるものにすべく国民の多くが「ほどよく properly」負担できるよう拠出額は低く設定されたが、そのために給付水準も最低生活費を保障するに十分なものとはなりえなかったからである（Bruce 1961〔1984〕：280〔494〕；大村 2013：248）。

このことは国民年金と国民扶助との併給という問題を発生させた。インフレによる物価変動の圧力に加えて、給付額が（劣等処遇とは裏腹に）国民扶助の水準を下回る事態に立ちいたったため、年金受給者が国民扶助にも依存せざるをえなくなったのである。後者は家賃を充当し、物価に応じて引き上げられた点で、保険よりも寛大な側面があった。かくして扶助は例外的手段どころか、戦間期と同じく戦後においても英国福祉政策を支える柱の一つでありつづけた（毛利 1999：13；大澤 1999：108, 113；美馬 2000：211-212）。

二階部分における公私「折衷」

ベヴァリッジ流の均一だが低水準の保険給付では、労働力の十分な脱商品化を達成できないとき、追加的な給付の枠組が必要になる。とりわけ中間層が厚みを増すにつれて、給付水準の向上が政治的課題として浮上する。北欧諸国は、公的福祉によって新中間層の期待に応えた。ひるがえって英国の場合、たしかに労働党によって公的年金の拡充による基礎年金の補完という道は模索され、一九七五年社会保障法によって二階部分の拠出制年金（国家所得関連年金ＳＥＲＰＳ）が整備された。だが、同等以上の給付を保証する職域年金の「適用除外」が認められ、市場による解決の余地が残された点で、全体としては「折衷」（大澤）的な性格を帯び、「国家以外の福祉への傾倒」（ティラーグッビィ）が英国の年金システムを特徴づけた。と同時にこうした「多柱型年金システム」（ボノーリ・新川）のもとで、公的制度に依拠せざるをえない者と市場をあてにできる者とのあいだで普遍主義的な福祉の基盤は引き裂かれ、「二重構造《デュアリズム》」が出来することになったのである（Esping-Andersen 1990〔2001〕: 25-26〔27-28〕, 31〔34-35〕: 大澤 1999: 123-125: ボノーリ・新川 2004: 5: テイラーグッビィ 2004: 170, 173）。

公的制度と民間年金の「いずれの場合も、その進展はシステムの全体的パターンを決するに足るほど強力ではなかった」ことは（Esping-Andersen 1990〔2001〕: 87〔93〕）、福祉レジームの類型論において英国の位置づけを不明瞭なものにした。だが、市場による解決を促す声は保守党側からはたえず提起されてきたのであり、この方向での前進を果たしたのがサッチャー政権であった。このとき首相ならびにファウラー社会保障相は、退職者人口の増加に伴う財政負担を免れるべく、将来的にＳＥＲＰＳを廃止し、その役割をいっさい民間年金に委ねようと企てた。この思惑はその展望を疑問視した保険業界や産業界からの思わぬ反対論に逢着したものの、一九八六年の社会保障法では給付額の算定基準の改定等によってＳＥＲＰＳの魅力を薄める一方、適用除外条件の緩和の他、各種優遇措置を講じることで民間年金への移行を後押しし、その発展を促す意図を明確に示したのである（毛利 1990: 345-349: テイラーグッビィ 2004: 173-177）。

年金に現れる「自由主義」

イギリスの年金システムは二重構造を反映しているだけでなく、さらにそれぞれの内部においても、公私の年金に加えて、非年金型の投資や扶助といったかたちで細分化されており、受給者間の利害分裂は深刻さを増している（テイラーグッビィ 2004: 187-188）。保険が連帯の培養器であるとしても、その担い手が国家から市場に移行することは、連帯の地平を狭め、あるいは分断することにも繋がるであろう。

裏返せば、戦後イギリスの福祉国家は、普遍主義的な理念によって要請されるほどには国民全体を包摂する能力を備えていなかった。たしかに保健医療については国民各層を広く受益者としていたために、解体の試みへの反撥も大きくなることが予想され、だからこそサッチャー政権といえども（部分的な市場化の試みを除いては）急進的な改革には躊躇せざるをえなかった（近藤 2008: 36-39）。このことは同じ自由主義レジームでもイギリスをアメリカから隔てる重要な点であり（埋橋 2011: 9-10）、レジーム論のさらなる深化のためには多角的な検討が求められることを示唆するものであるが、しかし社会保障の分野に関しては、福祉縮減への対抗運動に中間層が動員される見込みは乏しかった（新川 2011: 21）。この抵抗力の弱さに着目すれば、戦後のイギリス福祉国家が、いかに外見上複合的様相を呈していたにせよ、その本質が「自由主義」にあったことが判然とするであろう。

4　サッチャー・ブレア政権における「自由主義」の純化

サッチャー政権による失業への対応

小堀によれば、サッチャーによる市場化政策はケインズ主義的福祉国家をめぐる戦後合意からの離脱を意味したが、ブレア率いる新労働党《ニュー・レイバー》がこの路線を継承したことで、以前の合意に代わる「市場主義的福祉国家」という新しいコンセンサスが形成されつつある（小堀 2005）。本節の課題は、この合意の具体的内容について、サッチャー・ブレア両政権の就労福祉政策に即して検討し、そこに福祉レジームの「自由主義」的性格がいかに純化されてきたかを考察することにある。なお政策・制度の詳細はすでに多数の文献において紹介されているのでこれに譲り、本章では概略に触れるに留める。

「社会などというものは存在しない」とサッチャーが言い放ったとき、彼女が非難したのは、苦境に陥った個人がまず自助によって、次いで互助によって問題克服にあたろうとせず、ただちに（政府を通じて具現する）共同社会が手を差しのべるであろうと期待する風潮であった。「なぜなら人はまずもって責務 obligation を果たさなければ、受給権 entitlement などというものは存在しないから」である（Thatcher 1987）。

じっさいインフレ制圧のためにマネタリスト的経済政策に依拠したサッチャー政権は、依存心の源泉と目された公的支出を削減しただけでなく、失業の発生もやむなしと考え、雇用確保の責任からも政府を解放した。これはイギリスが戦後経済構想の礎を、福祉国家の確立とともに、完全雇用に据えていたことを鑑みれば、戦後合意からの訣別を象徴していた。もっともこの試みは、失業の増加と長期化をもたらしたために、かえって社会保障費の増大に伴う政府支出の拡大を招いた。とりわけ資力調査付き無拠出給付（国民扶助の後継である補足給付）の比重が増したことは、選別主義の色彩が濃くなったという意味でベヴァリッジの理念からの懸隔を如実に示すものであった（毛利 1990：295, 299-332）。

これにたいして政府は一九八五年の政府白書において、失業率が低下しない原因を労働市場の硬直性に求め、一連の立法によって労働組合の弱体化を進めた。このときサッチャーは労使関係の分野でも戦後体制からの訣別を果たした。というのも従来それは諸団体の自発的な交渉に委ねられてきたのにたいして、今や政府は「団体からの個人の保護」という名目によって自発性尊重主義《ボランタリズム》の聖域に公然と踏みこむことを決意したからである。見方を変えれば、ここにもサッチャーの個人本位の労働観が貫徹されていた（小野塚 1999：381-389）。組合権力を破壊することは労働市場の歪みを正し、賃率と失業率を自然に適うかたちで調整する上で不可欠とみなされたが、大量失業という現実を等閑視することもできなかった。だからこそサッチャー政権も職業訓練事業の拡充を試みたのであるが、雇用維持の責任を放棄したサッチャリズムの論理が、失業という帰結に対応するよう迫られたという意味で、それは「妥協の産物」（深井）にほかならなかった。地方において政策の主体となる職業訓練・企業協議会のメンバーは少なくとも三分の二が民間企業の幹部から選出され、その運営は公的資金によって賄われるものの事業を自ら実施するわけではなく、業者に発注するかたちがとられた。かくして政府による市場への直接介入をできるだけ自制することで、既存の方針と雇用政策との平仄を合わせようと苦心したのである（毛利 1999：74-76；深井 2006：206）。

排除／包摂による（不）平等の読み替え

ニュー・レイバーはマクロ経済の安定性を第一義とするなど前任者の路線を引き継いだが、そのためにブレア政権は、失業克服のために旧来の左派のように社会支出の拡張に依拠することはできなかった。代わりにそれが採用したのは、失業をめぐる概念の転型であり、それによって政府の福祉に新たな意味づけを与えたのである。

ニュー・レイバーのために霊感を吹きこんだギデンズは、機会の平等と結果の平等、福祉への権利と自立の責任との関係について、旧来の福祉とは異なるアプローチがあることを示唆した。これに応えてブレアは、あらゆる人々が機会に確実に参画できるよう「包摂」することに現代における「平等」の意味を見いだすとともに、福祉の受給を就労努力と一体化させる（welfare to work）よう努めることで、ポスト福祉縮減期の課題、すなわち福祉再編に取り組んだのである（Giddens 2000〔2003〕：小堀 2005：98-101）。

このとき失業とそこからの解放も新たな意味を獲得した。深井によれば、ブレア時代における失業問題は、就労率改善のなかでの無就労世帯の高止まり傾向、すなわち雇用からの「排除」の集中というかたちで現れており、ケインズ主義が想定したように有効需要不足によって生じたものではなかった。それゆえ失業はマクロ的にではなく、ミクロ的な視点から捉えなおされる必要があり、失業・無就労経験による就労意欲・経験の剝奪がその長期化と集中をもたらすことが懸念された（深井 2006：194-196, 211-212）。だとすれば低所得や貧富格差以上に、雇用から排除された人々に就労へのアクセスを回復させることが、福祉政策の優先課題に位置づけられなければならない。サッチャー時代に至るまで失業対策の要にあった資力調査付き給付も、それが労働意欲を喪失させ、「排除」を固定化することに繋がるのなら改革の対象とされなければならなかった。近藤が指摘するとおり、不平等とその是正に関して従来の量的尺度ではなく、包摂／排除という観点から評価しなおし、福祉政策の意義を再解釈することで、過大な支出を伴わない一方、雇用可能性の増大に繋がる「投資」に重心を置く政策転換（「セーフティ・ネット」から「スプリング・ボード」へ）が可能になったのである（近藤 2008：48-49, 56-57）。

ブレア政権による就労と福祉

メージャー前政権時代の一九九六年に旧来の失業給付に代わって導入され、ブレアも踏襲した求職者手当（ＪＳＡ）は、福祉と就労ないし権利と責任を一体化させた典型例であり、受給には求職の意思と実践を示すよう求められた。たとえ拠出をしていても、この要件を満たさなければ支給されない点で権利性の後退は明らかであり、社会保障の重心は所得維持から就労促進へと移動した（深井 2006：205-206）。求職者手当は、さらに労働党政権による就労支援事業（ニューディール）とも連結された。若年者向けのニューディール（一九九八年開始）の場合、求職者は個人相談員による支援・指導や職業体験を受けることが受給の条件となった。しかし、その成果にたいする評価は割れている。就労者の増加が強調される一方、それは好景気によるもので事業の実質的効果は大きくなく、しかも持続的就労をもたらすものではないとする見解もある。デンマークの積極的労働市場政策と比較した阪野は、英国の支出規模の小ささや訓練の質の低さのために技能や賃金の向上・雇用の安定化に繋がるものではなく、失業・就労を回転ドアさながら反復する人々が数多くいることを指摘する（トインビー・ウォーカー 2009：180-183：阪野 2011：176-180：井上 2014：49, 53-55）。

就労促進という目標を達成するために、政府支出を伴う雇用の創出には手をつけず、制裁を伴う就労（ないし訓練）要件を受給に課し、労働市場における「再商品化」を迫る点で、現代イギリスの雇用政策は「ワークフェア」的な性格を著しく強めている。今井が言うように、なおそこに「アクティヴェーション」的な政策との「折衷」を読みこめるかどうかは、就労支援が機会の平等な付与を超えて、その質の向上を図る段階に届くかどうかにかかっているだろう（今井 2012）。しかしながらブレア政権は、サッチャー時代の労使関係立法の核心部分を維持し、ＥＵ指令の国内法制化にも選択的な姿勢で臨むなど労働者保護のための規制には積極的とは言えなかった。たしかにメージャー政権によって廃止された最低賃金制度の復活（一九九九年）は、最低層の所得水準改善をもたらしたが、阪野が指摘するとおり雇用流動化への対応という面もあり、新自由主義路線を補完する機能があることも見逃せない（阪野 2011：171-174）。

宮本によればワークフェアは「社会保障に対して市場原理を全面的に浸透させようとする流れ」に棹さす試みだが（宮本 2012：10）、経済原則の活用は給付つき税控除に見いだされる。一九九九年に導入された「就労世帯税控除」は、週当たりの世帯収入が基準額を下回る場合に差額を支給する一方、基準額を超過したさいの給付額の逓減率は低く抑えられ、就労者の所得を厚くする効果を伴った。しかもこの場合、扶助ではなく税制というかたちをとるために「烙印」効果は緩和されている。すなわち「就労が報われるようにする make work pay」ことで、低所得者にとって福祉より就労のほうが望ましいと感じさせる仕掛けを埋めこんだのである（深井 2006：213；埋橋 2011：114-119；井上 2014：72-73）。

福祉と女性

就労福祉が全般的な「包摂」を目指すものである以上、女性もその政策の対象となったのは勿論である。特にブレア政権においては、児童貧困の解消という観点から女性の一人親の就労率の向上は重要な政策課題であった。

エスピン－アンデルセンは、フェミニストによる批判を受けいれ「脱家族化」をレジーム分析のための主要概念に加えた。家族において伝統的に女性が担ってきた役割と、就労を通じた女性の自立との関係に注目することで、ポスト工業社会における福祉レジームの位相を検討することが可能になる。これに基づく新川の類型論によれば、脱商品化と脱家族化を指標とするとき、自由主義レジームは前者の低さと後者の高さによって特徴づけられるが、保守主義レジームにおいては男性を稼得者、女性を家事労働の担い手とする性別役割分業が前提とされているために、脱商品化は高い一方、脱家族化は低度に留まる（Esping-Andersen 1999〔2000〕；新川 2011：13-20）。

こうした観点から戦後イギリス福祉国家における女性の位置をふり返るとき、ふたたびレジーム類型論上の混乱が生じる。ベヴァリッジ体制においては有業の夫と無収入の妻から成る家族が給付の基本単位となる一方、有業の妻については無業の妻と同じ扱いを受けるか給付減額かいずれかを選択することとされた。こうした差別的取扱に示されるとおり、戦後の社会保障政策は「強い男性稼得者モデル」に基づいて設計されており、この点ではベヴァリッジ体制は「保守主義」な性格をも帯びていたからである（大澤 1999：101-109；阪野 2011：170）。

もっとも当時の大多数の家族の形態に即して制度を設計したことは、国家が家族関係に介入せず、私的自治に委ねたことの帰結とも言え（近藤 2011：60）、その意味では消極的な自由主義の伝統に沿った判断とも考えられる。しかし一見したところ性差中立的な政策（たとえばファウラー年金改革における給付削減や私的年金の推奨）であっても、不利益が構造的に女性に集中する場合にはジェンダーバイアスを免れるわけではない（大澤 1999：144-152）。

ブレア政権における家族政策

現状の追認と国家の不介入によって戦後英国の家族政策が特徴づけられるとすれば、ブレア政権の特色は、児童貧困解消を目標としてこの領域に踏みこんだ点にある。特に一人親は養育中は就労機会が制約され、十分な所得の見込みもなく、公的補助に依存することを余儀なくされることも多く、児童貧困もここに集中する。先述した就労世帯税控除では保育ケアに関する費用が控除に加算され、子どもをもつ親の就労を後押しした（深井 2006：213；井上 2014：75-76）。ニューディールは一人親のためにも用意された。トインビーらが紹介するとおり、不幸な結婚を経験しながらも将来の自立のために奮闘するシングルマザーにとって個人相談員による助言や、面接時の服装を買うための給付金は心強い支援であろう。他方において、ここでもワークフェアの論理は着実に強化された。当初参加は任意であったのが、所得補助の受給にさいして就労重点面談が義務化されたり、補助の申請ができる末子の年齢を引き下げ、その後は求職者手当への移行を促したりと、「一人親の義務」を強調する傾向も存在する。さらには保育のための施設・サービスの整備が進まないかぎり、フルタイム就労と育児を調和させることは困難である。加藤によれば、脱家族化をめぐる政策は社会サービスの拡充を通じて女性の就労を実質的に促す「社会進出促進政策」と、こうした手段を欠き現金給付に重点を置く「社会進出中立政策」に分類できるが、後者に留まる限りイギリスの就労支援政策は「アクティヴェーション」よりも就労第一主義的なニュアンスを強く帯びたものでありつづけるだろう（トインビー・ウォーカー 2009: 110-112; 井上 2014: 63-68; 加藤 2012: 104-107）。

女性を対象とする就労支援は、伝統的な家族像の規範が弱まり、従来の社会保障の前提と現実の生活形態とのあいだに齟齬が生じてきたことに適応を迫られた結果である。就労世帯税控除を継承する就労税控除（二〇〇三年）は、支給単位を世帯から個人とし「共稼ぎ」型への適応を明確にした（今井 2012: 167）。ここに端的に示されるとおり、脱家族化を志向する政策は、近藤の言葉を使えばリスクの「個人化」に対応する現象なのである（近藤 2011: 54-56）。ひるがえって市場は、女性であれ男性であれ（現実はともかく理念上は）個人の能力しか見ないという点では、何人にたいしても峻厳にも寛大にもなりうる。これこそ市場の中立性が意味するものであり、自由主義レジームにおける「脱家族化」は、労働力の「(再)商品化」に女性を「個人」として包摂し、その命運を労働市場における自立能力に委ねることで促進されるのである。かくして就労福祉、すなわち労働力(再)商品化の論理に基礎づけられた福祉再編は、市場における／による解決を求めているという意味で、脱家族化の領域においても自由主義的傾向を強化しているのである。

5　歴史的文脈のなかの現代福祉国家

就労と福祉の連結の意味

このようにブレア政権による就労促進政策には、懲罰と激励の両面が観察されるが、いずれにせよ福祉が就労に結合されているという点で、義務なくして受給権なしというサッチャーの信念は、ニュー・レイバーの底流にも認められる。二〇一〇年に発足したキャメロン保守・自民連立政権もまた新たなコンセンサスを継承するとともに、その論理をより徹底的に実践している。すなわち金融危機以後の財政赤字の削減のために（やはりここでもNHSは例外として）福祉給付を標的として支出を減額する一方、給付の条件化、受給期間の制限や上限額の設定などによって就労第一主義的な性格を強めている。さらに主要な各種資力調査付き給付・税控除を一本化するユニヴァーサル・クレジットは、制度の簡素化のために費用節減と公平性・捕捉率の向上が予想される一方、就労（および就労支援事業）と福祉受給とを包括的に連動させ、これを選別主義に基礎づけることをいっそう明確にしている（今井 2014: 151-157; 井上 2014: 第三章）。

以上を要するに、今やワークフェアを基軸とするイギリスの社会保障は無条件の権利とは言いがたく、しかも大村が指摘するとおり、低劣な雇用条件においてもなお就労することを迫られる局面では、権利と義務の均衡が後者に傾く虞もある（大村 2013: 262）。そこに現れるのは、権利性の後退に加え、ベヴァリッジの名とともに語られる戦後福祉国家が克服したはずの、救貧法体制との類似性である。田中の言葉を使えば、福祉の目指すところが人々の労働市場への「包摂」に一元化されるとき、そこには就労、すなわち「市場における自律」を是とし、非就労を非とする「カテゴリカルな選別」が前景化する（田中 2009：146）。これにたいして近藤は、連帯的な援助と個人の自発性とを結合しえた点に、サッチャリズム以後の情況のなかでニュー・レイバーが政治的正統性を構築・獲得できた背景を見いだしている（近藤 2008：175-177）。「個人主義に基づく連帯性」という理念の内実を評価するためには、諸利害が分極化するなかで連帯の基盤はいかに確保されるのか、また就労以外に選択肢がないときにその自発性がいかに担保されるのか、これらを見極める必要があるだろう。

イギリス福祉国家の変容と持続

「福祉国家に埋め込まれた諸原理」（エスピン－アンデルセン）こそ福祉レジーム分析の鍵であるなら（Esping-Andersen 1990［2001］：32［35］）、低所得者への選別的給付と脱商品化の乏しさ、国家責任の最小化と市場重視という点で現代の英国は「自由主義」的性格を純化させていると言える。救貧法体制以来のイギリス福祉国家の歩みをふり返るとき、一見したところそのレジーム変容は弁証法的な発展過程として描くことができそうだが、弁証法という言葉が想起させるほどその振幅は大きなものではない。むしろ福祉国家の黄金期とみなされるベヴァリッジ体制においても、選別主義的な論理の強靭さと普遍主義的な制度の限定性のために、自由主義的傾向は依然として強力に作用しており、その意味で救貧法体制以来の国家と市場、個人をめぐる関係は根強い持続性を保ってきたとも考えられるからである。

この持続性を一貫するモチーフは、就労のための選別と働きかけである。福祉が脱商品化ではなく、再商品化を軸として構成されている点に、イギリス福祉国家が自由主義レジームに位置づけられるべき特色がある。しかもサッチャー以後のイギリスの福祉政策は元来切断されていた社会政策と雇用政策とを再商品化戦略によって一体化しようと試みており（阪野 2002：153-154）、この点に自由主義のいっそうの純化に向かう動きが看取される。しかし福祉の中心に再商品化が位置し、社会保障が労働市場における自立の促進ないし強制と表裏一体のものになったとき、ワークフェアは「救貧法的発想」（高田）から自らをどのように差異化することができるのであろうか（高田 2009：99-100）。

ポスト福祉国家の意味するものがプレ福祉国家への単純な回帰ではなく、福祉国家の幾許かを社会の変容に適応しつつ再編する試みであるとすれば、welfare の原義に立ちかえって就労が個人の幸福の向上にどのように寄与するかが問われなければなるまい。


【付記】

本章は、科学研究費補助金基盤研究（A）『労働の国際移動が福祉国家政策および政治に与える影響に関する比較研究』（平成二三～二六年度、新川敏光代表）に関する研究成果の一部である。


【参考文献】


井上恒男（二〇一四）『英国所得保障政策の潮流――就労を軸とした改革の動向』ミネルヴァ書房。

今井貴子（二〇一二）「転換期の政策デザイン――アングロ・サクソン型社会的包摂の政治過程」武川正吾・宮本太郎編著『講座現代の社会政策6　グローバリゼーションと福祉国家』明石書店。

――（二〇一四）「金融危機後のイギリス政治」日本政治学会編『年報政治学二〇一三-II　危機と政治変動』木鐸社。

埋橋孝文（二〇一一）『福祉政策の国際動向と日本の選択――ポスト「三つの世界」論』法律文化社。

大澤真理（一九八六）『イギリス社会政策史――救貧法と福祉国家』東京大学出版会。

――（一九九九）「社会保障政策――ジェンダー分析の試み」毛利健三編著『現代イギリス社会政策史――一九四五～一九九〇』ミネルヴァ書房。

大村和正（二〇一三）「イギリス――自由主義的福祉国家の発展と変容」鎮目真人・近藤正基編著『比較福祉国家――理論・計量・各国事例』ミネルヴァ書房。

岡村東洋光・高田実・金澤周作編著（二〇一二）『英国福祉ボランタリズムの起源――資本・コミュニティ・国家』ミネルヴァ書房。

小野塚知二（一九九九）「労使関係政策――ヴォランタリズムとその変容」毛利健三編著『現代イギリス社会政策史――一九四五～一九九〇』ミネルヴァ書房。

加藤雅俊（二〇一二）『福祉国家再編の政治学的分析――オーストラリアを事例として』御茶の水書房。

金澤周作（二〇〇五）「弱者救済の結社――チャリティ

団体」川北稔編『結社のイギリス史——クラブから帝国まで』山川出版社。

小堀眞裕（二〇〇五）『サッチャリズムとブレア政治——コンセンサスの変容、規制国家の強まり、そして新しい左右軸』晃洋書房。

近藤康史（二〇〇八）『個人の連帯——「第三の道」以後の社会民主主義』勁草書房。

——（二〇一一）「ヨーロッパ福祉国家の現在とゆくえ——連帯の多様性と再編」齋藤純一・宮本太郎・近藤康史編『社会保障と福祉国家のゆくえ』ナカニシヤ出版。

阪野智一（二〇〇二）「自由主義的福祉国家からの脱却？——イギリスにおける二つの福祉改革」宮本太郎編著『福祉国家再編の政治』ミネルヴァ書房。

——（二〇一一）「ニュー・レイバーとイギリス自由主義レジームの再編」新川敏光編著『福祉レジームの収斂と分岐——脱商品化と脱家族化の多様性』ミネルヴァ書房。

島田幸典（二〇一一）『議会制の歴史社会学——英独両国制の比較史的考察』ミネルヴァ書房。

新川敏光（二〇〇五）『日本型福祉レジームの発展と変容』ミネルヴァ書房。

——（二〇一一）「福祉国家変容の比較枠組」新川敏光編著『福祉レジームの収斂と分岐——脱商品化と脱家族化の多様性』ミネルヴァ書房。

高田実（二〇〇九）「ニュー・リベラリズムにおける『社会的なるもの』」小野塚知二編著『自由と公共性——介入的自由主義とその思想的起点』日本経済評論社。

田中拓道（二〇〇九）「社会的包摂と自由の系譜——フランスとイギリス」小野塚知二編著『自由と公共性——介入的自由主義とその思想的起点』日本経済評論社。

——（二〇一一）「社会的なものの歴史」齋藤純一・宮本太郎・近道康史編『社会保障と福祉国家のゆくえ』ナカニシヤ出版。

テイラーグッビィ、P.／和足憲明訳（二〇〇四）「イギリスの年金改革——自由主義的福祉国家のテスト・ケース？」新川敏光・G・ボノーリ編著／新川敏光監訳『年金改革の比較政治学——経路依存性と非難回避』ミネルヴァ書房。

トインビー、P.・D・ウォーカー／青島淑子訳（二〇〇九）『中流社会を捨てた国——格差先進国イギリスの教訓』東洋経済新報社。

深井英喜（二〇〇六）「サッチャー・ブレアの挑戦——労働市場観とワークフェア政策」小峯敦編『福祉国家の経済思想——自由と統制の統合』ナカニシヤ出版。

ボノーリ、G.・新川敏光（二〇〇四）「西ヨーロッパ、北米、東アジアにおける高齢化と年金改革の論理」『年金改革の比較政治学——経路依存性と非難回避』ミネルヴァ書房。

美馬孝人（二〇〇〇）『イギリス社会政策の展開』日本経済評論社。

宮本太郎（二〇一二）「福祉政治の新展開——三つの言説の対抗」宮本太郎編著『福祉政治』ミネルヴァ書房。

毛利健三（一九九〇）『イギリス福祉国家の研究——社会保障発達の諸画期』東京大学出版会。

——（一九九九）「社会政策と戦後政治——アトリー政権からサッチャー政権まで」『現代イギリス社会政策史一九四五〜一九九〇』ミネルヴァ書房。

ロザンヴァロン、P.／北垣徹訳（二〇〇六）『連帯の新たなる哲学——福祉国家再考』勁草書房。

Briggs, Asa (1961) "The Welfare State in Historical Perspective," *European Journal of Sociology*, 2(2).

Bruce, Maurice (1961) *The Coming of the Welfare State*, B.T. Batsford（M・ブルース／秋田成就訳〔一九八四〕『福祉国家への歩み——イギリスの辿った途』法政大学出版局）.

Castles, Francis G. and Deborah Mitchell (1993) "Worlds of Welfare and Families of Nations," Castles (ed.), *Families of Nations: Patterns of Public Policy in Western Democracies*, Dartmouth.

Esping-Andersen, Gøsta (1990) *The Three Worlds of Welfare Capitalism*, Polity（G・エスピン-アンデルセン／岡沢憲芙・宮本太郎監訳〔二〇〇一〕『福祉資本主義の三つの世界——比較福祉国家の理論と動態』ミネルヴァ書房）.

—— (1999) *Social Foundations of Postindustrial Economies*, Oxford（G・エスピン-アンデルセン／渡辺雅男・渡辺景子訳〔二〇〇〇〕『ポスト工業経済の社会的基礎——市場・福祉国家・家族の政治経済学』桜井書店）.

Giddens, Anthony (2000) *The Third Way and its Critics*, Polity（A・ギデンズ／今枝法之・干川剛史訳〔二〇〇三〕『第三の道とその批判』晃洋書房）.

Thatcher, Margaret (1987) Interview for *Woman's Own*, Sep 23, http://www.margaretthatcher.org/document/106689、二〇一四年三月二六日アクセス。

第10章 社会民主主義福祉レジーム・スウェーデンの所得保障と社会サービス

渡辺博明

スウェーデンの福祉（所得保障および社会サービス）は、諸制度の体系性と公的支出の大きさによって特徴づけられる。同国は、一九八〇年代以降に盛んになった福祉国家類型論において、常にある種の典型とみなされていたが、それは四つの「福祉レジーム」を想定する本書においても同様である。ここでは、スウェーデンの福祉について、「社会民主主義レジーム」としての基本構造を確認した上で、近年の変化を概観しながらその意味を考えていく。

1 普遍主義・ノーマライゼーション・就労原則

国際比較のなかのスウェーデン

スウェーデンは高福祉・高負担型の社会であり、そこでは人々が比較的高い税や保険料を払う代わりに、諸制度を当然の権利として利用できるようになっている。一九八〇年代に福祉国家の比較研究が盛んになった際には、多くの論者が、一方に税制や雇用政策から各種社会保険、社会サービスまでを体系的に整備して生活上のニーズを満たそうとするタイプを、もう一方に個人が家庭や市場を通じて対処できない場合にのみ公的に救済しようとするタイプを置き、スウェーデン（ないし北欧諸国）を前者の代表例とみなしていた。

その後、こうした議論を発展させ、福祉政策の体系の違いについて、それらを支える規範や政治的条件とも結びつけて洗練された理論枠組みを提示したのがエスピン‐アンデルセンであった。彼は、各国のデータを基に、人々の生活が市場関係を離れて成り立つ度合いを表す「脱商品化」と、社会的階層化という二つの指標を用いて三つの類型を導き出した。そして、各々の発展をもたらす上で大きな役割を果たした政治勢力にも着目して、①ニーズ充足が主として市場に委ねられ、階層化が進んだ「自由主義レジーム」、②職能団体を中心とした中間組織の役割が大きく、階層化が中程度の「保守主義レジーム」、③国家の役割が大きく、階層化が抑制された「社会民主主義レジーム」を区別した。北欧（デンマーク）出身のエスピン－アンデルセンには、労働運動や社会民主主義政党の影響力の増大が福祉の発達につながるとみる「権力資源動員論」に依拠して研究を進めてきたという面もあり、スウェーデンは社会民主主義レジームに分類された（エスピン－アンデルセン 2001〔原著 1990〕）。

エスピン－アンデルセンの類型論に対しては、間もなくジェンダー論からの批判が加えられ、とりわけケア労働の社会化の程度を表す「脱家族化」という視点の重要性が広く認識されるようになっていった。その結果、「脱商品化」と「脱家族化」という二つの比較軸を用い、それぞれに市場、コミュニティ、国家、家族を主なニーズ充足の場とする四つの福祉レジームを区別することが可能になったが（本書総論を参照）、そこでもスウェーデンは、国家が国民生活の維持に広く関与し、「脱商品化」と「脱家族化」がともに進んだ「社会民主主義レジーム」に位置づけられる。

スウェーデン福祉レジームの原理

ある分野の諸制度をその前提条件をも含めた総体としてとらえようとする概念が「レジーム」であるが、各レジームは、最初に描かれた全体的な設計図に従って構築されてきたわけではなく、具体的な問題状況における政治的選択の積み重ねを経て現れたものだと考えられる。とはいえ、スウェーデンの福祉レジームの場合、諸制度の整備・拡充が進む際に一貫して作用していた原理や原則を指摘することはできる（渡辺 2013）。

そのようなものとして、第一に、「普遍主義」が挙げられる。それは、福祉に関わる諸制度が、社会的立場や経済状況にかかわらず、できるだけ多くの人々を対象とするように設計されていることを指す。その対極にあるのが「選別主義」で、公的施策の対象が一部の困窮者に限定されるが、その場合、「負担者」となる中間層の反発を招きかねない上に、「救済」される人々が福祉への「依存者」とみなされることにもなりやすい。これに対して普遍主義は、負担者と受益者の分断を避けることで制度への支持を安定させやすく、中間層も含みこんで政策範囲を広げていくことを可能にする。

第二に、「ノーマライゼーション」が挙げられる。それは、様々な困難を抱える人々が、必要な支援を受けながら、他の点ではできる限り通常の、あるいは従前の環境で暮らしていけるようにするという考え方であり、すべての人に自律の条件を保障するということでもある。こうした思想は、スウェーデンでは一九五〇年代から六〇年代にかけて、障害者福祉の分野におけるニィリエ、高齢者福祉におけるロー＝ヨハンソンらの活動を通じて広まった（ロー＝ヨハンソン 2012〔原著 1952〕）。それにより、対象を施設に隔離してケアを施すという発想が改められ、独力で生活できない人に対しても、できるだけ社会とのつながりを保って暮らせるように、個々の事情に応じた支援を行うという方向への転換が促された。ノーマライゼーションの原理は、保育、高齢者ケアを含む福祉関連の各法律を統合した一九八〇年の「社会サービス法」において具体化された。同法は冒頭ですべての公共サービスにおける当事者の人格と自己決定の尊重を謳っており、それが今日までスウェーデンの福祉のあり方を規定している。

第三に、「就労原則」と呼ばれるものが挙げられる。これは、すべての人が就労を通じて社会に関わるべきだという考え方で、一九三〇年代に社会民主党（以下、社民党）が失業問題に取り組んだ際にすでに唱えられていた。その意味するところは、職のない者は、まずは政府が提供する失業対策事業や職業訓練に参加し、それでも職を得られない場合にのみ失業手当を受けられる、というものであった。また、そこには当初より、労働を通じて社会に参加する権利という側面と、労働を通じて自立し、社会を支えるべきだという義務の側面の両方が含まれていた（渡辺 2011：131）。

こうした諸原理が、スウェーデンの福祉に一定の方向性を与え、「レジーム」の形成をもたらしたと考えられるが、それらを定着させ、具体的な制度へと発展させていく上で重要な役割を果たしたのは社民党であった。同党は、一九一七年に議会第一党となって以来、今日に至るまでその地位を維持しており、特に一九三二年から七六年までは、連立政権も含めると四四年間連続して政権にあった。社民党は、産業労働者を主な支持基盤としながらも、早くからスウェーデンを「国民の家」にするとのスローガンを掲げ、広く国民の利益を追求すると主張していた。また、生産を拡大して経済成長を進め、その成果によって社会保障を強化するといった現実的な政策運営を重視した。このような社民党が、議会政治の主導権を握りながら、上述の諸原理に基づく改革を進めていったのである。

2　所得保障における「脱商品化」

本書の分析枠組みである福祉レジームの四類型を導く比較軸の一つが「脱商品化」であり、社会民主主義レジームの特色はその進展にあった。ここではそれを、退職、失業、傷病による所得喪失への備えから見ていく。その際、まずは、各国の福祉に関するアプローチの違いが「レジーム」として論じられるようになった一九九〇年代初頭までを対象とする（この点は、次節の「脱家族化」の側面についても同様である）。

年金

スウェーデンでは、一九一三年に最初の国民年金が創設された。当初の給付水準は平均的な労働者の収入の数分の一程度でしかなかったが、それでも（たとえばドイツのように）職域ごとではなく、全被用者が加入する包括的制度として設けられたことが大きな特徴であった。この国民年金は、幾度かの増額を経た後、第二次世界大戦後の一連の社会保障改革のなかで実現した一九四六年の制度改正により、その水準が大幅に引き上げられて退職後の所得保障の柱となった。

他方で、当時すでに一部の専門職従事者が、国民年金以外にも協約年金や個人年金保険を通じてより良い条件を得ていたため、産業労働者の組合は、所得（保険料納付額）に応じて上乗せする部分を公的な制度として創設するよう求めていた。一九五〇年代半ばに社民党がその導入を目指すようになると、それを国家による国民生活への過度の介入として批判する自由党や保守党、経営者団体との間で激しい論争が展開されたが、最終的には一九五九年に国民付加年金の制度が成立した（渡辺 2002）。

以後、後述する一九九〇年代末の改革に至るまで、これらが年金制度の基本枠組みとなる。公的制度の比重が圧倒的に大きい上に、それが全被用者を対象とした一元的な制度として整備された点にスウェーデンの年金制度の特色があった。所得比例原理の導入については、一律定額給付のタイプに比べると、そこに市場関係が反映されるという点で脱商品化とは逆の要素も含まれるが、一定の公正さを伴う安定した制度が機能することで、退職による所得喪失のリスクへの対応は大きく進んだといえる。

失業保険

スウェーデンの失業保険は、一九三五年に労働組合が産業別に保持していた共済基金に国が補助金を出すようになったことで始まった。加入者が失職した場合には、この基金から給付金（失業手当）を一定期間受け取ることができるが、その資格認定にあたっては基金を管理している労働組合から選出された委員が決定権をもつ。このことが示すように、同国の失業保険制度は労働組合の影響下にあり、基本的には、組合加入と同時に保険にも加入する仕組みになっている（規定上は非組合員でも加入できる）。失業手当の水準は、一九八〇年代半ばにおいて所得の八～九割で、支給期間は最高三〇〇日であった。

このようなスウェーデンの失業保険は、年金や医療保険とは異なり、任意加入の制度である。しかし、労働組合への加入率が非常に高く（一九八〇年から九〇年代初頭にかけては就労人口の約九〇％、二〇〇〇年代初頭でも約八〇％）、大多数の被用者が加入している上に、「保険料は象徴的なものでしかない」（丸尾・塩野谷編 1999：171）といわれるほど財源における国庫負担の割合が高いことから、実質的に公的な制度だといえる。

なお、これらに加え、職業生活に関連した所得保障制度として、一九一六年に創設され、一九七六年の再編を経て現在に至る労働災害保険がある。その給付水準は労働能力低下の程度により異なるが、当初より、全被用者（強制）加入であること、労働環境に起因するすべての障害を無条件に対象として認定する点で所得保障の効果は大きい。また、直接の所得保障ではないが、失業した場合に次の職を得るための就労支援についても、職業訓練や実地研修、職業紹介などの公的プログラムが用意されている。

医療保障等

ここでは、医療制度自体には立ち入らないが、所得への影響という点から医療費負担の仕組みにふれておこう。スウェーデンの医療は基本的に広域自治体（日本の都道府県に相当）による公的サービスとして提供されており、その財源には保険料と税が充てられる。

第二次世界大戦以前は自治体ごとに任意加入の医療保険組合があったが、戦後の社会保障改革のなかで全国民を包摂する統一的な制度の創設が決まり、調整期間を経て一九五五年に医療保険制度が発足した。この医療保険の会計の仕組みは複雑で、その収入については、全被用者から保険料が徴収されるほか、後述する疾病手当や両親手当（育児休業手当）の財源も必要なために国庫から多額の補助がなされている。他方、自治体レベルで実際に提供される医療の費用としては、住民税を充てる部分が大きくなっている。

加入者が医療機関で診療を受けると、医療費と薬剤費について毎回一定の自己負担が求められるが、年間の上限が設定されており、それに達すると以後は無料となる。また、入院した場合、後述の疾病手当分が減額されるものの、入院費自体は無料である。自己負担額やその上限は物価の上昇もあって徐々に引き上げられてきているが、現在でも（自治体によって、また所得によっても異なるが）一回当たりの支払額は二〇〇～三〇〇クローネ（一クローネは約一三円）までであり、年間の上限は三〇〇〇クローネ程度である。そのため、たとえ難病を患って高度な治療が必要になり、入院が長期化しても、必要な処置が受けられるし、それだけで患者や家族の生活が経済的に破綻することはない。

その上、医療保険からは疾病手当の給付があり、病気や怪我で休職する場合には賃金の六五～九〇％が保障される（高所得者には上限がある）。後述するように、一九九〇年代以降はその給付条件が徐々に厳格化されてきているが、総じて疾病時の所得保障は手厚くなされているといえよう。

3 社会サービスにおける「脱家族化」

福祉レジームの四類型を導くもう一つの比較軸が「脱家族化」であり、それは、保育や老親の介護がもっぱら家庭内で女性によって担われる状況から、社会的に対応がなされる状況へと移行することを表す。また、そのためにも女性が労働市場に参加し、経済的に自立しうることが重要な条件の一つとなる。ここでは、そのような観点から、保育、高齢者ケアのあり方と、女性の労働参加を支える諸制度について見ていく。

保　育

スウェーデンでは一九四四年に国が保育施設に補助金を出すようになったことで、公的な保育サービスが始まった。その背景には、人口増加政策や第二次世界大戦期の女性労働力活用という狙いがあったが、当時から育児負担の平等化や保育所増設も目標とされていた。その後、一九五〇年代から七〇年代にかけての経済成長期に既婚女性の就労が進むなかで保育サービスの需要も高まり、都市部で保育所不足が問題化したこともあって、その拡充が政策的にも重視され、保育所の数が大幅に増えた。また、一九七六年の保育法では、保育サービスが公的責任において行われることが明記された。

一九八〇年には、先述の社会サービス法により、他の福祉サービスとともに、保育についても基礎自治体（日本の市町村に相当）の責任において提供されることとなった。さらに一九九五年には、就労ないし就学する親に保育サービスを提供することが義務づけられ、各自治体は、原則として（親が希望する場合には）三カ月以内に保育所に入所できるようにしなければならなくなった。保育サービスの提供について、自治体の法的責任をこれほどまでに明確化している国はあまりない（訓覇・藤岡 1998：30）。

こうしてスウェーデンでは公的なサービスが拡大し、保育の社会化が進んできた。しかも、あらゆる形の就労に加えて、教育を受けることも正当な理由として認められており、小学生の学童保育をも含めて、親がそれらを権利として利用できる点に特色がある。

高齢者ケア

スウェーデンでは、高齢化が比較的早く進んだため、一九五〇年代にはすでにそれが社会問題として認知され始めていた。他方で、当時同国でも広く見られた「老人ホーム」に高齢者が収容され、画一的に管理される状況が人道的観点から批判されるようになり、先述のノーマライゼーション思想の広がりとともに、その質的転換が進んだ。

その結果、一九七〇年代から八〇年代にかけて、在宅介護の支援体制が整備されていった。とはいえ、施設介護が完全に否定されたわけではなく、認知症高齢者を対象とするものも含め、小規模なグループホームや医療体制を備えた特殊住宅など、多様な形態が模索された。いずれにせよ、施設介護・在宅介護ともに公的なサービスとして整備されたところにスウェーデンの特徴があった。

同時に、人々の間に老親の介護を他者に委ねるという習慣が定着していったことも重要である。高齢者の一人暮らしの割合は高く、施設入居者と合わせると、六五歳以上の親が子どもと同居する割合は、一九五四年の二七％から八六年の五％へと減少した。他方で、子どもや他の家族が電話や訪問によって別居の親と接触する頻度は高いとも指摘されており（丸尾・塩野谷編 1999：254-255）、そのような規範が存在するといってよい。

また、介護サービスの利用料については、自治体によって異なるものの、所得に応じて決まるようになっている。さらに、低所得の母子家庭や年金生活者の場合、家賃に対する手当が支給されるし、二四時間体制のホームヘルプの利用についても、負担額の上限（日本円で二万円弱）があって、経済的な理由でサービスが受けられないということはない。こうして、高齢者ケアにおいても、それを社会化していくことが当然視され、かつサービス利用の権利も保障されている。

女性の労働参加を支援する諸制度

第二次世界大戦中にドイツの圧力を受けながらも辛うじて中立を守り、戦禍を免れたスウェーデンは、その後いち早く経済成長の局面を迎え、間もなく国内の労働力が不足するようになった。そのため、近隣諸国から労働力を受け入れるとともに、女性が労働市場に進出していった。また、一九六〇年代になると国際的な女性解放運動の影響もあって女性の意識改革も進んだ。こうして、現実的要請と意識や規範の両面で女性の労働参加が進むなか、それを支える政策や制度が充実していった。

一九七〇年には、女性が就労を通じて経済的に自立することを前提に、所得税の課税単位が世帯（夫婦）から個人へと改められた。一九七三年には「両親手当」が導入され、子どもが生まれた場合に所得保障つきの育児休暇をとることができるようになった。この制度には、その名が示すように、当初から男女同権化という目的が含まれており、六カ月間の育児休暇を父母のどちらがとってもよいことになっていた上に、その期間が段階的に拡張されていった。

また、女性の労働条件に関しては、一九八〇年に男女雇用機会均等法が制定され、賃金差別の禁止だけでなく、出産・育児を理由に本人が望まない配置転換を強いることも禁じられた。さらにその実効性を確保するため、法に反する実態を告発し、是正を勧告する第三者機関として「男女平等オンブズマン」が創設された。

充実した保育サービスや、一九四七年に他国に先駆けて導入された普遍主義的な児童手当などと合わせて、国際比較においても、女性が経済的に自立し、（出産・育児を経て）働き続けやすい環境が整っている（北 1997）。

4 近年の環境変化と制度改革

スウェーデンの福祉をとりまく環境の変化

一般に、第二次世界大戦後の先進工業国においては、政府が総需要管理や金融・通貨政策によって経済成長を維持しつつ、社会（福祉）政策の拡大を通じて国民の生活水準を向上させてきた。またそこでは、雇用を軸にした経済政策と社会政策の相互補完的な発達が見られ、そのような構造が福祉国家としてとらえられた。しかし、一九七〇年代半ば以降、こうした循環が崩れて福祉国家が再編を迫られるようになり、それが福祉レジームの内実にも影響を与えることになる。また、いわゆるグローバル化が進むなかで、国民国家の枠を前提とした一国単位での発展が困難な状況も生じている。

スウェーデンでも、概ね一九九〇年前後から、脱産業社会化やグローバル化に関連した構造変化が様々な形で現れてきた。まず、一九八〇年代後半の金融規制緩和の結果生じていた「バブル」経済が、一九九〇年の民間金融機関の破綻をきっかけに崩壊し、第二次世界大戦後最大といわれる深刻な経済危機が起こった。一九九一年から九三年にかけてGDPはマイナス成長となり、財政収支も赤字に転じた。さらには、長らく完全雇用の目安とされる三％以内に保たれてきた失業率も八％を超え、その後、ある程度回復したものの、以前の水準に戻ることはないまま現在に至っている。

また、経済グローバル化への対応という面をもつ欧州統合が進むなかで、スウェーデンは、国内での論争を経て、一九九五年にEUに加盟した。経済通貨同盟（EMU）への参加（ユーロ使用）は見送ったが、欧州統合の影響は労働市場にも及び、労使関係においても独自の慣行を維持することが難しくなっている。

人口の高齢化については、スウェーデンの場合、比較的早くから対応がなされていたとはいえ、やはりその進展が、財源・人的資源の両面で社会サービスを圧迫している。先進工業国に共通する少子化傾向については、前節で見たような育児支援策の充実により比較的改善されてきているが、楽観はできない。

人口上の変化ついてはもう一つ、移民の増加がある。一九七〇年代以降、労働力としての移民は少なくなる一方、人道支援を理由とした難民・亡命者の受け入れは今日まで続けられている。九〇年代以降も、旧ユーゴスラビアやアフリカ北部、イラク、最近ではシリアといった世界の紛争地域から多くの人々を受け入れており、現在までに移民（スウェーデンの定義では、外国生まれ、および両親がともに外国生まれの者）が総人口の二割を占めるまでになっている。彼らが人口減少を防ぎ、また後述するように、社会サービスの担い手としても重要な役割を果たす一方で、社会統合の困難さや文化摩擦なども顕在化している。

　政治面での変化も大きい。約七〇年にわたって五つの政党で構成されていたスウェーデン議会において、一九九〇年前後の二度の国政選挙では、産業社会への批判を掲げるエコロジストの環境党をはじめ、三つの新党が参入を果たし、（うち一つは間もなく解党したものの）多党化が進んだ。社民党は今日まで第一党であり続けているが、その得票率は長期的な低落傾向にあり、中道右派の連立政権がたびたび成立するようにもなっている。一九九〇年代初頭の右派政権は経済危機への対応に追われて次の選挙で社民党の復権を許したが、二〇〇〇年代半ばに誕生した右派政権は、二期八年続き、福祉レジームに質的な変化をもたらす可能性を孕んだ諸改革を実行した。

所得保障における変化

　この面での最大の改革は、一九九〇年代の年金制度の再編であった。

　従来の制度は高度経済成長期の前半に生まれたものであり、その後の経済成長の鈍化と、所得水準の上昇で有利な条件を得た層の増大により、将来的に保険料の積み立て分が不足することが明らかとなっていた。そのため、政党代表からなる調査委員会が専門家を招いて議論を重ね、一九九八年に新制度が成立した。それは、従来の国民年金（基礎年金）と付加年金を統合した上で、最低保障年金を創設するとともに、一部（保険料一八・五％のうちの二・五％）を加入者が投資先を選んで運用する枠とし、それ以外の部分についてはポイント制にして、国民経済の動向に合わせて受給額が決まるようにするものであった。新制度は、将来のリスクを公平に分かちあうことと、制度の持続可能性を高めることを目的としたものであったが、全体が全被用者を対象とした一元的な制度として維持されたことは重要である（渡辺 2004：153-155）。選択的投資の部分は市場の動向に影響されるものの、その規模は小さく、全体として、「脱商品化」という点で明確な方向転換がなされたというわけではない。

　失業保険については、制度の大枠は変わっていないが、二〇〇〇年代になって政党政治に起因する変化が見られる。二〇〇六年に成立した中道右派政権は、就労率の低下傾向を問題視し、発足後間もなく失業手当の給付水準の引き下げと給付期間の短縮に踏み切った。同時に、労働組合の特権をも批判し、組合費に関わる税控除をも廃止した。これらの結果、組合からの脱退者が相次ぎ、特に産業労働者の全国組織LOは二〇〇七年の一年間で七％もの加入者を失った。すでに述べたように、組合加入と失業保険加入が連動しているため、無保険の労働者が急増し、二〇〇八年秋以降の国際経済危機による不況の際には、失業手当を得られず困窮する人が増えて問題化した。こうした点は所得保障面での後退であるといえる。

　医療保険からの疾病手当については、一九九〇年代半ばの財政危機の際に、社民党政権でさえ待機日の導入と給付額の引き下げに踏み切らざるをえなかったという経緯があるが、二〇〇〇年代の右派政権の下でより大きな変化が生じている。すなわち、疾病手当の長期受給者の増大と就労率の低下との関連を問題視した同政権が、二〇〇八年に、認定基準を厳格化するとともに、これまで事実上無制限に更新できた受給期間に上限を導入した。こうした変化は、財政事情と、右派によるモラルハザード批判が国民にある程度受け入れられたことにもよるが、ここにも所得保障面での後退の要素が見られるといえよう。

社会サービスにおける変化

保育に関する変化として特筆すべきは、二〇〇二年に保育料上限制が導入されたことであろう。保育サービスの利用はすでに権利として確立されていたが、公立保育所の利用料については、自治体間で差があり、過疎地ほど高くなる傾向が問題となっていた。これに対し、当時の社民党政権が自治体への国庫負担を増やす形で全国一律の上限を設定したのである（渡辺 2004：156-159）。これによって、子どもを保育所に預けて働く（あるいは学ぶ）親の立場はさらに改善された。

また、この保育料上限制と合わせて、すべての六歳児に一年間の就学前教育が提供されることにもなった。スウェーデンでは、一九七〇年代からすでに子どもの権利の保障という観点が重視され、保育と教育の関係が議論されてきており、一九九七年には保育所が社会省から教育省の管轄に移されるなど、発達機会の保障としての早期教育という位置づけが強まってきている。こうした動きはもはや育児の社会化という次元にとどまらないが、少なくとも脱家族化を妨げるものではないといえよう。

他方で、二〇〇六年に誕生した右派連立政権のなかでキリスト教民主党は、保育所を利用せずに家庭で子どもを育てる親に手当を支給するよう主張していた。女性団体や社民党は女性を家庭に引き戻す策であるとしてこれを批判し、右派内部でも保守党や自由党は消極的であったが、政権維持の必要性から最終的にこれが容認されたため、二〇〇八年に（自治体ごとの選択制としてではあるが）一歳から三歳までの子どもを家庭で看る場合に現金給付がなされる制度が導入された。この点は明らかに「脱家族化」に反する動きであるが、同制度を採択した自治体においても、育児休暇との併用はできないため、定職をもつ女性がそれを捨ててまでこの制度を選ぶ例は少ない。むしろ、雇用条件に恵まれない層のみが利用する傾向にあり、経済格差のさらなる拡大が懸念されている。

高齢者ケアについては、その制度的な枠組みや理念において明確な変化は起きていない。しかし、一九九〇年代から続く規制緩和と、とりわけ近年の右派政権が進める民間企業への委託が進んだ結果、人手不足によるケアの質の低下などが問題化している。また、経済的に余裕のある層が民間企業を通じてより高水準のサービスを求める傾向も強まっている。ただし、高齢者介護を第三者に委ねる流れは変わらず、「脱家族化」という点では、それに逆行する動きが大きくなっているわけではない。

女性の就労支援については、一九九〇年代に所得保障つきの育児休暇が四五〇日にまで拡大された際に、両親の双方が取らないと三〇日分の権利が消滅する仕組み（たいていは父親の取得を促すことになるため「パパの月」と呼ばれる）が導入され、二〇〇〇年代になるとその部分が六〇日に拡大された。上述のキリスト教民主党を例外とし、右派諸党でさえも女性の就労を支持しており、「脱家族化」はさらに進んだとさえいえよう。

5 現状の評価と今後の展望

雇用政策の意義

本書の分析枠組みに沿ってスウェーデンの所得保障や社会サービスの動向を見る限り、脱商品化、脱家族化といった傾向は概ね持続しているといえるが、従来の社会経済構造との関係で指摘しておかねばならないのは、雇用政策の動向とその意義である。同国の場合、所得喪失に伴う保障以前に、様々な手段による雇用促進を通じて人々の生活が維持されてきた面も大きい。この点で、一九九〇年代以降完全雇用が実現できなくなっており、所得の安定しない層が一定の割合で存在する状況では、人々の生活が労働市場に左右される度合いは増している。

このようななか、近年では、社民党と保守党をそれぞれの中心とする左右の政党ブロックの間で、雇用政策が再び中心的な争点となり、先述の「就労原則」の解釈をめぐる攻防が展開されている。二〇〇三年以降、減税と福祉削減を求める新自由主義路線を改め、福祉国家の成果を認めた上でその効率化や質の向上を図ると主張して支持を伸ばしていた保守党は、失業率以上に、休職等による就労率の低下を問題視する。彼らは、近年の社民党政権が軽視してきた就労原則に立ち戻り、生産労働を拡大することで福祉国家を建て直すべきだと説く。このような流れのなかで、すでに見たように、失業手当や疾病手当の支給条件を厳格化し、人々を労働市場に戻そうとする動きが強まっている。

これに対して社民党も「雇用最重視」を掲げており、たとえば二〇一〇年の選挙戦では、同一労働同一賃金の原則の堅持や雇用差別の防止を強調するなど、移民層への配慮も含めて労働環境を守るとともに、交通・エネルギーなどの分野では環境親和的な社会への転換と結びつけるなどして雇用機会を確保していくと主張していた（渡辺 2011：126-128）。とはいえ、これまでのところ、労働条件の格差を一定程度認めてでも雇用機会の拡大を図ろうとする右派の主張がより多くの国民の支持を得る形となっており、その点で、国民の生活保障において個人の義務や責任を強調する方向への変化が生じ始めているといえそうである。

かつての社民党は、労働市場を管理し、社会保障と雇用政策とを連動させながら、公的支出が大きくても経済パフォーマンスを良好に保てるような体制を築いてきた（宮本 2009：第三章）。同党は、産業構造の調整をも意図し、職業訓練や住宅供給を通じて労働力を高生産性部門へと移動させる「積極的労働市場政策」を展開してきたが、近年の環境変化のなかで、そのような力を発揮できる条件は失われつつある。

スウェーデンの福祉レジームと移民

近年のスウェーデンでは、都市部を中心に、社会サービス、とりわけ施設・在宅を含めた高齢者ケアの担い手に占める移民の割合が高くなっている。すでに述べたような経緯により移民が増え続けているが、歴代政府は左派・右派を問わずその社会統合を目指しており、彼らには、無償で提供されるスウェーデン語教育と職業訓練を通じ、職を得て自立することが求められている。就労を通じた自立（自律）を普遍的に保障するという、かつて女性の社会進出を可能にしたアプローチは移民にも適用される。合法的に入国し、一年以上の滞在許可を得た外国人（移民）は、一定の条件を満たせば、社会保険制度にも包摂される。他方で、労働市場においては、現実には多くが低熟練の、相対的に賃金が低い職に就かざるをえない。

エスピン－アンデルセンの類型論にジェンダーの視点から修正を迫ったセインズベリは、近年、福祉国家における移民の立場の比較研究に取り組み、スウェーデンの移民が、社会的包摂を重視する政治の定着もあって、福祉受給権に関して非常に良い条件を得ていると指摘する（Sainsbury 2012）。しかし、かつてケア労働が社会化されるに伴い、そこに生まれる雇用機会を女性自身が満たしていく構造があったことからすると、看護・介護（・保育）などの現場から、より良い雇用条件を求めるネイティブの女性が退出することとあわせて、移民（の女性）がそれらの役割を担う傾向にあることも指摘できる。

いずれにせよスウェーデンの社会サービスは、いまや移民なしでは成り立たなくなりつつある。それにもかかわらず、移民の社会統合に関わる財政負担を強調し、福祉の水準を引き下げる存在であるとして批判する勢力も出始めている。移民（政策）批判により二〇一〇年選挙で議席を得た右翼政党、スウェーデン民主党が、二〇一四年の選挙でも票を伸ばしており、移民の処遇をめぐる問題が政治争点化しつつある。

福祉レジームの持続と変化

スウェーデンの福祉関連の諸制度については、基本的に普遍主義的で、中間層を含む多くの国民が自ら利用するものと認識しているため、今日でもそれらへの支持は高い。国家の役割は皆が等しく自律的に生きられるようにすることであるとの認識が定着し、そのために合理的な制度設計がなされれば、人々がそれに合わせて行動するようにもなり、規範と制度とが相互補完的に作用しうる(Rothstein 1998)。また、自律の条件を普遍的に保障するノーマライゼーションの思想も国民の間に根づいており、これらの点でスウェーデンの福祉レジームは高い持続力をもつ。

その一方で、近年、疾病手当の長期受給がモラルハザードとみなされるようになり、その支給条件が厳格化されたことは、所得保障の権利性を否定して自助や義務を強調する動きと解することもできる。また、高齢者ケアの分野で進む民営化は、移民を含めた低所得者層の間で、女性が家庭内でそれを担う傾向を生み出しており、「再家族化」にもつながりかねない。これらの動きを従来のスウェーデンの福祉のあり方とは異なる方向への展開としてみることも可能であろう（Björnberg 2012）。

スウェーデンの場合、制度や規範の持続性は他国以上に高いが、グローバル化や欧州統合の流れもあり、経済自由化への圧力も強い。同国の福祉については、今後も持続と変化の要素が並存しながら推移していくと考えられるが、生産活動や労働市場への政府の統制力が弱まっていることに、移民の増大に関連した格差拡大や政治的混乱が重なると、福祉に関わる権利―義務関係についての規範が変化していく可能性もある。もちろん、社民党その他の政治勢力が、たとえば労働時間短縮やワークシェアリングを福祉受給権の保障と結びつけ、就労を強いることなく社会的包摂を進めるようなシステムの構築を主導していくことができれば、状況は変わりうる。本章で確認したような諸原理が作用する限り、スウェーデンの社会民主主義レジームの特質が短期間に失われることはないだろうが、今後の展開が大いに注目されるところである。


【付記】

本章は、科学研究費補助金基盤研究（A）『労働の国際移動が福祉国家政策および政治に与える影響に関する比較研究』（平成二三〜二六年度、新川敏光代表）による研究成果の一部である。


【参考文献】


エスピン－アンデルセン、G.／岡沢憲芙・宮本太郎監訳（二〇〇一）『福祉資本主義の三つの世界――比較福祉国家の理論と動態』ミネルヴァ書房。

北明美（一九九七）「ジェンダー平等――家族政策と労働政策の接点」岡沢憲芙・宮本太郎編『比較福祉国家論――揺らぎとオルタナティブ』法律文化社、一七八〜二〇四頁。

訓覇法子・藤岡純一（一九九八）「スウェーデンの社会福祉」訓覇法子・藤岡純一・高橋睦子『世界の社会福祉① スウェーデン・フィンランド』旬報社、二一〜三八二頁。

丸尾直美・塩野谷祐一編（一九九九）『先進国の社会保障⑤ スウェーデン』東京大学出版会。

宮本太郎（二〇〇九）『生活保障――排除しない社会へ』岩波書店。

ロー＝ヨハンソン、イーヴァル／西下彰俊・兼松麻紀子・渡辺博明訳（二〇一二）『スウェーデン：高齢者福祉改革の原点――ルポルタージュからの問題提起』新評論。

渡辺博明（二〇〇二）『スウェーデンの福祉制度改革と政治戦略――付加年金論争における社民党の選択』法律文化社。

――（二〇〇四）「福祉制度改革における『合意』と『対立』」小川有美・岩崎正洋編『アクセス地域研究Ⅱ――先進デモクラシーの再構築』日本経済評論社、一四七〜一六五頁。

――（二〇一一）「福祉国家再編の政治とスウェーデン社民党の対応戦略」田村哲樹・堀江孝司編『模索する政治――代表制民主主義と福祉国家のゆくえ』ナカニシヤ出版、一一四〜一三七頁。

――（二〇一三）「スウェーデン――社会民主主義型福祉国家の発展と変容」鎮目真人・近藤正基編『比較福祉国家――理論・計量・各国事例』ミネルヴァ書

房、二〇〇四〜二三三頁。
Björnberg, Ulla (2012) "Social Policy Reform in Sweden: New Perspectives on Rights and Obligations," in Bengt Larsson, Martin Letell and Håkan Thörn (eds.), *Transformations of the Swedish Welfare State: From Social Engineering to Governance?*, Basingstoke: Palgrave Macmillan, pp.71-85.
Rothstein, Bo (1998) *Just Institutions Matter: The Moral and Political Logic of the Universal Welfare State*, Cambridge: Cambridge University Press.
Sainsbury, Diane (2012) *Welfare States and Immigrant Rights: The Politics of Inclusion and Exclusion*, Oxford: Oxford University Press.

第11章 保守主義＋インフォーマルセクターのアルゼンチン福祉レジーム

宇佐見耕一

アルゼンチンでは、第二次世界大戦後に成立したペロン政権において、輸入代替工業化政策が推進され、労働法・社会保障制度が拡充した。それは、正規雇用労働者を対象とした社会保険中心の制度であり、男性稼得者モデルと社会扶助における補完性の原理がみられた。その意味で第二次世界大戦後にアルゼンチンで成立した福祉レジームは、大陸ヨーロッパ諸国にみられた保守主義レジームに近いものであった。しかし、それは、バリエントスが指摘しているような保守主義インフォーマルセクターレジームであった。こうしたアルゼンチンの福祉レジームは、一九九〇年代の新自由主義改革、二一世紀になってからのインフォーマルセクターへの保障拡大とそのあり方を変容させつつある。

1 早熟な福祉国家アルゼンチン

アルゼンチンは一九世紀末より労働者として南欧移民が多く到来し、イギリスからの資本によりインフラが整備され、対イギリス農牧産品輸出により一九二九年世界恐慌まで一人当たりの国民総生産が大陸ヨーロッパ諸国並みまで上昇するという経済発展を達成した。その後、農牧産品輸出による経済発展様式は崩れたが、第二次世界大戦後に成立した労働組合を最大の組織的支持基盤とするペロン政権期に労働法制や社会保障制度が整備されていった。第二次世界大戦後にアルゼンチンで整備された社会保障制度は、正規雇用労働者を対象とした社会保険が中心であり、その場合女性が家庭で子どもの養育に当たる男性稼得者モデルの性格も併せ持っていた。他方、アルゼンチンは広範なインフォーマルセクターを抱え、こうした階層に対する社会保障は手薄であった。こうしたアルゼンチンにおける福祉国家の形成は、第二次世界大戦後の西欧のそれと同時並行的になされた。しかし、こうした労働組合に組織された被用者を対象とした社会保険中心の社会保障制度も、一九九〇年代の新自由主義改革と二一世紀なって成立したキルチネルおよびクリスティーナ左派政権という環境変化により変容を遂げることとなった。

ラテンアメリカの福祉レジーム論は、メッサ・ラーゴにより一九九〇年代に改革以前の年金制度に関して、制度制定の年度やカバレージなどの指標を用いて、域内諸国を三つに分類したものがある（Mesa-Lago 2004: 13）。また、エスピン－アンデルセンの著作から影響を受けた先行研究では、広範なインフォーマルセクターの存在を問題としているものが多い（Del Valle 2010）。その上でバリエントスは、一九八〇年代初頭までのインフォーマル・保守主義レジームから、一九九〇年代の新自由主義改革を経て、インフォーマル・自由主義レジームに変容したとしている（Barrientos 2004: 139-142）。そこで、本章では二一世紀になってからアルゼンチンはいかなる福祉レジームをもちそれがいかに形成されたのかを検討することを目的とする。

2 輸入代替工業化と一九九〇年代新自由主義改革

輸入代替工業化政策と保守主義レジーム

アルゼンチンでは第二次世界大戦以降ペロン政権（一九四六～五五年）というポピュリスト政権下においても、あるいはオンガニア大統領に始まる軍事政権（一九六六～七三年）のような権威主義政権下においても国家が産業保護政策を用いて工業化を推進する輸入代替工業化政策が採られた。輸入代替工業化政策が推進された理由は、ポピュリスト政権下では雇用の拡大であり、軍事政権化では国防力向上であった。輸入代替工業化の担い手は、軽工業は民族系企業、自動車は外資系企業、自動車を除く重化学工業は国営企業であり、輸入代替工業化を深化させるなかで一連の国営・公営企業群が形成されていった。こうした輸入代替工業化と大きな国家の下で、労働組合に組織された正規雇用労働者は、厳格な労働法と産業政策によりその雇用と賃金が保障されていたといってよい。たとえば労働者の解雇に際しては労働契約法により勤続年数に応じて解雇補償金を雇用主は支払わねばならず、それが景気変動に伴う正規雇用労働者の解雇の歯止めとなっていた。このように正規雇用労働者が手厚く保護される福祉レジームは、ペロン政権における労働組合と国家関係を機軸とする国家コーポラティズムの下で形成された。

こうした輸入代替工業化と大きな国家の下での社会保障制度は、正規雇用労働者を対象とした年金制度、労働組合がその運営権を握る職域別医療保険制度、および労働災害保険制度という社会保険制度が中心であった。輸入代替工業化と大きな国家の下で労働者の雇用保障がなされていたため、失業保険制度は一九九〇年代の新自由主義改革期に雇用制度の柔軟化がなされるまで存在しなかった。また、アルゼンチンで特徴的なのは、家族手当が社会保険方式である点である。家族手当は、ペロン政権に制定され、その中心は配偶者手当と子どもに対する手当であった。配偶者手当の存在や女性配偶者は男性扶養者の社会保険によりカバーされるため、女性の労働力化率は一九八〇年代まで低く、そこには男性稼得モデルの性格がみられた。また、子どもや高齢者のケアに関し家族を重視し、家族の扶助を得られない場合のみ、特に低所得者層を対象とした国家による扶助が提供されるという補完性の原理がみられた。こうした点をみれば、脱家族化は低位にあったといえる。

他方、フォーマルセクターの自営業者には公的年金制度のみが存在し、医療サービスは原則無料で全国民を対象とした公立病院か、所得の高いものは民間医療保険を利用してそれを受けた。しかし、こうした社会保険制度のカバー率は、一九八五年において自営業者が含まれている年金においても、高齢者の六一％にすぎなかった（Isuani y San Martino 1993: 19）。当初国家コーポラティズムの下で正規雇用労働者に対する産業保護と労働法・社会保険による保障という二重の保障が形成されたという点や、男性稼得者モデル・福祉における補完性の原則がみられるという点において、一九八〇年代までのアルゼンチンの福祉レジームは大きなインフォーマルセクターを抱えた保守主義レジームに近いものであったといえる。ここでの保守主義レジームは、エスピン－アンデルセンによるコーポラティズム的遺制、社会権は認められるが職域上の格差の維持、家族制度の維持と補完性の原則の存在を保守主義レジームの特色とする指摘を参照している（エスピン－アンデルセン 2001: 29-30）。

一九九〇年代新自由主義改革

第二次世界大戦後ポピュリスト政権や軍政により継続されてきた輸入代替工業化政策と大きな国家は、一九八〇年代に危機を迎えた。輸入代替工業化の継続と大きな国家維持のために財政赤字と対外累積債務が拡大し、それが低成長とハイパーインフレをもたらした。新自由主義改革を推進するメネム・ペロン党大統領が選出された一九八九年の一人当たりGDP成長率はマイナス七・五％、消費者物価上昇率は五〇〇〇％を超過していた。こうした危機的状況にあたり、産業保護や大きな国家は否定され、市場機能を重視する新自由主義を主張する学者が現れ大きな影響力をもつようになった。他方、世界銀行やIMFのような国際機関もワシントン・コンセンサスという言葉に代表されるような新自由主義的改革をアルゼンチンも含まれる債務問題を抱えている国に提起している。ここに、一九八〇年代経済危機を契機として、経済・社会政策に関する支配的なアイディアが国家介入型から市場経済の機能を重視する新自由主義に交替したことが見て取れる。

一九八九年大統領選挙を経て成立したメネム・ペロン党政権は、同党の伝統的支持組織である労働組合の利益に沿わない、新自由主義政策を積極的に推進していった。そこでは、労働組合をコーポラティズム的枠内にとどめる一方、メネム政権と産業界や新自由主義を主張する政党と新たな同盟の形成がみられた。一九九〇年代になると貿易の自由化、国営企業の民営化、規制緩和や投資自由化等の政策が実施された。その結果、国営インフラ部門や重化学工業部門が民営化され、大きな国家は小さな国家となり、また貿易自由化によりそれまでの産業政策は無効化された。この結果、産業政策と大きな国家による正規雇用労働者への保護措置が事実上撤廃されたとみなされる。また、インフレ沈静化政策として一ペソを一ドルに固定し、新規通貨発行は外貨準備の裏づけを持ってなすというカレンシボード制が採用された。

さらにこうした市場メカニズム重視の流れは、労働法と社会保障制度にまで及んだ。まず、労働法に関しては、従来の労働契約法が原則無期限で被用者を解雇する場合に勤続年数に応じた解雇補償金を支払うことが義務づけられていたことが、労働市場を硬直化させ、新規投資を妨げるものであると批判されるようになった。そのためにメネム政権下では二度にわたり労働契約法が改正され、被用者に対する社会保障負担の減免措置と組み合わさった各種の有期雇用契約が制定された。こうした雇用関係の柔軟化を試みたものの、一九九〇年代には失業率は逆に上昇した。大ブエノスアイレス圏の失業率は一九九〇年に八・六％であったものが、一九九五年には二〇・二％になり、その後も一五％前後で推移している（INDEC 2001）。さらに、年金保険料を支払っていないいわゆるインフォーマルセクターの労働者比率が一九九〇年代に大幅に上昇している。このように、一九九〇

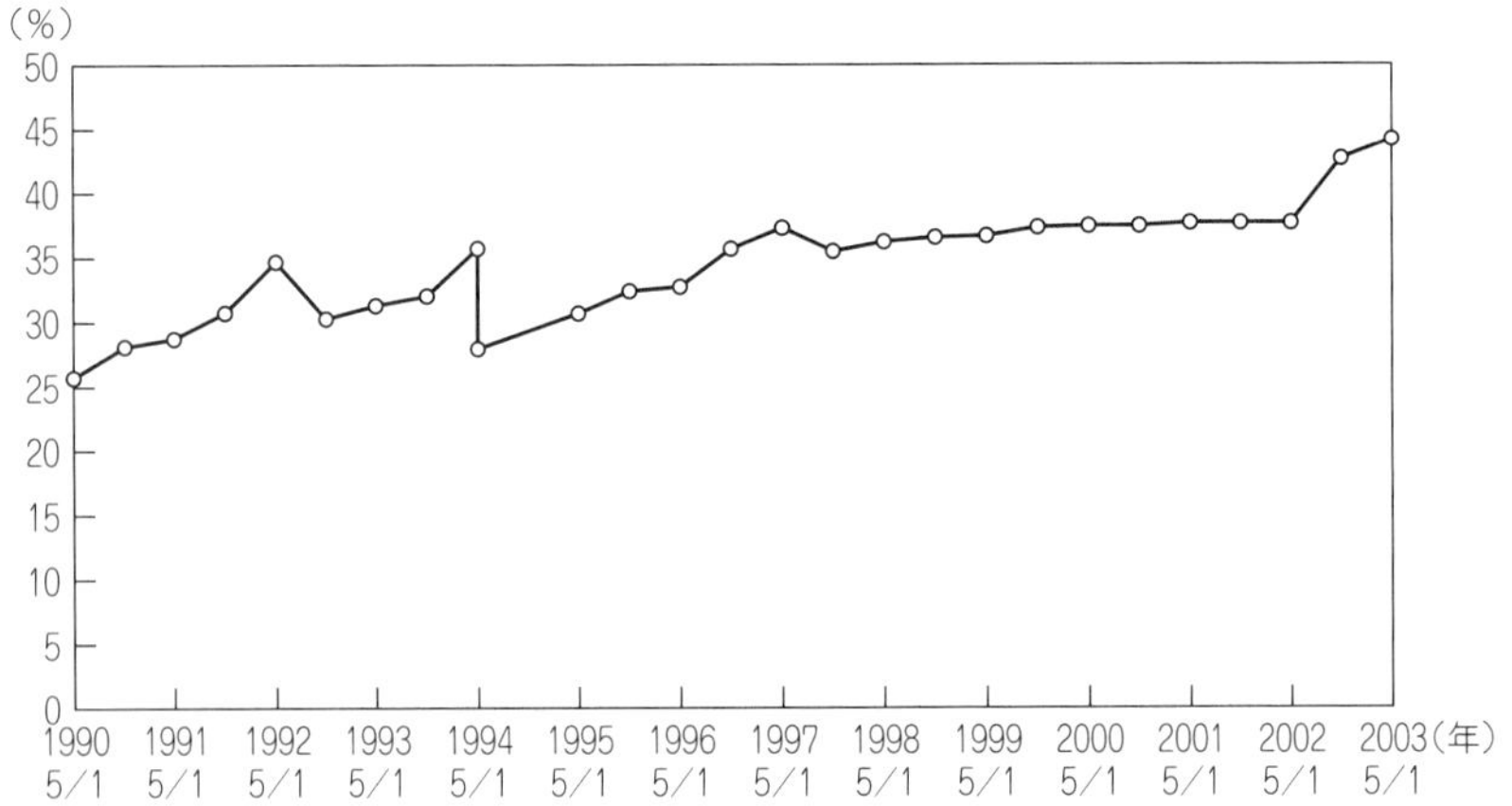

図11-1　大ブエノスアイレス圏における非登録労働者の比率

注：年金保険料未払いの全雇用労働者に対する比率。

出所：労働社会保障省ホームページ（http://www.trabajo.gov.ar/left/estadistica, 2006年8月10日アクセス）。

年代の新自由主義的経済政策と雇用関係柔軟化は、結果として労働者の非正規化を促すものであった。また、失業率上昇の理由として、この時期に女性の労働力化率が向上したことが指摘されている。一九九〇年の二五歳から三四歳までの女性労働力化率は五三%、三五歳から四九歳までのそれが五二%であったの対して、二〇〇〇年のそれはそれぞれ六三%と六二%に上昇しており（CEPAL 2002a: 173）、様々な理由から男性稼得モデルが変容していることがうかがえる。

市場機能の重視は社会保障まで及び、その最たるものが公的賦課方式の一部民営化であろう。一九九四年にアルゼンチンの年金制度は改正され、公的賦課方式か一部民間積み立て方式化を加入者が選択できるようになった。一部民間積み立て方式は、共通の賦課方式公的基礎年金の上に、民間積み立て方式か公的付加年金を選択できるのが基本構造である。民間積み立て方式を選択した人は、年金基金運用会社も自由選択できるようになった。一九九四年において年金制度の加入者数は五七〇万人であったものに対して、一九九七年には八一二万人に増加し、そのうち約三〇%が公的賦課方式を選択肢、約六八%が民間積み立て方式を選択した。このように民間積み立て方式に一部移行した後に年金制度への加入者は大幅に拡大したが、年金保険料の未納者率はむしろ上昇している（Ministerio de Trabajo 1997: 43, 143）。これは、年金制度を改革しても雇用関係が不安定化して社会保険料を支払う基盤そのものが侵食されていることを意味している。また、メネム政権期に社会保険である家族手当から配偶者手当が廃止されている。このように一九九〇年代には新自由主義改革の結果、非正規雇用労働者に対する二重の保護が弱まり、福祉レジームとしての保守主義的性格は弱っていったと考えられる。他方、社会保障の民営化、雇用関係の柔軟化、女性労働力化率の上昇により福祉レジームの自由主義的性格が加味されていった。

3　二〇〇一年経済危機と社会保障制度再改革

二〇〇一年経済危機と経済政策の転換

メネムペロン党政権のあとは、急進党と中道左派の連帯国民戦線の連合が大統領選挙で勝利し、急進党出身のデ・ラ・ルーア政権が成立した。デ・ラ・ルーア政権は、一時イギリス労働党ブレア政権と同じ第三の道を目指すと表明したこともあったが、経済政策自体はメネム政権時代と同様の新自由主義経済政策と通貨政策のカレンシボード制を維持した。しかし、二〇〇一年になると経済の停滞と対外債務問題が顕著となり、中産階級の街頭での抗議活動が活発化し、それに失業や貧困者の抗議活動が加わりデ・ラ・ルーア政権は市民の抗議の前に崩壊した。二〇〇二年一月にアルゼンチンはデフォルトを宣言し、同年の一人当たり国内総生産成長率はマイナス一一・九％となった（CEPAL 2002b: 145）。こうした経済状況の悪化とともに貧困も拡大し、同年の都市部の貧困人口率は四五・四％に達した（CEPAL 2006: 317）。

このような深刻な経済・社会危機を経た二〇〇三年の大統領選挙では、一九九〇年代に新自由主義改革を推進したメネム元大統領と、彼の新自由主義的経済・社会政策を激しく批判する同じくペロン党のキルチネル・サンタクルス州知事が対決し、新自由主義を批判するキルチネル政権が成立した。キルチネル政権は、民営化企業の再国営化、経済過程への国家の介入拡大や社会政策の拡大といった政策を採り、それは同大統領夫人で二〇〇七年に大統領に当選し二〇一一年に再選されたクリスティーナ政権でも継続されている。ここにも、深刻な経済・社会危機を経て、経済・社会政策に関するアイディアの転換をみることができる。また、キルチネル・クリスティーナ政権では、ペロン党は分裂状態が続いているが、ペロン党の枠組みを超えて既成政党、労働組合また社会運動と新たな同盟関係が構築されている。

年金モラトリアムと再国有化

キルチネルとクリスティーナ政権期において年金制度に関して二つの改革が行われた。一つは、特定の時期の年金保険料の割引と免除を認めて年金受給者を拡大させた年金モラトリアムである。もう一つは、二〇〇八年の民間積み立て方式年金の再国有化である。年金モラトリアムとは、キルチネル政権により二〇〇四年から施行された制度で、一九五五年から一九九三年までの年金保険料未払い分に対して減免措置を行い、保険料未納者も年金を受け取れるようにしたものである。これは、一九八〇年代の経済危機を念頭に非正規雇用者に対する救済措置であったが、この期間に就労していないいわゆる専業主婦もこの制度により年金が受給できるようになり、年金受給者が一挙に拡大した。一方、キルチネル政権下では、一九九〇年代に実施された雇用関係の柔軟化、すなわち有期雇用契約や試用期間の延長措置が撤廃され、厳格といわれた一九八〇年代前の労働法制に戻された。

他方、クリスティーナ政権により実施された二〇〇八年に行われた民間積み立て年金の再国有化は、キルチネル・クリスティーナ政権下で実施されてきた民営化企業の再国営化の一環とみることができる。キルチネル・クリスティーナ両政権下では、郵政を始めとして上下水道、航空会社や石油会社ＹＰＦ等が再国有化されてきた。二〇〇八年の民間積み立て年金再国営化は、リーマン・ショックという世界的経済危機を受け民間積み立て年金の運用状況が悪化したことにより、民間積み立て方式では国民の生活を保障することができず、国家が出動したと大統領自身の演説で述べている。この結果、年金制度は公的賦課方式に統一された。こうした社会保険の他に、障碍者や貧困層の七〇歳以上の高齢者を対象とした社会開発省が所管する非拠出制年金がある。

受給者の拡大と高い未納率の公的年金

アルゼンチンの公的年金制度は、労働・社会保障省により監督される国家社会保険局（ANSES: Administración Nacional de Seguridad Social）が運営している。公的年金制度には一八歳以上の公務員等を含むあらゆる種類の被用者や自営業者に加入義務がある。財政方式は賦課方式であり、年金保険料は、被用者の場合本人が給与の一一％とその雇用者が一六％であり、自営業者は利益の二七％となっている。給付される年金は老齢年金、障碍者年金および遺族年金である。老齢年金の受給条件は、三〇年以上の保険料支払いを条件に、受給年齢は、女性六〇歳、男性六五歳となっている。老齢年金は、平均年金保険料の二・五倍に相当する共通基礎年金に保険料に比例した付加年金からなる。障碍者年金受給は、専門家の診断により心身の障害が六六％以上である時に給付される。

年金のカバー率は、キルチネル・クリスティーナ政権下で大幅に向上した。六五歳以上の人口に占める何らかの年金受給者の比率は、二〇〇三年が六六・一％であったのに対し、二〇一〇年には九五・八％に向上している（ANSES 2010: 6）。他方、保険料支払い義務がある一八歳から六四歳までの経済活動人口は一六一五万七〇〇〇人であるのに対して、保険料支払いをしている人は八七八万四千人であり、その比率は五四・四％と低い水準である。また、二〇一一年において保険料を支払っている人では被用者が七八・三％と自営業者等の一七・六％を大きく引き離している（Ministerio de Trabajo 2012: 38）。こうした保険料未納率の高さは、将来的な年金未受給者の拡大と障害年金受給が困難となることが想定される。それというのも、以下に述べるとおり年金受給率を飛躍的に向上させた年金モラトリアムは、時限的なものだからである。他方、未拠出制の障害年金受給者が拡大を示している。キルチネル・クリスティーナ政権になり最低年金や年金額の引き上げが繰り返され、年金の所得代替率は二〇〇六年の四五・二％から二〇一〇年には五〇・五％に向上している（ANSES 2010: 17）。

年金モラトリアムによる受給者の拡大

年金モラトリアムは、キルチネル政権下二〇〇四年から施行されたもので、同法により高齢者の年金受給率は劇的に向上した。同法は、一九五五年から九三年の間の年金保険料の未払い部を減免し、年金保険料支払いが規定の三〇年に達していなくても最低年金を受給できるようにするものである。年金モラトリアム申請者は、未払い保険料の一カ月分を支払うと翌月から年金が支給される。社会保険局により減免された未払い保険料は、その支給される年金から差し引かれる。この年金モラトリアムは当初二カ年の時限的措置であったが二〇一四年まで延長されている。また、保険料減免措置が受けられる期間が一九五五年から九三年と区切られており、その受益者は減少しつつある。

二〇一〇年の公的年金受給者のうち五六・五％が通常年金の受給者であるのに対して、年金モラトリアムの適用を受けた受給者は四三・二％に達する（ANSES 2010: 10）。この結果二〇一一年の六五歳以上の高齢者四二七万三〇〇〇人のうち統合年金制度からの年金受給者は四〇四万一〇〇〇人であり、その比率は九四・六％に達した（Ministerio de Trabajo 2012: 38）。この年金モラトリアムの結果、現在の高齢者に限り年金制度の普遍化はほぼ達成されているといえる。また、年金モラトリアムの意義は、労働市場に参加していない専業主婦のような女性も、この制度により年金が受給できるようになった点である。モラトリアム制定以前では高齢専業主婦は、配偶者の年金で生活をおこない、配偶者が死亡した後に遺族年金を受給するという男性稼得モデルのなかにいた。しかし、モラトリアム制度により、配偶者生存中から最低年金を受給できるようになり、そのことは高齢者の年金受給率の向上に反映されている。ただし、同法の時限的性格やモラトリアムの対象時期が限られていることから、制度的に安定した普遍性は確保されていない。

限定的な失業保険

労働法に失業保険の条項が制定されたのは、メネム政権期の一九九一年に雇用関係柔軟化の一環として期限付き雇用契約が制定された雇用法のなかでである。それ以前は、産業保護や大きな国家により正規雇用労働者の雇用と賃金が保護されていたため、失業保険制度は存在しなかった。失業保険は全雇用労働者が対象であるが、その受給条件は労働登録を行い、失職三カ年前に最低六カ月保険料を支払うこととなっている。建設労働者は失職前二年の間に最低八カ月の保険料支払いが受給条件となっている。失業保険受給期間は、保険料拠出期間に比例し、最低二カ月から最大一二カ月と長期失業には対応できていない。受給金額は失職前六カ月の五〇％である。

失業保険は、このようにフォーマル労働者を対象とした社会保険であるが、その問題は先に挙げた支給期間の短さに加えて、受給者が失業者の一部しかカバーしていない点である。統計上時差があるものの、参考的指標として二〇一二年第三四半期のアルゼンチン都市部の失業者総数が一二三万六〇〇〇人であるのに対して、二〇一一年一二月の失業保険受給者は一〇万にすぎず、カバー率は八・一％にすぎない（Ministerio de Trabajo 2012: 54）。このように現行の失業保険制度は、事実上失業者の生活を保障できていない。その意味で、老齢による失職はほぼ社会保険でカバーされているのに対して、就業年齢の人口に対しては社会保険による脱商品化機能は極めて弱いといえる。

4　非拠出制手当の拡大

社会扶助としての非拠出制手当

こうした社会保険のほかに、社会開発省が所管する非拠出制の手当がある。その中核は、貧困層を対象とした老齢、障害および多子手当である。非拠出制手当の受給条件は、資産や生存するに足る所得がなく、また扶養してくれる親族がいない人である。その意味で、家族による扶養が重視され、それがない場合国家がそれを代替するという補完性原理が社会扶助に関しては継続している。

老齢年金は七〇歳以上の高齢者、障害手当は七六％以上の障害者、多子手当は七人以上の子どもをもつ母親に対して給付される。また、アルゼンチンでは家族手当は社会保険方式であったために、インフォーマルセクターの子どもは、手当を受給できなかった。そこで、二〇〇九年にクリスティーナ政権によりインフォーマルセクターの子どもを対象とした「普遍的子ども手当」が制定され、社会保険の家族手当と併せて大部分の子どもをもつ世帯が子ども手当を受給できるようになった。

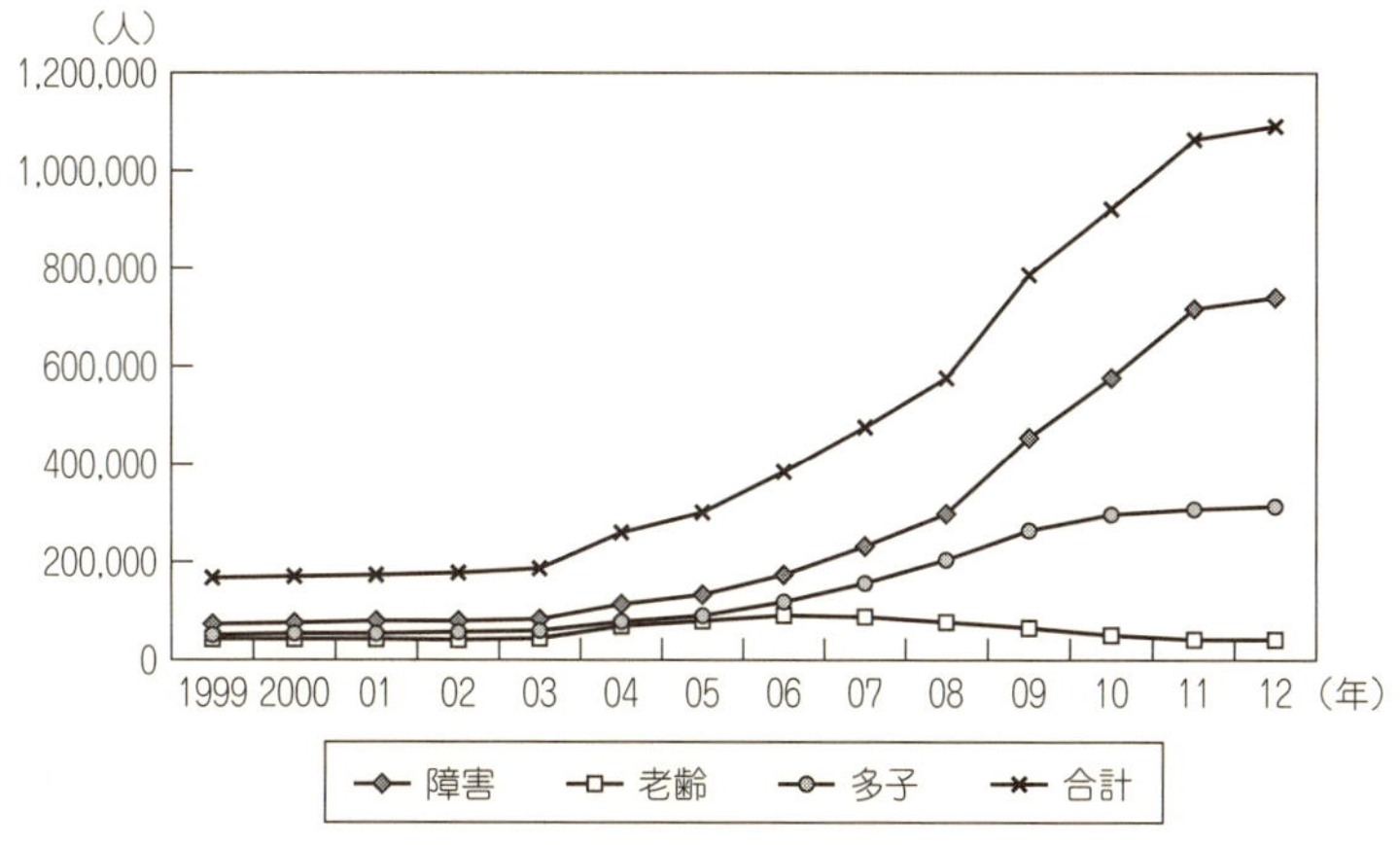

図11－2　非拠出制手当の受給者の推移

出所：Ministerio de Trabajo y Seguridad Social（2012: 41）.

図11－2は一九九九年から二〇一二年までの上記非拠出制手当の受給数の推移である。この図を見ても明らかなように二〇〇三年のキルチネル政権成立以降、非拠出制手当受給者は大幅に増加している。そのなかでも障害手当の増加は顕著であり、これに対して非拠出制老齢年金の受給者はむしろ二〇〇六年を境に減少に転じている。これは多くの無年金者が受給条件の有利な年金モラトリアムに移行したためである。このように非拠出制手当が拡大し、老齢者と貧困障碍者に対する保障は拡充し、高齢者に対しては時限的ではあるがほぼ普遍的な制度となっている。それでは就労可能で失業保険が受給できない人への保障はどのようになっているのであろうか。

非拠出制「失業手当・雇用保険」

社会保険の失業保険が極めて不十分な機能しか

果たさなかったために、それを補完する形でいくつかの非拠出制失業対策が制定された。その一つが二〇〇二年に制定された労働・社会保障省が管轄する「失業世帯主プログラム」であり、その骨子は、一八歳以下の子か障碍児をもつ失業世帯主に対して、子どもの就学と健康管理を条件に、週四時間以上六時間以下の労働をすることへの対価として週に一五〇ペソを給付するというものであった。同プログラムは、二〇〇一年から〇二年の経済危機への緊急対策として策定されたものであるが、プログラムの性格は、子どもの就学と健康管理を条件としており、ラテンアメリカで広く実施されている人的資本への投資を通して貧困の世代間連鎖を断つ条件付現金給付政策であり、また受給に就労義務を課していることからワークフェア的プログラムであったといえる。

二〇〇六年には、同プログラムの受け皿として非拠出制の「能力育成・雇用保険制度」が政令により制定された。その後、数回にわたり制度改正があり、二〇一四年現在では一八歳以上の失業者を対象に、就学、職業訓練および求職をすることを条件に最初の一八カ月つき二二五ペソ、その後六カ月間は月に二〇〇ペソを給付する。また就学や職業訓練終了者に対しては六〇〇ペソから九〇〇ペソの支給があり、企業や雇用者に対しても現金給付のインセンティブがあるという制度である。労働・社会保障省の資料によると、「失業世帯主プログラム」受給者は二〇〇四年に一八四万五〇〇〇人に達し、緊急の失業対策としては、大規模なものであり一定の効果があったと判断される。他方、非拠出制の「能力育成・雇用保険」の利用者は二〇一二年で二二万七〇〇〇人の受給者があるが、一二〇万人をこえる失業者に対してカバー範囲は極めて限られている。また、支給金額も社会保険の失業保険が賃金の五〇％であったのに対して、能力育成・雇用保険は定額の二二五ペソであり、二〇一四年三月六日一ドル公定レート七・九ペソ約三二ドルと低額であり、所得保障機能はきわめて弱いといわざるをえない。

拡大する社会扶助プログラム

アルゼンチンのように広範なインフォーマルセクターが存在する国においては、フォーマル労働者を対象とした社会保険よりも、インフォーマルセクターを対象とした社会開発省管轄の就労プログラムがより広い就労年齢の人口をカバーしている。その中心に「アルゼンチン労働」プログラムがある。そのなかの「労働による市民所得」プログラムは、対象が貧困状況にありフォーマルな所得を得られず、また他の社会扶助も未受給者な人が、市や互助会を通じて六〇人程度の協同組合を組織し、地域のインフラ整備事業を行い、同時に参加者の能力向上を図るというものである。そうした就業に対して国は賃金を支払うことになる。社会開発省の資料によると同プログラムへの参加者は二〇一一年六月時点で一八万九〇〇〇人であり、同プログラムにより形成された協同組合は約二〇〇〇である。また、前述の「普遍的子ども手当」により子ども手当を受給できる世帯は、大幅に拡大した。ただし、子どもや高齢者のケアは家族が主体であり、貧困高齢者が公的老人ホームを利用できるのは、家族の扶助がないときのみという補完性の原理が存続している。また、「普遍的子ども手当」の支給も母親が優先されるように、女性の家庭責任がプログラムのなかに組み込まれている。このように、キルチネル・クリスティーナ政権下では、失業保険の適用範囲が狭く、年金モラトリアムも時限的であり、脱家族化が進まないという問題を抱えながらも、社会保障のカバー率は拡大し、その普遍化が進展し、インフォーマルセクターにも社会保障が普及しつつある。

5　アルゼンチンの福祉レジームの変容とその要因

アルゼンチンでは第二次世界大戦後に労働組合

を主要な組織的支持基盤としてペロン政権が成立し、その下に国家コーポラティズムが形成された。そうした政治的枠組みの下で労動組合に組織された正規雇用労働者は、産業政策としての輸入代替工業化と大きな国家によりその雇用と賃金が保障され、さらに厳格な労働法と社会保険による保護という二重の保護を受けていた。その際、女性は家庭にいることが想定され、既婚女性は男性稼得者の社会保険の被扶養者になり、女性の労働力化率も低位にあった。高齢者や子どものケアの責任は第一に家庭にあり、家庭においてケアできないときに国家が扶助を提供するという補完性の原理が社会扶助諸文書の中に明記されていた。そのような意味で、脱家族化は低位にあったと判断される。こうした一九八〇年代以前のアルゼンチンの福祉レジームは、大きなインフォーマルセクターを抱えた保守主義レジームに近いものであった。

一九八〇年代の「失われた一〇年」は、そうした輸入代替工業化と大きな国家の限界を示すものであり、一九九〇年代にはメネム・ペロン党政権により市場機能を重視する新自由主義経済・社会政策が大規模に施行された。ここに一九八〇年代経済危機を契機とした支配的アイディアの交代をみることができる。メネム・ペロン党政権は、労働組合を新たな形のコーポラティズムの枠内に留めながら、経済界や新自由主義を追求する政党と新たな同盟関係を形成した。同政権は、経済を自由化し国営企業の大規模な民営化を進めた結果、それまで産業政策と大きな国家による正規雇用労働者への賃金と雇用の保障は撤廃された。また、年金の一部民営化や雇用関係の柔軟化により、正規労働者を対象とした保守主義レジームの性格が弱体化し、その外に自由主義レジームが形成されたとみることができる。また、雇用の非正規化が進み、雇用不安の増大から女性の労働力化率も上昇し、男性稼得モデルは崩れつつあるといえる。とはいえ、女性の就労を積極的に支援する政策はとられず、その意味においても自由主義レジームが拡大しているとみられる。

二〇〇一年から〇二年の経済危機を経て二〇〇三年に成立したキルチネル・ペロン党政権は、新自由主義を批判し、国家の役割を再評価する経済・社会政策を採用した。ここに再び経済危機を経て支配的なアイディアの転換をみることができる。キルチネル・クリスティーナ政権下では、ペロン党の枠組みを超えた他政党や社会運動を含めた新たな同盟関係が構築されている。同政権下で、年金に関しては従来の正規雇用者に限らずインフォーマルセクターや未就労層まで受給範囲が拡大し、その意味で老齢による脱商品は容易になったといえる。また、子ども手当の拡充や諸非拠出手当拡充により、それまで正規雇用者に手厚かった社会保障がインフォーマルセクターも包摂するようになった。失業保険のカバー率が低く、年金モラトリアムも時限的であるという問題を抱えつつも、社会保障のカバー率は大幅に拡大し、その意味で一定の普遍主義化が進展し、インフォーマルセクターも社会保障に包摂されるようになったといえる。他方、インフォーマルセクターを対象とした「普遍的子ども手当」は、前述したように支給先も母親が優先されて、低所得層を対象とした、公的老人ホームも家族の扶養がない場合に提供されるという補完性原理がみられる。このように女性の労働力化率は向上したものの、社会政策上の脱家族化は進展していない。そのような意味で、キルチネル・クリスティーナ政権下での社会保障の普遍化は、ハイブリッドな側面をもっているといえる。

【参考文献】

宇佐見耕一（二〇〇三）「新興福祉国家論の視角」宇佐見耕一編『新興福祉国家論』日本貿易振興機構アジア経済研究所、三〜四一頁。

――（二〇〇五）「高齢者の生活保障をどうするか――アルゼンチンの年金改革に学ぶ」内橋克人・佐野誠編『ラテン・アメリカは警告する――構造改革日本の未来』新評論、一〇三〜一二〇頁。

――（二〇〇五）「転換期にあるアルゼンチンの社

会保障制度」『海外社会保障研究』一五三号。
――（二〇〇八）「中道左派の結集を図るアルゼンチン・キルチネル政権」遅野井茂雄・宇佐見耕一共編『二一世紀ラテンアメリカの左派政権――虚像と実像』日本貿易振興機構アジア経済研究所、一四三～一七四頁。
――（二〇〇九）「ラテンアメリカにおける新たな福祉社会の可能性と市民社会」篠原武司・宇佐見耕一共編『安心社会を創る――ラテンアメリカ市民社会の挑戦に学ぶ』新評論、八三～一〇四頁。
――（二〇一一）「アルゼンチンにおける福祉国家と高齢者の生活保障言説の変容」宇佐見耕一編『新興諸国における高齢者生活保障制度――批判的社会老年学からの接近』日本貿易振興機構アジア経済研究所、六一～九二頁。
――（二〇一一）『アルゼンチンにおける福祉国家の形成と変容――早熟な福祉国家とネオ・リベラル改革』旬報社、三一二頁。
宇佐見耕一・牧野久美子（二〇一三）「新興国における年金改革に関するアイデアと言説の政治――南アフリカとアルゼンチンの事例」日本比較政治学会編『事例比較からみる福祉政治』ミネルヴァ書房、三三～六八頁。
エスピン－アンデルセン、G.／岡沢憲芙・宮本太郎監訳（二〇〇一）『福祉資本主義三つの世界』ミネルヴァ書房（Esping-Andersen, Gøsta〔1990〕*The Three Worlds of Welfare Capitalism*, Cambridge: Polity Press）。
松下洋（一九八七）『ペロニズム・権威主義と従属――ラテンアメリカの政治外交研究』有信堂、三三五頁。
ANSES (2010) *Boletín Previsional y de la Seguridad Social 2010*, Buenos Aires: Observatorio de la Seguridad Social.
Barrientos, Armando (2004) "Latin America: Towards a Liberal-informal Welfare Regime," Ian Gough and Geof Wood (eds.), *Insecurity and Welfare Regimes in Asia, Africa and Latin America, Social Policy in Development Contexts*, Cambridge: Cambridge University Press, pp.121-168.
CEPAL (2002a) *Panorama social de América Latina 2001-2002*, Santiago de Chile: CEPAL.
CEPAL (2002b) *Balance preliminar de las economías de América Latina y el Caribe 2002*, Santiago de Chile: CEPAL.
CEPAL (2006) *Panorama social de América Latina 2001-2002*, Santiago de Chile: CEPAL.
Del Valle, Alejandro H. (2010) "Comparando regimenes de bienestar en América Latina," *European Rreview of Latin American and Caribbean Studies*, No.88, pp.61-76.
INDEC (2001) *Encuesta permanente de hogares, Gran Buenos Aires mayo de 2001*, Buenos Aires: INDEC.
Isuani, Ernesto Aldo y Jorge A. San Martino (1993) *La reforma previsional argentina: opciones y riesgos*, Buenos Aires: CIEPP.
Mesa-Lago, Carmelo (2004) *Las reformas de pensiones en América Latina y su impacto en los principios de la seguridad*, Sanitago de Chile: CEPAL.
Ministerio de Trabajo y Seguridad Social (1997) *Panorama de la seguridad social, primer trimestre de 1997*, Buenos aires: Ministerio de Trabajo y Seguridad Social.
Ministerio de Trabajo y Seguridad Social (2012) *Boletín Estadístico de la Seguridad Social, cuarto trimestre 2011-primer trimestre 2012*, Buenos Aires: Secretaría de Seguridad Social.

第12章

岐路に立つ「新しいブラジル」の福祉レジーム

近田亮平

一九八五年に軍政から民政へ移行した後のブラジルは、様々な分野で制度整備や改革を連続かつ継続して行った。このことにより二一世紀の初頭、同国は「新しいブラジル」とも称されるように国家として構造的に変容を遂げるとともに、社会民主主義的な福祉レジームを構築してきた。しかしブラジルでは、二〇一三年に発生した抗議デモが予期せぬかたちで全国規模に拡大し、二〇一四年に実施された大統領選挙が同国史上最も僅差での勝敗になるなど、ブラジルの福祉レジームは岐路に立たされることになった。

1　一九八〇年代以降の変化

政治・経済・社会の制度整備

ブラジルでは軍事政権が一九六四年から二一年間続き、政治的な民主主義が大きく後退した。しかし一九七〇年代半ば頃から、「ブラジルの奇跡」と呼ばれた高度経済成長が鈍化すると、軍事独裁体制への国民の不満が表面化した。一九七九年に多数政党制へ移行するなど、一九八〇年前後から軍事政権による政治の自由化が進むとともに、国民側からの民主化運動も活発化した。そして、一九八五年の民政移管、一九八八年の「市民の憲法」と称される新憲法の制定、一九八九年の国民の直接選挙による大統領選出など、民主的な政治制度が整備されていった。

一九八〇年代は、民主化運動や軍事政権の終焉、民主主義制度の再構築に象徴されるように、ブラジルにとって政治をめぐる一〇年間であった。その後もブラジルでは、政治の実践を通して制度の調整などが行われ、中道左派的な政党が主流を占める安定的な政党政治とともに、主に地方レベルで市民参加型を特徴とする民主主義が定着していった。

ただし一九八〇年代は、経済に関しては巨額の対外債務やインフレに苦しみ、「失われた一〇年」と呼ばれる時代であった。民政移管後初の直接選挙で誕生した新政権は、一九九〇年から経済自由化政策を打ち出したが、インフレ抑制を目的とした資産凍結やデノミなどのショック療法が失敗し、インフレは一九九三年に約二五〇〇％にまで達した。しかし一九九四年、現在の通貨となったレアルの導入により、ようやく長年の念願だったインフレの終息に成功した。その後もカルドーゾ政権（一九九五～二〇〇二年）のもと、マクロ経済の安定に努めるとともに、外資の誘致や国営企業の民営化など経済の自由化を断行し、グローバル化する経済との結びつきを強めていった。アジア通貨危機などの影響から一九九九年に為替の変動相場制への移行に踏み切ったが、インフレと財政に関する目標設定をはじめ、経済の安定とその後の高度成長の基礎を築いた。

一九九〇年代は様々な試行錯誤の後、新通貨レアルの導入計画、経済の自由化、変動為替相場およびインフレと財政の目標設定という経済運営の三本柱の採用により、危機的状況だった経済の安定化を実現した。したがってブラジルにとって、経済の根本的な制度を整備した一九九〇年代は、経済をめぐる一〇年間だったといえる。

二一世紀に入った頃、ブラジルでは過去に混乱していた政治や経済の安定度は増したが、社会における貧困や不平等の改善はあまり見られていなかった。このような状況下で、左派政党といわれる労働者党（PT）のルーラ政権（二〇〇三～一〇年）が誕生し、貧困世帯に対して子どもの通学や予防接種を条件に現金を支給する「ボルサ・ファミリア（家族手当）」プログラムを中心に、貧困撲滅のための社会政策を積極的に展開した。このような特定の条件を付して貧困層に現金を給付する選別的な社会政策は「条件付現金給付」（CCT）政策と呼ばれ、カルドーゾ政権の後半から試みられていたが、ルーラ政権はそれらを継続した上でより積極的に推し進めた。また、法律で決められた最低賃金（二〇一四年一月時点で約三〇〇米ドル）の金額が物価上昇率より高く引き上げられたことに加え、民主化の定着やコモディティ輸出などによる経済成長の恩恵に低所得層も与ることができたため、国民の社会経済的状況が底上げされ、貧困層の社会上昇により増加した中間層が国民の半数以上を占めるようになった。

二〇〇〇年代初頭において、条件付現金給付政策を中心とした政府の積極かつ継続的な取り組みもあり貧困削減が進み、図12－1のように

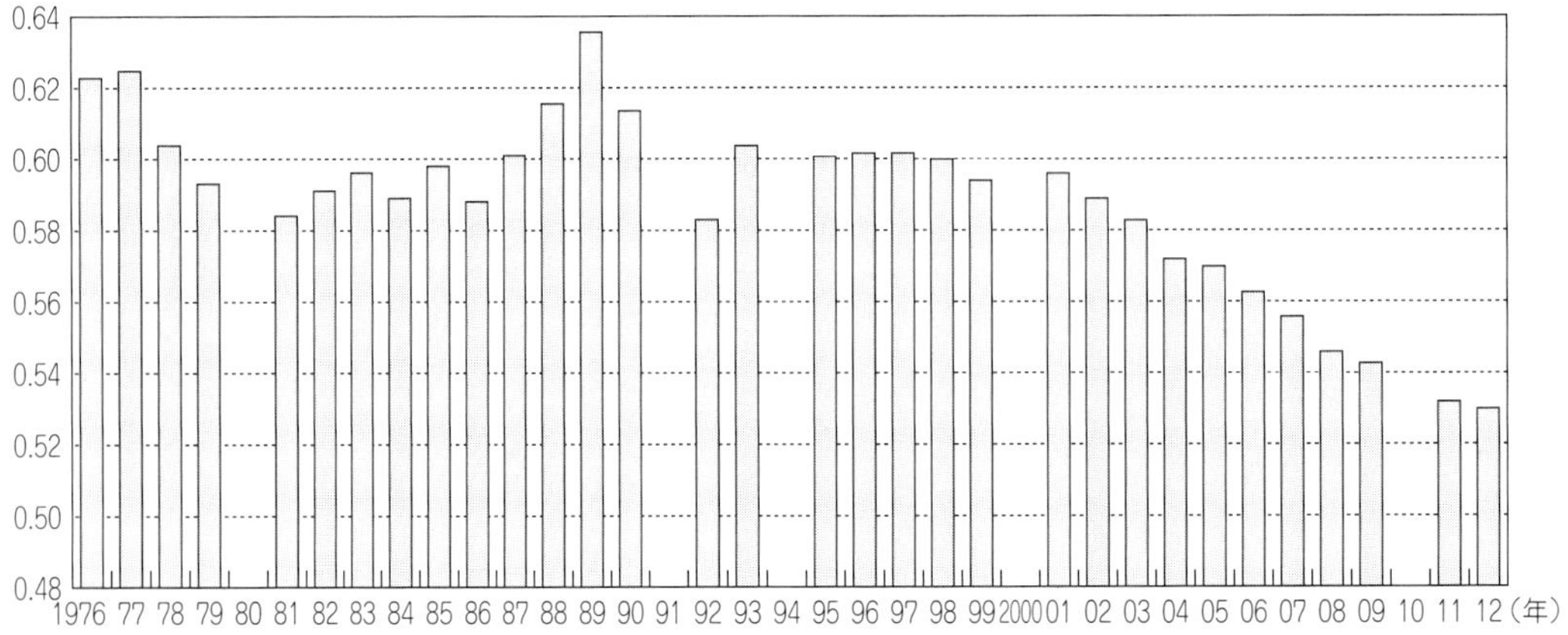

図12－1　世帯１人当たり所得のジニ係数の推移（1976～2012年）

注：数値のない年はPNADが実施されず。

出所：ブラジル地理統計院（IBGE）の全国家計サンプル調査（PNAD）をもとに，応用経済研究所（IPEA）が算出。

国民の格差是正という変化が見られた。したがって、かつてブラジルの悪しき代名詞でもあった不平等が是正されたこの時期を、社会をめぐる一〇年間と捉えられよう。ただし、この社会における不平等の是正が進んだ一〇年とは、それ以前の政治経済の各一〇年で築かれた諸制度を礎石として実現されたといえる（近田 2013）。

「新しいブラジル」

ブラジルは一九八〇年代以降の各一〇年間で、政治の民主化、経済の安定化、社会の不平等是正という、国家としての構造的な改革を連続かつ継続的に実現した。そしてこれらの成功をもとに、外交面でも世界におけるプレゼンスを増大させた。ブラジルの国際的な影響力は主にルーラ政権の独自外交により高まったとされ、具体的にはＢＲＩＣＳの一角としての台頭、ＷＴＯ交渉などでの新興途上国リーダーおよび左傾化したラテンアメリカと欧米の間の仲介者としての役割、サッカーのＷ杯やリオデジャネイロ五輪の開催の獲得、国際援助の受益者から供与者への転換などが挙げられる。

また、主に政治に関する変化ではあるが、社会福祉と深く関連する参加型行政も、近年のブラジルの特長として挙げることができる。ブラジルでは一九八八年の新憲法でより広範な市民の政治参加が謳われ、民主化の進展とともに一九九〇年代以降、地方自治体を中心に参加型の行政スタイルが普及している。参加型行政は、社会的に排除されている人々の利益も政治に反映させるべく導入が試みられ、社会的弱者をめぐる福祉の向上が期待されている。具体的な例としては、世界的にも知られるようになった参加型予算の他、保健医療、居住インフラ、学校教育といった行政サービスの提供を政府と市民団体などが協同で行う政策がある。より制度化された参加型行政としては、政府が作成した都市計画のマスタープランを公聴会で市民が採決を行う「都市マスタープラン」や、政府や専門家に加え市民の代表も参加して政策の様態について討議や決議を行う「審議会」がある。特に審議会は、連邦、州、市の三つのレベルで社会分野を中心に様々なテーマのものが存在し、国民の社会福祉の向上に貢献している（近田 2012: 43-47）。

本節で列挙したブラジルの様々な変容が、二〇〇五年のＩＭＦ融資の完済や二〇一〇年の七・五％をはじめとする高いＧＤＰ成長率と相俟って、世界からより多くの関心を集めるようになった。そして、このようなブラジルを新たな国家として構造的に変化した「新しいブラジル」（The New Brazil）と捉え、分析や解説を行った研究がいくつか発表された。それらの主な論点は、近年における様々な分野での制度整備、それらのプロセスの連続性、グローバル化した世界へ向けた方向性などに要約できる。また「新たしいブラジル」は、カルドーゾ政権を出発点として、急進左派から現実主義的な路線へ方向転換した労働者党の、カリスマ的なリーダーであるルーラ大統領のもとで現出したとされる（Fishlow 2011）。

2　ブラジルの社会福祉

本節では「新しいブラジル」の社会福祉に関して、教育、保健医療、年金、社会扶助・貧困対策、労働・雇用に焦点を当て、その制度や現状について概説する。

教　育

はじめに、ブラジルの現在の学校教育制度を説明する。ブラジルでは、日本の小中学校に相当する義務教育は初等教育学校（六〜一四歳の九年間）で、その他の就学前教育の幼稚園や、日本の高校に相当する中等教育学校（一五〜一七歳の三年間）、高等教育である大学や大学院、更に、特殊教育、職業教育、識字教育などの学校がある。公立の初等教育は設立当初から基本的に無償だったが、一九六九年公布の憲法により中等や高等教育も含む全ての公立学校の無償化が進められていった。教育省のセンサスによると、公立と私立の割合は二〇一二年時点で、初等教育（公立：八四・八％、私立：一五・二％）、中等教育（同七一・〇％、二九・〇％）、高等教育（同一二・六％、八七・四％）となっている。

　近年、義務教育の就学率が九〇％台後半に達するなど、教育状況が漸次改善してきたブラジルにおいて、一九九六年が更なる教育の普及にとって重要な年となった。一九八八年憲法が推奨した地方分権化との関連から、一九六一年制定の「教育方針基本法」（LDB）が、初等教育を市政府、中等教育を州政府、高等教育を連邦政府が主管するよう一九九六年に改正されたからである。また、「初等教育の維持発展と教員向上基金」（FUNDEF）が設立され、資金面などで初等教育制度が強化された。これらの制度改革を行ったカルドーゾ政権は、一九九四年から地方自治体で開始されていた条件付現金給付政策の児童就学支援策「ボルサ・エスコーラ」を二〇〇一年に全国展開するなど、初等教育の発展に取り組んだ。カルドーゾ政権は、一九九八年の「全国中等教育テスト」（Enem）の導入や私立大学の増設など、初等教育以外の教育普及にも尽力した。

　次のルーラ政権は、公立大学の増設とともに、二〇〇四年に奨学金を柱とする「大学促進プログラム」（ProUni）を創設したり、二〇〇九年に全国中等教育テストを大学入試とリンクさせたり、高等教育の発展に尽力した。ただしルーラ政権の功績として、ボルサ・エスコーラなど既存の条件付現金給付政策を二〇〇三年にボルサ・ファミリアへ統合し、初等や中等教育を量的に向上させた点も挙げられる。ルーラ政権の後継である同じ労働者党のルセフ政権（二〇一一年〜）は、海外留学支援策「国境なき科学プログラム」を二〇一一年から展開したことをはじめ、高度な技術を有する有能な人材育成にも努めている。

　教育分野の問題としては、進級の難しさがまず挙げられる。ブラジルの学校での進級には、試験や出席率など一定の条件を満たさなければならない。教育省のデータによると、二〇一二年の進級率は初等教育で八八・二％（中途退学：二・七％）、中等教育で七八・七％（同：九・一％）であり、進級の難しさおよび中途退学の問題が看過できない。また、公立と私立の学校教育の格差も問題であり、進級率に関して、初等教育（公立：八六・九％、私立：九六・三％）と中等教育（同：七六・五％、九三・四％）とも公立学校が私立より低くなっている。このことは、政府の支援で数量的に普及した公立の学校で就学しても、学力の向上があまり期待できない現状を示している。その一例として二〇一一年時点で、初等教育修了年齢に当たる一五歳以上の国民のうち、二〇・四％が日常生活で必要な読み書き能力が不十分な機能的文盲だとされる。

　公立と私立の格差は、初等・中等教育と高等教育のねじれとも関連している。ブラジルの公立高等教育は、無償で概して教育レベルが高いが数量的には圧倒的に少ない。一方の初等・中等教育は、数量的に多い公立学校は無償だが概して教育の質に問題が多いため、数量的に少なく教育費の高い私立の学校を卒業しなければ、無償でレベルの高い公立大学へ入学することは難しい。政府も公立の初等や中等教育に対し様々な支援を行っているが、改善すべき問題は山積している（近田 2013: 123-125）。

保健医療

　ブラジルでは、全国民に対して無料で保健医療サービスを提供する点で、一九九〇年に導入された公的医療制度「統一保健医療システム」（SUS）が決定的に重要であった。以前のブラジルでは、政府や民間の医療保険制度は一部の正規部門労働者とその家族や富裕層が対象であり、そこに含まれない多くの国民は保健医療サービスへのアクセスが限られるか、皆無に等しい状況にあったからである。

統一保健医療システムは一九八八年憲法で創設が明記されたが、保健医療サービスの資金、技術、管理運営面などに関して、同じく同憲法により一九九〇年代から着手された地方分権化と深く関連している。そのため同システムは創設された後も、実際に地方自治レベルで実践的に機能するまで試行錯誤が繰り返されている。統一保健医療システムによるサービスは、公的医療機関だけでなく民間にも一部導入されている。そのため保健省のデータ（DataSUS）によると、国民のほとんどが何らかのかたちで統一保健医療システムを利用しており、また、その約八〇％が同システムのみの利用者であることから、同システムが如何に重要な制度であるかがわかる。

統一保健医療システムの導入とともにブラジルでは、予防医療を含む基礎的なサービスが優先的に整備されていった。これは同システム以前、多くの国民が基礎的なサービスさえ享受できない状態にあったことや、基礎的医療の普及が国民の健康促進や医療費削減につながると考えられたからである。一九九一年、はじめに導入された「保健コミュニティ・ワーカー」は、医師のような専門家ではなく、保健医療の訓練を受けた地域住民が地元コミュニティの健康の管理や促進を行う市民参加型の政策である。一九九四年に保健コミュニティ・ワーカーは、より高度な技術などを備えた保健医療チームで構成される「家族保健プログラム」へと発展的に包含された。また、保健医療を国民の権利と捉えるブラジルは、人権や人命を製薬会社の特許権より優先し、一九九六年に抗エイズ・HIV治療薬のジェネリック薬の国内生産と無料配布を開始して世界の注目を集めた。

ただし統一保健医療システムには、提供できるサービスが必ずしも十分ではないという問題がある。制度としては全国民を対象とする無償の保健医療サービスが構築され、数量的な整備も進んだが、実践面で必要なサービスを受けるには多大な時間や労力が必要であったり、受けられる治療では健康が十分に回復しなかったりする問題が指摘されている。その一要因として、統一保健医療システムの資金不足が挙げられる。ブラジルには以前、同システムの施行や整備を目的とした暫定的な特殊税金があった。しかし、その使途が保健医療以外にも流用され曖昧化したこともあり、二〇〇七年末に同税金は廃止されることとなった。そのため、保健医療統一システムの質的な改善には原資が不足していることもあり、問題の是正は容易ではない。

また、公的な保健医療制度と民間の医療保険が提供するサービスとの間の格差も、大きな問題となっている。基礎的なサービスに関しては公的医療機関の整備がより進んでいる一方、より特殊かつ高技術なサービスは民間の施設に集中している。民間の医療機関やそのサービスを利用するためには、有料の民間の医療保険への加入が必要な場合がほとんどだが、民間医療保険の保険料は概して高額である。そのため、民間医療保険への加入率は国民の約四分の一にとどまっている。つまり、ブラジルでは統一保健医療システムの導入と整備により、制度的には誰もが保健医療サービスを享受できる環境が整備されたが、実際には民間の医療保険へ加入しているか否かで享受できるサービスの質や量が大きく異なっている。そして、民間医療保険に加入している国民は少数派だというが現状となっているのである（近田 2013: 125-127）。

年金

ブラジルでは一九二三年に最初の年金制度が一部の主要企業を対象に創設され、その後、対象の企業や産業が漸次拡張されていった。高齢者（六

○歳以上）の非拠出型も含めた年金等のカバー率は、政府研究所（ＩＰＥＡ）のデータによると近年常に九〇％を超えている。そのため年金に関しては、全国民の包摂を目指す普遍化とともに格差の是正が近年の焦点になっている。このような状況から、年金支給額の下限を最低賃金と定めた一九八八年憲法をもとに、より貧困な農村部での年金普及に寄与した「農村年金」、および、カルドーゾ政権とルーラ政権による年金制度改革が特筆に値する。

ブラジルでは、農業従事者の多くが非正規部門であり年金制度も未整備だったため、農村部がより貧困な状況に置かれていた。農業等労働者に対する年金としては、一九七一年に「農村扶助プログラム」という制度が開始されたが、対象が男性に限定されていたことに加え保険料の納付が必要であり、支給額も最低賃金の半分と少額だった。そのため、国民に対する年金の普遍化という観点から、通称「農村年金」と呼ばれる制度が一九九二年に導入された。農村年金は、六〇歳（女性は五五歳）以上で基本的に一五年以上農業等に従事した者に対し、保険料を納付していなくても最低賃金額を支給するものである。農村年金は最低賃金額を保障した点で、年金の普及が遅れていた農村部の高齢者の貧困削減に寄与した。ただし、農村年金は二〇一〇年末で新規の申請受付が終了し、現在は既存分のみが支給されている。

格差是正に関しては、公務員の年金制度改革が挙げられる。ブラジルの年金制度は概して民間労働者より公務員を優遇しているため、一九八八年憲法で明記した社会的公正や増加する年金財政の赤字削減という観点から、カルドーゾ政権（民間労働者も含む年金）とルーラ政権において、官民格差の是正を目的とした年金改革が行われた。一九九九年に終了したカルドーゾ政権の改革では、それまで支払う必要のなかった保険料の納入や、勤務年数から保険料納付年数への変更など、年金の受給資格に関する改定が行われた。また、二〇〇三年末に決着したルーラ政権の改革では、年金受給開始年齢の引き上げや退職公務員からの保険料徴収などが断行された。

年金に関する問題点としては、年金財政における赤字額の増加が指摘できる。財務省のデータによると、民間労働者の年金赤字額は、保険料徴収の厳格化や支給額の見直しを行った成果が出始めたこともあり、最近は横ばい傾向にある一方、公務員年金の赤字額は、二度の改革にもかかわらず右肩上がりで増加している。また、ブラジルの年金制度は基本的に、支給する年金の原資を現役世代の保険料で賄う賦課方式のため、年金の赤字部分は国家の財政で補填することになる。それにもかかわらず、全人口に対する高齢者の割合は一九七〇年の五・一％（約四七二万人）から二〇一〇年の一〇・八％（約二〇五九万人）に上昇した一方、十四歳以下は四二・〇％（約三九一三万人）から二四・一％（約四五九三万人）に低下し、ブラジルでも少子高齢化が進んでいる（ＩＢＧＥ）。そのためブラジルの年金制度は、長期的な展望も含めた更なる改革が必要となっている（近田 2013: 127–129）。

社会扶助・貧困対策

近年のブラジルの社会扶助・貧困対策は、一九九三年の「社会扶助基本法」（ＬＯＡＳ）をベースとしている。社会扶助基本法は、一九九〇年代後半から普及が進んだ選別的な条件付現金給付政策の法的根拠ともなった。

社会扶助基本法をもとに制度化された主な社会扶助に、一九九六年の「継続扶助」（ＢＰＣ）がある。継続扶助は、一人当たりの月額世帯収入が最低賃金の四分の一未満で、勤労が不可能な高齢者と障害者に対し最低賃金額を支給するものである。一九九六年の開始当初、対象高齢者の受給年齢は七〇歳だったが、一九九八年に六七歳、二〇〇四年に六五歳へと引き下げられたため、受給高齢者にとって保険料の納付が不要な非拠出型の年金とほぼ同様な機能を果たしている。支給額が最低賃金と同額の継続扶助は、最低限ではあるが年金のように生計の維持を保障し得るため、支給額が少額の条件付現金給付政策より普遍主義的な社会扶助だといえる。同様の社会扶助としては、「終身所得扶助」（ＲＭＶ）が一九七四年から存在していたが、支給額が最低賃金の半分で受給条件もより厳しいものであり、継続扶助の創設により廃止され、現在は既認可分のみが継続支給されている。

また、貧困世帯に対する条件付現金給付政策が、はじめは地方レベルで施行され、のちに全国レベルへと拡大されていった。それらには、先述のボルサ・エスコーラや一九九六年の「児童労働撲滅プログラム」などがあり、二〇〇三年にボルサ・ファミリアへ統合され大々的に実施されるようになった。ボルサ・ファミリアは、対象とする世帯を一人当たりの月収により、七〇レアル（二〇一四年三月時点で一米ドルが約二・三レアル）以下の極貧世帯と七〇～一四〇レアルの貧困世帯に分け、子どもの就学や予防接種を条件に現金を給付する。受給者の大半が家計を管理する母親である点や、専用カードを使い銀行のＡＴＭで現金を直接受け取ることができる点などを特徴としている。

支給額は子どもの数や年齢により異なるが、極貧世帯の場合、子どもや妊婦の有無にかかわらず基礎的な扶助として七〇レアルが支給される。対象年齢が二〇〇八年に一五歳から一七歳へ引き上げられるなど、支給額や受給条件は物価上昇などで漸次調整されてきた。二〇一四年一月時点での支給額は、基礎的な七〇レアル、一五歳以下の子どもや妊婦一人に対する三二レアル（最高五人）、一六歳と一七歳の子ども一人に対する三八レアル（最高二人）となっている。また、総受給額は最小三二レアルから最大三〇六レアルで、その平均額は政府によると二〇一三年一〇月時点で約一五三レアルであった。ボルサ・ファミリアは二〇一二年末において、政策対象として想定する貧困世帯数に相等する約一三九〇万世帯が受給し、ブラジルの三人に一人が受益者となるまでに普及している。

ルーラ政権を継承したルセフ労働者党政権は、ボルサ・ファミリアを継続して実施するとともに、対象を〇～六歳へと拡張した「愛情あるブラジル・プログラム」を二〇一一年に開始した。同プログラムは、〇～六歳の乳幼児をもち、ボルサ・ファミリアをすでに受給していても世帯の一人当たり月収が七〇レアルを上回らない世帯を対象に、実際の世帯一人当たり月収と七〇レアルとの差額を支給するものである。

ボルサ・ファミリアに代表される条件付現金給付政策は、教育や保健医療など人的資源の形成につながる分野での活動を条件に貧困層へ現金を給付するもので、人的資本への投資により貧困の連鎖を断ち切ることを一つの目的としている。また、特定の貧困層に対象を絞るため選別的である点や、支給額の少なさや直接支給によるコスト削減により財政負担が少ない点から、効率性を重視する新自由主義的な要素の強い政策である。ルーラ政権の八年間において、条件付現金給付政策の普及、普遍的な社会保障の整備、高い経済成長などの様々な要因により、約三〇〇〇万人が新中間層として貧困層から社会上昇を遂げたとされる。

更に、社会扶助の様々な政策やサービスを制度的に一本化すべく、同分野の地方自治体の管理運営に市民社会が参加する「統一社会扶助システム」（ＳＵＡＳ）が、二〇〇五年に創設された。同システムはほぼ全ての地方自治体で導入されるとともに、社会扶助サービスの拠点として全国各地にセンターが設置されている。それらには、基礎的な社会扶助事業を担当する「社会扶助センター（ＣＲＡＳ）」と、特殊な事業に特化した「特殊社会扶助センター（ＣＲＥＡＳ）」の二つがあり、これらを拠点として様々な社会扶助事業が展開されている（近田 2013：129-132）。

労働・雇用

ブラジルの労働や雇用は、一九四三年の統合労働法（ＣＬＴ）を法律に関する根幹として、退職を余儀なくされた場合などに利用可能な企業側の積立金（勤続期間保証基金：ＦＧＴＳ）が一九六七年に創設され、一九八六年には失業保険が制度として初めて導入された。一九八八年憲法以降は、労働や雇用の柔軟化を目的とした様々な改革が行われてきた。その背景には、ストライキの禁止や正規の組織労働者を介したコーポラティズム体制を構築した軍政期とは異なり、政治的な民主化が定着していったことがある。また一九九〇年代半ば以降、インフレ抑制など経済の安定化に成功したことで、グローバル化する世界経済との結びつきを考慮に入れ、政府や企業が中長期的な展望に立った計画の策定が可能になり、サービス産業を中心に正規雇用が増加するなど産業構造の変化が見られた点も挙げられる。

まず賃金に関して、以前の賃金交渉では政府の介入影響力が甚大だったが、一九九四年に物価スライド制賃金が廃止されたことで、景気や労働市場の動向に基づき労使間で決定できるようになり、柔軟化が実現された。時間に関しても柔軟化が行われ、一九九八年に導入された期間フレックスタイム制により、生産サイクルに合わせた労働時間の調節が可能となった。同時期には、パートタイム契約や日曜労働の自由化も施行されている。また、数量的な労働や雇用の柔軟化も実施された。この背景には、企業が労働者を雇用する際に「社会的負担」の名目で課される保険などの非賃金コストがある。このような費用は、ブラジルで生活や活動する際に必要な特有の「ブラジル・コスト」と呼ばれ、正規の雇用で顕著なため産業のインフォーマル化を促す要因となっていた。そのため、企業の非賃金コストの軽減を目的として、カルドーゾ政権において期間労働契約制、短期労働の期間延伸、レイオフ制度などが導入された（上谷 2007：112–119）。

また、職業教育と社会福祉を結びつけたという点で、一九九五年の「労働能力向上計画」（ＰＬＡＮＦＯＲ）も注目に値する。同計画は職業教育を市民の権利として捉え、社会経済的な弱者である場合の多い低学歴者、高齢者、女性、黒人・褐色人、青少年などの社会集団を重点的な対象として実施された。このような人々に対して、雇用吸収力の高い農業やサービス業といった産業分野を主な対象に、労働能力向上や雇用獲得を目的とした訓練や支援が行われた（小池 2001：126–135）。その後の労働者党政権でも同様の施策として「国家職業訓練計画」（ＰＮＱ）が実施されており、貧困層の社会的な包摂を支援する社会福祉的な側面が顕著となっている。

更に、貧困な女性をめぐる雇用・労働の変化として、家政婦に対する労働条件の改善を挙げることができる。他の諸国と同様、ブラジルで家政婦に従事している女性は貧困層であることが多く、低賃金でインフォーマル部門であったりするなど雇用労働条件は恵まれていない場合が多い。ブラジルでも雇用の正規化、年金の保障、労働時間の制限、賞与の義務化など、家政婦を取り巻く状況の改善が漸次試みられ、二〇〇一年には失業保険も導入された。しかし二〇一二年において、インフォーマル部門を除く正規雇用の家政婦は約二百万人で、そのうち失業保険を有していたのは約二万三七〇〇人のみだったとされる（O Globo, 二〇一三年四月三日）。そのため二〇一三年、家政婦の労働をめぐる条件や権利を向上させる法案が可決され、賃金に関して下限額を法定の最低賃金額にすることや減額を禁ずること、超過勤務や有給休暇を義務づけることが定められた。

3 ブラジルの福祉レジームと今後

前節までで概観した近年のブラジルの変化、および、社会福祉をめぐる状況を念頭に入れ、本章の最後においてブラジルの福祉レジームについて考察する。そして、二〇一三年に発生し全国規模へ拡大した抗議デモを取り上げ、ブラジルの社会福祉の今後について一考する。

ブラジルの福祉レジーム

福祉国家のレジームについてエスピン－アンデルセン（1990）は、社会的権利の強さと関連する「脱商品化」、および、社会的階層化との連帯という二つの指標を基準として、三つのレジームを提示している。それらは、高度な脱商品化と普遍主義的な連帯に立脚した社会民主主義、権利が雇用と拠出に基づくコーポラティズム型の保守主義、市場を重視する個人主義的な自由主義である（エスピン－アンデルセン 2001：ⅳ－ⅵ）。

この分類とそれに対する批判を考慮した上で新川（2011）は、脱商品化と脱家族化という概念をもとに福祉レジームを類型化し、福祉国家を比較分析する枠組みを提示している。新川は、脱商品化を「労働市場において自らの労働力を売り、生活の糧を得ることが基本となった社会で、何らかの事情によって労働力を商品化できなくなったとき、市場外で生活を営む権利を保障すること」と定義している（新川 2011：7）。脱家族化については、「家族労働という無償労働に携わり、その結果として有償労働を行う男性への従属を余儀なくされる女性の状態を改善しようとする政策であって、家族そのものを否定するものではない」と述べている（新川 2011：14）。そして福祉レジームを、脱商品化と脱家族化の高い社会民主主義、脱商品化が高く脱家族化の低い保守主義、脱商品化が低く脱家族化の高い自由主義というエスピン－アンデルセンの三つに、脱商品化と脱家族化の低い家族主義を加えた四つに分類している。この家族主義レジームでは、社会保険による保障のレベルが低い小さな福祉国家にとどまり、女性による無償の家事労働が期待される（新川 2011：16-17）。

また、新川は福祉レジームの再編を考えるにあたり、「国家、市場、家族」という福祉トライアングルの主体に、「共同体」を加えた福祉ダイヤモンドが有効だと説く（新川 2011：11）。本書の総論で「共同体」について、それは伝統的な運命共同体ではなく、任意の選択である「共同体＝協同体」だとして、近年、自発的結社が行政と協力することで構築される地域的福祉ネットワークの重要性を指摘する。そして福祉国家が見直されるなか、このような協同体が、新たな民主主義の可能性を提供する点などから、レジームを問わず注目されると論じている。このような視座は、ブラジルをはじめとするラテンアメリカの福祉をめぐる議論の中にも、ギデンズ（1998）の「第三の道」を基盤とする新たなパラダイムとして見出すことができる（篠田 2001）。

以上の新川による福祉レジームの分析枠組みを用いて、社会福祉に関する個別分野の制度や現状、および、本章で概説した「新しいブラジル」とも称される近年の発展を踏まえながら、ブラジルという国家を対象とした福祉レジームについて考察する。その際、ブラジルをはじめとするラテンアメリカ諸国の社会福祉は、正規部門をはじめとする社会保障制度の整備が早期から始まり、経済的には輸入代替工業化、政治的にポピュリズム政権による国家コーポラティズム的指向の影響を受けてきた点に留意する（宇佐見 2003）。

ブラジルの社会福祉を脱商品化の観点から捉えると、その度合いは高いといえよう。特に年金に関して、継続扶助の施行により非拠出型も含めた年金等のカバー率は九〇％を超えている。また、失業保険の整備や条件付現金給付政策の大規模な実施により、貧困層を含めた国民全体の所得保障が進んだ。一方の脱家族化に関しても、その度合いは高いと考えられる。女性を含む社会経済的な弱者への職業訓練の実施や家政婦の労働条件の改善など女性の労働力化が進められるとともに、母親に現金を直接支給するボルサ・ファミリアのような女性の従属的な状態の改善を支える政策が施行されている。これらの点から、近年のブラジルでは、社会民主主義的な福祉レジームの構築が試みられてきたといえよう。

その背景として経済的には、政府の経済自由化政策でグローバル化する世界経済との結びつきを強めたことにより、新中間層をはじめ社会保険の対象である正規雇用者が増加した点、また、新自由主義的な商品化の傾向も見られたが、社会保障の普遍化と選別的な社会政策による格差是正という政府の役割も増大した点を挙げることができる。このような政府（国家）と市場のバランスに立脚する発展モデルは、「第三の道」を重視したカルドーゾ政権下で「社会自由主義」と呼ばれた（小池 2014）。

政治的要因としては、軍政から民政に移行した後、「市民の憲法」と称される社会権をはじめ国民の権利を尊重した憲法を制定し、その憲法をもとに政治の制度や国民の意識において民主主義が定着した点が挙げられる。この民主化の過程を通して、大小様々な政党が存在するもののイデオロギーは中道左派が主流となり、現実主義的な路線に方向転換した現政権与党の労働者党を中心に、政党政治が機能するようになった。また政治的リーダーシップに関して、社会福祉をはじめ様々な分野の改革や制度整備を実現したカルドーゾとルーラという二人の大統領の存在は非常に大きい。さらに、本章で取り上げたブラジルで普及が進む参加型行政は、新川が論じるような協同体と行政の協力に基づいており、特に社会的弱者をめぐる福祉の向上にとって新たな可能性を示唆していよう。

社会構造的な要因としては、人口の少子高齢化が進んでいる点が挙げられ、これに対して社会や個人の権利を政府が保障すると憲法で定めたように、賦課方式の年金や無償の保健医療といった公的な制度の構築と整備が行われた点が注目される。また、近年減少傾向にはあるがジニ係数が依然〇・五を上回るなど社会の不平等が大きいことや、二〇一二年の政府歳入の対GDP割合が約三八％（IMF算出）に達するなど「小さな政府」ではないことも、影響を与えていると考えられる。

今後を左右する抗議デモと選挙

このように近年のブラジルでは、社会民主主義的な福祉レジームの構築が試みられ、国民の社会福祉が向上したといえる。ところが二〇一三年の六月、全国で一〇〇万人以上が参加した抗議デモが突如発生した。抗議デモははじめ、サンパウロ市における公共交通機関の日本円換算で一〇円ほどの運賃値上げに反対する小規模なものであった。主な参加者は、バスや電車を多く利用するため経済的負担の大きい低所得層や、公共交通の無料化を目指す社会運動団体であり、当初はサンパウロ市に限定された散発的なデモと捉えられていた。

しかし、抗議デモはその後、国民のなかに潜在していた様々な不満やストレスを爆発させる引き金となり、全国の主要都市に拡大したため社会は一時大きく混乱した。それら国民の不満は、整備の遅れや渋滞をはじめ都市交通をめぐるストレス、サッカーのワールドカップ開催への反対、汚職や政府主導の改革案をはじめとする政治に対する不信、人権侵害や治安対策への批判などに加え、教育と保健医療の改善が一つの重要な焦点となり、国民から政府に向けて強く主張された。

近年のブラジルでは政府による社会福祉の整備が進んだが、本章で指摘したように、教育と保健医療は依然様々な問題を抱えている。特に官民の格差が大きく、質は良いが費用の高い民間部門のサービスを利用できるか否かで、国民間に不平等が存在する。そのため今回の抗議デモでは、教育と保健医療への投資拡大が主張され、抗議デモ発生後の世論調査でも、不満に思う政府の対策として、一番が保健医療（七一％）、二番が治安対策

（四〇％）、三番が教育（三七％）という結果となった（CNI-IBOPE）。

政府は抗議デモの拡大を受け、教育に関して、石油採掘全体から得られる全ロイヤルティーの七五％を教育に向ける法案を可決するなど、国民の要望に応えるべく取り組んでいる。保健医療に関しては、同様のロイヤルティーの二五％を保健医療へ向ける法案を可決するとともに、国内の医師不足が深刻なため外国人医師を導入することや、医療教育や同分野への奨学金を拡充させる「医師増員プログラム」を実施した。

ブラジルで抗議デモが全国規模にまで達したのは、一九九二年の大統領の汚職をめぐる弾劾運動以来、約二〇年ぶりであった。今回の抗議デモの要因として、近年の社会政策や経済成長の恩恵を受け、全国民の半分以上となった中間層が社会福祉に対するニーズを高めた一方、現実と高まったニーズとの間に大きなギャップが存在することが考えられる。

ブラジルでは二〇一四年一〇月、大統領をはじめとする国会議員、州の知事・議会議員を選ぶ総選挙が実施された。政府はすでに今回の抗議デモの要求に対応しているが、政権交代の可能性がある総選挙との関連から、先送りや中断された問題もある。したがって今回の選挙は、今後ブラジルが抗議デモでの国民の声をいかに政治へ反映させ、どのような社会福祉を構築していくかを左右するものでもあり、大いに注目された。そして、政府や専門家も予測できなかった抗議デモの発生後に行われた大統領選は、ブラジル史上最も僅差で勝敗が決まり、まるで国民の意見が二分しているかのような結果となった。「新しいブラジル」は近年、社会民主主義的な福祉レジームの構築を試みてきたが、高まった国民のニーズと不満の爆発により、岐路に立たされることになったといえよう。

【参考文献】

上谷直克（二〇〇七）「ブラジルの労働・社会保障改革——国家コーポラティズムの呪縛」宇佐見耕一編『新興工業国における雇用と社会保障』研究双書五六五、日本貿易振興機構アジア経済研究所、一〇三〜一四六頁。

宇佐見耕一（二〇〇三）『新興福祉国家論——アジアとラテンアメリカの比較研究』研究双書五三一、日本貿易振興機構アジア経済研究所、三九一頁。

エスピン‐アンデルセン、G.／岡沢憲芙・宮本太郎監訳（二〇〇一）『福祉資本主義の三つの世界——比較福祉国家の理論と動態』ミネルヴァ書房（Gøsta Esping-Andersen〔1990〕*The Three Worlds of Welfare Capitalism*, Cambridge: Polity Press）。

ギデンズ、アンソニー／佐和隆光訳（一九九九）『第三の道——効率と公正の新たな同盟』日本経済新聞社、二八五頁（Anthony Giddens〔1998〕*The Third Way*, London: Polity Press）。

小池洋一（二〇〇一）「ブラジルの職業教育制度改革——社会自由主義的国家への課題」宇佐見耕一編『ラテンアメリカ福祉国家論序説』研究双書五一五、日本貿易振興機構アジア経済研究所、一〇七〜一三八頁。

——（二〇一四）『社会自由主義国家——ブラジルの「第三の道」』新評論、二三八頁。

近田亮平（二〇一二）「ブラジルにおける参加型行政と貧困高齢者の政治参加——サンパウロ市の住宅審議会と貧困高齢者の社会運動」『アジア経済』第五三巻第六号、三五〜七一頁。

——（二〇一三）『躍動するブラジル——新しい変容と挑戦』アジ研選書三四、日本貿易振興機構アジア経済研究所、二二一頁。

篠田武司（二〇〇一）「ラテンアメリカにおける開発と福祉」宇佐見耕一編『ラテンアメリカ福祉国家論序説』研究双書五一五、日本貿易振興機構アジア経済研究所、三七〜六六頁。

新川敏光（二〇一一）『福祉レジームの収斂と分岐——脱商品化と脱家族化の多様性』ミネルヴァ書房、三三七頁。

Fishlow, Albert (2011) *Starting over: Brazil since 1985*, Washington, D.C.: Brookings Institution Press.

第13章 分断化された社会におけるメキシコ福祉レジーム

畑　惠子

メキシコでは社会保障制度が公務員・民間企業就業者を対象として整備される一方で、都市インフォーマル部門就業者、農民にはその適用はおろか、公的社会扶助さえもほとんど施行されないという福祉の二分化が長く続いた。本章では、近年の制度改革、法改革および条件付き現金給付政策などに焦点を当てて、一九八〇年代を分岐点とする福祉レジームの変容および継続性について考察する。

1 メキシコの福祉レジームをめぐる議論

ラテンアメリカ諸国の類型

メキシコの社会保障制度や社会政策を論じた研究は多数あるが、福祉レジームについては、ラテンアメリカ地域全体の議論のなかで断片的に言及されているにすぎない。同地域は一般的に、一九八〇年代までは家族主義の強い南欧型の保守主義レジームとして、一九九〇年代以降は自由主義レジームへの移行型として捉えられてきた。しかし、地域を構成する諸国の政治経済的な多様性、あるいは大規模な貧困層の存在や格差構造に起因する社会の分断という、欧米諸国にはみられない特殊性を考慮して、エスピン－アンデルセンの三類型を援用しつつも、地域独自のレジーム類型を構築するいくつかの試みがなされてきた。

たとえば、F・フィルゲイラは一九七〇年代のラテンアメリカ諸国の社会政策における福祉への予算配分に着目して、捕捉率、ベネフィット、要件、サービスの階層化の四項目に基づいて、①階層化された普遍主義、②残余的国家（公的資源の再分配の不在）、③二重型（都市部の階層化された普遍主義と農村部の排除）という三類型を提示した。メキシコは③に分類される。また一九八〇年代に経済危機への対応過程で、①は国家指向型と市場指向型に分岐したとされる。E・フーバーとJ・

スティーブンも、公的支出の水準と社会政策の目的の違い——社会的保護（年金など）か人的資源形成（教育・保健など）か——によって、地域諸国を四クラスターに分類した。

これらの研究が公共政策による資源の再分配およびその目的・方向性に焦点を当てたのに対し、I・ゴフとG・ウッドは、途上国には正統な国家や広範な労働市場があっても、これらのどちらにも守られていない人々が存在していることを重視した。アジア・アフリカ・ラテンアメリカ諸国において国家や労働市場に代わって福祉を生産するのは家族やコミュニティであり、このような福祉のあり方はインフォーマル・レジームとして類型化される。またマルティネス・フランソーニは商品化、脱商品化、脱家族化の三指標を用いて、ラテンアメリカ諸国を①国家—照準型、②国家—階層型、③インフォーマル—家族型の三クラスターに分類し、メキシコを②に含めた（Martinez Franzoni 2008: 68-71）。

こうした研究を踏まえて、一九八〇年代を分岐点とするラテンアメリカの福祉政策の転換を、「保守主義的／インフォーマル」から「自由主義的／インフォーマル」へ、さらには「自由主義的—インフォーマル」へという三段階のレジーム移行として整理したのがアルマンド・バリエントスである。

バリエントスのレジーム論

バリエントスは二〇〇四年の論文でインフォーマル・レジームを次のように説明する。それは、社会リスク認識が狭く、リスク対応が労働市場に依存している点において、エスピン－アンデルセンの自由主義レジームと共通する。だが社会扶助政策の不在と雇用の不安定さによって、リスク保障が家族・親族、知人、NGOなど、インフォーマルで寄せ集め的なネットワークに限定されている点で、自由主義レジームとは異なる。そしてインフォーマル・レジームをフォーマルな福祉生産制度を特徴づける保守主義、自由主義と組み合わせて、前述の移行パターンを提示した（Barrientos 2004: 140-141）。フォーマル、インフォーマルの区分は雇用に基づく。インフォーマル雇用とは自営業、従業員五人以下の零細企業での雇用、家事労働、無償労働を、フォーマル雇用とは公務員職、従業員六人以上の大中小規模企業、および自営専門職での雇用を指す。本章ではそれぞれの経済活動領域を「部門」と表記する。両部門ともに都市雇用であり、統計上も非農業人口に限定されている。

以下、バリエントスのレジーム論の概要を説明する。まず一九八〇年代までの「保守主義的／インフォーマル」レジームは、フォーマル部門就業者（主に男性稼得者）を通した家族支援という階層化された社会保障および雇用保障と、そこから排除されたインフォーマル部門という社会の二分化を特徴としていた。インフォーマル部門の社会リスクへの対応は家族福祉および不安定な労働への依存に限られていた。

一九九〇年代には社会保障制度や労働関係の改革を通して、「自由主義的／インフォーマル」レジームへと移行した。それは輸入代替工業化から輸出指向への経済政策の転換、権威主義的政治制度、所得・権力の不平等などといった地域固有の要因によって可能となった。労働市場の自由化はフォーマル部門に多大な影響を与え、インフォーマル雇用の増加だけでなくフォーマル雇用でありながら社会保障制度でカバーされない労働者の増加をもたらした。フォーマル／インフォーマルの境界線があいまいになり、労働市場の二分化による福祉の階層化が弱体化したのである。

他方、労働市場改革の影響がインフォーマル部門に直接的に及ぶことはなかったが、一九九〇年代末から最貧層家族を対象とし、主に子どもの教育と健康管理を条件に現金を給付するプログラムが始まった。それは家族の雇用状況とは無関係に、最貧という経済社会的な指標で給付対象を選出し、所得移転によって人的資源の育成を目的とする。従来、福祉政策への包摂と排除を決定してきたのは雇用形態に基づく基準であったが、それとは異なる基準の導入は、福祉の階層化装置としての労働市場の役割を弱めることになった。また先進国の自由主義福祉レジームの社会扶助は、受給者の労働意欲を損なわないように、労働市場に負の影響を及ぼすことがないようにデザインされ、働けるか否かを受給の基準として、あるいは就労を要件として実施されていた。しかしラテンアメリカの新政策にはそうした要件がなく、しかも教育・健康支援を通した将来の労働資源の確保を目的の一つとしている。このような意味で先進国とは異なる公的扶助政策といえる。

地域全体でこうした政策が広く採用されたことをもって、バリエントスは「自由主義的／インフォーマル」から「自由主義的―インフォーマル」レジームへの移行と捉える。「／」から「―」への置換は、フォーマル雇用に対する保護の低下と社会扶助プログラムの実施により、ラテンアメリカ諸国における福祉生産の分節化が変化していることを表す。そしてその要因は従来の労働市場による階層化機能の低下にあると結論づける(Barrientos 2009)。

バリエントスのレジーム論は次の二点で示唆的である。一つはフォーマル・インフォーマル各部門それぞれの変化だけでなくその関係性の変化をも踏まえて、レジーム変容を捉えていること、もう一つは貧困削減政策の独自性に注目していることである。しかし不足しているのは農業部門（農民）への言及である。メキシコの農村人口比率は二八％、農業の労働力比率は一三・四％と小さく、社会保障制度上の扱いはインフォーマル部門と同じである。だが政策実施の初期段階では農村部と都市インフォーマル部門の扱いは異なっており、両者を合わせて論じることはできない。したがって、本章では都市の二部門に農業部門（農民）を加えて、メキシコの福祉のあり方を考える。

2　制度的革命党（PRI）体制と福祉レジーム

組織労働者と社会保障制度

一九八〇年代までのメキシコの福祉レジームはPRI体制の下で形成された。それはフォーマル部門とインフォーマル部門を二分化し、前者のみを社会保障制度に包摂し、後者をその枠外におくものであった。PRIは一九二九年にその前身が結党されてから二〇〇〇年選挙で敗北するまで、連邦および地方政治をほぼ独占し、国家とほぼ一体化する体制を築いてきた。一九三八年の党再編では組織労働者、農民、公務員、軍部をそれぞれ四部会として党組織に組み込み、組合運動を国家の統制下においた。一九四九年の党再編で軍部会が廃止されると、労働、農民、一般（公務員）の三部会を包摂する現在のPRIが誕生した。組織労働者に関しては複数の連合組織があるが、最大のメキシコ労働者連合（CTM）および他のPRI系主要連合との調整機関である労働者会議（CT）が、すなわちCT-CTMと称されるPRI系労働団体が、政府、経営者団体との三者協議において労働の利益を代表した。統制と実利分配に基づくこのような国家コーポラティズム体制の下で政治は安定し、輸入代替工業化が進んだ。そして法的な労働保護と社会保障制度の拡充が組織労働者とPRI体制の同盟関係を補強した。

メキシコの社会保険制度は、政治経済的重要性が高く強い交渉力をもつ職能集団から整備された。まず一九二〇年代には連邦公務員、軍、教職員に対して、続いて一九三〇年代には石油産業、鉄道、一九四〇年代には電力などの主要な国営基幹産業において、年金、労災、医療などの社会保険が適用された。

一九四三年には連邦社会保険法が制定され、民間組織労働者を対象としたメキシコ社会保険公社

（IMSS）が発足した。同時に現在の保健省が設立され、貧困層を対象とする社会扶助政策を担うことになった。ここに制度の二分化が確立する。IMSSは独立財政公社で、労災、医療、年金（障害・老齢・死亡）の三部門を管轄し、一九七三年からは託児所・余暇施設の運営にもあたった。一九六三年には国家公務員社会保障公社（ISSSTE）が発足した。こうしてIMSSとISSSTEが社会保障制度の主要な機関となった。だが、他にもメキシコ石油公社、連邦電力委員会などの国営産業が独自の保険制度を保持していた。つまり、メキシコの社会保険制度は雇用を基準にした加入（包摂）と非加入（排除）という国民の二分化と、産業別の独立した複数の制度の並立という特徴をもちながら運用されてきたのである。社会保険は加入者およびその家族をカバーするが、メキシコでは女性の労働参加率が低く、制度は男性稼得者を前提としており、育児・高齢者介護などは家族の領域、すなわち女性の責任とみなされてきた。

公的社会扶助の不在

工業化政策によって一九六〇年代から急速に都市化が進行した。しかし都市への流入人口の多くはインフォーマル部門に吸収された。インフォーマル部門従事者が非農業人口に占める比率は表13-1に示される。一九八〇年代、九〇年代前半にも都市就労者の四〇%前後を占めていたものと推測される。インフォーマル部門は大半が不安定で低賃金の労働であるため、貧困層と重複するところが大きい。貧困層（最貧層も含む）および最貧層が人口に占める比率は国全体でそれぞれ一九八九年四七・七%、一三・一%、一九九八年四六・九%、九・七%、二〇一〇年三六・三%、八・五%であり、都市の貧困率は四二・一%、三八・九%、三二・三%と推移した（CEPAL 2011: 305）。いずれも低下傾向にあるが、その要因の一つには国内外からの圧力によって貧困削減が政府にとって以前よりも優先度の高い政策課題となっていることがある。もちろんインフォーマル部門就労者が全員、貧困線以下というわけではないが、貧困政策はインフォーマル部門と無関係ではない。だが一九九〇年代末からの貧困政策の照準は当初、農村部の周縁人口に定められた。

農業部門もインフォーマル部門と並んで社会保障制度から排除されてきた。しかし全国農民連合（CNC）などに組織化された農民はPRI体制を支持してきた。その多くは零細農であったが、農地改革の受益者であったがゆえに政府に対する忠誠度は高かった。土地分配は限定的であり、一九

表13-1　インフォーマル部門（都市雇用人口に占める低生産性部門人口）

（単位：%）

	総計	零細企業				非熟練自営業			
		雇用者	被雇用者			家事労働	自営（非熟練）		
			小計	専門・技術職	非専門・技術職		小計	工業・建設業	商業・サービス
1989						2.7	18.6	2.9	12.5
1994		4.4				0.6	17.9	4.0	12.6
1996	41.7	5.1	18.3	1.0	17.3	0.9	17.4	3.6	12.9
1998	44.6	3.6	16.9	1.0	14.8	4.1	20.0	3.1	16.2
2002	46.8	3.3	18.3	1.3	16.9	4.0	21.2	4.1	16.5
2008	44.4	3.5	21.3	1.8	18.4	4.4	15.2	2.7	12.1
2010	45.1	6.4	22.9	3.0	17.7	3.7	12.1	2.1	9.8

出所：CEPAL（2004: 311, 2011: 213）.

七〇年代前半の改革をもって終了した。それでも改革への期待と農業信用の提供、農村開発プロジェクトなどが、農民層をPRI体制につなぎとめた。

公的社会扶助政策不在のなかにあって、児童支援と医療サービスだけは例外であった。一九二九年から児童への食料支援などを行ってきた民間団体が一九六一年に政府機関となり、現在は家族総合開発国家機構（DIF）として子どもを中心とした家族支援を行っている。医療ケアについては一九七〇年代初頭からサービス拡充の努力が継続的になされており、一九七〇年代後半に始まったプログラムでは連邦予算で初期治療を中心とする診療所が設置され、IMSSが医療活動にあたった。それは一九八九年にIMSS－連帯と名称を変えて、今日まで遠隔地で医療サービスを提供している。一九八一年には保健省によってインフォーマル部門の医療サービス拡大計画も始まった。債務危機が最も深刻であった一九八三年においてさえも、「すべての国民に医療ケアの権利を」を掛け声に、一般医療法が制定されて憲法四条にすべての国民に健康を守る権利が加えられ、活動が続いた（畑 2005b：43）。

家族主義

エスピン－アンデルセンの福祉レジーム三類型（保守主義、社会民主主義、自由主義）に照らせば、コーポラティズム的身分区分に依拠し、男性稼得者を想定した社会保障制度を特徴とするメキシコは、保守主義に近い。また、新川は脱商品化と脱家族化という概念を組み合わせて、この三類型に家族主義モデルを加えた四類型を提示している。保守主義が職域別の所得保障によってかなりの脱商品化を進めているのに対し、家族主義は脱家族化だけでなく脱商品化も低いレベルにあり、国家福祉の役割が小さく家族福祉（女性の無償の家事労働）への依存度が高いモデルである（新川 2011：17-18）。この四類型を適用すると、概して所得水準が低く社会サービスも未発達で、女性が家族の責任を負うべしとする規範が強いメキシコは、保守主義というより家族主義に分類される。

メキシコでは一九七四年の民法改正まで妻には家事労働、家族ケアの責任が定められ、親権は夫にのみ認められていた。改正後、家族への責任は夫婦平等に分かち合うべき義務となったが、福祉を家族の責任とする姿勢は保持され、民法には親子・夫婦だけでなく四親等まで含む「家族」に、衣食住の保障、疾病時の介護、教育付与の義務が定められている（畑 2005a：357-358）。また、女性が外で働くことをよしとしない伝統的な社会通念があった。農村および都市貧困層の女性たちは家事・育児・介護以外の生産活動にも携わることも多かったが、それが統計などに明示的に反映されることはなかった。一五歳以上の女性の労働参加率は一九八四年三〇％、一九八九年三三％、年齢層別では二四～三四歳で一九八四年に三七％、一九八九年に四六％、三四～四九歳では三六％、三九％であり、アルゼンチン、ブラジルなどの地域の主要国と比べても低かった。他方、男性の参加率は九五％を超えていた（CEPAL 2000：231）。このような家族主義はフォーマル部門、インフォーマル部門、農業部門を問わず、メキシコの福祉のあり方を規定した。

3　フォーマル部門における福祉の自由化改革

失われた一〇年と政治同盟の弱体化

一九八二年の対外債務返済不履行を機に、メキシコは失われた一〇年と呼ばれる未曾有の経済危機に陥った。政府はIMFなどの国際金融機関の提案に従って緊縮財政と経済再建に努め、従来の国家主導の開発主義から経済の自由化・市場化へと大きく舵をきった。債務危機に加え、一九八五年のメキシコ市大地震、九四年末の金融危機が経済を低迷させた。一人当たりGDP年平均成長率は一九八〇年代にマイナス〇・六％、一九九〇～九六年にはマイナス〇・五％と落ち込み、消費者物価上昇率は一九八〇年代後半に七一・七％に達した。民間企業の倒産・工場閉鎖が相次ぎ、公務員の人員削減や政府系企業の民営化も行われて、失業、不完全就業が広がった。

労働者はストライキなどに訴えて抵抗した。スト権は憲法および連邦労働法で保障されているが、一〇日前までに調停仲裁委員会に通告し、目的および組合内での過半数支持が確認された上で初めて合法的な実施が可能となる。ゆえに申請件数に比して実施件数は少ない。労働争議がピークとなった一九八二～八三年でも申請件数一万六〇〇〇件に対して実施件数は七〇〇件強であった。一九八五年以降に申請件数は一万件を割りこみ、実施件数は一〇〇～一五〇件の間を推移し、一九九六年以降は五〇件以下に急減している（STPS）。すなわち、厳しい経済状況下でも、調停仲裁委員会が労働組織への統制力を維持し続けていたことを示している。調停仲裁委員会は労働者・雇用者それぞれ同数の代表と政府代表から構成され、連邦および地方に設置されている。組合設置の承認、労使紛争の調停などを職務とし、労働省の権限がきわめて強いといわれる。さらに労働者の抗議行動が沈静化する一九八〇年代末から九〇年代には、インフレ抑制、賃上げ抑制、生産性・競争力の向上などを目的とする「経済連帯合意」などが、経営者団体、労働団体、政府の間で結ばれた。それらは労働者に犠牲を強いる内容であったが、求心力をなくしつつあった労働団体は妥協を選んだ。

経済危機は政治地図を大きく書き変えた。中道右派で野党第一党の国民行動党（PAN）と、一九八九年に結成された中道左派連合（民主革命党PRD）が躍進し、他方で国民のPRI離れが進んだ。メキシコでは六年ごとに大統領選挙が行われるが、PRI候補者の得票率は一九八二年七一・六％、一九八八年五〇・四％、一九九四年四八・七％と低下し、二〇〇〇年選挙では三六・一％の得票率で敗北し、七一年続いたPRI体制は幕を閉じた。その後PANは二期にわたり政権を維持したが、得票率は四二・五％、三五・九％と伸びず、政権復帰が決まった二〇一二年選挙でのPRIの得票率も三八・二％であった。圧倒的に優勢な政党はもはや存在せず、下院でもPRI系、PAN、PRD系が分立し、一九九〇年代末からは単独過半数が困難な状態が続いている。

労働運動においても、組織率の低下および独立系労働団体の設立などによって、PRI体制下での政府と組織労働者の同盟関係に変化が生じた。賃金労働者の組織率は一九九一年四二％、一九九四年二五％（労働政策研究・研修機構 2003：247）、一九九九年一五・八％、二〇〇五年一四・四％、二〇一二年一三・六％と低下している（OECD）。だが一九九七年に創設された労働者組合連合（UNT）は、独立系労働団体の新たな極として勢力を拡大している。UNTは創設時に二〇〇組織、一五〇万人を擁していたともいわれる。他方、PRI系団体では大規模な組合員の離脱が続き、CTM組合員数は二〇〇〇年に一一〇万人、二〇〇六年には一〇一万人にまで減少したとの新聞報道もあるが、正確な加入者数は公表されていない。このように政党および労働団体の勢力関係が大きく変わるなかで、労働法や社会保障制度の改革が模索された。

労働法改正

メキシコでは一九一七年憲法一二三条および一九三一年制定の連邦労働法によって労働者の権利は保障されている。だが組織労働者はコーポラティズム体制に組み込まれたことにより、権利を享受すると同時に政府の統制を受けた。とりわけ一九八〇年代以降の労働運動には労働者の生活を守る力がほとんどなかった。またCT－CTMは官製組合主義と呼ばれ、政治との癒着と不正・腐敗を非難されてきた。

一九八〇年代末から経営者団体、国際機関の強い要請を受けて、労働法改正に向けた動きが始まった。しかし実際に改正されたのは二〇一二年末であった。時間を要した要因としては、多国籍企業や民営化された旧国営企業を中心に団体協約が見直されて実質的に労働の柔軟化が進んでいたため、法改正の緊急性が小さかったこと、政府が労働法改正を労働団体との交渉の手段として利用したことなどがある。

二〇〇〇年までのPRI政権期において、法改正のイニシアティヴをとったのは経営者団体と野党PANであった。それに対して政府は労働側に不利な改正案を議論の俎上に載せないことによって、他の優先すべき懸案、たとえばNAFTA締結などに対してCTMなどの支持を取り付けていった。PANのフォックス政権（二〇〇〇～〇六年）では政府の改正案がまとめられた。労働大臣は元経営者団体会長であり、二〇〇二年に提出された改正案はその名をとってアバスカル法と呼ばれた。主な改正点はテスト雇用契約・有期雇用契約の導入、労組活動の統制、雇用者の権利擁護、組合指導者選出における直接・秘密投票の実施などにあった。一部労働団体からは支持する声もあり、強引に押し切れば議会の通過も可能であったにもかかわらず、同政権は労働側の強い反対と二〇〇三年中間選挙への影響を懸念して、法改正を断念した（畑 2007：68-81）。

ところがPANのカルデロン政権（二〇〇六～一二年）の下で、二〇一二年九月に改正案が提出され、九月二八日下院承認、一一月一三日上院承認、政権最終日の一一月三〇日に公布という異例のスピードで法改正が行われた。この経緯に関する検討は今後の課題であるが、政権交代が確定したために、PANが下野する前に法案の成立を急いだことだけは明白である。主な改正点は雇用形態の多様化にある。これまでメキシコには法的には無期雇用しかなかったが、新たに季節雇用、試用期間・研修期間制度、時間給制度などが承認された。三〇日間の試用期間、三カ月あるいは六カ月の研修制度が終了する際に、適性がないと判断された場合には、各企業に設置が義務付けられた生産性・教育委員会の意見を参考にして、雇用主は責任を負うことなく雇用関係を解除することできる。また繰越給与支払い義務の期間設定およびパートタイマー雇用も認められた。人材派遣の定義の明確化とその利用の制限、身障者雇用義務、および五日間の男性産休保障（義務）といった労働者寄りの内容も含まれていたが、全体としては雇用の多様化・柔軟化を促進する、経営者側に有利な改正であった（JETRO）。

ちなみにメキシコでは女性に産前産後各六週間の休暇が認められている。民間企業の場合この間の給与はIMSSから支払われるため、有給の産休を取るためには事前に一二カ月以上IMSSに加入している必要がある。また、授乳期の子どもをもつ母親には一日二回、各三〇分以上の特別休憩が認められている。出産から一年以内であれば仕事に復帰する権利が保障されているが、有給の育児休暇制度がないため、母親が働きやすい環境が整備されているとは言い難く、この改正による男性産休の導入も女性の働き方を変えるものではない。女性の労働参加率は二〇〇六年に四〇％を超えて、二〇一〇年には四二％に達したが、地域諸国のなかでは中位である。IMSSは託児所を運営し、その増設に力をいれている。設置箇所数と受け入れ人数は二〇〇〇年の八九九カ所一〇万人から、二〇〇五年一五一六カ所一九万人、二〇一〇年一四五九カ所二〇万人と増加しているが（IMSS）、十分ではない。伝統的に育児は家族（特に母親、祖母、女性親族）によって行われており、余裕のある家庭では家事手伝いを雇用する。インフォーマル部門の八～九％を家事労働者が占めており、中間層以上にとって市場での家事労働力の購入は容易であるが、近年の核家族化によって家族による育児支援は困難になっている。二〇〇五年には家族世帯の七四%が核家族であり、その平均構成員は三・九人であった（INEGI）。

社会保障制度改革

社会保障制度においては、一九九五年の社会保険法改正に続き、一九九七年にＩＭＳＳの退職・高齢失業・老齢年金部門の民営化が行われた。その目的は年金財政破綻の回避および年金制度民営化による国内貯蓄の強化にあった。ＩＭＳＳでは拡大する医療部門の赤字が年金部門によって補填されてきたために、年金制度を維持するにはＩＭＳＳの制度改革が不可避であった。また一九九四年末に起きた大規模な外資逃避により、外資に依存する脆弱さを痛感した政府は、危機再発防止のために国内資本の強化が必要であることを強く認識した。年金の民営化も国内金融市場の強化につながることが期待されたのである。

改革の概要は下記のようにまとめられる。

① 部門の独立と部門間資金流用の禁止。
② 賦課方式から個人ベースの積み立て方式への移行。各自が口座を開設し、運用を民間基金運営会社（Afore）に委ねる。
③ 拠出期間の五〇〇週間から一二五〇週間への延長。これを満たせば保障金額が支払われるが、満たさない場合も受給年齢に達したときに払い戻しができる。
④ 事業者に有利な拠出率への変更。
⑤ 社会拠出の導入。全加入者の積み立てに対して、連邦政府が加入日数に応じて一律に拠出する（谷 2001: 185-191）。

ＩＭＳＳ改革に際しては様々な議論が起きたものの、年金制度の存続という目的の前に労働団体も黙するほかなかった。ＩＳＳＳＴＥ改革はさらに強い抵抗を受けて、二〇〇七年まで実施は持ち越された。改革の主眼はＩＭＳＳの場合と同じく老齢年金にあった。新制度では各自が個人口座に年金を積み立て、それを三年間はＩＳＳＳＴＥ年金基金が運用するが、その後はそこに残すか、年金基金運用会社に移すかを選択できることになった。また新規加入者には新制度が適用されるが、現在の加入者は新制度に入るか、現行制度にとどまるかを選択できる。現行制度を選択すると退職年齢、給付開始年齢および被用者の負担率が上昇する。一方、新制度に移行すると、給与の二%を限度に追加積み立てが任意で可能となり、それに対して一ペソ当たり三・二五ペソの政府の積み増し金も支払われるなど、様々な特典が用意されていた（畑 2012: 543-546）。

メキシコの六五歳以上人口の年金受給率は二〇一〇年に一九・二%、二〇一〇年に二六・二%にすぎず、アルゼンチン（都市部）九〇・七%、ブラジル八四・七%、チリ八四・二%、ウルグアイ八五・六%（すべて二〇一一年の比率）には到底及ばないばかりか、地域全体の平均四一・九%をも下回っていた（CEPAL 2013: 179）。だが、年金改革の目的は受給範囲の拡大でなく既存の制度の維持にあり、従来の限定性と階層性に変更を加えるものではなかった。賦課方式から個人ベースの積み立てに変更され、老後のリスク管理が個人の責任に委ねられたとはいえ、ＩＭＳＳの社会拠出やＩＳＳＳＴＥの積み増し金によって、政府がそれを支える仕組みも残されている。ゆえに年金改革については、自由主義レジームへの移行というよりは、コーポラティズム的枠組みを温存した上での部分的な自由主義化と捉えるのが適切であろう。

他方、医療保障制度は従来どおりＩＭＳＳ、ＩＳＳＳＴＥなどの産業別機関によって運営されており、健康保険加入者およびその家族は指定の医療機関でサービスを受けることができる。二〇〇一年に全国民が加入可能な民衆保険制度が発足したため、医療保障の捕捉率は二〇一一年に九七・二%と、アルゼンチン、ブラジルなどと並んで地域でもトップの水準であった。しかし複数の制度が階層化されており、サービスの質には大きな差がある。所得水準の高位層は民間保険に加入し先進治療を受け、中位層は社会保険に加入しIMSS、ISSSTE管轄の医療機関や契約医療機関を利用し、下位層の多くは民衆保険制度やIMSS-連帯が提供するサービスを受ける。IMSS加入者であっても経済的余裕があれば、よりよいサービスを求めて、他の民間病院を利用するケースも多いといわれる。

4　農村・インフォーマル部門の公的社会扶助政策

貧困削減政策

バリエントスが指摘する新しい貧困削減政策の先がけは、一九九七年にメキシコで始まった「教育・保健・食料計画」(Progresa) である。このプログラムは二〇〇二年にオポルトゥニダデス計画と名称を変え、三度の政権交代にもかかわらず現在まで継続している。またメキシコでの成果を受けて、他の新興国・途上国でも同様の政策が広く実施されるに至っている。それは最貧層家族への支援を通して次世代を育成し、貧困の連鎖を断ち切ることを目的とする。食料支援、子どもの就学支援、子どもと妊娠中・授乳期の女性に対する栄養補給などを主な内容とし、社会開発省、公教育省、保健省が管轄する。その特徴は厳正な選別、条件付き現金給付、母親の共同責任の三点にある。選別方法は二段階に分かれ、まず対象地域が統計的な周縁指標によって選ばれたあと、同地域の世帯の中から社会経済的な情報に基づき対象家族が決定される。就学支援では通学と定期的な健康診断が義務付けられており、その責任は母親が負う。そして二週間ごとに母親に給付金が渡される。

二〇〇二年以降その対象地域、支援項目は拡大している。当初、農村部（人口二五〇〇人未満の町村）に限定されていた対象地域に、二〇〇一年には準都市部（二五〇〇～一万五〇〇〇人）が、その翌年には都市部（一万五〇〇〇人以上）が含まれることになった。対象家族の七〇歳以上の高齢者への現金給付、三歳から九歳までの児童に対する食糧支援も始まった。このプログラムの受益家族数は一九九八年二三〇万から二〇〇一年三二万、二〇〇五年五〇〇万、二〇一〇年五七〇万、二〇一二年五八五万と増加した。受給者と支援分野を絞り込むことによって、効率的に最貧層の生活改善に成果を上げていることが国際的にも評価された。しかし最初に地域が選別されることで都市部の最貧家族が対象からもれてしまうことが、当初から問題として指摘されていた。その是正のために都市部にも範囲が広がり、受益家族の地域別分布では都市部が二〇〇七年一四・二％から二〇一〇年二三・〇％に増加した。しかし今度は農村部が六八・二％から六一・〇％に減少したことを問題視し、本来の趣旨からの逸脱を懸念する声もある。

二〇一〇年のオポルトゥニダデス計画（社会開発省管轄分）での支援項目別の受給月額は次のとおりである。①食料支援（一家族二二五ペソ）、②高齢者支援（一人三二五ペソ）、③エネルギー支援（一家族六〇ペソ）、④「よりよく生きる戦略」支援（一家族一二〇ペソ）、⑤「子ども向けよりよく生きる戦略」支援（三～九歳児童一人一〇五ペソ）で、③～⑤がカルデロン政権での追加項目である。「よりよく生きる戦略」は同政権が掲げた社会政策の柱であり、その目的は①子どもの能力開発、②社会扶助網の提供（医療、雇用）、③フォーマル雇用へのアクセス促進、にあった。しかし、それは単なるスローガンと化しただけでなく、支援項目の追加には政治的意図があるとの批判もある（畑 2013：33-37）。

奨学金（公教育省管轄）の支給額は表13-2のとおりである。学年が上がるにつれ奨学金も増え、同学年では女子生徒に少しだけ金額が上乗せされる。二〇一一年の農村部の最低賃金が一日当たり五六・七ペソであったことを勘案すると、中学一年生女子には一カ月に最低賃金の約九日分相当が、

表13－2　2011～12年度の奨学金

（単位：ペソ）

学　年	奨学金給付額（月）		文具購入費（年）	追加購入費（年）
	男子生徒	女子生徒		
小学校１学年	165＊		220	110
2	165＊			
3	165＊			
4	195			
5	250			
6	330			
中学校１学年	480	510	410	n/a
2	510	565		
3	535	620		
高校・職業学校１学年	810	930	415	n/a
2	870	995		
3	925	1,055		

注：表中の＊は，人口2,500人以下の町村のみが対象。
出所：SEDESOL（メキシコ社会開発省）ホームページより。

高校・職業学校一年の女子には一六日分相当の金額が給付されていたことになる。公教育は基本的に無償であるため、奨学金という名目だが家族の生活支援でもある。これに食料支援、高齢者支援などの給付が加わる。二〇一〇年の家族当たりの平均給付額七二八・八ペソは最低賃金（五四・五ペソ）の約半月分にあたる。金額としてはわずかではあるが、最貧層にとっては貴重な現金収入である。最小限の支出で最大限の効果・成果を出すというコンセプトは新自由主義経済と親和性が高い。また次世代を労働市場に包摂するという狙い、および最小限の国民（この場合は最貧層）に最低限の支援を受給するという考え方においても、自由主義レジームの扶助政策に近い。だが受益家族数五八五万という数は人口の約四分の一に相当し、計算上は最貧人口のほぼ一〇〇%を、貧困人口でも七〇%をこのプログラムがカバーしていることになり、もはや残余的とはいえない規模である。

高齢者福祉

急速な高齢化の到来に備えるべく、一九九〇年代末から高齢者を対象とする制度の構築やプログラムの策定が始まった。二〇〇二年には「高齢者権利法」が制定され、国家高齢者機構（INAPAM）が設置された。それは六〇歳以上の全居住者（外国人も含む）に対する証明書の発給、その提示によって利用できる様々なサービスの提供、職業訓練、職業斡旋などを行っている。平等主義的ではあるが、高齢者の生活保障に直結する活動ではない。困窮高齢者への支援は現金給付の形で行われており、現行の政策は二〇〇六年に始まった。それは人口三万人未満の町村に居住する七〇歳以上の高齢者に対する、老齢年金やその他の公的支援を受けていないことを条件とする給付であり、二〇一一年の月額は五〇〇ペソ（約三五〇〇円）、受給者は二〇〇万人であった。またオポルトゥニダデス計画でも対象家族の七〇歳以上の八万人に、月額三一五ペソが支給されていた（畑 2012: 549-550）。ただし両プログラムの二重受給は認められていない。

農村地域に限定した高齢者支援は二〇一二年に人口三万人以上の都市部に拡大され、翌年一月にはその年齢が六五歳以上に引き下げられたうえ、名称も高齢者年金に変更された。こうして居住地域にかかわらず、年金・公的支援の非受給者に一律五八〇ペソが支給されることになった。政府はその目的を「普遍主義的社会保障の枠組み拡大」と述べているが（SEDESOL）、それが社会権概念に基づくものかどうかは疑問である。というのは、高齢者支援はこれまで選挙の前後に拡大されてきた経緯があるからである。たとえば、二〇〇六年にPAN政権によって高齢者支援が始められたときは、大統領選挙でPRD候補が七〇歳以上の国民全員に対する現金給付を公約に掲げており、それに対抗する意味合いが強かったといわれる。ちなみにPRDの地盤である連邦区（メキシコシティ）では、二〇〇〇年から七〇歳以上の高齢者全員に、所得水準にかかわらず、六〇〇ペソが電子マネーで給付されている。また二〇一二年の都市部への拡大はPAN政権の選挙対策として、二〇一三年の受給開始年齢の引き下げは政権に復帰したPRIの国民へのアピールとして捉えることもできる。高齢者支援が限定的ながら普遍主義的性格を強めていることは事実だが、政治利用という別の側面も考慮する必要がある。また受給金額は補助的な水準であり、生活を根本的に保障するものではない。

医療保障制度

一九七〇年代初頭から全国民を医療制度に組み入れる努力がなされてきた結果、一九八二年には国民の八〇％が、一九九〇年には九四％が何らかの医療ケアを受けられる状況にあった。さらに二〇〇一年に民衆保険（健康社会保障システム）が発足したことにより、形式的には国民皆保険制度が実現した。民衆保険とは保健省および州保健省が管轄する公的で任意の制度であり、必要書類の提出だけで容易に加入することができる。資格要件は国内に居住し、他の社会健康保険に加入していないという二点のみであり、所得別に定められた保険料の支払いが必要となる。保険料は一〇段階に分かれており、二〇〇六年には加入者の九四％が最下位の第Ⅰ、Ⅱ層に属し保険料を免除されていた。五％が第Ⅲ層に属するが、その年間保険料は最低賃金の一四日分程度であった（Seguro popular）。

加入者およびその家族は医療サービスを指定の機関にて無料で受けることができる。家族を含めた加入者数は二〇〇五年に一一四〇万人（人口の一〇・八％）、二〇一〇年四三五二万人（三八・一％）、二〇一二年半ばには五二七〇万人（内訳は都市部六五・八％、農村部三四・二％）と増加した。医療サービスは二六六項目に及び、予防接種、健康診断から妊娠出産、歯科治療、リハビリ、内科治療、外科手術、入院、緊急対応までを含む（SALUD）。遠隔地の村落への移動診察制度、IMSS－連帯プログラムなども継続されている。したがって医療保障制度に関しては普遍主義がほぼ実現されたといえるが、職域別の階層化の解消と保障されるサービスの平等化を伴った普遍主義ではない。

5　メキシコの福祉政策と福祉レジーム

一九九〇年代以降、メキシコでは年金制度の改革、民衆保険制度の新設、最貧層や貧困高齢者への条件付き現金給付政策などが実施され、福祉のあり方は様変わりした。また本章では言及できなかったが、就職斡旋、職業訓練、雇用創出を目的とした企業支援など、労働市場への参入促進プログラムも始まっている。しかし表13－3にまとめたように、フォーマル部門とインフォーマル・農業両部門は制度、政策ともに切り離されており、部門や職種ごとに保障内容に格段の差がある点では、一九八〇年代以前と変わりない。インフォーマル雇用であっても保険料の支払い能力があれば、IMSS健康保険への加入が認められ、他方フォーマル雇用であってもIMSS等に非加入であれば、民衆保険への加入権がある。また民間フォーマル部門においても年金制度への加入率（二〇一〇年）は六〇％にとどまっており（CEPAL 2013: 174）、退職後にインフォーマル部門と大差ない境遇におかれる人も多い。バリエントスが指摘したように、フォーマル・インフォーマル部門間の区分は一部あいまい化している。だが両部門を統合する制度・政策はない。一九八〇年代に政府と組織労働者の同盟関係は変わったはずであるが、現在もなお組織労働者の特権は守られている。

　この間の最も大きな変化は社会扶助政策の拡充であろう。オポルトゥニダデス計画は対象の照準化、次世代労働力の育成といった点で新自由主義との親和性が高い。しかし政府は対象地域、支援項目、予算を拡大して介入を強め、これを重点戦略の一つとして国内外に喧伝している。高齢者支援、民衆保険に関しては、あくまでも制度の適用範囲内においてではあるが、平等主義、普遍主義的属性もみられる。このような扶助政策の拡大や国家福祉の強化について、近年、政府は社会権に言及するようになっている。例えば『国家開発計画二〇一三〜一八年』では、「国家の活動は国民の社会権の行使を保障することに集中すべきである」、「社会権の行使は基礎的サービスへのアクセスを通して実現する」として、貧困・社会的排除・差別への取り組みを説明している。だがメキシコで社会権が確立しているかは疑わしい。とりわけ最低限の保障の捕捉範囲の拡大化を指向する社会扶助政策には、社会権の保障というより、政治的取り込みのための利用という側面が強い。

　以上のように一九九〇年代にメキシコの福祉のあり方は変わった。確かに年金制度の民営化、人材育成などには自由主義的属性を認めることができるが、フォーマル部門においても国家の介入は大きく、市場の役割は限定的である。ゆえに自由主義レジームへの移行と捉えることは難しい。一九八〇年代までのメキシコでは国民の半数以上に対する福祉制度や扶助政策が未整備であった。ところが一九八〇、九〇年代に急激な経済の自由化による混乱と国民の困窮、世界銀行などによる市場化、年金・労働改革への圧力、貧困問題への国際的な関心の高まりなど、内外から様々な課題をつきつけられて、政府は対応を迫られた。そして市場機能や個人によるリスク管理を重視する一方で、国家が福祉政策に深く関与する、あるいは限定的ながら平等主義や普遍主義を追求するといった、方向性の異なる改革や政策が実施されてきた。だが、その基層をなすのは福祉の階層性という点では保守主義であり、家族への依存という点では家族主義である。職業的地位に基づく格差と特権の維持においても、伝統的な家族観の堅持と女性による福祉生産への期待においても、一九九〇年代以降の改革や政策はそれを変革するものではなかった。

　年金非加入者に少額ながら現金給付が始まったとはいえ、老後は家族に委ねることが前提とされており、公的高齢者施設の数は驚くほど少ない。また女性の労働参加の重要性が標榜されながら、

表13－3　部門別の社会保障・扶助政策

保　障	フォーマル部門	インフォーマル部門	農業（農村）部門
高齢者	老齢年金　IMSS，ISSSTE など ・民営化 ・社会拠出（政府補助） ・産業別制度	⟸ 高齢者現金給付 ・最小限の公的支援 ・2012年以前は人口３万人以下の地域に限定 ・公的年金、公的支援の非受給者 ⟸ オポルトゥニダデス高齢者支援	
医　療	社会保険　IMSS，ISSSTE など ・産業別制度	民衆保険（社会保険非加入者）	IMSS 連帯など（農村部）
生　活	基本的に給与 年金・保険 （労働できなくなった時）	⟸ オポルトゥニダデス ・条件付、最小限の支援、選別主義 ・当初は農村部に限定 ・人材育成（特に次世代）	

注：矢印は拡大，波線は境界の部分的なあいまい化を示す。
出所：筆者作成。

そのための環境整備は積極的に行われていない。それに関連して、オポルトゥニダデス計画では子どもに責任をもつ母親像が強化されているとして、ジェンダー平等視点の欠如を批判する論者が少なからずいることを指摘しておきたい。制度を改革し、新たな政策を導入しながら、旧来の分断化された枠組みを大きく崩すことなく家族主義的福祉モデルが再生産されているところに、メキシコの福祉レジームの特徴があるといえよう。

【参考文献】

エスピン－アンデルセン、G.／岡沢憲芙・宮本太郎監訳（二〇〇一）『福祉資本主義の三つの世界』ミネルヴァ書房。

新川敏光編（二〇一一）『福祉レジームの収斂と分岐』ミネルヴァ書房。

谷洋之（二〇〇一）「メキシコ社会保険公社（IMSS）改革――年金制度を中心に」宇佐見耕一編『ラテンアメリカ福祉国家論序説』日本貿易振興機構アジア経済研究所。

畑惠子（二〇〇五a）「メキシコの社会扶助」宇佐見耕一編『新興工業国の社会福祉』アジア経済研究所。

――（二〇〇五b）「メキシコの社会保障制度――その特徴と九〇年代の改革」『海外社会保障研究』第一五三号。

――（二〇〇七）「メキシコの労働・社会保障改革――国家・労働関係の視点から」宇佐見耕一編『新興工業国における雇用と社会保障』日本貿易振興機構アジア経済研究所。

――（二〇一二）「メキシコ」宇佐見耕一他編『世界の社会福祉年鑑二〇一二年』旬報社。

――（二〇一三）「メキシコの条件付き現金給付政策――Progresa-Oportunidades」宇佐見耕一・牧野久美子編『現金付政策の政治経済学（中間報告）』調査研究報告書、日本貿易振興機構アジア経済研究所。

労働政策研究・研修機構（二〇〇三）「メキシコ」『海外労働時報』増刊号第三三六号、二四四～二五一頁。

Barrientos, Armando (2004) "Latin America: Towards a Liberal-informal Welfare Regime," Ian Gough and Geof Wood et al. *Insecurity and Welfare Regimes in Asia, Africa and Latin America*, Cambridge University Press, pp.121-168.

―― (2009) "Labour Markets and the (hyphenated) Welfare Regime in Latin America," *Economy and Society*, Vol.38, No.1, February, pp.87-108.

Martinez Franzoni, Juliana (2008) "Welfare Regimes in Latin America: Capturing Constellations of Markets, Families, and Policies," *Latin American Politics and Society*, 50 (2), pp.67-100.

CEPAL（国連ラテンアメリカ経済委員会）*Social Panorama of Latin America*, 2000, 2004, 2011, 2013（http://www.cepal.cl、二〇一四年四月二七日最終アクセス）.

IMSS（メキシコ社会保険公社）ホームページ（http://www.imss.gob.mx、二〇一四年四月二七日最終アクセス）.

INEGI（メキシコ国家統計地理情報院）ホームページ（http://www.inegi.gob.mx、二〇一四年四月六日最終アクセス）.

JETRO「日刊通商弘報」二〇一二年一二月七日（http://www.jetro.go.jp/biznews、二〇一三年九月一三日最終アクセス）.

OECD StatExtracts（http://stats.oecd.org、二〇一四年四月六日最終アクセス）.

SALUD（メキシコ保健省）ホームページ（http://www.salud.gob.mx、二〇一四年四月二九日最終アクセス）.

SEDESOL（メキシコ社会開発省）ホームページ（http://www.sedesol.gob.mx、二〇一四年五月一五日最終アクセス）.

Seguro popular ホームページ（http://www.seguropopular.org、二〇一四年四月二九日最終アクセス）.

STPS（メキシコ労働省）ホームページ（http://www.stps.gob.mx、二〇一三年九月一三日最終アクセス）.

第14章

ポスト社会主義国ポーランドの福祉レジーム

仙石　学

ポスト社会主義のヨーロッパ諸国における福祉レジームには国ごとに明確な違いがあるが、そのなかでポーランドでは脱商品化と脱家族化のいずれも不十分なレジームが形成されてきた。その理由としては、ポーランドでは体制転換後に、主要な産業が製造業からサービス業に移行し、その結果として労働組合およびこれと結びついた政党の影響力が低下したこと、ならびに国内にカトリック教会という脱家族化に対する強力な抵抗勢力が存在し、かつこれが政治に一定の影響力を有していることを、挙げることができる。

1　ポーランドの福祉レジームの位置づけ

「ポスト社会主義福祉レジーム」は存在するか?

本章ではポーランドの福祉レジームの特質についての分析を行うが、最初にポーランドの福祉レジームが国際比較のなかでどのような位置にあるかという点について、簡単に確認しておくこととしたい。

ここでポイントとなるのは、ポーランドの福祉レジームはこれまでに提起された類型のいずれかに近い形のレジームを有しているのか、それともポーランドの福祉レジームは他の諸国とは異なるものとなっているのかという点である。これまでの研究では、ポーランドを含むヨーロッパのポスト社会主義国における福祉レジームがどのような位置にあるかということについて、必ずしも一致した見方が提示されているわけではない。従来のポスト社会主義国の福祉レジームに関する研究を整理したアイドゥカイテは、これまでの議論は次の四つのパターンに分けられることを指摘している（Aidukaite 2011：216-217）。

①　ポスト社会主義国の福祉レジームは、基本的にアングロサクソン的な自由主義型（残

余型）福祉レジームに近い形のものとなっている。

② ポスト社会主義国の福祉レジームは国ごとに相違があり、かつその形式は既存のレジームとは大きく異なっていることから、これを従来の福祉レジーム論の枠組みのなかで扱うことは困難となっている。

③ ポスト社会主義国の福祉レジームは多様化してはいるが、それぞれの形は従来の福祉レジームないしその修正版とみることが可能である。

④ ポスト社会主義国の福祉レジームは細かな点で相違があるものの、全体として「ポスト社会主義型福祉レジーム」という新たなレジームを構築しつつある。

このいずれの見方が適切であるかについて確認するために、以下では編者の視点に依拠しながら（新川 2011：12-20、および本書総論）ヨーロッパの主要国における「脱商品化」および「脱家族化」の程度を比較し、そのなかでポーランドを含めたポスト社会主義国がどのような位置にあるかをみていくこととしたい。

ヨーロッパ主要国の「脱商品化」の状況

「脱商品化」に関しては、「何らかの事情によって労働力を商品化できなくなったとき、市場外で生活を営む権利を保障すること」（新川 2011：7）とされる。より具体的には、老齢および障害により働くことができなくなった場合の生活保障、および疾病時や失業時における所得補償の制度が十分に整備されているほど脱商品化の程度は高いとみなされ、逆にこれらの制度が不十分である場合には脱商品化の程度は低いと考えられる。

ここでヨーロッパの主要国の脱商品化の程度について、老齢年金、疾病休業補償、および失業給付の三つの制度の現況を比較したものが、表14-1である。これをみると、自由主義型レジームに属するイギリスとアイルランドについては、いずれの給付においても給付水準が低いという点で共通していて、逆に社会民主主義型レジームに属する諸国に関しては他の諸国に比べて給付水準が相対的に高いことが確認できるのに対して、残りの保守主義型および南欧型レジームの諸国、ならびにポスト社会主義国に関しては、必ずしも明確な傾向は現れていない。あえて言うならば、保守主義型の諸国の給付水準は南欧型の諸国よりやや高い一方で、ポスト社会主義国の間では社会民主主義型に近い給付水準の国から南欧型よりも低い給付水準の国があること、具体的には、ハンガリーやスロヴェニアは制度により差があるものの相対的に高い給付水準を実現しているのに対して、ポーランドの給付水準は南欧諸国と同じかそれより低い水準にあり、他の諸国はおおむねその間の範囲にあることが確認できるであろう。

このように、脱商品化の程度においてすでに相違が存在することが確認できる以上、ポスト社会主義国を一つの「ポスト社会主義型福祉レジーム」とすることは、適切ではないと考えられる。

ヨーロッパ主要国の「脱家族化」の状況

次に「脱家族化」に関しては、一般的には子育てや介護を各家庭ではなく社会全体の責任として扱い、それにより個人、特に女性の家族に対する責任を軽減することを意味するが、こちらは脱商品化とは異なり、具体的な制度と脱家族化の程度の間に必ずしも明確な関係がないという問題がある。一例として、所得補償のある育児休業制度は女性の就労を促進する可能性がある反面で、相対的に賃金の低い女性の方が育児休暇を取得し育児を担当することになる、もしくは企業が育児休業制度による負担を回避するために男性を優先的に雇用するようになるなどの形で、育児休業制度が女性を家庭に戻す作用を果たす可能性も存在する。そのため脱家族化については制度そのものではなく、実際に脱家族化が進展しているかどうかとい

表14-1　ヨーロッパ主要国の「脱商品化」関連指標

	年金		疾病				失業			
	置換率（%）	強制加入民間比率	置換率（%）	期間（日）	月額上限（€換算）	上限額の平均所得比率	置換率（%）	上限月額所得（€換算）	上限給付額（€換算）	上限給付額の平均所得比率
社会民主主義型レジーム										
デンマーク	77.4	61.9	100.0	364	2,220	1.07	90	3,210		1.21
フィンランド	62.8	19.1	70.0＊	300＋期間内の日曜	なし		基礎保障＋45	なし	なし（ただし一定額以上は置換率が20%となる）	
スウェーデン	55.3	90.0	77.6	364	2,478	1.25	80	2,148		0.86
オランダ	101.1	88.8	70.0	728	5,879	3.13	75	3,919.2		1.56
保守主義型レジーム										
オーストリア	76.6	0.0	60.0	364	4,440	2.25	55	4,110		1.14
ベルギー	50.1	0.0	60.0	365	3,948	2.19	65	2,466.59		0.89
フランス	71.4	5.4	50.0	360	1,270	0.65	75	12,344		4.65
ドイツ	55.3	0.0	70.0	546	なし		基礎保障＋60	5800/4900 (1)		2.15/1.85 (1)
自由主義型レジーム										
イギリス	38.0	0.0	定額	364	424	0.24	原則定額			0.19
アイルランド	37.3	0.0	定額	364	752	0.39	原則定額			0.10
南欧型（家族主義型）レジーム										
イタリア	78.2	0.0	66.7	180	なし		75		1,119.32	0.74
スペイン	80.1	0.0	75.0	365	一定の保険基準額		70		公的所得乗数と子の数による	
ギリシャ	70.5	0.0	50.0	720	保険階級８まで		原則定額			0.34
ポルトガル	67.8	0.0	75.0	1,095	なし		65		社会扶助インデックス基準	0.48
ポスト社会主義国										
チェコ	50.7	0.0	90.0＊	380	1,647	2.34	65	なし	全国平均賃金の0.58倍	0.58
エストニア	62.4	68.9	70.0	182	なし		50	全国平均賃金の３倍		1.50
ハンガリー	95.2	1.5	50.0	365	最低賃金の２倍		60		最低賃金	0.78
ポーランド	59.5	56.5	80.0	182	なし		原則定額			0.31
スロヴァキア	85.4	44.4	55.0	364	平均賃金の1.5倍	1.50	50	全国平均賃金の２倍		1.00
スロヴェニア	59.0	0.0	90.0	365	実質なし		80		892.5	0.83

注：年金の置換率は平均賃金と同等の所得を得ていた場合の率。疾病・失業の平均所得比率は特定の条件がない場合の最高率。＊がある指標は，所得に応じて置換率が変化する場合の平均賃金に対する比率。
(1)ドイツの失業給付は，「旧西側／旧東側」の基準。
出所：年金は OECD（2013），他は MISSOC。

う視点から、比較を行うこととしたい。

ここで比較のために取り上げるのが、表14－2にあげた女性の就労率、就学前育児・教育制度の利用率、ならびに施設ケアの利用率である。これによると、社会民主主義型レジームの諸国においては女性の労働化率は高く、三歳未満の就学前保育の利用率や施設ケアの利用率も高く、また（オランダをのぞいては）ケアにかける時間の男女差も低いというように明確な「脱家族化」の傾向が現れている。これに対して保守主義型の諸国は、女性の就労率は必ずしも低くはないもののパートタイムが中心で、各種施設利用利率は低く、男女のケアにかける時間差も大きく、南欧型では男女のケアにかける時間こそ国による差があるものの、全体的に保守主義の諸国よりも女性の就労率が低くまた各種施設の利用率も低いというように、この二つのパターンでは脱家族化が進んでいないという状況を確認することができる。これに対してポスト社会主義国に関しては、スロヴェニアは社会民主主義型の諸国と近いパターンを示しているのに対して、エストニアは女性就労率および就学前保育・教育の比率は高いが施設ケア比率は低くまた男女のケア時間差が大きいというように中途半端な状況にあり、ハンガリーは女性就労率は低いが施設利用率はポスト社会主義国のなかでは高くまた男女ケア時間差も小さい、そして残りの三カ国は女性就労率および施設の利用率のいずれも低いというように、国ごとの状況が大きく異なっていることが確認できる。

ここから脱家族化という点でもヨーロッパのポスト社会主義国の間には明確な相違があり、それゆえにここでも「ポスト社会主義型福祉レジーム」という見方は成立しないことが、確認できるであろう。

ポスト社会主義国の「福祉レジーム」

簡単な形ではあるが脱商品化と脱家族化という視点からの比較を通してポスト社会主義国における福祉レジームには国ごとに相違があり、これを一つのレジーム類型として扱うことは難しいことが確認できた。ではポーランドを含むそれぞれの国の福祉レジームは、どのような形となっているのか。この点について、ここで簡単に整理しておくこととしたい。

ポスト社会主義国の福祉レジームはおおむね、以下のように分けることができる。

① エストニア・スロヴェニア――一部の制度では不完全な面もみられるが、この両国はポスト社会主義国のなかで、相対的に社会民主主義的な形に近いレジームが形成されている。

② チェコ・スロヴァキア――この両国は脱商品化に関する制度はある程度整備されているが、脱家族化がほとんど進展していないことから、保守主義に近い形のレジームが形成されている。

③ ハンガリー――前述のチェコおよびスロヴァキアと近い状況にあるが、脱家族化に関しては女性の就労率こそ低いもののこの二カ国より進展している点で、保守主義と社会民主主義の中間的な独自の位置にあるとみることができる。

④ ポーランド――脱商品化および脱家族化のいずれの面でもその水準は南欧型の諸国よりも低く、典型的な家族主義型のレジームとみることができる。

このようにみると、ポスト社会主義国は既存のレジーム類型に近い国と、既存のレジーム類型には微妙に収まらない国が存在すること、および社会主義期にはある程度の脱商品化および脱家族化をすすめていたという点で共通していた諸国のなかで、ポーランドのみいずれに関わる制度も不十分にしか整備されていないことが確認できる。本章では以下、このポーランドの福祉レジームについて、その現況およびそのような枠組みが形成さ

表14-2　ヨーロッパ主要国の「脱家族化」関連指標

	女性の労働化率（%）(2012)		就学前教育への参加率(%)(2010)		施設ケア利用率（%）(2009)		ケアを行う時間（週当たり時間）				
	全体（15-64歳）	パートタイム割合	3歳未満	3歳から5歳	全年齢	65歳以上	女性・育児	女性・高齢者介護	男性・育児	男性・高齢者介護	男女時間差
社会民主主義型レジーム											
デンマーク	70.0	36.4	65.7	94.1	0.8	4.6	23	5	19	10	−1
フィンランド	68.2	20.1	27.7	55.8	1.0	4.8	17	5	15	4	3
スウェーデン	71.8	39.6	46.7	92.9	1.3	5.7	33	5	26	5	5
オランダ	70.4	77.0	60.6	66.9	1.5	6.6	46	5	22	9	20
保守主義型レジーム											
オーストリア	67.3	44.9	13.9	81.9	n.a.	n.a.	29	8	11	5	21
ベルギー	56.8	43.6	39.2	99.0	1.2	6.7	23	6	15	5	9
フランス	60.0	30.2	48.0	101.1	n.a.	n.a.	29	7	17	6	13
ドイツ	68.0	45.6	23.1	93.9	0.9	4.2	35	15	19	7	24
自由主義型レジーム											
イギリス	65.1	43.3	42.0	93.3	n.a.	n.a.	35	14	19	8	22
アイルランド	55.1	35.4	28.8	49.3	0.4	5.9	32	16	20	28	0
南欧型（家族主義型）レジーム											
イタリア	47.1	31.1	24.2	95.7	0.6	2.3	20	9	15	7	7
スペイン	50.6	24.5	39.3	99.3	0.3	1.3	28	17	16	9	20
ギリシャ	41.9	11.9	11.3	48.3	n.a.	n.a.	25	18	14	8	21
ポルトガル	56.7	16.8	45.9	84.1	0.2	0.9	23	11	16	14	4
ポスト社会主義国											
チェコ	58.2	9.5	4.0	78.9	0.5	2.2	35	9	17	10	17
エストニア	64.7	14.9	23.6	89.8	0.4	1.8	44	9	23	9	21
ハンガリー	52.1	9.7	10.9	86.7	0.8	3.8	22	8	16	5	9
ポーランド	53.1	11.3	6.9	59.7	0.2	0.9	37	12	23	9	17
スロヴァキア	52.7	5.7	3.0	71.7	0.6	3.3	22	12	11	12	11
スロヴェニア	60.5	13.1	41.8	85.8	1.1	4.8	26	11	19	12	6

出所：女性の労働化率は Eurostat，それ以外は OECD Family Database。

れた背景を具体的に検討していく。なおポーランドと異なるパターンを示しているエストニア、チエコ、およびハンガリーについてはそれぞれ別の章で記述がなされているため、そちらを参照していただきたい。*

* なおヨーロッパのポスト社会主義国における福祉枠組みについては、本シリーズの『福祉政治』所収の筆者の別稿「ポスト社会主義国における福祉政治」(仙石 2012) においても検討を行っている。こちらもあわせて参照のこと。

2 ポーランドの福祉関連制度の概要

本節では、ポーランドにおける脱商品化に関連する制度として年金制度と失業給付制度について、脱家族化に関連する制度として公的な育児および介護支援の制度について、それぞれ概要をまとめておく。

年金制度

体制転換直後のポーランドでは、社会主義期の年金制度が市場化に伴い必要となる修正を加えた上で引き続き利用されていた。だがこの年金制度は支給条件が緩やかであったために、高齢化に伴い年金受給者が増えると年金財政が圧迫される可能性があったこと、社会主義期の制度の不備のために個人記録が保持されず、そのために保険料の納付と給付の関係が不明確となっていたこと、および職種ごとに「特権」が存在していて制度が複雑になっていたことなどから、これを長期的に維持することはできないということは早期から認識されていた。そのため一九九〇年代の中頃から年金制度の改革が政府内において議論され、最終的に一九九九年に新たな年金制度が導入された。

現在の年金制度の概要は、次のとおりである (OECD 2013: 313-318、およびポーランド社会保障庁〔ZUS〕ホームページ)。

① 支給開始年齢は男性六五歳、女性六〇歳であるが、支給開始を遅らせることは可能である。ただし現在段階的に支給開始年齢が引き上げられていて、最終的には男女とも六七歳となる予定である。

② 年金は三層構造となっている。第一段階は社会保障庁が管理する賦課方式の公的制度であるが、いわゆる「みなし口座制度」を導入し、納付した年金保険料に対応する形で年金額が決定される。第二段階は民間基金会社を利用する積立方式で、この部分については各自が選択した基金に年金保険料の運用が委託され、その成果に応じた年金が受け取れることとなっている。第三段階は任意加入の追加年金で、企業の職域年金や個人年金がここに含まれる。年金保険料は賃金の一九・五二%で、これを労使が折半する。なお第二段階への加入は当初は強制であり、年金保険料のうち一二・二二%が第一段階に、七・三%が第二段階に回されていたが、数度の制度修正を経て第二段階の加入が任意となり、二〇一四年以降は保険料の二・九二%について、従来どおり民間基金で運用するか社会保障庁の副口座に回すかのいずれかを選択することとなった。

③ 第一段階における年金額は、基本的には納付した保険料を年金受給開始時の年齢における平均余命で割ることで算出されるが、最低額として平均賃金の二五%が保障されている。他方で強制年金の対象となる所得は平均賃金の二・五倍までとされていて、これ以上の所得がある場合は第三段階の個人年金に加入することが想定されている。

この年金制度は世界銀行などが推奨したいわゆる多柱型の年金制度であり、ポーランドのみならずポスト社会主義国の多くの国で導入されたものであるが、多柱型の形式には国ごとに違いが存在している。そのなかでポーランドの制度については、基礎年金にみなし口座制度を導入し、また民間基金による積立方式の二階部分を強制加入としたことで、ポスト社会主義国のなかで最も「市場寄り」の年金制度を導入した事例と考えられていた（仙石 2007）。だが前述のとおり、近年は市場の役割を縮小し国家の管理の度合いを高める方向に制度が修正されつつある。これには高齢者人口の増加に伴う年金支出の増加と、現在の市場における運用益の低さが影響を与えている。

現役時代の所得に対する年金の置換率は、税抜きの平均所得に対する割合で五九・五％（二〇一二年）となっているが、これは表14－1でみてもわかるように、ヨーロッパの主要国のなかでは自由主義型の諸国以外では低い方のグループに属する。ただしポーランドが現在の制度を導入する際に参考とした、ポーランドと同様の多柱型の制度を有するスウェーデンとは、ほぼ同じ程度の置換率になっている。

失業給付制度

ポーランドの失業給付制度は表14－1にもあげているとおり、働いていた時期の所得と関係なく定額の給付が行われるという点で、自由主義型の諸国と同様の制度となっている。給付の条件としては一八歳以上年金受給年齢未満で、働くことができるにもかかわらず非自発的な失業状態にあり、失業登録を行っていてかつ他の年金などを受給していないということが求められる。受給のためには過去一八カ月の間に一二カ月以上働いていることが必要であり、受給額は定額の基本失業手当（当初三カ月は八二三・六ズウォチ（およそ二万六〇〇〇円）、以後六四六・七ズウォチ（およそ二万円））を基準として、過去の就労期間が五年未満の場合この八〇％、五年以上二〇年未満であれば一〇〇％、そして二〇年を超えていれば一二〇％の額が、毎月支給されることとなっている。家族加算などの加算給付は存在しない。期間については、居住地の失業率が全国平均の一・五倍未満の地域に居住している場合は六カ月、失業率がこれを越える地域に居住している場合、もしくは失業者当人が二〇年以上の就労期間を有する五〇歳以上であるか、失業者が失業給付の受給資格がない失業中の配偶者および一五歳未満の子どもと同居している場合には一二カ月の間給付が行われる。

なお高齢の失業者に対しては、限定的ではあるが一定の条件の下で再就職の困難な高齢者に早期年金を支給する制度が存在しているが、他方で若年層の失業者に対する特別な給付制度は存在せず、そのために若年層の貧困の増加が問題となっている。ただし失業登録を行った上で職業訓練を受けたり高等教育に進学したりした場合には、基本失業手当の支給率が引き上げられる。ちなみに表14－1にもあげているが、基本失業手当は一〇〇％支給でも平均所得の三割ほどにすぎず、こちらもヨーロッパのなかで低い水準となっている。

脱家族化関連の制度

次にポーランドにおける脱家族化に関連する制度であるが、こちらも脱商品化関連の制度と同様、十分な整備がなされていない状況にある。

まず育児支援に関してであるが、公的な施設での育児支援ないし就学前教育については、三歳未満で参加率六・九％、三歳から五歳でも五九・七％にすぎず、ポスト社会主義国のみならずヨーロッパ全体でみても低い水準にある。家庭で育児を行う際の支援としては、育児休暇と子ども手当の制度がある。育児休暇に関しては現在では、母親に産前六週間を含む二〇週間（子どもが一人の場合）の出産休暇、子どもが一歳になるまでの間に父親が利用できる二週間の父親休暇、および父親または母親のいずれかもしくは交代で、子どもが一歳になるまでの間に利用できる二六週間の両親休暇の制度が存在している。ただし休暇期間の所得補償については、女性の出産休暇に関しては過去一二カ月の賃金を基礎として一〇〇％の所得が補償されるのに対して、父親休暇には特段の所得補償がなく、両親休暇は条件により六〇%または八〇%の補償となっていることから、女性が休暇を取る方が有利な制度となっている。実際にOECDのデータでも、父親が両親休暇を取る割合は三%に満たないことが指摘されている。

この点は子ども手当についても同様である。ポーランドでは子どもが一八歳（高等教育で学業を継続する場合は二四歳）になるまで定額（年齢により変動）の子ども手当を受給することができるが、これには所得制限があり、世帯の一人当たりの所得が五三九ズウォチ（約一万七〇〇〇円）を超えると給付の対象外となる。夫婦と子ども二人の世帯であれば二一五六ズウォチが所得の上限となるが、これはおおむねポーランドの平均月額所得と同じ程度となるため、男性が平均的な所得を得ている場合、女性は働くより家庭に入り子ども手当を受け取ることを選択する可能性が高くなるような制度となっている。

次に介護に関わる制度であるが、施設介護の比率についても表14－2にもあげたように、ポーランドはデータのある諸国のなかでこれもほぼ最低の状態にある。この点に関しては、ポーランドでは一応在宅および施設介護の制度があるものの、高齢化の進展に対して制度の整備が追いついていないという要因が背景に存在している。他に現金給付としての介護手当制度もあり、現金給付とケア・サービスの利用は併用できることとされているが、実際には介護を行う家族が現金を受け取り、自らがケアを行うのが一般的となっている。この結果として、これも表14－2にもあげているように、ポーランドでは女性が育児および介護にかける時間が非常に長くなっている。

3 ポーランドの福祉レジームの形成要因

これまでみてきたように、ポーランドの福祉レジームは脱家族化、脱商品化のいずれにおいてもその水準は低いものであり、本書で規定するところの家族主義型に近いレジームとなっている。だが第一節でも整理したように、ポスト社会主義国が全てこのような残余型の福祉レジームとなっているわけではない。むしろもともとは脱家族化、および脱商品化がある程度進んでいたはずのポスト社会主義国において、体制転換後にこれらの制度の整備が進まなかったポーランドは、例外的存在である。本節では、ポーランドの福祉レジームが現在の形となった背景について、脱商品化が抑制された要因としての経済構造の変化と労組／政党の変化、および脱家族化が抑制された要因としてのカトリック・ファクターについて検討を進めていく。

「脱商品化」の抑制要因

一般的には、製造業の比率が高くなると労働組合の影響力が高くなり、そこから福祉に関しても労働者の生活を保障するような制度――脱商品化を進める制度――が導入される可能性が高くなるのに対して、金融やサービス業の比率が高くなると労働組合の影響力も弱くなり、生活保障に関しても自己責任の面が強調される可能性が高くなることが指摘されている（エステベス＝アベ他 2007）。

この点に関して体制転換後のヨーロッパのポスト社会主義国をみた場合、バルト三国と大陸諸国との間の相違を確認することができる。バルト三国に関しては、旧ソ連の分業体制に組み込まれていたことからソ連の解体に伴いそれまでの経済基盤を喪失することとなり、その結果として金融・サービスやIT、アパレルなど大規模な投資や特殊な人的資本を必要としない産業への転換を余儀なくされたことから、組合の組織率および影響力が低下し自由主義的な経済政策がとられることとなった。これに対して大陸諸国は、社会主義期以来の産業基盤と外資の導入により製造業中心の産業構造をある程度保持していて、そのために労働組合の組織率および影響力もある程度は維持されたことから、国および政権による差はあるが曲がりなりにも労働者の生活を保障する政策が実施されてきた（Bohle and Greskovits 2012；仙石 2012など）。

ただ大陸諸国のなかでポーランドだけは、大陸諸国よりもバルト三国の方に近い状況にある。この点について参考となるのが、ヨーロッパのポスト社会主義国の国内総生産における製造業および小売・外食産業の比率を示した表14－3のデータである。これをみると、体制転換から五年後の一九九五年段階ではいずれの産業においてもデータにあげた八カ国の間の相違はそれほど大きくはなかったのに対して、時間が経過するにつれて、小売業や外食産業ではバルト三国とポーランドの比率が高くなっている一方で、製造業に関しては（リトアニアをのぞく）バルト三国とポーランドの比率が低下しているというように、ポーランドの経済構造はバルト三国に近いものとなっていることを確認することができる。

表14－3　国内総生産に占める各産業の比率

（単位：％）

1）製造業	1995年	2000年	2005年	2013年
チェコ	23.1	25.9	25.5	24.7
エストニア	19.9	17.0	16.5	15.4
ハンガリー	21.3	22.9	22.3	22.7
ラトヴィア	20.4	14.4	12.9	14.5
リトアニア	18.6	18.8	20.1	20.8
ポーランド	20.2	17.2	17.8	17.3
スロヴァキア	25.0	23.8	23.3	21.7
スロヴェニア	25.0	24.4	23.0	20.8
2）小売・外食系	1995年	2000年	2005年	2013年
チェコ	21.3	22.8	21.1	19.2
エストニア	21.9	24.4	24.6	21.6
ハンガリー	17.5	16.7	17.1	17.6
ラトヴィア	22.6	28.0	32.2	29.1
リトアニア	23.7	26.6	28.4	33.2
ポーランド	24.1	25.8	25.5	27.3
スロヴァキア	22.2	23.5	23.3	22.8
スロヴェニア	19.2	19.0	19.7	20.6

出所：Eurostat.

大陸諸国のなかでポーランドだけがバルト三国と同様の産業構造の変化を経験した理由としては、社会主義期の国際分業のなかで、たとえばチェコは自動車、ハンガリーは電気製品といった産業が割り当てられていたことで、体制転換後も外資を導入することでこれらの産業を維持することが可能となっていたのに対して、ポーランドの製造業は製鉄や造船などの重厚長大産業が中心であったために、体制転換に伴う市場経済化および経済のグローバル化のなかでこれを維持することが難しくなり、そのために多くの労働者が従来の職を離れなければならなくなったことが影響している。一九八〇年にはじまる自主管理労組『連帯』の運動が最終的にポーランドおよび中東欧諸国の社会主義体制を崩壊させたことから、ポーランドでは現在でも労働組合が強い影響力をもっているのではないかという誤解がしばしば見受けられるが、現在のポーランドの労働組合が政治に与えられる影響力は、ごく限られたものとなっている。

さらに加えて、労働組合と結びついていた政党が衰退したことも、労働者の影響力を限定的なものとする方向に作用した。体制転換後の一九九〇年代においては、主要な労働組合として先の『連帯』の他に、社会主義期の官製組合の後継組織である「全ポーランド労働組合協定」が存在していて、前者は社会主義期からつながりのあるリベラルもしくは保守系の諸政党と、後者は旧共産党の後継政党である民主左派同盟とそれぞれ結びつくことで政治に対する影響力を行使していた。だが『連帯』と結びついた諸勢力が合同して形成し、一九九七年に政権を獲得した「連帯選挙行動」は、地方制度・年金・医療・教育の「四大改革」において様々な混乱を生じさせ、また二〇〇〇年に行われた大統領選挙において代表が旧共産党系の候補に大敗したことで求心力を喪失し、最終的には二〇〇一年の選挙で議席を獲得できずに消滅するに至る。

他方で二〇〇一年の選挙で勝利した民主左派同盟は、EU加盟のために緊縮財政策を取り各種の福祉給付を削減したり基準を厳格化したりしたことに加えて、政権後半に大規模な汚職との関わりが明らかになったことで、二〇〇五年の選挙で議席を大幅に減らしたため、以後の政治における影響力を大きく低下させることとなった。そしてこれらの政党に代わり、EU寄りの路線を鮮明にするリベラル系の「市民プラットフォーム」と、カトリック・ナショナリズム路線を強調する保守系の「法と正義」とが主要政党として台頭することとなるが、いずれの政党も労働組合との結びつきが弱いことから労働者の福祉維持ということに対しては関心が低く、そのために現在のポーランドでは、脱商品化を進めるような制度は導入されにくいという状況にある。*

* ちなみに製造業および労働組合の影響力だけが、福祉の方向性を規定するわけではない。この点については先に挙げた著者の別稿の他、労働組合の影響力は弱いもののある程度の脱商品化が進んでいる事例として、本書のエストニアの章も参照のこと。

「脱家族化」の抑制要因

ポーランドで脱家族化が進まない理由としてカトリックの影響が指摘される場合があるが、単なる文化的要因としてのカトリックの影響というだけでは、人口の三分の二がカトリックである同じポスト社会主義国のスロヴェニアにおいて脱家族化が進んでいる理由を説明することができない。ポーランドの場合はカトリックの影響そのものではなく、反ジェンダーを標榜するカトリック教会が政治的に重要なアクターとして影響力を有していること、およびそのために女性の間で利害対立が生じ、女性を家庭から解放するということそのものについて合意が形成されていないことが、基本的に作用していると考えられる。

社会主義期からポーランドのカトリック教会は、反体制派の側に立ちつつも政府とも交渉を行うという立場を取ることで、体制側と市民の両方から一定の信頼を受けていた。だが社会主義体制が崩壊して教会がそのような優越した地位を取ることができなくなると、教会は自らの地位を保持するために、体制転換後に普及したリベラルな価値観に対抗する形で保守的な立場を強めるようになり、そこから中絶反対を軸に保守派の支持を集める方向に動くようになった。

もちろんカトリック教会にも内部に路線の相違はあるが、女性を家庭に回帰させるという点では基本的なスタンスは一致していた。この点が明確に現れるのが、脱家族化に関連する制度への対応である。教会はEU指令に基づくジェンダー平等を推進するような法律に対しては強硬に抵抗したことで、ポーランドではEU指令に従った法律が制定されるまでに時間がかかったのみならず、その後も女性の就労を促進するような施策は、高齢者向けの一部の制度をのぞいてほとんど導入されていない。他方で教会の支援も受けて政権を獲得した先の「連帯選挙行動」は、「家族優遇政策プログラム」を提起し、出産休暇の延長や大家族や貧困家族の支援制度などを提起したほか（実現したのは出産休暇延長のみ）、年金改革においては女性の労働市場退出を促すために男女の年金受給年齢の差を維持するといった政策を実施したというように、女性を家庭に戻しその家族を支援するという政策に対しては積極的な支持を与えていた。ポーランドにおいては女性の労働力が活用されていないという点は、OECDのレポートでも指摘されるところであるが、現在でもカトリック教会は、主要政党の野党「法と正義」を通して政治に一定の影響力を有していることで、リベラル系の与党「市民プラットフォーム」も積極的な脱家族化の政策は打ち出せずにいるという状況にある。

加えて女性の間でフェミニズム的な政策を追求する層とカトリックの敬虔な信者との間で見解の相違が生じていることも、制度の整備を遅らせる要因となっている。両者の相違はある程度年齢層、教育程度、あるいは居住地域などと重なっているが、いずれにしても女性のなかで積極的に女性の就労を求める層とそれに反対する層が対立していることも、ポーランドにおける脱家族化の推進を困難にしている一つの要因となっている。

【参考文献】

新川敏光（二〇一一）「福祉国家変容の比較枠組み」新川敏光編『福祉レジームの収斂と分岐』ミネルヴァ書房、一～四九頁。

仙石学（二〇〇七）「東欧諸国の年金制度——比較政治学の視点からの多様性の説明の試み」『西南学院大学法学論集』三九巻四号、一四三～一六八頁。

——（二〇一一）「中東欧諸国におけるケア枠組みのジェンダー的側面——女性に期待される役割が国により異なるのはなぜか」日本比較政治学会編『ジェンダーと比較政治学』ミネルヴァ書房、一～三二頁。

——（二〇一二）「ポスト社会主義国における福祉政治——『社会主義型福祉世界』から『多様な福祉世界の並存』へ」宮本太郎編『福祉政治』ミネルヴァ書房、一六九～一八三頁。

Aidukaite, Jolanta (2011) "Welfare reforms and socio-economic trends in the 10 new EU member states of Central and Eastern Europe," *Communist and Post-Communist Studies* 44(2), pp.211-219.

Bohle, Dorothee and Béla Greskovits (2012) *Capitalist diversity on Europe's periphery*, Ithaca: Cornell University Press.

Margarita Esteves-Abe, Torben Iversen and David Soskice (2001) "Social protection and the formation of skills: a reinterpretation of the welfare state," in Peter A. Hall and David Soskice (eds), *Varieties of capitalism: the institutional foundations of comparative advantage*, Oxford: Oxford University Press（マーガリタ・エステベス＝アベ、トーベン・アイヴァーセン、デヴィッド・ソスキス（二〇〇七）「社会保護と技能形成——福祉国家の再解釈」ピーター・A・ホール、デヴィッド・ソスキス編『資本主義の多様性——比較優位の制度的基礎』ナカニシヤ出版、一六七～二〇一頁）.

OECD (2013) *Pensions at a Glance 2013: OECD and G20 Indicators*, OECD Publishing. (http://dx.doi.org/10.1787/pension_glance-2013-en)

【参考ホームページ】

ヨーロッパの主要統計のデータベース　Eurostat
(http://epp.eurostat.ec.europa.eu/portal/page/portal/eurostat/home)

EUの社会保護制度に関するデータベース　MISSOC (EU's Mutual Information System on Social Protection)
(http://ec.europa.eu/social/main.jsp?catId=815&langId=en)

OECDの家族データベース
(http://www.oecd.org/els/family/oecdfamilydatabase.htm)

OECDのジェンダー平等関連ページ
(http://www.oecd.org/gender/closingthegap.htm)

ポーランド社会保障庁（ZUS）ホームページ
(http://www.zus.pl)

ポーランド労働・社会政策省（MPiPS）ホームページ
(http://www.mpips.gov.pl)

※本章で参照したホームページはすべて二〇一五年一月五日アクセス。

第15章 体制転換後のエストニアの福祉レジーム

小森宏美

一九九一年にソ連邦から独立を回復したエストニアでは、民主化ならびに市場経済への移行のなかで、社会福祉制度も構築されてきた。その構築過程は決して一直線であったわけではなく、本章で詳しく見るように様々な要因から影響を受けたものになっている。エストニアの福祉レジームの特徴は特定の型に分類できないことであり、加えて、歴史に規定された民族的少数者の存在ゆえに、他のポスト社会主義国との間に違いが生じている。

1 社会主義体制からポスト近代社会へ

歴史的背景

エストニアは先陣を切って二〇一一年、ラトヴィアとリトアニアもそれぞれ二〇一四年、二〇一五年にEUの共通通貨ユーロを導入した。このユーロ導入も含め、一般にバルト三国と呼ばれるこの三つの国は、独立回復から現在までの間に政治、社会、経済のあらゆる領域で激変を経験した。そのなかで三国の人たちの生活は独立回復前の想像をはるかに超えて大きな変化を受けたはずである。それは単に「西側」への回帰にとどまるものではなく、その「西側」自体もまた大きな変化のなかにあり、変容を迫られていたからである。

バルト三国のうち、本章ではエストニアをとりあげる。三国が構築してきた福祉制度には多くの共通点があるものの、違いも小さくない。ここでエストニアを取り上げるのは、次の点で興味深いからである。すなわち、新自由主義的と言われる三国のなかでもとりわけその傾向の強い国であり、そうした政策の結果として、独立回復後の二〇年余りの間に、社会的格差ならびに貧困層の拡大などの問題が生じた。にもかかわらず、生活に対する人々の満足度は、時期によって揺れはあるものの、おしなべて見れば比較的高かった（Eesti Koostöö Kogu 2011）。そのことは、一九九〇年代半ばから約二〇年間のこの国の政治的安定に見ることができる。そうした満足度の高さの理由は、主として、エストニアが実現した経済的成功ないし成功したという認識にあるが、それだけではない。そこには、政府に頼らず自助努力をよしとする人々の社会正義観がある（小森 2013）。とはいえ、満足度の高い社会にも光のあたらない陰になる部分はある。

エストニアが初めて独立国となったのは一九二〇年のことである。独立宣言自体はその二年前の一九一八年に行っていたが、それは簡単に実現されるものではなく、ドイツ軍ならびにソヴィエト・ロシアとの独立戦争を経て達成されたのである。この独立以前の社会では身分制の要素が支配的で、支配層はドイツ人にほぼ独占されていた。エストニア人は、一九世紀に「民族覚醒」を経験し、最初は文化的、そして次第に政治的な権利を求めるようになったが、それは独立によってようやく獲得されたのであった。

一九二〇年から第二次世界大戦までの最初の独立時代について、それが福祉レジームの観点からも後代に影響を与えた可能性は否定できないが、現在の制度への影響は限定的であると考え、本章では歴史的影響について考える際には、ソ連時代を念頭におくこととする。社会主義体制下での経験に対する強烈な否定的感情は、福祉制度の構築に、直接的にも間接的にも影響を及ぼした。一方、ソ連時代を否定し、その克服が求められながらも、その「遺産」は至るところで確認される。たとえば、後で詳しく触れるように、女性の就業率の高さは社会主義体制の名残であるという指摘がある。

新自由主義の国として

一九九〇年代前半、エストニアが採用したのは、税率の一律化、関税や補助金の完全撤廃、基幹産業も含めての民営化など、いわゆる新自由主義的と評される政策であった。そうした政策が採用された主たる理由として、「脱ソ連」を政治的信条とする民族主義的政党が改革の主導権を握ったことが挙げられる。また、幅はあるにしてもポスト社会主義諸国で行われた改革には共通点が少なくないものの、エストニアで一貫して急進的な改革が可能だったのは、同国では中道右派政権が不動の地位にあったからである（小森 2011）。中道右派政権の基本的な考え方は、端的には経済成長により全ての問題は解決する、というものであった。言い換えれば、一九九〇年代から二〇〇〇年代はじめにかけてのエストニア政治の特徴は、左派の弱さにあった。その背景にあったのは社会に広がるソ連的なものを否定する心情である。そうした傾向は近年薄れつつあるものの、福祉制度の構築を見るにあたって留意すべき点である。

二度の転機

このように、独立回復後のエストニアが新自由主義的な道を進んできたことは疑いない。だが、その過程で、少なくとも二度の転機があった。すなわち、二〇〇四年の両親補償制度の導入と、二〇〇八年の世界的金融危機である。この二つは、当然のことながら、同列に論じられるものではない。とはいえ、福祉の制度的側面ではなく、こうした変化を切り口とすることで当該福祉レジームと人々の関係の実態の一端を見ることができると期待できる。本章では、特に女性と民族的少数者を軸に、この二つの転機とその帰結からエストニアの福祉レジームについて、家族・子ども政策に焦点を合わせて考えてみたい（したがって、年金や労働政策などについての考察は別稿にゆずりたい）。

さて、二〇〇四年の両親補償制度の導入を見るにあたっては、その背景となる社会政治状況を先に説明しておく必要がある。体制転換の過程で、エストニアでは社会経済的格差の拡大が顕在化した。そうしたなかでも各種世論調査を見れば、全般的には独立回復後の政治・経済改革はおおむね肯定的に評価されていたと言える。とはいえ、異議申し立てが全くなかったわけではない。それは、野党の側からでも、民族的少数者からでもなく、いわゆる「知識人」の声として表明された。「二つのエストニア」、すなわち、体制転換の過程で生まれた改革の勝者と敗者に分断された社会に対して強い危機感を抱く、主として社会学者を中心とする人々が、政治エリートに対して警告を発したのである。社会学者が中心となり二〇〇一年頃から新聞紙上などで公表された現状批判は、二〇〇三年二月に「社会的協定」に関する覚書という形に集約され、同年一〇月二〇日に調印に至った。その柱となっていたのは、民族、信仰、性別、言語、出身、財産・社会的立場にかかわりなくエストニアの人々の生活水準を向上させるという目標であり、社会的紐帯の強化と発展の道筋に対する社会的合意の形成であった（小森 2013）。ところが、この社会的協定は、少なくともこの時点では、政治に直接的な影響力を発揮するものとはならなかった。現状に比較的満足していた社会は、「知識人」の声に無関心であった。

この無関心には、他にも理由がなかったわけではない。二〇〇三年は、翌年のEU加盟を目前に控え、加盟の是非を問う国民投票が九月に実施された年である。そのなかで、EU加盟による生活水準の向上が期待された。また、二〇〇三年三月に実施された選挙では、エストニア政治には珍しく新政党の新規参入があった。腐敗した政治状況の刷新を掲げ、新党の「共和国党」が既存政党を押さえて第一党となったのである。とはいえ、この勝利は、必ずしも政治の方向性に対して変更を求めるものではなかったと考えられる。なぜならば、（自己評価は別として）新自由主義的政党と評され、連立政権の中心である改革党に対する支持が減じたわけではなかったからである。この改革党の主導により、二〇〇四年の両親補償制度の導入が実現した。それは、どのような政策目標から導入されたのだろうか。

2　混合型福祉レジーム

政策形成と制度構築

エストニア（およびラトヴィアとリトアニア）も含め、ポスト社会主義諸国の福祉レジームが、いわゆる福祉レジームの三分類（自由主義型、社会民主主義型、保守主義型）に必ずしも当てはまらないことは、これまでの研究でも指摘されてきた（Toots and Bachmann 2010: Aidukaite 2009: 仙石 2012: 2013）。バルト三国の福祉制度に関する詳細な研究を行ったアイドゥカイテは、この三国のために別の類型が必要であると主張している（Aidukaite 2004）。その特徴として挙げられるのは、普遍的な保障を行う基礎的な部分に加えて、雇用に伴う報酬に比例する給付のある二階建てになっていること、その一方で基礎的な部分の給付水準が極端に低いことである。アイドゥカイテによれば、この低水準の給付のみならず政府に対する信頼の低さや公的サービスに対する不満が、公的福祉制度よりも市場や家族の方が信頼に値するという考えにつながっている（Aidukaite 2009: 98）。こうした特徴を有するエストニアの福祉レジームは、自由主義型と保守主義型の両方の性格を示していると指摘されてきた（Toots and Bachmann 2010）。

エストニアの福祉制度構築に影響を及ぼした主要因としては、先行研究において次の六つが指摘されている（Trumm and Ainsaar 2009: Aidukaite 2009）。すなわち、社会主義体制の遺産、継続的な中道右派政権の存在、労働者組織率の低さ（一〇％強）、北欧諸国の福祉制度の影響、EU基準および同法制度の採用、IMFや世界銀行などの国際機関の勧告である。これらに加えて、経済状況、人口動態も影響していることは疑いない。

それぞれの要因に対して補足的な説明が必要であるが、ここでは継続的な中道右派政権の存在が福祉制度構築に与えた意味について考えてみたい。

比例代表制によって選出されるエストニアの国会では、独立回復後の一九九二年から二〇一五年の選挙まで議席の過半数を獲得した政党はない。そうした状況において、政権も常に二つ以上の政党からなる連立政権であった。

本章で見る期間、すなわち、二〇〇〇年代については、新自由主義的政党に位置づけられる改革党がその中核を担ってきたことは間違いないが、必ずしも政権与党すべてが、新自由主義的な政策を支持していたわけではない。実際、改革党は、社会的弱者層を主たる支持基盤とする中央党や、政党「穏健」(後の社会民主党)を連立政権の提携相手としたこともあった。つまり、特定分野(とりわけ社会保障分野)で政策距離のそれほど近くない政党によって連立政権が形成されることもあったのである。

そうしたなかで、すでに述べたような自由主義型と保守主義型の両方の性格を有する福祉レジームが構築された背景として、次のことが指摘できる。すなわち、ソ連時代の福祉制度は、完全雇用に支えられたいわゆるビスマルク型であった。独立回復後、社会主義体制の遺制の一掃を政策目標の一つに掲げる右派諸政党は、それゆえ、自由主義型の福祉政策に舵を切った。一方、社会民主党を名乗るにふさわしい政党「穏健」は、社会主義的なものに対する不人気を背景に、二〇〇三年までは社会民主主義を旗印に掲げることさえかなわなかった。そうしたなかで、「穏健」が主眼を置いたのは、貧困問題の解消であった。同党が所得税控除額の引き上げなどを主張してきたのは、そのためである。本来であれば、「穏健」が北欧諸国に見られる社会民主主義型の福祉レジームを追求する存在であるはずであるが、「穏健」にとっては、北欧諸国型はあまりにも「左」すぎるものであった(Toots and Bachmann 2010)。

自助努力の「すすめ」

エストニアの福祉制度の基本的な考え方を示すものとして「社会福祉の概念」がある。同概念では、社会的権利の核として人間に値する生活を送る権利の保障が掲げられている。そして、そうした生活を実現するにあたっては、まず本人の努力、次に家族をはじめとする共同体・組織、最後に国が責任を負うという、補完性の原理が採られていると言明されている(Poliitikauuringute Keskus PRAXIS 2011)。

他のEU諸国と比較したとき、エストニアの福祉制度の特徴は、社会保障関連支出の少なさである。同国が自由主義レジームに分類されるのは、この低支出のためである。表15-1は二〇〇〇年代初めのエストニアとEU加盟国の社会保障関連支出を対GDP比で比較したものである。ここからわかるように、エストニアの支出はEU加盟国平均のほぼ半分である。ポスト社会主義諸国のなかでも、支出割合がエストニアよりも小さい国は数えるほどしかない(二〇〇四年はラトヴィアのみ)。こうした低水準の社会保障は、独立回復直後の困難な状況から経済が好転した後も変化していない(絶対額は増加しているが)。

このように基礎的給付部分が低水準にとどまる一方、報酬に比例する制度を導入したエストニアの社会保障制度は、必ずしも社会的格差の是正を目的としたものではない。社会的格差を示すジニ係数はEU諸国と比べて高い。一九八九年の〇・二七七から一九九五年には〇・三九六まで上昇したが、二〇〇七年には〇・三〇九に低下した。と

表15-1　社会保障関連支出（対GDP比）

（単位：%）

	2000年	2001年	2002年	2003年	2004年	2005年
エストニア	14.0	13.1	12.7	12.6	13.1	12.5
EU15	27.0	27.1	27.4	27.8	27.7	27.8
EU25	26.6	26.8	27.1	27.4	27.3	27.4

出所：Trumm and Ainsaar (2009).

ころが、金融危機以降再び上昇に転じ、〇・三二六となった。このことは、二〇〇八年までのジニ係数の低下が、政策の結果というよりはむしろ、全般的な経済成長によるものであったことを示している。

エストニアの福祉制度のいま一つの特徴は、社会保障関連支出に占める項目ごとの割合に関し、家族・子ども、疾病・健康・障害の分野ではEU平均を上回っている一方で、失業、住宅、社会的排除の分野ではEU平均を大きく下回っていることである。特に、失業に関しては、EU二七カ国平均の五・八%（二〇〇五年）に対し、一・三%（同）にとどまっている（Trumm and Ainsaar 2009）。一方、家族・子どもに対する支出は、次節で触れる二〇〇四年の両親補償制度の導入により、大幅に増加した。

3　女性と福祉

家族・子ども支援

エストニアにおいて貧困者比率が高いのは、多子家庭および単親家庭である。また、他のEU諸国と比較して、女性の相対的貧困者比率が高い。ところが、家族・子ども支援は、必ずしも貧困の解消や所得格差の是正に資するものにはなっていない。

エストニアの家族・子ども支援（出産補助費、出産・育児休業手当、児童手当など）、は、後述する両親補償制度を除き、所得に関係なく一律で支払われる普遍的な性格のものである（ただし、二〇〇三年にから低所得世帯を対象とした児童手当も導入された。子ども一人の場合は九・五九ユーロ、二人の場合は一九・一八ユーロ）。すでに述べたように、全般的にエストニアの各種手当については給付水準の低さが指摘されているが、児童手当もその例に漏れない。*

エストニアの家族・子ども政策は、①出産指向、②現金給付指向（表15－2参照）、③母親・子ども中心主義、④各種政策の対立的性格（たとえば、貧困対策が就労意欲の減退につながるなど）の四つを特徴とすることが指摘されている。このうち、③については、家庭における女性の役割に対するステレオタイプに密接に関係している（Ministry of Social Affairs 2011）。

* ただし、二〇一五年一月一日、それまでの月額一九・一八ユーロ（第一、二子。第三子以降は七六・七二ユーロ）から四五ユーロ（同。第三子以降は一〇〇ユーロ）へ増額された。同年四月に発足した新内閣は、さらなる引上げを目標としている。

両親補償制度

両親補償制度は、「両親給料」という言い方で人口に膾炙していることからもわかるように、育児休業中に有資格者に一律で支払われる育児手当とは別に、休暇取得前の給料の額に応じて支払われるものである。制度の詳細について紹介する前に、こうした制度が導入された理由について考えておこう。

そもそもエストニア人には小国、小民族認識が強い。総人口は一三四万人であり（二〇一一年一

表15－2　１人当たりの家族手当（現金とサービス）（2000年の物価水準）

（単位：ユーロ）

	2000年	2002年	2004年	2006年
現金給付				
エストニア	68.5	68.4	99.9	114.4
ラトヴィア	44.4	44.6	44.0	52.1
リトアニア	33.5	31.4	37.8	49.3
EU15	368.1	380.0	383.4	374.3
サービス				
エストニア	4.7	5.7	3.8	5.1
ラトヴィア	9.7	11.2	10.0	11.0
リトアニア	14.2	16.0	21.9	26.6
EU15	127.2	140.3	151.3	162.8

出所：Toots and Bachmann (2010).

表15－3　出産傾向の変化

	1990年	2010年
出生率	2.05％	1.64％
第一子出産平均年齢	22.8歳	26.3歳
出産平均年齢	25.6歳	29.3歳

出所：Ministry of Social Affairs (2011).

月一日現在）、減少傾向にある。表15－3に示した出生率の低さに加え、人口流出も止まらぬ人口減少の原因になっている。しかも、民族的少数者の割合は人口の約三割にものぼる。こうした状況に、エストニア人は危機感を覚えている。前述の「社会的協定」のなかでも人口減少問題は重視されていた。

こうしたなかで二〇〇三年一二月に採択された法律に基づき翌二〇〇四年一月一日に導入されたのが、両親補償制度である。これは、出産前所得の一〇〇％（ただし、平均賃金の三倍を上限とする）が出産後の育児休業中に支払われるという制度である。支給期間は、二〇〇四年の導入時には三六五日であったが、その後徐々に延長され、二〇〇八年からは五七五日になった。

そもそもエストニアの家族・子ども支援については制度そのものよりも、その目的に大きな変化が認められる。すなわち、一九九〇年代には出生率の向上が重視されたが、一九九〇年代末からは、子どもの問題は貧困リスクと直結するという認識から、支援の目的が家庭の福祉（貧困対策、男女平等）へと変更された。ところが、両親補償制度では目的が再び出生率の向上に戻った。ただし、今度はターゲットがより明確であった。高学歴・高収入の女性である。先に述べたとおり、この制度の下での支給額は出産前所得によって算出される。出産者に勤労実績がない場合、あるいは勤労実績があっても社会保障費に関連づけられた収入が基準額より低い場合には、両親補償定額が支給されることになっている。したがって、支給額に差が生じることは言うまでもない。同定額と最高受給額の差は二〇〇四年の約六倍から二〇〇八年には約七倍に拡大した（小森 2013）。このことからわかるように、両親補償は現社会のなかの給与格差を反映して支払われるものであり、それによる格差の解消が期待されているわけではない。

では、そうした両親補償制度は福祉レジームにどのような影響を与えたのであろうか。一般に、家族・子ども支援政策は出生率の向上を目的としており、雇用に対する直接的影響は期待されていない。むしろ、手当が十分であれば、母親の労働市場への復帰意欲をそぐこともある。しかしながら、エストニア（およびラトヴィア、リトアニア）で起きていることは、こうした一般的な枠組みに当てはまるものではない。

エストニアでは前述のとおり、基礎的な育児手当および児童手当に加え、休業中の親に対する報酬比例的な給付が行われている。一方で、四歳から七歳の保育施設への入所率は九四％（二〇〇七年）、また女性（二五～四九歳）の労働市場参加率は八三％（二〇〇八年）である（Toots and Bachmann 2010）。すなわち、育児に対する金銭的補償制度の存在が、エストニアでは労働市場からの女性の退出につながっていない。むしろ、両親補償制度のように、出産前所得が受給額に直結する仕組みが導入されたことにより、出産前に勤労実績のある母親が増加している。

こうした女性の労働市場参加の理由として次の二点が指摘できる。すなわち、第一に、エストニアの税制度は世帯単位ではなく個人単位であり、そのため一人稼ぎ手モデルよりも二人稼ぎ手モデルの方に親和性があることである。第二に、一九九〇年代の経済的移行期には、低賃金が一般的であり複数の稼ぎ手によって家計が支えられたことである（Toots and Bachmann 2010）。他方で、女性が必ずしも現状に満足していない可能性も指摘しておきたい。すなわち、ある社会学的調査によれば、「配偶者に十分な収入があり、働く必要が

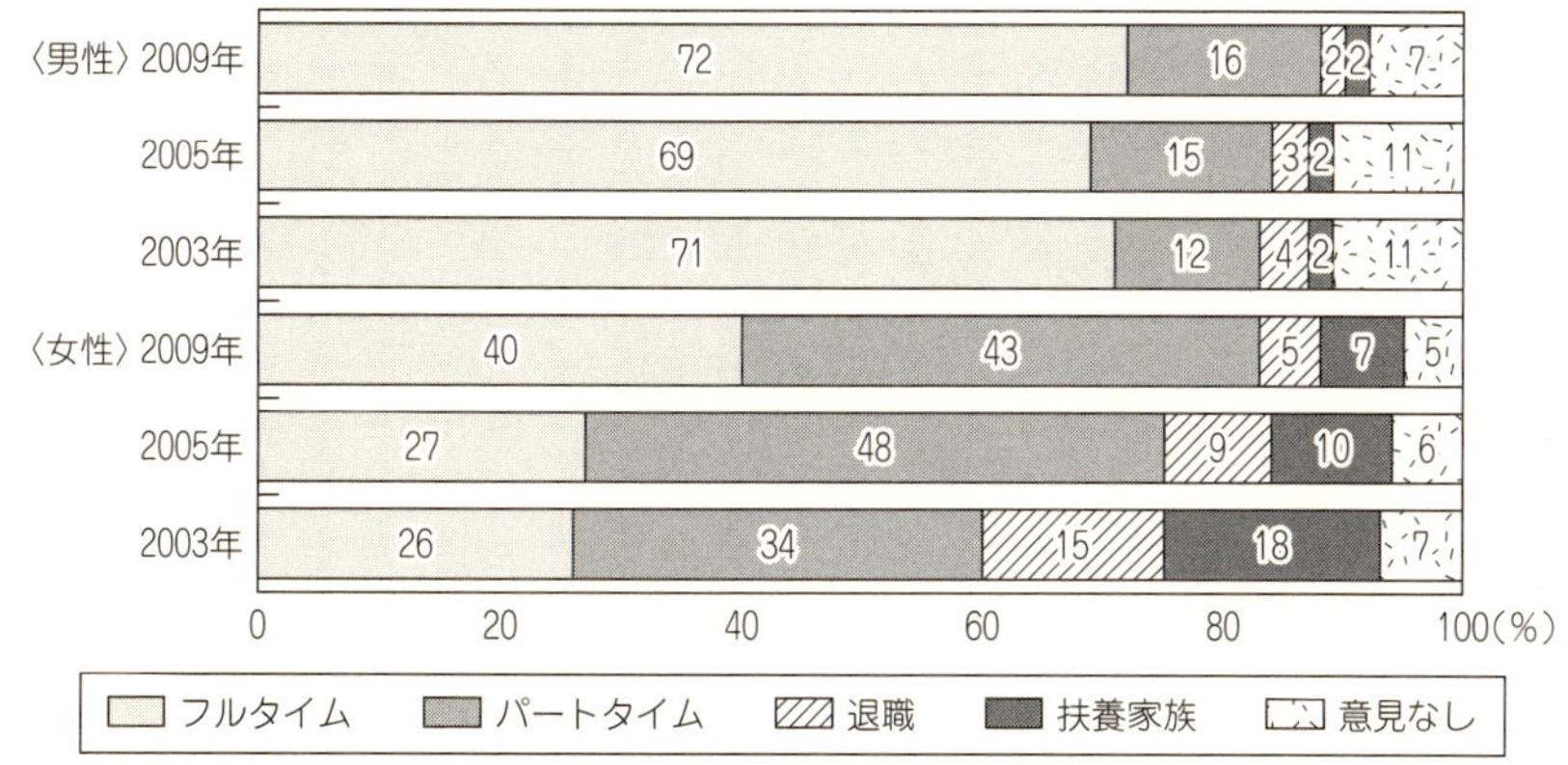

図15－1　配偶者に十分な収入があり、働く必要がないとしたら、どうしますか
出所：Ministry of Social Affairs (2010).

ないとしたら、どうしますか」という質問に対する回答として、男性では常勤形態を希望する回答者が大多数であったのに対し、女性では時間雇用を希望する回答者がかなりの程度存在した（図15－1参照。ただし、経済危機後の二〇〇九年には、女性の回答に変化が見られることに留意したい）。こうした女性の希望と現実の間に乖離はあるのだろうか。次に女性の勤労実態について見てみよう。

経済危機と男女間格差

エストニアをはじめとするバルト三国では、他のEU諸国、とりわけ大陸ヨーロッパ諸国と比較して、女性の就労率が高い。これは、社会主義時代の遺産とも言われるが、その他にも次の理由が指摘されている。第一に、エストニア（およびラトヴィア、リトアニア）では男性よりも女性の学歴が高いこと、第二に、女性には、男性と比較して労働条件（とりわけ賃金面）の悪い職業を拒否しない傾向があることである。後者については、EU諸国内で最も大きいエストニアの男女間の賃金格差（二〇一〇年は二八％）がその証左となっている（Toots and Bachmann 2010）。

こうした男女間の賃金格差については、構造的な問題に加え、旧態依然とした男女役割に関する認識が指摘されている。表15－4に示したように、エストニアでは二〇〇八年の経済危機直後も女性の就労率はほとんど変化しなかった。また、賃金格差にも大きな変化は見られなかった。これらから、こうした男女間格差は短期的な経済的要因では説明できないことがわかる（Eesti Koostöö Kogu 2013）。

女性の労働形態については、他のEU諸国と比べ、柔軟性の低さも指摘できる。それは、非正規社員の割合の低さに顕著に見られる（EU一五カ国平均は二〇〇九年で雇用全体の二一・六％、バルト三国はその半分以下。Toots and Bachmann 2010）。この傾向についても経済危機後も変化がなかった。臨時雇用や労働時間の短縮、交代制といった労働形態の柔軟化も進んでいない。それは、時間当たりの労働コストが低く、雇用者にとってのインセンティブがないためであると指摘されている（Toots and Bachmann 2010）。

4　経済危機と社会的包摂の限界

経済危機以降の傾向

二〇〇八年の世界的金融危機の影響は、エストニアでもGDPの大幅な減少、失業率の急上昇などに表れた。しかしながら、こうした影響は長くは続かず、二〇〇九年には早くも経済回復の兆しが見えた。とはいえ、その回復速度は社会全体で一様であったわけではない。ここに、エストニア社会の脆弱な部分が浮き彫りになった。

他のEU諸国と比較した場合、エストニアの特徴として、①雇用調整材料としての中高年齢層労働者（五〇歳以上）、②同じく民族的少数者（表15－4参照）の存在が挙げられる。①については、中高齢者の雇用が比較的保障されている一方、若年層の恒常的な失業が問題視される大陸ヨーロッパ型に対し、エストニアはむしろ、この両者の失業が問題となる英米型に近いことが指摘されている（Toots and Bachmann 2010）。②は、移民問題との比較が可能であることは間違いないが、それでもなお、エストニア（およびラトヴィア）独自の問題であると言うことができる。

民族的少数者と福祉

エストニアの民族的少数者とは、住民の約三割を占めるロシア語系住民である。ロシア語系住民問題の全体像についてここで詳細に述べる紙幅の余裕はないので、本章の議論に関わる範囲でその問題の背景について整理しておく。

本章ではロシア語系住民という語を、一九四〇年のエストニアのソ連編入以降に、ソ連の他地域から移住してきた人々を指すものとして使用している。その問題は大きく三つに分けることができる。第一に、エストニアで採用された国籍政策により、ロシア語系住民の多くが独立直後に無国籍者となったこと（約四〇万人）、第二に、ソ連時代の遺産として、これらのロシア語系住民の多くが当初、エストニア語能力を有していなかったこと、第三に、エストニア人とロシア語系住民の間に、国家観や歴史観をめぐる相違が存在すること、である。第三の点に関しては、ここでは大きく民族で括ったが、実際には、エストニア人の間にもロシア語系住民の間にも内的な多様性があることは指摘しておかなければならない。第一および第二の問題が、時間の経過とともに解決に向かう一方で（すなわち、ロシア語系住民のエストニア国籍取得やエストニア語の習得が進むこと）、そうした変化に取り残される人々も現れ、ロシア語系住民のなかにも格差が生じている（小森 2009）。

そうしたロシア語系住民のなかにある多様性を確認した上で、ここでは、研究調査上の限界および他国の事例との比較という本書の目的から、主としてエストニア人とロシア語系住民の間の違いとして見ていくこととする。以下では、労働実態を検証する視点として就労率、就労時間、そしてそれらをめぐる認識についてとりあげる。

まず、就労率については、エストニア人とロシア語系住民の間に顕著な違いがある（表15－4参照）。その差は、二〇〇八年の経済危機以降、いっそう拡大した。こうした差の理由については、ロシア語系住民のエストニア語能力の不足に加え、就労構造（両者の職種の違い、居住地域）が考えられる。

就労時間については、ロシア語系住民の労働時間の長さを指摘しておきたい。すなわち、エストニア人男性（一八歳以下の子どもあり）の場合、一週間の平均労働時間は四〇・八時間であるのに対し、ロシア語系住民（同子どもあり）では四二・八時間となっている（女性では、それぞれ三六・三時間と三七・六時間。子どもがいない場合は労働時間が短い傾向にあるが、エストニア人女性に限り、子どものいない女性の方が労働時間が若干長い）（Tartu ülikool Rake 2013）。就労時間に見られる違いにも多様な要因が関係していると考えられるが、これについては認識の問題と併せて整理したい。

福祉レジームの観点からロシア語系住民の就労認識について見てみると、何よりもまずその硬直性が際立つ。それは必ずしも認識的要因によるとばかりは言えず、勤務時間の変更が容易ではない製造業従事者が多い就労構造も大きく作用している。そうしたことも踏まえた上で、ロシア語系住民にとっての休業の困難さについて考えてみたい。

表15－4　民族別の就労状況（2005～2011年）

（単位：％）

	2005年	2006年	2007年	2008年	2009年	2010年	2011年
エストニア人男性							
就労率	80.0	85.6	86.9	86.9	77.4	75.3	80.6
失業率	6.5	4.2	3.7	3.7	12.6	14.6	9.6
ロシア語系住民男性							
就労率	78.0	83.2	86.4	84.1	70.1	67.8	75.5
失業率	10.9	9.1	5.7	7.1	21.1	24.5	17.3
エストニア人女性							
就労率	78.4	81.9	80.4	80.2	76.1	75.2	75.7
失業率	3.7	2.8	2.3	3.1	7.2	9.3	8.9
ロシア語系住民女性							
就労率	70.0	73.8	75.4	75.0	72.0	67.5	69.5
失業率	11.9	9.1	6.6	7.7	14.2	20.4	16.4

出所：Tartu ülikool Rake（2013）より筆者作成。

各種社会学的調査から，ロシア語系住民は，育児休暇の取得ならびに子どもの病気を理由とする早退や短期休暇の取得を難しいと考えていることが明らかになっている。その理由として，就労構造の他に，エストニア語能力の不足を原因とする就職・転職上の不利な立場，子どもを理由とした休業に対する上司の無理解が挙げられる。子どもの病気などの突発的な事態でも，早退や休暇の取得は最後の手段になるという。これに対し，エストニア人の場合は，同僚や上司の援助が受けやすいことが指摘されている。

子どもや家庭を理由とした休業に対して否定的な「伝統的」考え方がエストニア人にないわけではない。むしろ本章でも述べてきたように，賃金の格差などに見られる男女間格差は，「伝統的」考え方にも起因するエストニア社会全体の問題である。しかしながら，やはりエストニア人とロシア語系住民の間にある対勤労ならびに対家族認識の違いには注視すべきであろう。そうした認識の違いの根本に「ソ連的」関係性として人々が指摘する態度がある。それは，上司の決定には有無を言わずに従う，また上司を批判することは言語道断であるといった態度である。

5　ソ連時代の遺制と制度的混合性

エストニアにおける福祉制度の構築は，民主化および市場経済への移行とEU加盟を背景に進められてきた。とりわけ，社会主義的制度への反発がその精力的な解体の原動力となってきた。にもかかわらず，その遺制が根強く残っていることが多くの研究で指摘されており，本章でもその一端を示した。エストニアの福祉レジームが自由主義と保守主義の両方の性格を併せ持つことはつとに明らかにされてきた。さらに本書の総論で提起されているように，第四の類型としての家族主義レジームを加えるならば，脱商品化と脱家族化の程度がともに低いエストニアの福祉レジームは家族主義であるとも言え，単純な類型化は困難である。

内在的・外在的両方の要因によって構築されてきた制度的混合性そのものは，特に否定すべきものではない。むしろ重要なことは，そうした制度的混合性が人々の必要に応じようとする柔軟性からではなく，潜在意識のなかに残る過去に規定された硬直的な態度や思考方法によっても増幅されていることに目を向けることであろう。

【参考文献】

小森宏美（二〇〇九）『エストニアの政治と歴史認識』三元社。

———（二〇一一）「エストニアとラトヴィアの政党政治比較——歴史的要因としてのロシア語系住民問題を軸に」仙石学・林忠行編『ポスト社会主義期の政治と経済——旧ソ連・中東欧の比較』北海道大学出版会。

———（二〇一三）「過去の克服としての『新自由主義なるもの』——エストニアの社会正義観と改革党の成功」村上勇介・仙石学編『ネオリベラリズムの実践現場——中東欧・ロシアとラテンアメリカ』京都大学学術出版会。

仙石学（二〇一二）「ポスト社会主義国における福祉政治——『社会主義型福祉世界』から『多様な福祉世界の並存』へ」宮本太郎編『福祉政治』ミネルヴァ書房。

———（二〇一三）「中東欧諸国における『ネオリベラリズム的改革』の実際——『さらなる改革』が求められるのはいかなる時か」村上勇介・仙石学編『ネオリベラリズムの実践現場——中東欧・ロシアとラテンアメリカ』京都大学学術出版会。

Aidukaite, Jolanta (2004) *The Emergence of the Post-Socialist Welfare State: The Case of the Baltic States: Estonia, Latvia and Lithuania*, Södertörns högskola.

——— (2009) "The Estonian Model of the Welfare State: Tradition and Changes," in Stanislawa Golinowska, Peter Hengstenberg and Maciej Zukowski (eds.), *Diversity and Commonality in European Social Politics: The Forging of a European Social Model*, Warsaw.

Eesti Koostöö Kogu (2011) *Estonian Human Development Report 2010-2011, Baltic Way(s) of Human Development: Twenty Years on*, Tallinn.

——— (2013) *Estonian Human Development Report 2012-2013, Estonia in the World*, Tallinn.

Ministry of Social Affairs (2010) "Gender Equality and Ineguality: Attitudes and Situation in Estonia in 2009," *Policy Analysis*, No.3.

——— (2011) *Smart Parents, Great Children, Strong Society: Strategy of Children and Families 2012-2020*.

Poliitikauuringute Keskus PRAXIS (2011) *Lõppraport: Eesti sotsiaalkaitse süsteemi korralduse efektiivsuse analüüs vl. 3*.

Tartu ülikool Rake, sotsioloogia ja sotsiaalpoliitika instituut (2013) *Vähemusrahvuste inimeste töö- ja pereelu ühinemise võimaluste analüüs, Raport*（タルト大学社会学・社会政策研究所『民族的少数者の仕事と家庭生活の統合可能性に関する分析、報告書』）.

Toots, Anu and Janika Bachmann (2010) "Contemporary Welfare Regimes in Baltic States: Adapting Post-Communist Conditions to Post-Modern Callenges," *Studies of Transition States and Societies*, Vol.2, Issue2.

Trumm, Avo and Mare Ainsaar (2009) "The Welfare System of Estonia: Past, Present and Future," Klaus Schubert, Simon Hegelich and Ursula Bazant (eds.), *The Handbook of European Welfare Systems*, Routledge.

第16章 変容する旧社会主義国ハンガリーの福祉レジーム

柳原剛司

旧社会主義国であるハンガリーの福祉レジームの特徴と変容を理解するためには、まず出発点としての社会主義時代の福祉のあり方とその後の時代への影響について理解する必要があるだろう。これを踏まえつつ、その後の市場経済化・EU加盟に向けた経済改革との関連も織り交ぜながら、ハンガリーの福祉レジームの特徴、さらには近年の雇用政策における就労促進の強化を中心に概説する。

1 社会主義の遺産からの出発

旧社会主義国という出発点

ハンガリーは、オーストリアの東に位置する人口一〇〇〇万人弱の小国であり、周辺の国々とともに、一九八九年までは社会主義体制をとっていた国である。現在、これらの国の多くは、法の支配・少数民族の尊重など民主主義の制度が根付き、また機能する市場経済を有していると評価されるに至っており、二〇〇四年以降にEU加盟国となっている。しかし、一九九〇年前後まで、チェコ、ポーランド、ハンガリーなど中東欧諸国は約四〇年間、エストニアなどバルト三国はソヴィエト連邦の一部として約七〇年間にわたって、社会主義体制をとっていた。また、一九九〇年代はじめ以降、これらの国々は民主化とともに、資本主義への転換、市場経済化（市場経済への移行）、さらにはEU加盟に向けた改革に、大きな困難に直面しながら取り組んできた。EU加盟を達成したからといって、辿ってきたこのような経路・経験の特殊性がすぐに失われるわけではない。

エスピン－アンデルセンの福祉レジームの類型論は、先進資本主義国をその類型化の対象としていた。ハンガリーなどの旧社会主義国は彼の手による当初の分析の対象からは漏れている。資本主義体制への転換、市場経済化やEUへの接近を進めていく過程で、これら諸国をどのような類型に分類すべきかの議論は積み重ねられてきてはいるが、まだ決定的な見解があるわけではない。

しかし、多くの先行研究は社会主義の経験を重視している。他の旧ソ連・東欧地域の旧社会主義国と同様に、ハンガリーの現在の福祉レジームを論じるにあたって、社会主義時代、国家が福祉サービスの供給において主たる役割を果たしていたこと、そしてその性格について、まずは説明しておく必要があるだろう。

新川（2011：および本書総論）は福祉国家概念について、福祉が慈善や上からの恩恵ではなく社会権として保障されているかどうかに着目し、その条件を資本主義経済の発展と民主主義政治を通した市民の権利としての福祉の実現と規定している。新川はこの視点から、資本主義であっても民主主義政治をもたない国、資本主義経済も民主主義政治ももたない社会主義国家は福祉国家ではない、と論じている。

この概念規定をそのまま当てはめるとするならば、社会主義時代のハンガリーは福祉国家ではなかったことになるが、社会主義時代における福祉供給のあり方とその機能において、国家が主要な役割を果たしていたことを前提とすることなしに、ハンガリーや他の旧社会主義国における現在の福祉レジームについて論じることは難しい。また、かつての社会主義国を福祉国家から除外すれば、西側諸国における福祉国家の発展が、資本主義と社会主義の体制間競争からも影響を受けていた点を看過することにもなりかねないであろう。

社会主義時代の福祉供給

さて、それが福祉国家といえたかどうかはともかく、ソ連・東欧の社会主義国において、福祉サービスは主として国家ないし国有企業を通じて供給されていた。ハンガリーなどでは社会主義体制の成立以前に存在していた社会保障制度を部分的に残しつつも、寛大な条件でかつ職域の区別がない年金制度、無料もしくは低価格の医療サービス、家族・育児手当など種々の所得保障制度、補助金を通じた日常必需品や住宅の低価格供給、基本的に無料の教育制度など社会サービスが普遍主義的に供給されていた（柳原 2011：2012）。このような福祉サービスは、体制維持を目的とし国民の不満を和らげるために「上から与えられたもの」であり、民主的な意思決定に基づくものではなかった。また、医療の質や年金の給付の水準が必ずしも高くなかったこと、共産主義政党関係者や一部の公務員など特権を享受する層が存在していたことなどの問題点も存在した。しかし、最低限の生活保障の実現、所得格差の抑制など、国により程度の差こそあれ、この寛大な福祉サービスが果たした役割と実績は決して無視されるべきものではないだろう。また国民もそのような国家による温情主義的（パターナリスティック）な福祉サービス供給を期待していた。

現在のハンガリーの福祉レジームを理解する上で、この社会主義時代の福祉供給のあり方というのは非常に重要である。特に留意しておくべきことが二点挙げられよう。第一に、国家が福祉の供給に責任をもつべき、という認識がその後も根強く残存したことである。第二に、前述したような福祉サービスが、市民権として国民に普遍的に付与されたものではなかったということである。ハンガリーの場合、たとえば寛大な水準の育児手当の受給には、受給前の一定期間に就労ならびに保険料拠出が必要であった。その条件を満たさない場合には、低い水準の別の制度による保障しか与えられない場合が多かった。この点に関し、小森田（1998）はポーランドについて、「労働を起点とする国家生活保障システム」であったと論じているが、社会主義時代のハンガリーもまた同様であった（堀林 2009：柳原 2011：2012）。社会主義時代、国有企業は利潤の最大化ではなく、割り当てられた生産ノルマの達成を主たる目標としていたため、資材や人員を過剰に溜め込みがちであった。ハンガリーにおいては、一九六八年の「新経済メカニズム」実施の際に、国家による中央計画の範囲の縮小や生産財市場の創出、政府補助金の削減、投資決定などにおける国有企業の自主性の拡大・利潤原則の採用など、市場経済の要素の部分的導入が図られていたが、企業は国家による救済を期待できたことから（「ソフトな予算制約」）、余剰労働力の大規模な整理は行われず、ほぼ失業が存在しない状態は一九八〇年代末の体制転換寸前まで維持された。すなわち、事実上の「完全雇用」状態であったために、結果として、社会主義時代の福祉供給は擬似的に普遍性を獲得していたのにすぎないのである。この意味で、労働力の脱商品化の程度は低水準であったのである（たとえば、一九八〇年における男性一五〜五九歳、女性一五〜五四歳の現役世代における就業率は七九・三%であった〔Fazekas et al. 2013 収録の統計から算出〕）。

また、「寛大な福祉」の水準についても触れておく必要があるだろう。ハンガリーでは、一九五六年のハンガリー事件の鎮圧とそれに続く弾圧の後、一九六〇年代以降には一定の自由を許容し、体制への国民の不満を和らげるための宥和的な政策がとられた。種々の寛大な福祉サービスはその代表的なものであった。他方、このような政策はハンガリーがポーランドとともに一九七〇年代以降に膨大な対外債務を抱えることとなった一因ともなった。政治体制の転換後に債務削減交渉を行ったポーランドとは異なり、ハンガリーはデフォルトを行わず対外債務の返済にあたった（Bohle and Greskovits 2012）。この対外債務という制約は、経済政策や社会保障制度改革のあり方、ひいては福祉レジーム特性にも影響を及ぼしている。

社会主義時代の福祉については、その果たした役割、サービス供給のあり方、水準など様々な点において多様な見解が存在しているが、社会主義時代ならびに当時（一九九二年）のハンガリーの福祉水準が、その経済力（発展水準）に見合わない過度なものであったと批判をし、国家の福祉への関与の適正化を求めた経済学者コルナイの「早産の福祉国家論」（Kornai 1992）は一つの重要な指摘である。これに対し堀林（2009）は、「寛大な福祉支出」は、同時代の低賃金（低い個人消費水準）を「補完」するものであり、国民の生存のために「必要な福祉国家」であったという見解を示している。

2　市場経済化と福祉レジーム

体制転換後の市場経済化過程

一九八九年の政治体制の転換後に、ハンガリーはじめ他の旧社会主義国が経験したのは、単なる民主化と市場経済化（資本主義化）の過程にとどまらない。中東欧・バルト諸国にとっては、ＥＵへの接近・統合の過程が重なっていたし、特に南東欧など相対的に発展水準が低い国にとっては経済的キャッチアップの過程という要素も強かった。くわえて、二〇〇八年以降は、経済危機の波及ならびにそれへの対処など、単なる市場経済化とは異なる、様々な経済的・社会的局面を経験してきた。まずは市場経済化の過程を振り返っておこう。

堀林（2014）は、一九八九年以後、現在までの中東欧八カ国（ポーランド、ハンガリー、チェコ、スロヴァキアからなるヴィシェグラード諸国とスロヴェニア、バルト三国）の歴史について、①一九八九年の政治転換に始まり、ＥＵ加盟と外資導入を通じた資本主義化の戦略が固まるまでの時期（一九八九年〜一九九八年）、②外資主導型経済成長のなかで、資本主義が成立した一九九九年から二〇〇七年までの時期、③二〇〇八年以後の経済危機の時期、の三つの時期に区分して説明している。この

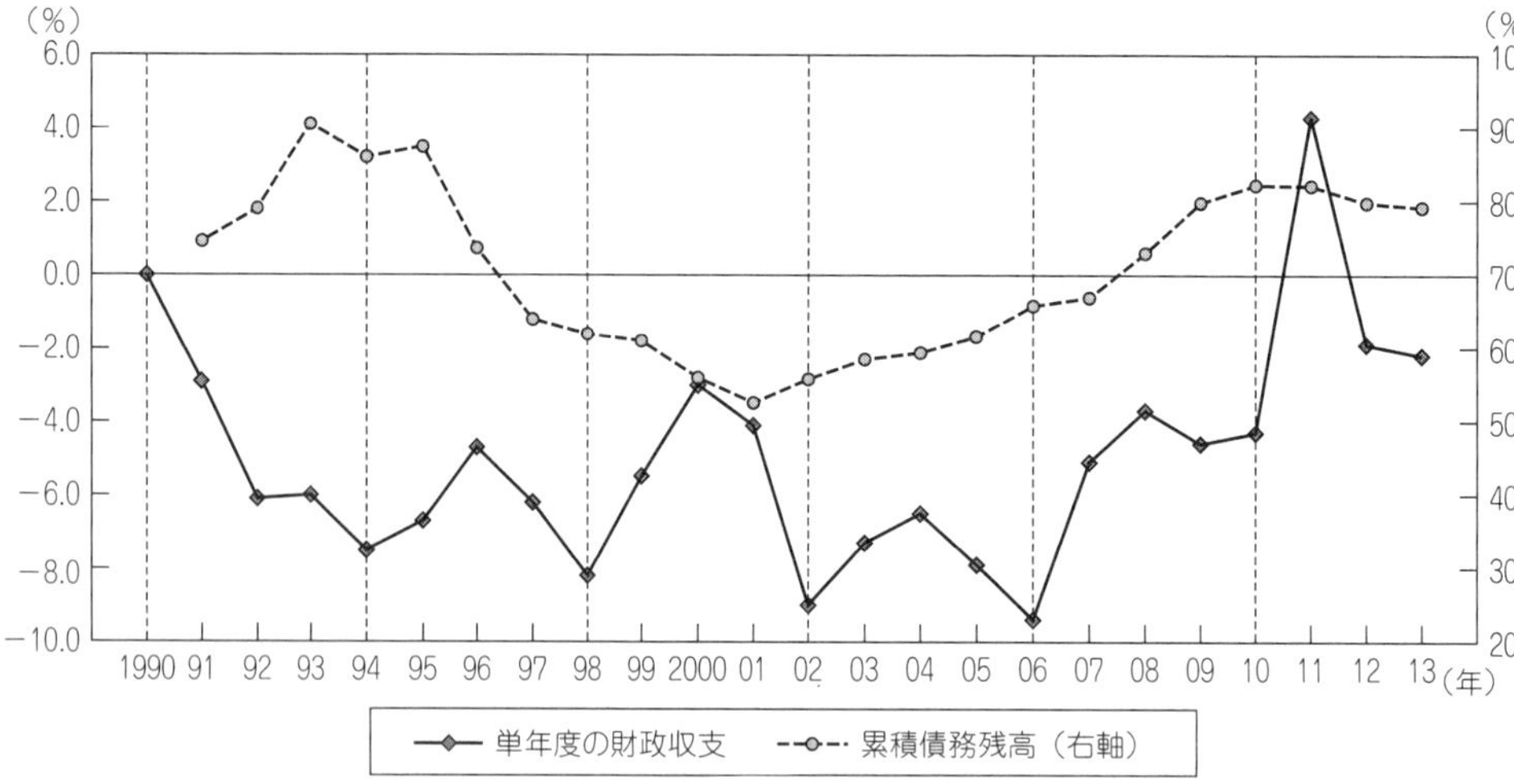

図16-1　一般政府財政赤字と累積債務残高（対GDP比）

注：縦線は国会の総選挙の実施年。

出所：1999年まではEBRD，2000年以降はEurostat。

区分がハンガリーにとって最適かはともかく、これを基にハンガリーの市場経済化の過程をまとめよう。第三の時期については第四節で論じる。

第一の時期、民主化したこれら旧社会主義国はすみやかな市場経済化を目指して様々な改革を実施した。市場経済化の支援のためにＩＭＦや世界銀行、政策アドバイザーらが多様なこれら諸国に提示した処方箋は、国有企業・国家資産の私有化、貿易や資本移動に関する規制の自由化、マクロ経済の安定化など、一律の処方箋（「ワシントン・コンセンサス」）であった。これら機関からの融資の実施が、銀行など他機関からの融資の前提条件となっていたこともあり、各国とも類似の政策を実施することとなった。この時期、各国がこの改革メニューを実行した速度、順序、程度は大きく異なったが、ハンガリーはそのなかで改革を一挙にではなく、社会主義時代からの取り組みも含めて漸進的に進めた国とみなされている。それでも、よく用いられた制度改革の進捗状況の評価基準の一つである欧州復興開発銀行（ＥＢＲＤ）の「移行指標」で言えば、相対的に改革が迅速に進んだ中東欧地域のなかでも、もっとも早期に制度改革が進んだ国であった（柳原 2011：序章 参照）。

この改革の進展の背景には、ハンガリーが旧体制から継承した莫大な対外債務（図16-1参照）が大きく影響していた。この返済のため、ハンガリーは国有資産・国有企業の外国資本への売却を私有化の主たる手法とし、また強い輸出性向を有した。一九九〇年代、外国投資家に対して提供したインセンティブの寛大さとサービスの質においてハンガリーは抜きん出ていた上、債務の返済を通じて積み重ねた信頼は同国を魅力的な対外投資先の一つとし（Bohle and Greskovits 2012）、特に一九九〇年代前半には旧東欧地域への直接投資の大半を受け入れた国となった。一九九三年に初期の不況（「体制転換不況」）が底打ちしてプラス成長に転じると、一九九六年の緊縮政策パッケージ（時の財務相の姓を取り「ボクロシュ・パッケージ」と呼ばれる）の実施も経て、ハンガリーは一九九七年から力強い経済成長の軌道に乗った。

その一方で、経済・社会システムの転換は、当然ネガティブな影響も有していた。ワシントン・コンセンサスに基づく諸政策は、経済的には、国有企業の売却や倒産による企業間の産業連関の崩壊や旧コメコン市場という輸出市場の消滅などに

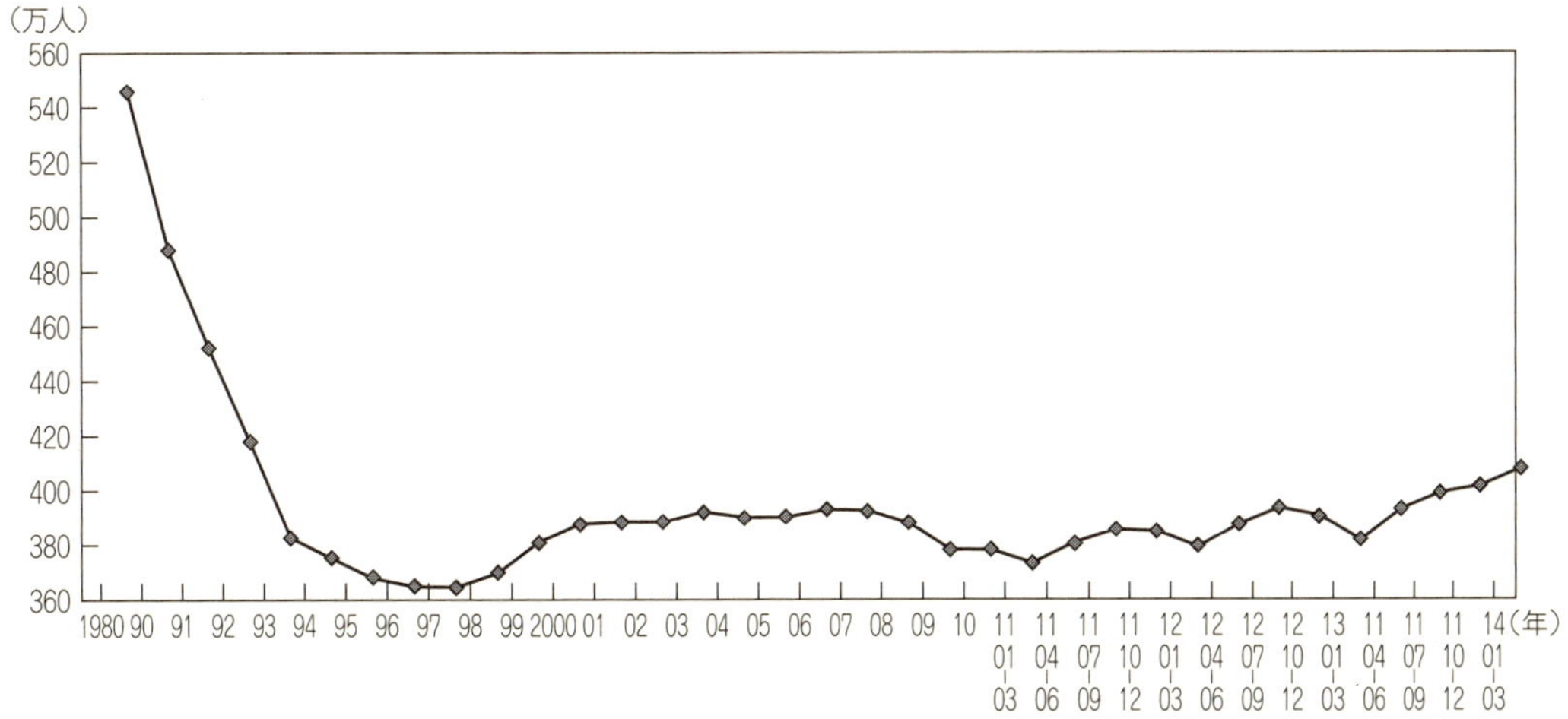

図16－2　就業者数の推移（15歳以上）

注：2011年以降は四半期のデータ。
出所：1997年まではFazekas et al. 2013，1998年以降はハンガリー中央統計局。

よる産出の低下、社会的には、貧困・格差の拡大、雇用の減少、失業の増加、公的サービスの悪化と供給の分極化、出生率の低下、死亡率の増加、人口減少、犯罪や汚職の増加、地域紛争など「移行の社会的コスト」（Ellman 2000）と呼ばれる現象をもたらし、大きく社会を揺るがした。ハンガリーでも体制転換初期の不況や緊縮政策の影響により、経済規模の縮小や、貧困・所得格差の拡大、長期失業者の発生などを経験した。福祉レジームに関わる最重要の社会的コストは、就業者数の大幅な減少であろう。図16－2に示したように、体制転換以前の一九八〇年と比較すれば、（漸減しているが）人口約一〇〇〇万人の同国において、最大で約一八〇万人分の（公式部門での）雇用が消滅したのである。そして、一九九七年以降、二〇〇六年まで続いた、年率四％前後の高成長時にも、就業者数には劇的な改善は見られなかった。

国内の雇用の三分の一が（少なくとも公式部門からは）消えたというこの事実は、いくつかの点でハンガリーの福祉レジームに大きな影響を与えた。第一に、社会保障を支える拠出者の数が減少したことである。第二に、再就業の見込みの薄い比較的年齢の高い失業者を障害年金、早期退職制度の弾力的運用で労働市場から退出させたことによって、年金制度の財政状況が著しく悪化したことである。年金形態の給付の受給者は、退職年齢以上の人口数を大きく超えて一九九五年には全人口の三割、三〇〇万人を超えた。第三に、就業が困難な現役世代における貧困の拡大である。第四に、これらの総合的な結果として、福祉サービスの供給にかかる費用が膨張し、経済規模に対する社会支出・政府支出の比率が大きくなったことである。くわえて、対立する左右の二大政党が国民の歓心を買うために社会保障給付等のバラマキを選挙サイクルに合わせて行ったため、財政は周期的に悪化した（図16－1）。市場経済化の負の側面に対する国民の不満を和らげるために、寛大な福祉（特に年金、家族手当）が利用され、また国民もそれを期待したという構図（これをボーレらは「埋め込まれた新自由主義」と類型化した。Bohle and Greskovits 2012）には、社会主義時代との類似性（継続性）が指摘できる。

社会主義時代の影響を受けながらも、政治体制の転換後のハンガリーの福祉レジームはこのような経済改革とともに形成されたのである。

EUがもたらした成長と停滞

次に、第二の時期について見ていこう。この時期の最も重要な変化はEUへの加盟である。前半期は中東欧・バルト諸国のEUへの加盟交渉が行われた時期、より実態に即して言うならば、法制度をEU標準のものに接近させた時期であった。EUおよび単一市場への統合、さらには将来の通貨統合への期待から、中東欧・バルト諸国は、第一の時期を上回る膨大な直接投資を受け入れた。EUからの資金援助もインフラ整備などの面から後押しをし、これら諸国は力強い経済成長を経験し、高成長は二〇〇四年五月のEU加盟実現後も継続した。

ただ、ハンガリーの場合は若干様相を異にしている。表16－1は、この地域から二〇〇四年にEUへ加盟した八カ国について、この時期を前後に分け、それぞれにおけるGDPの増分を示したものである。ハンガリーは前半期、バルト三国を除く五カ国でもっとも高い経済成長だったが、後半期は八カ国でもっとも低い成長となり、唯一、後半期の経済成長が前半期を下回った。この時期、深刻な財政・債務状況の改善に取り組むよう、ハンガリーは欧州委員会からの強い圧力を受け、二〇〇六年秋から福祉の削減、受給要件の厳格化を含む緊縮財政政策に取り組んだため、二〇〇七年には経済が停滞しはじめていたのである。二〇〇八年の経済危機において、ハンガリーが中東欧・バルト諸国における最初の危機の波及国となったのは、財政赤字かつ累積債務残高がEU加盟国中で最悪の水準にあったこと、また民間企業部門や家計による外貨建ての借入が膨張していたことに*対して外貨準備の水準が低かったことなどから脆弱な国とみなされたためであった（盛田 2010）。

表16－1　第二の時期における経済成長（4年間のGDP増分）

（単位：％）

	1999-2003年	2003-2007年
ハンガリー	17.3	13.3
ポーランド	11.2	23.8
チェコ	13.9	26.5
スロヴァキア	14.9	34.1
スロヴェニア	14.7	22.9
エストニア	34.2	37.0
ラトヴィア	30.8	46.3
リトアニア	30.3	37.0

出所：IMF World Economic Outlook Database, April 2014より筆者作成。

＊ 外貨建て債務問題は、二〇一四年現在においてなお重大な経済的・社会的問題である。鷲尾（2014）を参照のこと。

3 レジームの基本的な特徴

それでは、二〇〇〇年代半ばのハンガリーの福祉レジームを整理して示すこととしよう。まずは柳原（2012）において提示した先行研究の整理の要点を示そう。先行研究が豊富に存在する訳ではないが、旧東欧諸国の福祉レジームに関する議論自体は、一九九〇年代前半から始まっている。この時期においては、エスピン-アンデルセン自身も含めて、これら諸国は「暫定的」ないし「過渡期的」には独立したレジームに分類されるものの、将来的には三類型のいずれかへ同化するとみなす見解がいくつか示されていた（たとえばEsping-Andersen 1996）。

しかし、ハンガリーはじめ中東欧・バルト諸国がEU加盟国となり、多くの研究者がこれら諸国について市場経済化・体制の転換が終了したとみなすようになった二〇〇〇年代半ばごろ以降になると、社会主義時代の様々な遺産の残存から、これら諸国の独自性は少なくとも早期には解消されるものではないとみなし、西側の先進資本主義国におけるレジームとは異なる独自のレジームである、とする研究が多数派であると言ってよいであろう（さらに地域内で複数の類型化を行う研究も多い）。

先進資本主義国から峻別する要因として、たとえばアイドゥカイテ（Aidukaite 2010）は共産主義の経験、国家の財政余力の低さ、非公式経済の比率の高さを挙げている。同様の趨勢は、より広範な制度領域とその相互関係（「制度補完性」）に着目する「資本主義の多様性（Varieties of Capitalism）」に関する議論においても観察される。

先行諸研究と同じく、筆者もハンガリーを基本的な三類型ないし四類型へ分類可能とは考えていない。しかし、脱商品化や脱家族化など、本書で注目する概念から現在の福祉レジーム特性について述べることは可能である。以下では、これについて述べよう。

脱商品化

すでに述べたとおり、ハンガリーの福祉レジームを構成する諸制度は社会主義時代の「労働を起点とする国家生活保障システム」の継承を出発点としている。そのため、政治体制の転換後についても、基本的に労働力の脱商品化の程度は低い。その上、市場経済化の初期の不況とその後の継続した財政難は、受給資格の厳格化、給付水準の削減、そして、更なる労働力の商品化を求めるようになった。

たとえば、一九九〇年代後半に実施された年金制度改革では、公的年金制度への積立方式の部分的導入という大きな改革の裏で、保険原理に基づかない再分配の段階的な解消が実施されることとなった（制度改革の詳細は柳原〔2011〕を参照）。すなわち、給付額算定に使われる二つの変数、すなわち給付の乗率の体系がサービス加入期間に完全に比例的に（導入を凍結中）、また換算所得も一九八八年以降の所得・拠出額にほぼ比例することとなり、いわゆる年金の再分配機能をほぼ放棄する形となっている。

また、雇用政策の分野においては、次節で見るように、財政的な制約と失業者・長期失業者の増加から、雇用の増加・労働市場への再統合、福祉に依存する者の削減を目指した就労促進的な制度への強いシフトが起きており、脱商品化の水準はここでも高いとは言えない。

脱家族化

旧体制下においては、年金や医療と同様に、出産・育児など家族に関する政策も、国家が責任の多くを持つ領域であったとみなして良い。一定期間の就業もしくは保険料拠出を受給資格とする出産・育児支援の諸制度が存在し、そのような資格を満たさない場合の低水準の給付も加えると、家族関連の所得保障の諸制度だけで、たとえば一九八〇年代後半には対ＧＤＰ比率で二・六九～四・三七％もの支出がなされていた（柳原 2011：第5－1表参照）。女性の就業率も高く（一九八〇年、当時の現役世代にあたる一五～五四歳の就業率は七二・八％であった。育児休業中八・八％を含まない）、多くが水準の高い育児・出産の諸給付を享受できていた。他方で、完全雇用状態維持のため寛大な育児手当で労働市場への早期還流を軽減するという意図、あるいは三歳までの育児は母親がすべきものという意識と結びつき乳児を預けられる保育所が十分に存在しなかった、という脱家族化の観点からはネガティブに評価しうることも存在した。

一九九〇年代、このような家族政策のあり方は、基本的な諸制度を維持しつつも変容を迫られた。財政難やインフレの進行から諸政策への支出の実質価値と規模が大きく下落し、また雇用の絶対数が激減するなかで、家族福祉の担い手が国家から家族へと大きくシフトする傾向が見られた（柳原 2011）。同じ一五～五四歳の基準で見た女性の就業率は、一九九〇年に七〇・三％、一九九五年に五三・四％、二〇〇〇年に五六・九％、二〇〇五年に五六・二％、二〇一〇年に五五・六％であり、男性の同時期の就業率（一五～五九歳）の推移、それぞれ八一・〇％、六三・六％、六五・五％、六四・九％、六二・八％と比べると、格差は減少しているものの女性が（再）就業しにくい状況であり、その分、家族主義的な性的役割分担が進んでいると考えられる（就業率はFazekas et al. 2013収録の統計から算出）。

　また、ハンガリーの年金給付水準は平均すれば平均賃金比で高水準であり、高齢者の貧困率はEUでも最も低いグループである（柳原 2012）。しかし介護については独立した社会保険制度を持たず（健康保険制度と社会福祉による対応）、介護サービスへのアクセスが低水準に限られている点、またサービスの供給がニーズに追いついていない点が問題視されており（Czibere and Gál 2010）、その分の介護負担が家族、特に未就労の女性の手によって担われていることは想像に固くない。育児休業からの復帰者あるいは育児休業取得中の者（殆どが女性）も支援対象に含む、不利な条件に置かれた人々の雇用の促進プログラム（STARTプログラム）の実施など、脱家族化と方向性が合致する施策もあるが、家族化のトレンドを覆すほどの顕著な効果を上げているとは評価しにくい。

　これら二つの指標、さらに一人当たりGDPで見た経済水準が南欧諸国の一部と近いことからは、ハンガリーの福祉レジームは「家族主義レジーム」に分類可能なようにも見える。しかし、これまで見たように、社会主義という異なる経済体制から継承した制度と意識が根強く残っていることから、このレジームへの分類はそぐわない。

4 近年の変容とその要因

さらなる就労アクティヴェーションの進行

　本節では、第二節で触れた時期区分でいえば、第三の時期にあたる金融危機・経済危機波及後の、主として雇用政策の改革から、レジームの変容の解明を試みよう。ハンガリーは二〇〇八年秋以降に波及した金融・経済危機をIMF・世界銀行・EUからの融資枠の供与などの支援によって乗り越えたが、その融資条件として中期的な財政赤字削減を求められた。そして直接的な危機を乗り越えた以降も強い財政改善圧力を受け続けている。

　二〇一〇年四月の総選挙の結果、八年ぶりに政権を奪還したフィデス＝ハンガリー市民連盟（中道右派）のオルバーン首相は、雇用創出をその最重要の公約の一つとし、二〇二〇年までに一〇〇万人、二〇一四年までにうち三〇万人分の新規雇用創出を約束した。

　社会党前政権は二〇〇五年頃より「寛大な給付の削減・廃止と、制裁を伴う労働市場への復帰・包摂」を特徴とするような、社会保障制度の改革を行っていた（詳細は柳原［2012］参照）。たとえば、失業保険給付と失業扶助制度は、求職者給付（Álláskeresési járadék）と求職者扶助（Álláskeresési segély）という枠組みに置き換えられ、求職者給付では、受給期間の後半期の給付を大きく削減、くわえて早期の再就職にはボーナスを付与するなど、より早期の再就職へと受給者を誘導するものに変更された。

　また就労能力に乏しい人々を労働市場から撤退させるために弾力的に運用されてきた経緯を有する障害年金（Rokkantsági nyugdíj）や障害給付（Rokkantsági járadék）の制度についても、労働能力の回復・再開発が見込まれる者は労働市場への再統合を前提とした期限付き（三年）のリハビリ給付（rehabilitációs járadék）へ移行させる改革が実施されていた。

　これまで取り上げた財政的制約と非常に低い水準の就業者数（＝税・保険料の拠出者）という問題を背景に、オルバーン政権は、このような前政権の政策をさらに推し進め、二〇一一年以降、受動的な諸給付の給付条件のさらなる厳格化と水準の切り下げ、就労促進の強化、雇用のフレキシブル化などの特徴をもつ改革を、雇用政策の領域を中心に次々と実施している。以下ブッシュらの研究（Busch and Cseres-Gergely 2012: Busch et al. 2013）、ならびにMISSOCデータベースに依拠しつつ紹介する。

　求職者給付は、二〇一一年九月以降、受給可能日数が最大二七〇日から最大九〇日へと大幅に短縮され、給付水準の上限額も最低賃金の一二〇%から同額へと引き下げられた（二〇一四年の最低賃金額は月額一〇万一五〇〇フォリント＝約四万六八七〇円。二〇一四年三月末レート換算）。また求職者給付を使い果たした場合の求職者手当は、年金受給まで五年未満の場合には、年金前求職者扶助（Nyugdíj előtti álláskeresési segély。最低賃金の四〇%）、これに該当しない場合は、雇用代替給付（Foglalkoztatást helyettesítő támogatás。最低老齢年金の八〇%＝月額二万二八〇〇フォリント＝約一万五三〇〇円）が支給されるが、後者は年間三〇日の雇用ないし労働市場プログラムへの参加と、また条件にかかわらず、いかなる職業紹介をも受け入れる必要がある。

　労働市場への包摂は、早期退職の領域でも進められた。二〇一二年年初以降、法定退職年齢以前の早期退職によって国家からの年金を得ることは基本的に不可能になった。早期退職年金、危険な作業や軍隊に従事していた者への早期退職年金などの諸制度は、退職前給付に統一された。これにより、彼らの法的地位は年金受給者ではなくなり、税制・社会保障上の恩恵、特に在職時の保険料軽減を失った。また、障害年金も廃止され、退職年齢以上は老齢年金に統合され、退職年齢未満についてはリハビリ給付ないし障害手当（rokkantsági ellátás。リハビリの可能性がない場合。障害の程度に応じ水準は異なる）に置き換え、労働市場への再包摂を基本とすることとなっている。

パブリック・ワークへの傾斜

　二〇一四年春の議会選挙を前に、二〇一三年冬、ハンガリーの就業者数はここ二〇年ではじめて四〇〇万人を超えた。二〇一四年第一四半期には四〇七・八万人となり、オルバーン首相の公約、二〇一四年までに三〇万人分の雇用創出は、ほぼ達成された。しかし、この雇用増加を前項で紹介した就労促進策のみの成果としてはならない。二〇一〇年五月の政権発足時を始点としたものではないが、図16－3が示すように純粋な国内正規雇用は季節要因を伴いつつも増加傾向であるが、近年の雇用の増分の約六割はパブリック・ワーク（ハンガリー語ではközfoglalkoztatás。以下、PW）と国外での雇用によるものである。この項では、特に二〇一三年春以降、顕著な増加傾向を示すPWによる直接的な雇用創出に

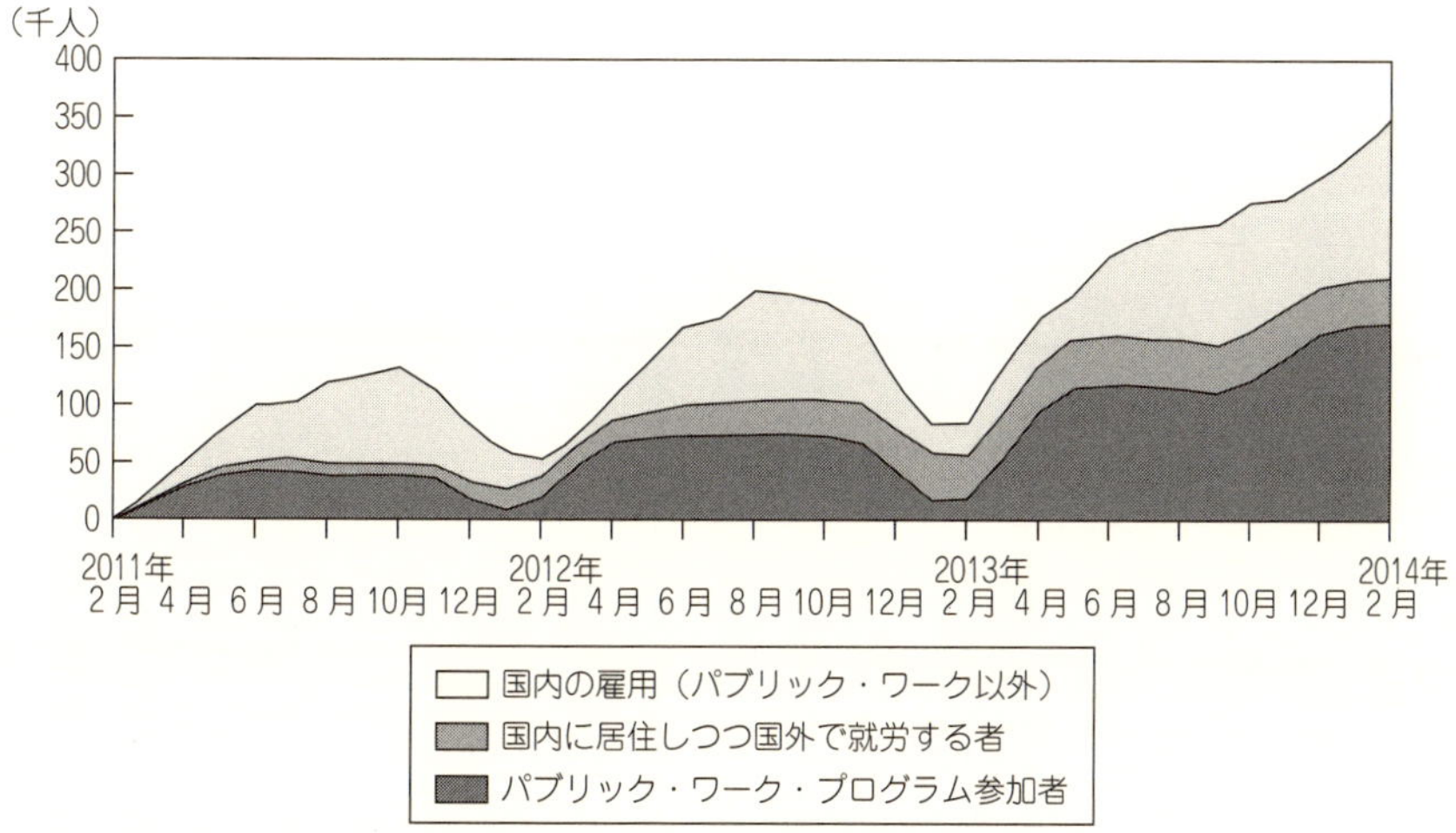

図16－3　2011年2月以降の雇用増加の内訳

出所：Cseres-Gergely 氏より手交。

ついて論じる。

まずは簡単にこれまでのPWの位置づけについて確認しよう。PWは、基本的には国家による直接的な雇用創出であり、市町村等の基礎自治体レベルで実施されるものである。清掃、道路維持など単純労働に従事させることにより、所得保障と労働市場への（再）統合を狙う。PWは、長期失業者救済策として一九九一年から導入されたが、二〇〇〇年に地方自治体に移管され、中央政府の補助金により賃金の九〇％が賄われるまでは、限定的な役割しかもたなかった（Koltai 2012）。二〇〇八年、"Út a munkához"（労働への道）というプログラム名のもと、PW参加を入り口とした社会扶助（rendszeres szociális segély。生活保護に該当）受給者の労働市場への統合が図られた。障害・精神心疾患など長期的に働けない理由をもつものを除き、PWへの参加が義務づけられ、適当なPWがない場合には職業安定所に求職登録の上で、低水準の待機手当（rendelkezésre állási támogatás）のみの受給となった。これにより経済危機の最中にもかかわらず、二〇〇九年一月時点で約二二万人いた社会扶助受給者は、同年五月以降、四万人を切る水準となった（柳原 2012：図表9－12を参照）。

フィデスへの政権交代を経て、二〇一一年九月にPWは大きくその仕組みを変えた。それまでPWは中央政府・地方自治体、コミュニティのレベルで組織されていたが、教会や協同組合、水道・林業・国鉄など特定の企業もPWの使用者になりうることとなり、またPWの雇用契約は通常の労働法制の保護の外とされたため、使用者は通常を下回るPW独自の最低賃金で参加者を活用できることとなった。

また待機手当は、雇用代替給付に名称変更の上、その水準も最低老齢年金額からその八〇％へと削減された。この雇用代替給付受給者を雇用し職業訓練・教育などを行った場合、（公益に従事する）使用者はPW最低賃金分の補助を得られることとなった。

二〇一二年、PWスキームには合計三二万一五〇〇人、月平均で九万七〇〇〇人が参加した。また二〇一三年には月平均で一三万人、同年一二月には二〇万三〇〇〇人が参加した。二〇一一年に短期のPWのパートタイム労働化が行われたものの、その後見直しがなされ、八割以上がフルタイム労働となっている。通常の最低賃金額税込み一〇万一五〇〇フォリントに対し、二〇一四年のPWスキームの賃金は月額七万七三〇〇フォリント、中等教育卒業程度のスキルを必要とする仕事で九万九一〇〇フォリントと低い水準である。

政府は、PWプログラムの意義を非常に高く評価している。オルバーン首相は二〇一四年三月、PWは「失業状態から就労の世界へ入ることができる門であり、大いに評価されるべき」として「二八万人から三〇万人規模まで拡大の計画」があると述べた。政府は二〇一四年の年間を通じて二〇万人規模を維持できるようPWへの予算を追加した（Portfolio.hu 電子版二〇一四年三月四日付、六月三〇日付）。

現行のPWは、雇用の望めない地域に雇用を創出し、教育水準が低い、相対的に高齢である、ロマなど、就職が困難な求職者に雇用をもたらしている点では、意義は否定できない。しかし、いくつかの欠点が指摘できよう。第一に、細切れの雇用期間や平易な仕事内容が、その後の正規雇用やスキル形成に繋がりにくいことである。OECD（2014）は、PWが訓練や教育の要素を取り入れたことは評価しつつも、PW参加者の五％から一〇％しかその後正規雇用に就けていない点につき、職業安定所による支援の方が一般的に効率的であると指摘している。第二に、資金効率の悪さである。民間シンクタンクPolicy Agendaは使用者に賃金補助を行うスキームであれば、月八万フォリントで継続的雇用を創出できる一方で、PWは持続しない雇用である上に経費を含めて月一四万五〇〇〇フォリントかかっており、その非効率性と不透明性を批判している（Policy Agenda 2013）。第三に、労働条件の全体的な悪化の恐れである。使用者が限られているものの、PW参加者を最低賃金以下で雇用できる状態であるため、PWスキームの拡大は、民間・公的部門の周辺的な雇用の減少あるいは拡大の抑制に繋がっている恐れが大きい。

　このような近年のハンガリーのPWスキームは、コルタイが指摘するように「給付依存を打破し、就労意欲を試すこと」（koltai 2012）であり、他の諸施策と同様に就労アクティヴェーションの強化と言えるであろう。PWの急激な拡大は二〇一四年春の議会選挙前の公約達成という側面もあった。選挙が終わった今、PWの規模、運用について再検討が必要であろうし、PWに関する諸政策をレジームのシフトと関連づけて評価することは時期尚早であろう。

旧社会主義国の独自性と福祉レジームの収斂

　紙幅の制限により雇用政策しか取り上げられなかったが、このような近年の就労アクティヴェーションの進行等により、旧社会主義国ハンガリーの福祉レジームは類型を超えたシフトをした、あるいはしつつあると言えるのだろうか。

　この疑問には慎重な回答が必要であろう。なぜなら、この数年間は二つの意味において特別な「過渡期」である。一つは、すでに触れたとおり、ハンガリーはEUや国際金融界からの継続的な財政赤字削減圧力のなかで、経済危機への対処を迫られた。経済刺激策・雇用対策と同時に、財政赤字削減のための増税、社会諸給付の切り下げを実行しなければならず、この数年間はいわば非常時であった。その意味で、再び経済が成長軌道に戻り財政健全化が達成された後に、このような流れがどこまで残存するか、まだ不透明である。

　そしてもう一つは、本章では触れられなかったが、二〇一〇年春以降、オルバーン政権によって、第二の体制転換とも言うべき、政治・経済・社会にまたがる統治構造・諸制度の大規模な変革が実行されていることである。自党と僚党だけで憲法改正も可能な三分の二を超える議席数を背景に、新基本法（憲法）制定に始まり、権力分立構造への介入、私有化されたエネルギー企業の買い戻し、年金制度の「再国有化」、教育制度の集権化など、様々な制度がほぼ連立与党の思うままに作り替えられている（柳原〔2014〕を参照）。経路依存性が完全に断ち切られることはないにせよ、福祉サービス供給のあり方全体が、今後どのように改変されていくか、注意深く見ていく必要があるだろう。

　現時点では、国家が大きな役割を果たすこと（政府支出の水準）、就業に基づく福祉給付体系、さらには寛大な水準の年金、低額の医療・教育・住宅等の社会サービス、西側諸国と比較して相対的に大きな非公式部門など、旧社会主義体制から引き継いだ、あるいはそこを出発点とした「福祉国家」の性格が完全に消えたとは言えない。しかし、目に見える制度改革の方向性が、EU諸国の多くでも見られるような、労働力の商品化をより進める自由主義的なものであることもまた事実である。現時点で、近年のレジームの変容が、類型を超えるほどのものであるとは言いがたいが、二つの「過渡期」が終ったあと、振り返ってみれば、ハンガリーの福祉レジームの大きな転換点であったとの評価がなされる可能性も否定できない。今後も注意深く、観察していく必要があるだろう。

【付記】
　本章は、「平成二五年度松山大学特別研究助成」ならびに「平成二六年度一橋大学経済研究所共同研究拠点プロジェクト研究」からの助成を受けた研究成果である。

【参考文献】
小野義典訳（二〇一一）「ハンガリー基本法」『憲法論叢』第一八号。
小森田秋夫（一九九八）「ポーランドの社会福祉」『世界の社会福祉② ロシア・ポーランド』旬報社。
新川敏光編著（二〇一一）『福祉レジームの収斂と分岐――脱商品化と脱家族化の多様性』ミネルヴァ書房。

田中宏（二〇一三）「ハンガリー――なぜEU新加盟の先導国から問題国になったのか」久保広正・吉井昌彦編著『EU統合の深化とユーロ危機・拡大』勁草書房。

堀林巧（二〇〇九）「EU新加盟国の貧困問題・社会保護システム・社会扶助」『金沢大学経済論集』第二九号第二巻。

――（二〇一四）『自由市場資本主義の再形成と動揺――現代比較社会経済分析』世界思想社。

盛田常夫（二〇一〇）『ポスト社会主義の政治経済学――体制転換二〇年のハンガリー：旧体制の変化と継続』日本評論社。

柳原剛司（二〇一一）『体制転換と社会保障制度の再編』京都大学学術出版会。

――（二〇一二）「EU新規加盟国の雇用政策の変容――ハンガリー」福原宏幸・中村健吾編著『二一世紀のヨーロッパ福祉レジーム』糺の森書房。

――（二〇一四）「危機後のハンガリー政治経済の変容とその評価」『ロシア・ユーラシアの経済と社会』二〇一四年二月号。

鷲尾亜子（二〇一四）「長引く家計外貨建てローン問題と全面解決に向けた挑戦」『ロシア・ユーラシアの経済と社会』二〇一四年二月号。

Aidukaite, J. (2010) "Welfare Renorms in Central and Eastern Europe: A New Type of Welfare Regime," *Ekonomika*, Vol.89, No.4.

Bohle, D. and B. Greskovits (2012) *Capitalist Diversity on Europe's Periphery*, Cornell University Press.

Busch, I. and Zs. Cseres-Gergely (2012) "Institutional Environment of the Labour Market Between September 2010 and September 2011," in K. Fazekas and G. Kézdi (eds.), *The Hungarian Labour Market 2012*, Research Center for Economic and Regional Studies, Hungarian Academy of Science and National Employment Non-Profit Public Company LTD, Budapest.

Busch, I., Zs. Cseres-Gergely and L. Neumann (2013) "Institutional Environment of the Labour Market Between September 2011 and August 2012," in K. Fazekas, P. Benczúr and Á. Telegdy (eds.), *The Hungarian Labour Market 2013*.

Czibere, K. and R. I. Gál (2010) "The Long-Term Care System for the Elderly in Hungary," *ENEPRI Research Report No.79*.

Ellman, M. (2000) "The Social Costs and Consequences of the Transformation Process," *Economic Survey of Europe*, 2000 No.2/3, pp.125-145.

Esping-Andersen, G. (1996) "After the Golden Age? Welfare State Dilemmas in a Global Economy," in G. Esping-Andersen (ed.), *Welfare States in Transition: National Adaptations in Global Economies*, SAGE Publication.

Fazekas, K., P. Benczúr and Á. Telegdy (eds.) (2013) *The Hungarian Labour Market 2013*, Center for Economic and Regional Studies, Hungarian Academy of Science and National Employment Non-Profit Public Company LTD, Budapest.

Koltai, L. (2012) "Work instead of Social Benefit? Public Work in Hungary," (http://ec.europa.eu/social/BlobServlet?docId=10515&langId=en、二〇一四年四月三〇日アクセス)。

Kornai, J. (1992) "The Postsocialist Transition and the State: Reflections in the Light of Hungarian Fiscal Problems," *American Economic Review*, Vol.82(2), May 1992.

OECD (2014) "OECD Economic Surveys: Hungary 2014," OECD.

Policy Agenda (2013) "Managing public works projects is more expensive for the state than creating new jobs," (http://www.policyagenda.hu/en/nyitolap/managing-public-works-projects-is-more-expensive-for-the-state-than-creating-new-jobs、二〇一四年四月三〇日アクセス)。

MISSOC データベース（http://ec.europa.eu/social/main.jsp?catId=815&langId=en、二〇一四年四月三〇日アクセス）。

http://www.ancien-longtermcare.eu/sites/default/files/ENEPRI RR No 79 Hungary.pdf（二〇一四年四月三〇日アクセス）。

第17章 チェコにおけるポスト社会主義のハイブリッド福祉レジーム

中田瑞穂

本章では、チェコ共和国の福祉レジームについて考察を行う。チェコは一九八九年の体制変革までチェコスロヴァキアの一部として社会主義体制をとっていた。社会主義体制期には、第二次大戦期までビスマルク型として発達してきた社会保障の仕組みを社会主義型に転換したが、一九八九年以降、新たな政治経済体制に合わせて、再度制度改革が進められ、現在に至っている。

1 福祉レジーム発展の連続と断絶

現在のチェコの福祉諸制度は社会主義体制からの体制転換の一環として構築されたものである。一九八九年前後には、社会主義期の制度からの連続面と共に、西側の福祉国家の制度変容よりはるかに大きな断絶も存在する。一九九〇年代の改革も、二〇〇〇年代に入ってからの修正も、西ヨーロッパ諸国の様々な事例を参考に、諸制度を様々に組み合わせて取り入れており、主に内発的発展のなかで成立、変化する制度系を扱ってきた福祉レジーム論の枠組みで議論するのは困難である。一九九〇年代、さらに二〇〇〇年代には、西ヨーロッパ諸国の間でも福祉制度改編とともに福祉レジームの再編、収斂が進んだことを考えれば、その時期に制度構築を行ったチェコ共和国の体制がハイブリッド的になるのは理解できるであろう。

したがって、本章のチェコ共和国の福祉レジームについての考察では、社会主義型福祉の遺産を確認した上で、その上に新たに構築されたハイブリッド的な福祉諸制度の姿を跡付け、現在直面している課題を明らかにしていく。

具体的には①老齢時、疾病時、失業時の生活保障、②女性・家族に対する政策体系、③教育制度、の三点に着目する。②の女性・家族に対する政策体系については、女性就労のための育児支援の枠組みを中心に検討する。③の教育については、社会的階層との関係、就業との接続性、新しいリスクへの対応の諸点から制度を検討する。

2 社会主義型福祉の遺産

社会主義型福祉の遺産とその両義性

社会主義期の福祉制度の特徴は、共産党支配体制の下、普遍主義的で非拠出型の原則に基づき、年金や医療、保育、教育のサービスが提供されたことである。完全雇用が実現しており、就労面での生活保障がなされていたことも、特徴の一つである（仙石 2012）。

社会主義型福祉は、普遍主義的で、広範な連帯に基づき、脱階層化的という点で、社会民主主義レジームと共通性をもつ。しかし、いくつか社会主義国家に固有の特徴が存在した。第一は、労働が男女ともに義務とされ、社会保障はその対価であったことである。手厚い社会保障によって、脱商品化が進んでいるともいえるが、労働力の商品化を強いる資本主義体制とは別の意味で、労働は政治的に義務化されていた。完全雇用を前提に失業手当の制度も廃止されていた。第二に、企業の国営化によって、主たる使用者が国家となったことから、社会保険基金と一般財源の区別が不明確であった。そのため、高齢化に伴う社会保障費の拡大への対処はより困難であった。第三に、普遍主義を掲げつつ、社会主義国家の政治的、経済的優先順位によって、受給年金、医療サービスに格差が存在した。

やや大胆に整理すれば、一九八九年の体制転換以降、既存の社会主義期の福祉レジームの要素の中で、社会主義的であり、共産党政権による強制であるとみなされた部分は改革され、チェコの社会保障制度の伝統に根ざすものと考えられた部分については、大きな変革は行われず、新しい経済体制に対応する手直しのみがなされたといえよう。社会主義型福祉の遺産はこのように、ネガティブな遺産として改革される部分とポジティブな遺産として引き継がれる部分に分かれたのである。一九九〇年代のチェコでは中道右派が政権を握っており、首相のクラウスはネオリベラリズム的な政策指向をもつとみられていたが、改革したのはほぼ前者の部分であり、後者の部分は維持し、自由主義的な要素を加味したに留まった。

社会民主主義型への移行

チェコでは、社会民主主義レジーム的な要素も、自らの社会保障の伝統に根ざすものとみなす見方が存在する。それは、社会主義化する以前に、社会民主主義レジームよりに自発的に移行した歴史的経緯が背景に存在する。まず、その経緯を振り返ってみよう。

チェコは中欧諸国の例にもれず、一九世紀来、職能別、階層別のビスマルク型の社会保障制度を発達させていた。チェコの社会保障制度はハプスブルク二重君主国期に起源があり、戦間期のチェコスロヴァキア共和国では、これを発展させる形で一九二四年に全労働者を対象とする疾病・老齢年金制度が制定され、農業労働者も含めた被用者への保障が整備された（Rys 2003: 15; Inglot 2008: 68）。ただし、設置された中央保険機構は職能別の多数の保険基金のアンブレラ組織であり、制度の統合は実現せず、ホワイトカラー、鉱山労働者、製鉄労働者は別の疾病、年金保険の枠組みを維持した（Inglot 2008: 67）。失業手当は労働組合が管理する制度（ヘント・システム）として整備されたが、ここに含まれたのは一部の条件の良い労働組合の労働者のみであった。

カバー率の高い保守主義レジームという状態から、社会民主主義的な普遍主義的レジームに向けた変化が生じたのは、第二次世界大戦後である。ナチス・ドイツによる保護領化を経て、第二次世界大戦後、チェコスロヴァキアは再び独立を回復し、共産党、社会民主党、国民社会党の社会主義諸政党から、カトリックの人民党、スロヴァキアのナショナル政党まで活動を認められたすべての政党が参加した国民戦線政権が政治を担った。国民に対する広範な社会権の保障は、この政権の重要課題の一つであり、社会、経済、政治の諸分野にわたる革命的な改革を求める社会的要請も社会保障制度の改革を後押しした。

老齢、疾病時社会保障

まず、老齢や疾病時の保障については、一九四八年四月の国民保険法の制定が画期となった。国民保険法が最終的に制定される二カ月前の一九四八年二月に共産党が政権を掌握し、国民戦線は崩壊しており、国民保険法は共産党政権の成果として喧伝されたが、国民保険法の制定についてはすでに国民戦線諸政党で合意がなされていた。立案には、戦前の社会保障省の官僚であったエミル・シェーンバウムや、社民党系の労働者アカデミーの専門家らが関わり、チェコスロヴァキア政府がロンドン亡命中にイギリスのベヴァリッジ報告書から受けた影響も反映されている（Inglot 2008: 75-76）。

国民保険法は、疾病手当、子ども手当、出産育児時の母親手当、年金を一つの被用者基金にまとめたもので、包括的で普遍主義的な社会保障の仕組みが形成された。戦前まで明確に分けられていた労働者とホワイトカラーの年金基金が一体化された点が特に重要である。

なかでも年金制度は最も包括的であり、全被用者を対象とするもので、対象者数は、同法の成立によって、チェコで三一・七%、スロヴァキアで八七・〇%、全体で四二%拡大した（Inglot 2008: 74）。しかし、鉱山労働者、国家公務員はより有利な職能別の社会保障スキームを維持し、完全に普遍化されたわけではなかった。自営業者と農業者はこの枠組みから除外されていたが、一九五〇年までに彼らを対象とする同等のスキームを作ることが約束された。

年金では賦課方式がとられ、二〇年間の保険料の支払いで、平均賃金の二一%の年金が支給され、その割合は保険料の支払期間に応じて八五%まで増加した。年金の支給年齢は六五歳以上だが、六〇歳以上で二〇年間保険料の支払期間があれば早期にリタイアすることも可能だった。また、働きながら年金を得ることもできた。受給資格のない者に関しては、社会年金制度に基づき年金が支給された。

疾病手当では、在職期間に応じて賃金の四四～六六%が最大一年間支給された。

女性・家族政策

女性政策についても国民戦線政府は男女の政治、経済、文化領域での平等を方針として掲げていた。戦間期には一二週であった出産育児休暇（母親休暇）が一八週に延長された（Rákosník and Tomeš 2012: 337, 364）。この休暇中は国民保険のなかで、出産育児手当（母親手当）として賃金の五〇～六〇%が支払われた。この額は疾病手当に準じるものであった。

子どもを扶養する父母は、被用者に限り、そのどちらかが給与への追加として子ども手当を得られるようになった（Rákosník and Tomeš 2012: 353, 361）。この手当は、疾病保険の保険料の一部からなる家族手当基金のなかから支出され、第一子から、子ども一人につき一五〇コルナのフラットな給付であった。

教育制度

教育に関しては、一九四五年四月のコシツェ綱領の第一五条でも教育の民主化が目指され、できるだけ広範な階層に学校や教育の機会が開かれるよう、約束されていた。ドイツの保護領となっていたチェコでは大学のチェコ語教育部門が閉鎖されていたが、その再開の際、授業料は一時的に廃止され、そのまま復活することはなかった（Rákosník and Tomeš 2012: 337）。また、一一歳時に基礎学校、一般学校、実科学校ないしギムナジウムの三つのトラックに分かれていた中等教育を統合し、統合学校を作ることが議論された。中等教育の階層格差をなくし、より広い階層にレベルの高い教育と高等教育にアクセスする可能性を開くために戦間期以来議論されていた問題であり、この問題の第一人者であったヴァーツラフ・プシーホダが、一九四五年教育相のアドバイザーとなり、一五歳までの統合学校を提案する教育改革法をまとめた（Greger 2005）。中等教育機関の教師や社会階層の高い親から教育効果が下がるとの批判に対しては、統合学校のなかでの、科目ごとの習熟度別授業を提言していた。しかし、教会経営の学校の廃止が政党間の対立の焦点となり、この案は共産党の政権独占までには成立しなかった。

共産党政権による社会主義型化とその特徴

戦後改革期には、階層格差の是正、普遍主義化が目指されたが、一九四八年以降、共産党政権下では、国家の比重が高まり、社会主義国家における労働力の提供が福祉受給の条件となったことで、独特の社会主義型福祉が形成されていく。

老齢、疾病時社会保障　まず、年金・保健制度について、次の二つの特徴を指摘することができる。第一に、保険原理から、無拠出の国家による社会保障への転換が行われた。一九五一年の租税法で、被用者の保険料が所得税に含められるようになったため、一九五二年の法律では被用者の保険料が廃止され、一九五六年の社会保障法では、使用者の保険料も企業の国家への納付金に含められることになった。こうして育休手当、疾病手当、年金の社会保障は無拠出となった。同時に年金基金は一般財源からの独立性を失った。年金額は保険料の支払い期間ではなく、賃金に比例するようになり、二〇年間雇用期間があることを条件に、男性六〇歳、女性五五歳が年金支給年齢とされた。被用者は年金の支給を受けながら、就業を続けることが認められていた。医療に関しては、一九五一年に国家保健制度が施行され、国家が無償で医療サービスを提供する仕組みが作られた。

第二に、福祉制度の目的は、市民の社会権の実現より、人的資源の国民経済への投入、社会主義国家の目的に応じた労働力の管理におかれるようになった。一九五一年には福祉省が解体され、労働力省になったことがこの重点の変化を象徴している（Inglot 2009: 76）。疾病手当、子ども手当の支給窓口が、職場の労働組合になったことで、これらの手当が労務管理の手段に使われた。

年金制度も普遍主義を標榜しつつ、実際には社会主義国家における職能グループの位置づけに応じて、カテゴリーの区分や個人年金の制度を通じた差異がもうけられていた。労働者は三つのカテゴリーに分けられ、そのカテゴリーごとに年金支給年齢と賃金に対する年金支給額の割合が異なった。第一のカテゴリーには、鉱山労働者と軍人が、第二カテゴリーには、健康に危険がある可能性のある仕事に従事する労働者が属し、残りの九〇％の被用者は第三カテゴリーに従事した。第一カテゴリーでは、五五歳で最大賃金の九〇％までの年金の支給を受けることができたが、全体としてみた場合年金の割合は平均五〇％以下であった。さらに、国家への貢献に応じて個人年金が支払われ、共産党のエリート層を厚く遇していた。一方、農業者に対する義務的年金制度は実現せず、代わりに農業の集団化が促進され、集団農場で働く農業労働者に対しては部分的なスキームが作られた。また、自営業者は自分で保険料を負担しなければならなかった。

女性・家族政策　男女平等、女性の解放、社会参加は、社会主義体制がその成果を誇示した分野であった。男女ともに勤労者として社会主義建設に参加することが推奨され、年金はじめ社会給付も被用者であることが給付の条件となった。その結果、一九五〇年代に、一五歳から五四歳の女性に占める被用者の割合は七〇％以上になった。女子の教育にも力が入れられ、高等教育を受けた勤労者の内、女子の割合は一九七〇年に二九％、一九八九年には三八％と増加した（Rákosi and

Tomeš 2012: 343)。

女性の賃金水準は、一九二九年には男性の六二・三%だったが、一九五九年には男性の六六・一%にまで上昇した（Rákosní and Tomeš 2012: 360）。しかし、体制転換後の一九九二年には六七%であり、西欧諸国と比べ、一九七〇年代、八〇年代の伸びが少なかった。教育、金融、医療、社会保障サービスなどの職場が「女性化」され、女性労働が中心的役割を担ったが、このような職場の賃金水準が低かったことも、女性の平均賃金水準の低さにつながった。

女性の労働力への組み込みは、家事負担の見直しなしに進められたため、女性は家と職場の両方で「二重の負担」を負うことになった。育児についても基本的に母親の役割とみなされ、それに対する一定の公的支援策が実施された。

育児に関しては、母親が働けるように、〇歳から三歳の子どもを預かる保育園と三歳から五歳の子どもを養育する幼稚園が作られた。幼稚園は普及し、三歳から五歳の子どものうち、一九五〇年代には二六%が幼稚園に通い、その割合はさらに増加した。幼稚園は一日保育を実施しており、小学校でも放課後の保育事業が行われ、三歳以上の子どもをもつ親に対する育児支援は整っていた。しかし、保育園は一九五三年には〇歳から三歳の子どもの四・二%、一九八三年には一七・八%を受け入れたにとどまった（Saxonberg et al. 2012: 28-37; Paloncyová et al. 2013: 88）。幼稚園は教育省の管轄であるのに対し、保育園は保健省の管轄下におかれ、子どもの健康面以外の発育に十分考慮が払われていない、物質的条件が整わず過密状態のため、子どもが伝染性疾患に罹患しやすいなどの批判があり、評価は低かった。一九六〇年代には保育園と幼稚園の複合施設が作られるが、省庁の管轄や重点は変わらなかった。

母親休暇は一九五六年に二六週に延長され、賃金の七五～九〇%が保障されていた。また、保育園不足のため、追加母親休暇として子どもが二～三歳になるまでの休業が認められていたが、この場合は無給であった。一九五七年から七四年の間に生まれた子どもの母親の七五%が二年間家で子どもを育てており、チェコの保育政策を研究したサクソンベルクらは社会主義体制下では、〇歳から保育園での集団保育が強要されていたというのは、体制転換後に広まった神話だとしている（Saxonberg et al. 2012: 38）。

一九七〇年代、社会主義政権の育児支援政策はさらに母親の家での育児を重視する方向に進んだ。その背景にあるのは、特殊合計出生率の低下であった。チェコの特殊合計出生率は世界恐慌前の時期にも二・〇に近づいていたようにかなり低水準だったが、戦後のベビーブーム期には三・〇台にまで上昇していた。しかし、徐々に低下し、一九六七年には二・〇を割り込んだ。そのため、共産党政権は出生率上昇を目指し、有給の母親休暇を一九八八年には二八週に延長したほか（Myant and Drahokoupil 2012: 4）、追加母親休暇の延長政策をとった。一九七〇年代には、二年間の追加母親休暇には、二人以上の子どもを家で育てている場合、母親手当がつくこととなり、一九八七年にはその期間はさらに三年に延長され、第一子の場合も一年まで認められるようになった（Saxonberg et al. 2012: 38; Myant and Drahokoupil 2012: 5）。

この結果、一九八〇年代には、三歳までの追加母親休暇と母親手当を多くの母親が取得した。但し、六歳から一〇歳の子どもの母親は大多数就業しており（Saxonberg et al. 2012: 43）、労働力不足の続く社会主義体制のもとでは長期の母親休暇後も職場復帰は相対的に困難ではなかった。一九八〇年代末の保育施設の利用は、三歳以下の子どもで二二%、三歳から五歳の子どもで八一%であり、三歳までは家庭で、三歳以降は保育施設でという傾向がみられる（Myant and Drahokoupil 2012: 5）。

一九六八年の「プラハの春」の抑圧後の「正常化体制」期において、共産党政権は、政治的自由を容認しない代わりに、社会主義のイデオロギーに基づく動員から市民を部分的に解放し、私的生活へ実質的に隠棲することを認める政策をとっており、育児支援策もこの一環をなしていた。市民の間でも、公的な世界で業績を上げることを望ましいこととはみなさない立場もあり、母親休暇は女性にとって好都合な逃避の機会でもあった。

家族政策に関しては、すでに一九四八年に共産党政権は、子ども手当を社会保険システムから分離し、一般の税金で賄う制度に変更していた。一九五六年になると、子ども手当は、四人目以上からのみ給付されるようになり、収入が少なく、子どもが多いほど多く支払われ、労働者間の収入の格差を部分的に縮小する機能を果たしたが（Inglot 2008: 137; Rákosník and Tomeš 2012: 361）、フラットレイトの子ども支援の要素はなくなった。

教育制度　教育機関はすべて国有化され、教育は国家によって無償で提供された。教育に関しても、社会主義体制の優先順位に沿った政治的介入が行われた。共産党政権は、高等教育における出身階層の差を縮減するため、中間層、上流階層の子女の大学入学を差別し、逆に労働者階層出身には中等教育終了資格なしでの大学入学も認め、政治的に大卒者の社会階層構成を変化させようとした（Rákosník and Tomeš 2012: 340-341）。

中等教育における統合学校の導入とそれによる出身階層による学歴格差の是正は、一九四五年以降、改革法案が練られていたものであるが、一九四八年二月の共産党の権力掌握後、四月に学校改革法案が可決され実行に移された。六歳から一五歳までは一貫して統合学校で義務教育が実施されることとなった。一一歳から一五歳の前期中等教育ではこれまでの三トラックへの早期分離が廃止され、統合教育が行われることになった（Greger 2005; Rákosník and Tomeš 2012: 338）。

これらの施策によって、教育制度は一九五〇年代、六〇年代には一定の社会的平準化機能を果たした。しかし、実現した統合学校での教育は、一九四八年二月以前にプシーホダらが構想していた柔軟な学びとは異なり、中央集権的で画一的なものであった（Greger 2005）。また、後期中等教育では、六〇％が職業中等学校に進み、二〇％が技術中等学校に、残りの二〇％がギムナジウムで一般中等教育を受けており、職業、技術教育を受ける生徒の割合は高いままであった（Myant and Drahokoupil 2012: 4）。一九七〇年代の正常化体制期には、高学歴が高収入にはつながらないことから教育の価値が評価されず、高等教育を受ける階層の拡大は止まってしまった。高等教育にすすむ割合は西欧に比べて低く、二〇歳から二四歳のうち、高等教育を受けているものは一九八八年の段階で一四％であった。

3　体制転換後の社会保障制度改革

一九八九年に社会主義体制が崩壊すると、チェコスロヴァキアでは、社会保障の制度も大きな変革に直面することとなった。本節ではまず、年金、疾病保険、失業保険制度の改革から、福祉レジームが向かった方向性を概観し、続いて、女性・家族政策、教育制度の変革を考察する。

老齢、疾病時社会保障制度改革

チェコスロヴァキアでは一九八九年の体制転換後、まず、連邦レベルで社会保障制度の改革が着手され、一九九三年のチェコとスロヴァキアの分離後も、連邦での改革はチェコ共和国に引き継がれた。一九九〇年代前半は、中道右派の市民民主党出身のクラウスが首相となり、キリスト教民主同盟と連合を組んだ。クラウスはネオリベラルの立場に立つ政治家とされるが、後でみるように、社会保障制度改革に持ち込まれた市場主義的な要素はそれほど大きくはない（Inglot 2009: 77）。一九九〇年代に完成した制度は、社会主義時代の制度を部分的に改編し、市場主義的な要素を付け加えたハイブリッド的な制度といえる。

老齢年金制度

クラウス政権下の年金改革では、強制加入の基礎年金と任意加入の私的年金の二つの柱からなるシステムが採用された（Cerami 2006: 93-94）。

基礎年金では、社会主義期の年金制度を基本的に継承して賦課方式をとり、個人アカウント制度などは導入されなかった。年金基金と一般会計を分離し、一九九三年の税制の改革で使用者の保険料と法人税の切り分けを明確にし、保険制度に回帰する改革を行った。被用者の賃金の二八%が保険料であり、内六・五%が被用者から支払われる。しかし実際には保険料だけでは年金の支払いは賄えておらず、国家の予算から基礎年金の不足分についての補てんが大規模に行われている（Vostatek 2012: 3）。

年金受給開始年齢は、早期に設定され、特に鉱山労働者は五〇歳という早期年金受給が認められたが、労働市場からの早期退場は失業増が見込まれる状況のもとでは望ましいと考えられた。しかし、徐々に延長され、現在では男性六五歳、女性六二歳となっている。

年金額は、フラットレイトの基礎部分と、所得比例部分に分かれているが、基礎部分が相対的に大きいという特徴をもっている（Vostatek 2012: 4）。一九九〇年代前半に価格統制を解除した際、物価が急騰したため、年金の基礎部分を高水準で提供せざるをえなかった。その後もその割合は微調整以外変更していない。

その結果、高齢者の間に貧困者が少ないことがチェコの年金スキームの特徴となっており、チェコは、ＯＥＣＤのなかでは高齢者の貧困リスクが最も少ない国とされている。年金所得代替率をみると、平均所得の五〇%の収入の場合、公的年金は、元の賃金収入の九三・五%、平均収入の場合は六二・二%、一五〇%の場合は四七%であった。ドイツでは五四・八%、五六%、五五・六%、オーストリアでは九一・三%、八九・九%、八四・六%であり、チェコでは、所得の少ない層に有利になっている（Vostatek 2012: 4）。年金額のレベルは西欧よりも低く、平均年金の平均賃金に占める割合は、一九八九年の六三・一%から、一九九一年には六〇・七%へ、一九九二年には四八・九%へと下落した（Myant and Drahokoupil 2012: 18）。その後の経過をみても、ＧＤＰに占める割合は一九九七年から二〇〇五年にかけて七%台後半とほぼ横ばいで、ＥＵ旧加盟一五カ国の平均値一〇・七%前後と比較すると低めに推移している（EUROSTAT 2008: 79）。

職域別年金制度は構築されず、一九九四年に付加的な個人年金の制度が作られた（Inglot 2008: 232）。個人年金への加入は任意であるが、年金基金の運営には、慎重な投資、十分な資産、他の年金基金への投資の禁止など、資格を満たすことが義務付けられ、年金基金の安定化が図られた。個人年金に国家からの補助金という動機づけがなされ、チェコの人口の約半分の約五〇〇万の契約件数がある。一〇〇コルナ預金するごとに、五〇コルナ、五〇〇コルナでは一五〇コルナの国家からの寄与を受けることができる（Krížek and Nohál 2012: 4）。

チェコの年金制度は、世界銀行やＩＭＦの助言を受けて他の東中欧諸国で導入された制度と比較すると、基礎年金の比重が高く、賦課方式も維持され、過去との連続性が高い制度となっている（Inglot 2008: 213, 232-234）。年金の不足分については国家が寛容な補助金で補うことになり、財政面での国家パターナリズムも目立つ。

このような年金改革が行われた背景には、制度改革が閉じたサークルで行われ、制度革新が入りこまなかったこと、国民の間で社会主義期の社会保障に対する支持が根強かったことがある。

年金制度の改革は、体制転換を機に実行に移されたが、社会主義時代から多くの問題が指摘されていた。第一は年金制度の財政基盤の問題である。

年金基金が一般会計から切り離されていないために、年金総額の増大を制御するすべがないことの問題性は、一九六八年のプラハの春の時点でも提起されていた。チェコスロヴァキア経済の生産性に比べ、社会保障費が大きくなってしまっていた。想定よりも平均寿命が延びたことが増大の原因であり、国庫負担は大きいものの、個々人の年金額は十分なものではなかった。第二は、労働者のカテゴリーや体制にとって望ましい人物への個人年金の給付のような、特殊な年金の存在であり、普遍主義化への要求が存在した。

　そのため、体制転換前の一九八〇年代から、連邦政府の労働社会保障省のトメシュ（Tomeš）ら官僚が中心となり、国外の社会保障の研究が行われていた。労働社会保障省には、第二次世界大戦直後の改革の支持者が多く、共産党政権によるその後の改革を問題視し、戦後改革への回帰を目指す動きもあった。体制転換は、これらの準備の上に、改革を実現する機会であり、まったく新しい社会保障の仕組みを構築する意図ではなかった。

　クラウス政権下の年金改革は、連邦労働社会保障省が準備した社会改革案を平等主義という点で受け入れつつ、さらに国庫負担の枠組みを続けることで、国民の希望に沿ったものであった（Inglot 2008：232）。労働社会保障省は義務的付加年金には慎重であり、多柱型スキームは実現しなかった。キリスト教民主同盟だけが世銀が提唱した三柱型スキームを支持したが、クラウス首相、市民民主党、社民、組合も皆そのような大規模な改革には同意しなかった（Inglot 2008：234）。社会主義時代に国民の不満の対象であった年金カテゴリーや個人年金制度の廃止は、国民に支持されていた（Myant and Drahokoupil 2012：15-18）。年金支給年齢の引き上げや、後で述べる児童手当の所得制限には、労働組合や年金生活者の反対がみられたが（Inglot 2008：233）、付加年金部分への労働組合や国民の要求は強くなかった。国民のあいだではむしろ平等化への要求がまさっていたといえよう。

　問題は、積年の課題であった年金の財政基盤の安定化が先送りされたことである。この点については、個人年金が拡大し、基礎年金の割合が下がることが期待されていただけであった（Inglot 2008：234）。ハンガリーやポーランドが財政緊縮策をとり、年金についても改革を進めたのに対し、チェコの政策担当者は財政危機が深刻化する二〇〇〇年代後半まで年金改革には踏み込まなかった。一九九〇年代とEU加盟前の時期には外資の流入で経済が上向き、問題を先送りできたことも大きい。

　しかし、年金保険は、二〇〇九年から大幅な赤字となり、公的年金への政府支出の一〇％を超える額に達した（ČSSZ 2012）。経済危機の影響もあるが、年金受給者の急増は人口構造上の要因となっており、二〇一一年には赤字額は四〇〇億コルナ、二〇一三年度末までには五〇〇億コルナ（二五億ドル）に及んでいる（Reuter Jun.7.2014）。

　この年金保険の赤字問題に加え、二〇一一年に前述の所得代替率が所得水準によって大きく異なる制度がチェコの憲法裁判所で違憲とされ、法改正を求める判決が出されたことから、中道右派政権により年金改革が実施された（Č.397 ZÁKON ze dne 7. září 2012. o pojistném na důchodové spoření: Vostatek 2012：4）。二〇一二年の改革では、「小改革」として、所得代替率をより均等化するための年金支給額の是正と、年金支給年齢を女性六二歳、男性六五歳から段階的に引き上げ、男女の差もなくす改革が行われた。また、「大改革」としては、二〇一三年からチェコでも年金制度に第二の柱部分が作られることが決定された。これは、従来の義務的基礎年金への賃金の二八％の保険料負担のうち、三％を任意の自分の年金口座に移せるようにするものである。但し、二％を上乗せで追加負担することが条件である。

　年金改革に対しIMFは赤字削減に役立つとし

て歓迎の意を示したが、オプトアウトの規模が小さく、また、高収入者しかオプトアウトを選ばないのではないかという批判もあった。

年金改革は二〇一三年から施行されたが、同年一〇月の選挙で政権を得た社会民主党はこの年金改革に反対の立場をとっており、二〇一四年一一月には、第二の柱部分を二〇一六年一月以降廃止する閣議決定を行った（Kopecký 2014）。年金制度改革の必要性は明らかだが、方向性についての諸政党間の合意がなく、いたずらに制度の混乱を招いている。

医療制度改革

社会主義時代は医療機関はすべて国営であり、医療サービスは無償で提供された。しかし、国営の医療機関は資金不足に苦しみ、医療従事者の賃金もモラル、医療水準も低かった（Myant and Drahokoupil 2012: 9-10）。医療水準の引き上げの必要性に関しては国民、政治家、医療従事者の間で広く合意があった。そのためには、民営医療機関を認め、患者の選択の余地を作ると同時に、普遍的な義務的健康保険制度を導入し、個々の医療サービスに応じた支払いを行うことが望まれた。民間企業が健康保険基金を運営し、いずれかの健康保険に加入することが国民に義務づけられた。

現在、いくつかの問題が残されている。まず、個々の医療サービスの費用の設定が安すぎ、医療水準の引き上げにつながりにくい。医師、看護師らの低い給与水準の引き上げも実現できないでいる。また、医療を受ける際に個別に自己負担を負わないことについては国民の強い支持があり、診察時に数百円程度の額の自己負担を義務づけるだけでも大きな不満が表明されている。医療費は財政に大きな負担となっている。

さらに、民間の健康保険基金が、相互に競争しあって、合理化とサービスの向上が図られるという思惑ははずれた。民間の保険会社は、競争状態のもとでは、健康な人のみ保険に加入させる傾向があるためである。この問題を解消するために、基金状態の良い保険基金から状態のおもわしくない基金に資金を回すことが決められた。こうして、市場主義的な外見にもかかわらず、医療制度には平等主義的な要素が強く存在する。

また、疾病時の疾病手当は五〇%に引き下げられたが、依然として寛容に支給されている（Inglot 2008: 234）。

失業保険制度の創設

失業保険の制度は、経済の市場化によって、必然的に失業者が生まれることから、不可欠の制度として導入された（Myant and Drahokoupil 2012: 22-23）。ドイツとイギリスの専門家の意見を参考に制度設計が行われた。一九九一年から賃金の六〇%が六カ月間、次の六カ月は五〇%が支払われる仕組みが作られた。しかし、働いていない人に手当を支払うことへの抵抗が強く、一九九二年には失業手当期間は六カ月に削られた（三カ月が六〇%、次の三カ月が五〇%）。その後また年齢によって、九ないし一二カ月にまで延長されると同時に、ワークフェアの要素が付け加えられた（Cerami 2006: 134-135）。最初の三カ月は前の収入の五〇%、残りは四五%だが、再訓練に参加すれば六〇%まで増加する。ただし、支給額は最低生活水準額の二・五倍までに制限されている。失業手当の期間が終わり、再就職できない失業者に対しては生活保護が支給される（Cerami 2006: 134-135）。

二〇一二年には中道右派政権の、特にＴＯＰ09というリベラル新党によって、二カ月以上失業手当を受給する者には、いわゆる「公共奉仕」（公共施設の掃除などの地域の無償労働）に従事する義務が課されたが、この規定は同年憲法裁判所によって違憲とされ、廃止された。また同様に、失業者出勤制ＤＯＮＥＺ（docházka nezaměstnaných）という、失業者が闇労働をしないように、郵便局などに設けられた役所の窓口に出頭させる制度も導入後すぐに廃止されることになった（Filipová a Beránková 2013: Podpora v nezaměstnanosti 2013）。

失業保険（Myant and Drahokoupil 2012：23）の制度は社会に十分根づいているとはいえない。失業手当のＧＤＰに占める割合は、二〇〇五年では〇・七％と、ＥＵ旧加盟国一五カ国の平均一・六％の半分以下であった（EUROSTAT 2008：82）。社会のなかでも失業という現象が十分理解されておらず、同情も乏しい。失業者からの政権への圧力もない。一九九七年までチェコの失業率は五％以下であり、失業問題は深刻ではなかった（Inglot 2008：232）。二〇〇〇年代末以降の失業率の上昇のなかで、失業保険制度がどのように根づいていくかが重要な問題となっている。

体制転換以降の家族政策

一九八九年の体制転換以降は、家族政策に関する三つの分野で大きな政策転換が実施された。第一は保育園の大幅な削減、第二は、育児休暇期間の延長と、育児手当の増額、第三は児童手当の所得制限の導入である。

第一の保育園に関しては、工場附設の保育所が減ったほか、これまで国営であった保育園は、すべて市町村の運営に移され、国からの財政支援はなくなった。そのため、〇歳児から三歳児までの保育施設は一九八三年には一七八六カ所、定員七万三二〇〇人であったのが、一九九〇年には一〇四三カ所、定員二万九八二九人、二〇一一年には四六カ所、定員一四二五人にまで減少した（Paloncyová et al. 2013：88, 90）。二〇一一年の保育園入園者数は同年代の子どもの一％にも満たず、今やチェコでは保育園の数より大学の数の方が多い（OECD 2014：95）。

保育園の九五％が市町村の運営による公立保育園で、民間、教会による保育園はわずかである。公立保育園の運営費は、八〇～八五％は市町村が負担し、一五～二〇％は保護者の保育料で賄われている。保育料は一〇〇〇コルナから七〇〇〇コルナとかなり幅があり、これは女性の平均賃金の五～三六％に当たる。民間保育園の保育料は公立の約三倍である。また、保育園は、二〇一二年まで保健省の管轄下にある保健施設と位置づけられ、看護師の勤務が義務づけられていたため、民間の参入は困難であった＊（OECD 2014：95）。このように受け入れ施設／定員数、保育料の両面から、保育園に子どもを預けることはますます困難になっている。

第二の育児休暇期間の延長については、育児期の女性には、六カ月のマタニティ休暇に加え、両親休暇（育児休暇）が子どもが四歳になるまで認められるようになった（OECD 2014：97）。マタニティ休暇中は、母親の賃金に基づくマタニティ手当が支給され、両親休暇中は、子どもの数にかかわらず、家で育児に専念していることを条件に平均年収の半分の定額給付を、両親手当として休暇の長さに応じて受け取ることができる。

二〇〇四年には制度が改革され、親は両親手当を受け取りながら働くことも可能となったが、子どもが二歳以下で、公的保育施設を月に四六時間以上利用した場合、減額される制度とされた（OECD 2014：97）。二〇〇八年には、子どもの年齢が二歳、三歳、四歳のそれぞれの時点で職場復帰する三つのトラックを設定し、高収入の母親であれば両親休暇を二年間で切り上げることを想定した。しかし、政府は二歳児の保育施設を準備せず、両親手当をベビーシッター代に利用できると主張している。しかし、実際には両親手当でベビーシッター代をカバーすることはできず、三歳以前に職場復帰する場合には祖母に頼る場合も多い。

第三に、児童手当に関しては、一九九五年の国家社会扶助法で、所得制限が導入され、親の所得が一定水準以下の場合にのみ支給されるようになった（Inglot 2008：234）。

一見ドラスティックにみえる家族政策の転換がスムーズに進行した理由としては、次の二点が挙げられる。

政治家は、社会主義体制下の集団育児体制を批判し、母親を家に帰すことを強調することで、社会主義体制と異なる自らの政策の正しさを主張した。女性の労働に対する政治指導者の考えは、政治的の立場を問わず、否定的であった。女性の労働は社会主義体制から強要されたものとされ、「女性を家庭に返す」ことについては、社会民主党、キリスト教民主主義政党、ネオリベラリズムで保守主義の立場に立つ市民民主党のいずれも賛成していた。政治家の側には、民営化によって失業者の増加が予想されることから、女性の家庭回帰によってそれを吸収しようという狙いもあった。年長の女性には、年金年齢を早く設定し、早く年金生活に入れる道が維持された。

他方で、実際には、三歳までは子どもは母親が育てることが望ましいという考えは、社会主義時代にも根強く存在しており（Ploncyová et al. 2013: 87）、一九八〇年代までの国営の保育園、幼稚園、特に保育園の画一的な集団保育に対する批判も強かった。社会主義体制の下でも、すでに正常化体制期以降の政策では、市民のこれらの要求に社会主義国家も応じ始めており、体制変革以降の政策は、実際にはこの延長線上にあった。そのため、保育園の閉鎖に対しても議論や批判は生じなかった（Saxonberg et al. 2012: 40）。

このような育児支援政策の結果、女性の就労は減少し、高等教育を受けた女性の就労率は七四%で（同条件のチェコの男性は九二%）、OECD平均の七九%を下回っている（OECD 2014: 94）。男女の就労率の格差は三〇〜三四歳の年齢グループで特に大きく、女性の就労率はM字カーブを描くことになり、乳幼児を育てる母親に対し、就労に対するマイナスの動機づけが政策上行われていることを反映している。子どもの有無が就労に与える影響の割合は、マイナス四〇・五とチェコは東・中欧でも高い方に位置する（Saxonberg et al. 2012: 154）。四〇代、五〇代の女性の就労率は二〇一二年時点でも八〇%を超え、OECD平均を上回り、スウェーデンと並ぶが（OECD 2014: 95）、育児期に女性が労働市場から長期にはなれることが、技能や生産性の後退を招き、女性のキャリアパスや、賃金にマイナスの影響を与えている。チェコの男女の賃金格差はヨーロッパで最も高く、二五%を超えている（Saxonberg et al. 2012: 152）。両親休暇後に元の職場に戻る女性は半分程度であり、最も失業する可能性の高い集団の一つである（Dlouhá 2014）。

もう一つの深刻な影響としては、就労をやめるよりも出産に慎重になる女性が増加したとみられることである。特殊合計出産率は一九八九年の一・八九から低下を続け、一九九九年には一・一三まで低下した。その後、一九七〇年代に生まれた団塊ジュニア層がこれ以上出産を引き延ばせなくなったことで徐々に上昇し、二〇一三年には一・四六まで回復している（Czech Statistical Office 2014）。しかし、今なお他の東・中欧諸国、日本や韓国とならぶ低水準であることには疑いがない。

現在チェコでは一人当たりGDPの九〇%近くを子ども一人当たりのマタニティ手当と親手当に支出しており、これはOECD平均の四〇%を大きく上回る（OECD 2014: 97）。二〇一四年の段階で二八万八〇〇〇人が両親休暇中であり、国は両親手当として二〇一三年度は二四〇億コルナ、マタニティ手当に七二億コルナを支出している。両親休暇中は社会保障の保険料を負担しないが、国家が肩代わりし、両親休暇中の期間も年金資格条件には算入される（OECD 2014: 94; Dlouhá 2014）。

OECDでは、マタニティ休暇と両親休暇を合わせた期間を一年短縮すること、両親休暇を取得している父親が三%にすぎないことから、一部を父親に取得させるよう義務づける、親手当の一部をバウチャー化し、民間育児サービスを増やすことなどを提言している（OECD 2014: 99）。

＊　二〇一二年の法改正により、保育園は保健省の管轄を外れたが、その後の管轄は特に決まっておらず、それぞれの保育園が通常のサービス業、市町村の業務、社会保障省の事業のいずれかの形態を選ぶことになる。保育園側には、売上税が課せられるのではないかとの不安がある一方、保健施設ではなくなったことによって、看護師ではなく、幼児教育の専門家の雇用も可能になるとの期待の声もある（Paloncyová 2013: 145）。

体制転換以降の教育政策

共産党政権の崩壊後、戦後改革のうち、国家による教育の無償提供は維持されたが、共産党が導入したとみなされた統合学校は廃止され、前期中等教育では、一九四五年以前に行われていた一一歳の時点での早期トラック分岐が再導入された。統合学校は、西欧諸国でも戦後段階的に導入されており、ポスト産業化時代に適応するために必要な政策と考えられ、決して共産党固有の政策ではないことは、この時点で顧みられることはなかった（Greger 2005）。生徒は一一歳（小学校五年）の段階で、基礎学校で学び続ける生徒と、八年制ギムナジウムに進む生徒に分けられ、二年後にもう一度六年制のギムナジウムに進む機会がある。ギムナジウムの選抜は、ギムナジウムの教員によるチェコ語と数学の筆記試験、および面接試験によって実施され、同年代の一〇％程度が倍率二倍のこの試験に合格する。さらに外国語、体操、スポーツ、数学、科学、芸術に特に力を入れる中等学校もあり、同年代の一〇％弱がやはり一一歳からこれらの学校に進む（外国語は八歳から）。基礎学校卒業後、同年代の五〇％が普通科ないし技術科の後期中等教育に進み、卒業時には高等教育に進むのに必要な中等教育修了資格（maturita）の試験を受ける。二五％は職業教育校に進み、労働市場に出ることを前提に修了証明書（výuční list）の習得を目指す。

一方で、高等教育への要求に応じて、新たな公立の大学／高等教育機関が新設され、受け入れ学生数も増やされた。

階層格差の固定化　中等教育改革の結果、社会的流動性の低下が生じている。二〇〇九年の段階で、親のどちらかが高等教育を受けている割合は、ギムナジウムの生徒では五四％であったが、基礎学校の生徒では一六％であった（OECD 2014: 104）。

優秀な生徒を早く分離するために、基本学校のレベルが低下し、ＰＩＳＡではチェコ全体の生徒の学力は低下傾向にある。読解力は二〇〇〇年ごろから低下し、数学は二〇一二年の結果はＯＥＣＤの平均レベルだが、二〇〇三年と比較すると低下している（OECD 2014: 100）。何より、達成度の低い学生の数が増えていることが問題である。読解力と社会経済的背景の相関が、成人全体より若年成人層で高まっていることも（OECD 2014: 103）、体制転換後に教育の格差が広がっていることを示している。チェコの早期分離制度は、中等教育世代全体の教育水準の引き上げが目指される時代に逆行するものであった。

ＯＥＣＤもトラックの統合を推奨し、二〇〇四年には、基礎学校とギムナジウムの教員給与を同額にし、教育プログラムも収斂させる改革が行われたが、ギムナジウム進学を選ばせたい親からの強い反発があり、容易に実施できない。

就業とのリンク　後期中等教育段階での職業教育は戦間期以前からの伝統があり、社会主義期にも維持されてきた。しかし、技術革新に教育内容が追いついておらず、就労時には身につけた技術が役に立たないという問題が指摘されている（OECD 2014: 106）。

新しいリスクへの対応　チェコでは、中等教育以上の学歴の人数が人口の四分の三であり、ＯＥＣＤ諸国のなかでも高い。しかし、高等教育は従来限定されており、二五歳から三四歳の場合、二五％と、ＯＥＣＤ平均の三九％を大きく下回っていた。しかし、高等教育機関の新設、定員増によって、高等教育を受ける人数が増加している。一九九〇年には高等教育を受けている学生の数は一〇万人であったが、二〇一二年には四〇万人まで増加している。しかし、国家の教育への支出はそれに見合うほど増加しておらず、二〇〇五年から二〇一〇年にかけて、学生数は三二%増加したにもかかわらず、予算の伸びは六%にとどまった（OECD 2014: 109）。このため、教育の質の低下が起こっている。教育に対する個人の出費は限定的であり、生涯学習の仕組みも整っていない。

4　ハイブリッドレジームの矛盾

以上、みてきたように、チェコ共和国の福祉レジームは、職能別、階層別のビスマルク型の社会保障制度を第二次世界大戦直後の時期に普遍主義化させようとする大きな改革が行われ、さらにそれが共産党支配体制のもとでさらに普遍主義的に、また部分的には、共産党政権の政治的経済的優先順位を反映して一部階層を優遇する形で改革された。一九八九年以後の現政治体制のもとでの改革は、共産党支配体制と結びつけて考えられた普遍主義的要素を否定しようとするベクトルと、社会連帯的、普遍主義的要素はチェコ社会保障体制の内在的発展の成果として擁護するベクトルが合成されたものとなっており、自由主義的な要素も部分的に加わったハイブリッド的な形態を示している。多くの矛盾を抱え、特に財政負担の問題が危機度を強めるなか、今後の方向性が模索されている。

【参考文献】

大谷津晴夫（二〇一〇）「EU諸国の年金所得代替率について」『南山大学ヨーロッパ研究センター報』第一六号、一五～四二頁。

仙石学（二〇〇七）「東欧諸国の年金制度――比較政治学の視点からの多様性の説明の試み」『西南学院大学法学論集』第三九巻第四号、一～二六頁。

――（二〇一一）「ポスト社会主義の中東欧諸国における福祉制度の多様性――あるいは『体制転換研究』と『福祉政治研究』の架橋の試み」仙石学・林忠行編著『ポスト社会主義期の政治と経済――旧ソ連・中東欧の比較』北海道大学出版会、二六三～二九九頁。

――（二〇一二）「ポスト社会主義国における福祉政治――『社会主義型福祉世界』から『多様な福祉世界の並存』へ」宮本太郎編著『福祉政治』ミネルヴァ書房、一六九～一八三頁。

Cerami, Alfio (2006) *Social Policy in Central and Eastern Europe: The Emergence of a New European Welfare Regime*, Belin: Lit Verlag.

Cerami, Alfio and Pieter Vanhuysse (2009) *Post-Communist Welfare Pathways: Theorizing Social Policy Transformanions in Central and Eastern Europe*, Palgrave/Macmillan.

Czech Statistical Office (2014) Population and vital statistics of the Czech Republic: 1920-2013, analytic figures (02.06.2014)（http://www.czso.cz/eng/redakce.nsf/i/population_hd，二〇一四年一一月二六日アクセス）.

ČSSZ (2012) Důchodový účet spadl do nejhlubšího deficitu od roku 2003,（http://www.novinky.cz/domaci/259389-duchodovy-ucet-spadl-do-nejhlubsiho-deficitu-od-roku-2003.htm，前同）.

Dalsgaard, Thomas (2008) "Tax and Welfare Reforms in the Czech Republic — Structural Implications and Challenges," IMF Working Paper, WP/08/52.

Dlouhá, Petra (2014) "OECD radí Česku: Zkraťte mateřskou na jeden rok!," Peníze.cz,（http://www.penize.cz/rodicovstvi，前同）.

EUROSTAT (2008) "European Social Statistics: Social Protection Expenditure and Receipts," Luxembourg.

Filipová, Štěpánka (tisková mluvčí MPSV), Kateřina Beránková (tisková mluvčí ÚP ČR) (2013) "Systém docházky nezaměstnaných DONEZ končí. Kontrola nelegální práce nikoliv," Praha, 30. září 2013, (http://www.aktualne.cz/wiki/finance/podpora-v-nezamestnanosti-2013，前同).

Greger, David (2005) "The Development and Dabating of the Comprehensive School Model in the Czech Republic and other Central and Eastern European Countries," Paper presented at the conference "Construction / déconstruction du collège unique" at Université Paris 8. 26th. October 2005.

Inglot, Tomasz (2008) *Welfare States in East Central Europe, 1919-2004*, Cambridge: Cambridge University Press.

―― (2009) "Czech Republic, Hungary, Poland and Slovakia: Adaptation and Reform of the Post-Communist 'Emergency Welfare States'," in Cerami and Vanhuysse: pp.73-95.

Kopecký, Josef (2014) "Vláda pohřbívá Nečasovu penzijní reformu, skončí v lednu 2016," idnes.cz, 12. listopadu 2014,（http://ekonomika.idnes.cz/vlada-pohrbiva-necasovu-duchodovou-reform-fzj-/ekonomika.aspx?c=A141112_121157_ekonomika_kop，二〇一四年一一月二七日アクセス）.

Křížek, Josef a Martin Nohál (2012) "Potential Threats of the Czech Pension Reform," Workshopy 24.9.2012 a 26.9.2012, Národnohospodářská fakulta, Vysoká škola economická v Praze,（http://nf.vse.cz/wp-con-

tent/uploads/WP-Krizek-Nohal-Reform.pdf、二〇一四年一一月一六日アクセス).
Kuitto, Kati, Detlef Jahn and Nils Dupont (2012) "Welfare policy institutions in the enlarged EU-convergence, divergence or persistence?" *Greifswald Comparative Politics*, Working paper No.1.
Myant, Martin and Jan Drahokoupil (2012) "The Road to a Distinct System? The Development of the Welfare State in the Czech Republic" (April 14, 2012), in Emil Voráček, and Zlatica Zudová-Lešková (eds.), *Theory and Practice of the Welfare State in Europe in 20th Century: Ways to the Welfare State*, Prague: Institute of History, Academy of Sciences of the Czech Republic. Available at SSRN: (http://ssrn.com/abstract=2016859、前同).
OECD (2014) *OECD Economic Surveys: Czech Republic 2014*, OECD Publishing. (http://dx.doi.org/10.1787/eco_surveys-cze-2014-en、前同).
Paloncyová, Jana et al. (2013) "Systém denní péče o děti do 6 let ve Francii a v České republice, Výzkumný ústav práce a sociálních věcí," (http://www.vupsv.cz/index.php?p=care_for_children&site=default、前同).
"Podpora v nezaměstnanosti 2014," Aktuálně.cz, 20.12.2013, (http://www.aktualne.cz/wiki/finance/podpora-v-nezamestnanosti-2013/r~i:wiki:3552/、前同).
Potůček, Matin, Miroslava Mašková et al. (2009) *Česká republika-trendy, ohrožení, příležitosti*, Karolinum.
Rákosník, Jakub (2010) *Sovětizace sociálního státu: Lidově demokratický režim a sociální práva občanů v Československu 1945-1960*, Praha: Fontes.
Rákosník, Jakub and Igor Tomeš et al. (2012) *Sociální stát v Československu: Právně-institucionální vývoj v letech 1918-1992*, Praha: Auditorium.
Reuter, Jun. 7 (2014) "Czech finance ministry proposes aboloshing pension reform by 2017," (http://www.reuters.com/article/2014/06/07/czech-pensions-reform-idUSL6N0OO07920140607、前同).
Rys, Vladimir (2003) *Česká sociální reforma*, Nakladatelství karolinum.
Saxonberg, Steven (2014) *Gendering Family Policies in Post-Communist Europe-A Historical-Institutional Analysis*, Basingstoke: Palgrave Macmillan.
Saxonberg, Steven, Hana Hašková and Jiří Mudrák (2012) *The Development of Czech Childcare Policies*, Praha: Sociologické Nakladatelství.
Sirovátka, Tomáš and Miroslava Rákoczyobá (2009) "The Impact of the EU Social Inclusion Strategy: the Czech Case," in Cerami and Vanhuysse, op. cit., pp.199-214.
Vostatek, Jaroslav (2012) "Czech Pension Reform: What Further?," paper presented at the 3rd International Scientific Conference of the UFA "Pension Reform-How to Proceed?" on Nov. 27.

文献案内

第1章

①新川敏光『日本型福祉レジームの発展と変容』ミネルヴァ書房、二〇〇五年。

＊本書は二部構成になっており、第一編では一九七〇年代の日本における福祉国家の盛衰の理由について権力資源動員論を用いて検討し、第二編ではグローバル化の下で、各国の多様な福祉縮減について、歴史制度論の視座を加えて分析している。

②安周永『日韓企業主義的雇用政策の分岐』ミネルヴァ書房、二〇一三年。

＊本書は一九九八年から二〇〇七年までの日本と韓国における雇用政策の相違がなぜ生まれたのかを論じたものである。東アジア福祉レジーム研究において、労働組合に関する比較研究は極めて少ないなかで、本書は権力資源動員論を用いてその戦略の重要性を明らかにしている。

③エスピン－アンデルセン、G．編／埋橋孝文監訳『転換期の福祉国家』早稲田大学出版部、二〇〇三年。

＊本書は、グローバル化とポスト工業化のなかで各福祉レジームの変容について検討している。ここでエスピング－アンダーセンは、彼の提唱する「福祉資源主義の三つの世界」だけでなく、ラテンアメリカ、東アジア、中・東欧までを分析対象としている。翻訳版では、「日本型福祉国家の位置と動態」が収められ、東アジアの家族主義が検討されている。

④李蓮花『東アジアにおける後発近代化と社会政策』ミネルヴァ書房、二〇一一年。

＊韓国と台湾における福祉国家と社会保障政策を構造的かつ政策的に検証した比較研究である。後発近代化と民主化という枠組みを用いて、社会政策のマクロレベルの議論のみならず、福祉国家を形作る政治過程をも視野に入れている。

第2章

①中島晶子『南欧福祉国家スペインの形成と変容』ミネルヴァ書房、二〇一二年。

＊現代スペインの政治制度を、その独特の福祉国家を中心に包括的に論じた日本で唯一の単著である。制度の実態だけでなく、その解釈をめぐる理論上の論点もコンパクトにまとめられている。

②ナバロ、ビセンス、ホアン・トーレス・ロペス、アルベルト・ガルソン・エスピノサ／吾郷健二他訳『もうひとつの道はある——スペインで雇用と社会福祉を創出するための提案』つげ書房新社、二〇一三年。

＊スペイン福祉国家研究の第一人者であるビセンス・ナバロを中心として、欧州危機後のスペインにおける雇用と福祉の危機的状況を批判的に論じた書物。

③ Ferrera, Maurizio (ed.), *Welfare State Reform in Southern Europe: Fighting Poverty and Social Exclusion in Greece, Italy, Spain and Portugal*, London and New York: Routledge, 2005.

＊南欧諸国における最低所得保障制度の発展の経緯とその効果に関する詳細な分析がなされている。

④ Guillén, Ana Maria, and Margarita León (eds.), *The Spanish Welfare State in European Context*, Farnham and Burlington: Ashgate, 2011.

＊英語圏でも活躍するスペイン人研究者を交え、欧州化の文脈のなかで現代スペインの福祉国家が直面するさまざまな問題を包括的に論じている。スペインにおける福祉国家発展の経路から現状に至るまで詳しく触れられており、きわめて便利な編著である。

⑤ Naldini, Manuela, *The Family in the Mediterranean Welfare States*, London and New York: Routledge, 2003.

＊スペインおよびイタリアの福祉国家の形成に深く影響を与えた家族主義の問題について、スペインの場合には特にフランコ体制期の家族政策に多くのページを割いて論じている。

第3章

① 小島晴洋他『現代イタリアの社会保障――ユニバーサリズムを越えて』旬報社、二〇〇九年。

＊イタリアの社会保障制度全般についての体系的事典。制度の歴史的成り立ちから近年の問題・改革・運用状況まで詳細に解説。福祉レジーム論上の見方についても、部分的ながら説明されている。

② ファルジョン、ヴァレリア「イタリア――南欧モデルからの移行」ピート・アルコック、ゲイリー・クレイグ編／埋橋孝文他訳『社会政策の国際的展開――先進諸国における福祉レジーム』晃洋書房、二〇〇三年。

③ 伊藤武「イタリア福祉レジームの変容――『雇用も福祉もない』福祉国家における適応戦略」新川敏光編『福祉レジームの収斂と分岐――脱商品化と脱家族化の多様性』ミネルヴァ書房、二〇一一年。

＊イタリアの福祉レジームに関する解説。南欧モデル・家族主義的福祉レジームを出発点とし、②は福祉改革・社会変化を経た移行に重点を置く。③は理論的な保守主義との近さと変化の難しさに焦点を当てる。

④ 伊藤武「現代ヨーロッパにおける年金改革――『改革硬化症』から『再編』への移行」『レヴァイアサン』四九号（「特集　福祉国家研究の最前線」）木鐸社、二〇一一年。

＊ヨーロッパの年金改革との比較で、イタリアがいかなる経路を辿っているかを分析。保守主義・家族主義レジームを含むビスマルク型の年金制度のなかで、イタリアのいち早い改革の原因を分析している。

第4章

① 倉田賀世『子育て支援の理念と方法――ドイツ法からの視点』北海道大学図書刊行会、二〇〇八年。

＊「育児の社会化」が重要な争点となっている現況を理解するために、必要不可欠な一冊。二〇一四年の論文（第4章文献リスト参照）とあわせて読むことを薦めたい。

② 近藤正基『現代ドイツ福祉国家の政治経済学』ミネルヴァ書房、二〇〇九年。

＊比較福祉国家論の観点から、戦後のドイツ福祉政治の特徴を描き出し

ている。福祉国家をめぐる政党や労使団体の動向を理解するのに有用である。

③ 土田武史「ドイツの医療保険における『連帯と自己責任』の変容」『早稲田商学』第四二八号、二〇一一年、五五七～五八六頁。

＊医療保険の基本的特徴と、統一以降の改革の動向について論じている。一九九三年および二〇〇七年改革を経て、「連帯」原理が後退し、「自己責任」の領域が拡大しつつあることが示される。

④ 松本勝明『ドイツ社会保障論Ⅱ——年金保険』信山社、二〇〇四年。

＊ドイツ福祉国家の主柱である年金保険について、その制度発展と変容について詳しくまとめられている。年金改革の政治過程についても触れられているので、福祉政治を理解するのにも役立つ。

⑤ 横井正信「第二次メルケル政権と『黒黄改革プロジェクト』の限界(2)」『社会科学論集』第五〇号、二〇一二年、一九～五四頁。

＊医療保険改革をめぐるメルケル政権の政治力学が詳細に論じられている。コール政権やシュレーダー政権の内政改革を扱った論文とあわせて読めば、ドイツの政治過程の特質を理解することができるだろう。

第5章

① Visser, Jelle and Anton Hemerijck, *'A Dutch Miracle': Job Growth, Welfare Reform and Corporatism in the Netherlands*, Amsterdam: Amsterdam University Press, 1997.

＊オランダにおける一九八二年のワセナール協定とその後の政治経済的展開を分析し、政労使三者協議（コーポラティズム）の果たした役割を明らかにすることで、いわゆる「オランダモデル」を国際的に有名ならしめた。

② 水島治郎『反転する福祉国家——オランダモデルの光と影』岩波書店、二〇一二年。

＊オランダにおける福祉・雇用改革の展開と日本への示唆を示すとともに、多くの市民を労働市場へといざなう「包摂的」福祉国家改革が、その反面で移民や難民などを「排除」する仕組みを内包していたことを明らかにした。

③ 平島健司「歴史の長い影——ビスマルク型福祉国家改革と政治過程」『社会科学研究』第六六巻一号、二〇一四年、一三九～一六一頁。

＊保守主義レジームに属する大陸ヨーロッパ諸国としてオランダ・ドイツ・フランスの三国を取り上げ、一九八〇年代以降の福祉国家改革の展開を、三国における政治過程の相違と照らし合わせつつ、比較の観点から論じている。

第6章

① ジャン＝クロード・バルビエ、ブルーノ・テレ／中原隆幸他訳『フランスの社会保障システム』ナカニシヤ出版、二〇〇六年。

＊二一世紀初頭の社会保障制度について、簡潔ながらも、もっとも網羅的な解説であり、さらに研究を進めるための参考文献も有益である。

② 伊奈川秀和『フランスに学ぶ社会保障改革』中央法規出版、二〇〇〇年。

＊歴史的経緯をたどりながら、現行制度の自律性に着目した整理がなされており、特に、社会保障制度の基盤となる財源について詳細な記述が特筆される。

③ 田中拓道『貧困と共和国——社会的連帯の誕生』人文書院、二〇〇六年。

＊一九世紀の貧困に対する政策とその思想を膨大な史料を用いて明らかにしており、なかんずく、今日「連帯」の語を冠する制度の思想的背景を理解するには必読である。

第7章

① 西山隆行『アメリカ型福祉国家と都市政治――ニューヨーク市におけるアーバン・リベラリズムの展開』東京大学出版会、二〇〇八年。

＊アメリカの公的扶助政策は、制度的に再分配政策を採用しにくい州以下の政府が執行せざるを得ないという限界を抱えている。ニューヨーク市を例にとり、アメリカの公的扶助政策をめぐる政治の展開を理論的に解明する。

② 山岸敬和『アメリカ医療制度の政治史――二〇世紀の経験とオバマケア』名古屋大学出版会、二〇一四年。

＊国民皆医療保険を公的に制度化してこなかったアメリカでは、民間保険会社、軍人保険などが独特の発展を遂げてきた。歴史的制度論の枠組みを用いて、アメリカの医療保険制度の発展とオバマケアの成立を解明する。

③ Hacker, Jacob S., *The Divided Welfare State: The Battle over Public and Private Social Benefits in the United States*, New York: Cambridge University Press, 2002.

＊アメリカの医療保険と年金制度は、まったく異なる発展を遂げてきた。歴史的制度論の理論を用いて、両制度が異なる発展を遂げてきたメカニズムを理論的に解明した名著。歴史的制度論の理論を学ぶ上でも優れたテキスト。

④ Pierson, Paul, *Dismantling the Welfare State?: Reagan, Thatcher and the Politics of Retrenchment*, New York: Cambridge University Press, 1994.

＊財政縮減期に福祉国家はどのように変容を遂げるのか、また、遂げないのか。レーガン政権期のアメリカと、サッチャー政権期のイギリスを素材として、歴史的制度論の枠組みを用いて解明した名著。

⑤ Weaver, R. Kent, *Ending Welfare As We Know It*, Washington, D.C.: Brookings, 2000.

＊民主党のクリントン大統領と共和党が多数を占める議会の下で達成された、一九九六年の公的扶助政策の再編をもたらした政策アイディアはどのように形成されてきたのか。様々な政策案と審議過程を詳細に検討した労作。

第8章

① 小松隆二・塩野谷祐一編『先進諸国の社会保障――ニュージーランド・オーストラリア』東京大学出版会、一九九九年。

② 仲村優一・一番ヶ瀬康子編『世界の社会福祉――オーストラリア・ニュージーランド』旬報社、二〇〇〇年。

③ Castles, G. Francis, *The Working Class and Welfare*, Allen & Unwin, 1985.（岩本敏夫ほか訳『福祉国家論』啓文社、一九九一年。）

④ McClelland, Allison and Paul Smyth, *Social Policy in Australia*, Oxford University Press, 2006.（新潟青陵大学ワークフェア研究会訳『オーストラリアにおける社会政策』第一法規、二〇〇九年。）

＊オーストラリアの福祉国家／社会保障制度に関して、日本語で読むことができる代表的な文献である。キャスルズの研究は、オーストラリア型福祉国家に関する研究としてだけでなく、狭義の社会政策以外に

よる社会的保護の提供（本章で紹介した賃金稼得者モデル）という新たな視点を提示した点で、比較福祉国家論への理論的貢献も大きい。

⑤ Mendes, Philip, *Australian's Welfare Wars*, University of New South Wales Press, 2003.

⑥ ——, *Australian's Welfare Wars Revisited*, University of New South Wales Press, 2008.

＊オーストラリア型福祉国家に関する概説書である。賃金稼得者モデルの形成期から変容・再編期にかけて、比較福祉国家論の理論枠組を念頭に置きながら、政策的特徴や政治的背景などが丁寧に紹介されている。

⑦ Castles, G. Francis, Rolf Gerritsen and Jack Vowles (eds.), *The Great Experiment*, Allen & Unwin, 1996.

⑧ Regional Issue, Social Policy Development in Australia and New Zealand, *Social Policy and Administration*, 47(6), 2013.

⑨ Special Issue, Globalising the Antipodes? Policy and Politics in Australia and New Zealand, *Australian Journal of Political Science*, 41(2), 2006.

＊オーストラリアとニュージーランドにおける政治経済システムの比較研究に関する業績である。賃金稼得者モデルという共通の出発点から、経済のグローバル化の進展とポスト工業社会への移行に対して、多様な政策対応が採られたことが明らかにされている。多様性をもたらす政治的メカニズムを考察する上で、大変有益といえる。

第9章

① 毛利健三編著『現代イギリス社会政策史——一九四五～一九九〇』ミネルヴァ書房、一九九九年。

＊第二次世界大戦終結からサッチャー政権末期に到るまでの社会政策の展開を雇用、社会保障、医療、住宅、環境、労使関係の六分野にわたって検討し、理念や争点、制約をめぐる多角的な考察をつうじてその構造的特質を明らかにする。

② Toynbee, Polly and David Walker, *Unjust Rewards: Ending the Greed that is Bankrupting Britain*, Granta, 2009.（青島淑子訳『中流社会を捨てた国——格差先進国イギリスの教訓』東洋経済新報社、二〇〇九年。）

＊ニュー・レイバー政権期における英国の経済格差の実態はどのようなものか、政府による社会・教育政策は事態の改善に寄与しうるのか。おのずから現代日本と重ねつつ、経済社会における政治の役割について考えさせられる一冊。

③ 大澤真理『イギリス社会政策史——救貧法と福祉国家』東京大学出版会、一九八六年。

＊イギリス福祉国家の起点をなすベヴァリッジ報告（一九四二年）における「最低生活費保障原則」の淵源を逆説的にも救貧法体制に求める試みであり、'right to relief'（被救済権）が成立する過程を鮮やかに描く。

第10章

① 宮本太郎『生活保障——排除しない社会へ』岩波書店、二〇〇九年。

＊社会福祉を含む「生活保障」のあり方を考えるなかで、スウェーデンの経験が重視され、紹介されている。今日では同国の生活保障も転換期にあるとされるが、今後の展望も含め、日本との比較を通じてその

特質を理解することができる。

②ロー＝ヨハンソン、イーヴァル／西下彰俊・兼松麻紀子・渡辺博明編訳『スウェーデン：高齢者福祉改革の原点――ルポルタージュからの問題提起』新評論、二〇一二年。

＊一九五〇年前後のスウェーデンの老人ホームの実態を告発し、批判した著作の邦訳である。後にノーマライゼーションと呼ばれるようになる考え方が明確に示されており、同国の高齢者ケアの展開において画期をなすものとして知られる。

③渡辺博明「スウェーデン――社会民主主義型福祉国家の発展と変容」鎮目真人・近藤正基編『比較福祉国家――理論・計量・各国事例』ミネルヴァ書房、二〇一三年。

＊本書第10章の著者が、スウェーデンにおける福祉国家の形成と変容の過程を、特にその政治的側面に注目しながら紹介・検討したものである。両者をあわせて読むことにより、「社会民主主義レジーム」への理解を深めることができる。

④Bengt Larsson, Martin Letell and Håkan Thörn, *Transformations of the Swedish Welfare State: From Social Engineering to Governance?,* Basingstoke: Palgrave Macmillan, 2012.

＊イェーテボリ大学の研究者による論文集で、スウェーデン福祉国家の質的な転換を強調する著作となっている。一九九〇年代以降の経済自由主義と個人主義の広まりのなかで、規範的な次元にまで及ぶ変化が生じつつあると指摘される。

第11章

①宇佐見耕一『アルゼンチンにおける福祉国家の形成と変容――早熟な福祉国家とネオ・リベラル改革』旬報社、二〇一一年。

＊第二次世界大戦以降のアルゼンチンにおける福祉国家形成過程を解説している。

②篠原武司・宇佐見耕一共編『安心社会を創る――ラテンアメリカ市民社会の挑戦に学ぶ』新評論、二〇〇九年、八三～一〇四頁。

＊一九九〇年代のラテンアメリカにおける新自由主義改革の諸問題と、その解決のために活動している市民社会を解説している。

③遅野井茂雄・宇佐見耕一共編『21世紀ラテンアメリカの左派政権――虚像と実像』アジア経済研究所、二〇〇八年、一四三～一七四頁。

＊二一世紀になってから拡大したラテンアメリカにおける左派政権成立の背景と特徴を論じている。

④宇佐見耕一編『新興福祉国家論』アジア経済研究所、三～四一頁。

＊新興諸国において整備が進んでいる社会保障制度等を福祉国家論の観点から分析している。

第12章

①Fishlow, Albert, *Starting over: Brazil since 1985*, Washington, D. C.: Brookings Institution Press, 2011.

＊米国人の著名なブラジル研究者が、民政移管した一九八五年からの二五年間のブラジルの変化を、政治、経済、社会、外交の順に分析し、各分野をめぐる進歩プロセスの連続や継続など、国家として変容したブラジルの特徴について詳説した書。

②宇佐見耕一『新興福祉国家論――アジアとラテンアメリカの比較研究』研究双書五三一、日本貿易振興機構アジア経済研究所、二〇〇三年。

＊欧米などの先進諸国を対象とする比較福祉国家論の議論を、アジアや

ラテンアメリカなどの新興国地域へ適用し、研究対象とする地域諸国の社会保障制度を分析するとともに、新興福祉国家論という新たな研究視角の発展を試みた書。

③ 小池洋一『社会自由主義国家——ブラジルの「第三の道」』新評論、二〇一四年。

＊国家、市場、市民社会の三つの制度が相互に協同や牽制し合う多元主義的な経済社会であり、「社会自由主義国家」と称される近年のブラジルが創造を試みている開発の新たな枠組みについて、著者独自の視点から詳論した書。

④ 近田亮平『躍動するブラジル——新しい変容と挑戦』アジ研選書三四、日本貿易振興機構アジア経済研究所、二〇一三年。

＊新興国の雄として二一世紀初頭に世界での注目度を高めたブラジルに関して、政治、経済、企業、社会、外交、開発をテーマに解説し、近年のブラジルが成し遂げた変容や試行する挑戦について、総合的に理解することを目指した書。

第13章

① 宇佐見耕一編『新興工業国の社会福祉——最低生活保障と家族福祉』日本貿易振興会アジア経済研究所、二〇〇五年。

＊アジア、ラテンアメリカ、アフリカの新興工業国七カ国および社会主義国（中国、キューバ）の生活保障あるいは家族保障について、各地域・各国の特徴とその制度成立の背景・経緯が考察されている。先進国とは異なる社会福祉の多様なあり方が示される。

② 宇佐見耕一編『新興工業国における雇用と社会保障』日本貿易振興会アジア経済研究所　二〇〇七年。

＊一九九〇年代からの経済の自由化過程における雇用の柔軟化・非正規化と年金制度などの社会保障制度改革をアルゼンチン、ブラジル、メキシコ、台湾、中国、韓国、南アフリカの七カ国について分析。労働改革と社会保障改革の関係、国家コーポラティズムの変容と改革への影響が各章で論じられている。

③ Gough, Ian, Goef Wood et al. *Insecurity and Welfare Regimes in Asia, Africa and Latin America*, Cambridge University Press, 2004.

＊途上国では家族福祉への依存度が高く、福祉そのものが不足あるいは欠如している場合が多いという現状を踏まえて、福祉国家、インフォーマル、インセキュリティという三つのレジームの枠組みを提示して、先進国中心の福祉レジーム論より広い範囲で福祉サービスのあり方を論じている。

④ CEPAL (Comisión Económica para América Latina y el Caribe), *Social Panorama of Latin America*.

＊国連ラテンアメリカ経済委員会が出版する年鑑で、地域各国の貧困・所得格差などの統計データが掲載されている。また年度ごとに特集が組まれ、二〇一二年度版ではケアに関して、二〇一三年度版では子どもの貧困と福祉政策・年金制度について、各国の比較と分析が行われている。ウェブサイトからのダウンロードも可能。

第14章

① 『世界の社会福祉年鑑』旬報社。

＊二〇〇二年、二〇〇六年、および二〇一〇年の版にそれぞれ、本章の執筆者によるポーランドの福祉制度に関するその時点での概要の説明が掲載されている。社会福祉にかかわる制度はしばしば変更されるた

め最新の状況は別に確認する必要があるが、ポーランドの基本的な福祉にかかわる制度の形およびその変化について、一応の状況を知ることができる。

② 小森田秋夫『体制転換と法——ポーランドの道の検証』有信堂、二〇〇八年。

＊終章「脱社会主義と生活保障システムのゆくえ」において、社会主義期から体制転換期にかけてのポーランドの福祉システムの変容が描かれている。国際比較の中でポーランドの福祉レジームを位置づけようとする本章の視点と異なり、ポーランドの生活保障システムが時系列的にどのように変容してきたかという視点から、ポーランドの福祉枠組みの特質を把握することを試みている。

③ The Polish Social Insurance Institution (ZUS), *Social Insurance in Poland*, ZUS, 2014.

＊ポーランドの社会保障庁（ZUS）がとりまとめた、英語によるポーランドの社会保障制度に関する概要の説明。社会保障庁ホームページ英語版からダウンロードすることができる〈http://www.zus.pl/files/Social_Insurance_in_Poland_2014.pdf〉。

④ Cerami, Alfio and Pieter Vanhuysse (eds.), *Post-communist welfare pathways: theorizing social policy transformations in Central and Eastern Europe*, Basingstoke: Palgrave Macmillan, 2009.

＊ポスト社会主義国の福祉に関して理論、国別の状況、および福祉の各部門の状況に関して包括的な分析を行っている論文集。本章のみならずエストニア、チェコ、ハンガリーの各章を理解するためにも、有益な一冊である。

第15章

① Aidukaite, Jolanta, *The Emergence of the Post-Socialist Welfare States: The Case of the Baltic States: Estonia, Latvia and Lithuania*, Södertörns högskola, 2004.

＊バルト三国のそれぞれについて、ソ連からの独立回復後の福祉レジーム構築を理論的側面と実践的側面の両面から論じ、また相互比較を行っている。EU加盟過程だけでなく、ソ連時代の経験への目配りも怠っていない。

② Eesti Koostöö Kogu, *Estonian Human Development Report 2010-2011, Baltic Way(s) of Human Development: Twenty Years on*, Tallinn, 2011.

③ Eesti Koostöö Kogu, *Estonian Human Development Report 2012-2013, Estonia in the World*, Tallinn, 2013.

＊②と③はUNDP（国連開発計画）の人間開発報告書に準拠し、エストニアの第一線の研究者（社会学、経済学、政治学など）が作成するエストニアの社会経済的発展に関する報告書。二〇〇六年版以降はNGOの協力ネットワークの中心であるEesti Koostöö Kogu（エストニア協力会）から刊行。実際の編者はタリン大学ないしタルト大学の社会学者が務める。②では独立回復二〇周年を記念し、バルト三国の民主化・市場経済化とそれに対する人々の評価を比較分析している。③では特にグローバル化する世界の中での個人（とその生活の質）に焦点を合わせている。

第16章

① 盛田常夫『ポスト社会主義の政治経済学——体制転換二〇年のハンガ

リー：旧体制の変化と継続』日本評論社、二〇一〇年。

＊体制転換から二〇年が経過した時点のハンガリー社会を政治・経済の両側面から捉えることを目的としている。社会主義社会、体制転換のプロセスの本質、その後成立したハンガリーの資本主義（国庫資本主義）が抱える問題点についてわかりやすく概説されている。

② 柳原剛司『体制転換と社会保障制度の再編』京都大学学術出版会、二〇一一年。

＊一九九八年の年金改革を中心に、体制転換以降のハンガリーの社会保障制度の再構築過程を明らかにしている。どのような経済・社会状況で諸改革が実行されたか、またその際に世界銀行やEUなど国際機関がいかに関与したかにも言及している。

③ 柳原剛司「危機後のハンガリーの政治経済の変容とその評価」『ロシア・ユーラシアの経済と社会』二〇一四年二月号。

＊二〇一〇年春の総選挙の結果を受けて成立したオルバーン政権のもとで、ハンガリーの政治システムは大きく変貌した。本論文は、それを明らかにするとともに、二〇一四年の総選挙前までの同政権の経済・社会政策を概説している。

第17章

① Saxonberg, Steven, *Gendering Family Policies in Post-Communist Europe: A Historical-Institutional Analysis,* Basingstoke: Palgrave Macmillan, 2014.

＊中欧四カ国の家族政策の歴史と現状を、西欧諸国を比較しつつ説明したもの。歴史的制度論に基づく分析。女性の権利やナショナリズムとの関係にも記述を割いている。

② Inglot, Tomasz, *Welfare States in East Central Europe, 1919-2004,* Cambridge: Cambridge University Press, 2008.

＊中欧四カ国の福祉国家の発展を、第一次世界大戦後から二一世紀にいたるまで、比較しつつ分析している。四カ国の福祉は類似しているように見えるが、実際には異なった発展を遂げてきたことを示す。

③ Cerami, Alfio and Pieter Vanhuysse, *Post-Communist Welfare Pathways: Theorizing Social Policy Transformations in Central and Eastern Europe,* Basingstoke: Palgrave Macmillan, 2009.

＊体制転換以降の中東欧諸国の社会政策改革に関する論文集。理論的な分析と各国のケーススタディを含む。改革の主動力になったアクターやEUの社会政策の影響、最低賃金など制度面に焦点をあてた論文も含む。

ま　行

や　行

ら　行

わ　行

さ　行

た　行

な　行

は　行

索　引

（＊は人名）

あ 行

か 行

畑　恵子（はた・けいこ）**第13章**

1951年　生まれ。
1977年　上智大学大学院外国語学研究科修士課程修了。
現　在　早稲田大学社会科学総合学術院教授。
主　著　『ラテンアメリカ・オセアニア』（共編著）ミネルヴァ書房，2012年。
『新興諸国における高齢者生活保障制度』（共著）日本貿易振興機構アジア経済研究所，2011年。
『安心社会を創る』（共著）新評論，2009年。

仙石　学（せんごく・まなぶ）**第14章**

1964年　生まれ。
1994年　東京大学大学院総合文化研究科国際関係論専攻博士課程単位取得退学。
現　在　北海道大学スラブ・ユーラシア研究センター教授。
主　著　『ネオリベラリズムの実践現場』（共編著）京都大学学術出版会，2013年。
『ポスト社会主義期の政治と経済』（共編著）北海道大学出版会，2011年。
『新興諸国の現金給付制度』（共著）日本貿易振興機構アジア経済研究所，2015年。

小森宏美（こもり・ひろみ）**第15章**

1969年　生まれ。
2000年　早稲田大学大学院文学研究科西洋史専攻博士課程満期退学。
現　在　早稲田大学教育・総合科学学術院教授。
主　著　『エストニアの政治と歴史認識』三元社，2009年。
『越境とアイデンティフィケーション』（共編著）新曜社，2012年。
『バルト三国の歴史』（アンドレス・カセカンプ著，共訳書）明石書店，2014年。

柳原剛司（やなぎはら・つよし）**第16章**

1975年　生まれ。
2010年　京都大学大学院経済学研究科現代経済学専攻博士後期課程修了。
2010年　博士（経済学）京都大学。
現　在　松山大学経済学部経済学科准教授。
主　著　『体制転換と社会保障制度の再編』京都大学学術出版会，2011年。
『21世紀のヨーロッパ福祉レジーム』（共著）糺の森書房，2012年。

中田瑞穂（なかだ・みずほ）**第17章**

1968年　生まれ。
1999年　東京大学大学院法学政治学研究科博士課程修了。
2008年　博士（法学）（東京大学）。
現　在　明治学院大学国際学部国際学科教授。
主　著　『農民と労働者の民主主義』名古屋大学出版会，2012年。
「政党のリンケージ戦略と政党間競合パターン――チェコ共和国を事例に」『名古屋大学法政論集』第246号，2012年。
「EU のジェンダー平等政策と国内ジェンダー・パラダイム――チェコ共和国を事例に」『ジェンダーと比較政治学（日本比較政治学会年報第13号）』ミネルヴァ書房，2011年。

唐渡晃弘（からと・てるひろ）**第6章**

1962年　生まれ。
1986年　京都大学法学部卒業。
1986年　京都大学法学部助手。
2004年　博士（法学）（京都大学）。
現　在　京都大学大学院法学研究科教授。
主　著　『国民主権と民族自決』木鐸社，2003年。

西山隆行（にしやま・たかゆき）**第7章**

1975年　生まれ。
2004年　東京大学大学院法学政治学研究科博士課程修了。
2004年　博士（法学）。
現　在　成蹊大学法学部政治学科教授。
主　著　『アメリカ政治』三修社，2014年。
『アメリカ型福祉国家と都市政治』東京大学出版会，2008年。
『マイノリティが変えるアメリカ政治』（共編著）NTT 出版，2012年。

加藤雅俊（かとう・まさとし）**第8章**

1981年　生まれ。
2008年　名古屋大学大学院法学研究科博士課程修了。
2008年　博士（法学）。
現　在　横浜国立大学国際社会科学研究院准教授。
主　著　『福祉国家再編の政治学的分析』御茶の水書房，2012年。
『比較福祉国家』（共著）ミネルヴァ書房，2013年。
『福祉政治』（共著）ミネルヴァ書房，2012年。

島田幸典（しまだ・ゆきのり）**第9章**

1972年　生まれ。
1998年　京都大学大学院法学研究科博士後期課程退学。
2013年　博士（法学）（京都大学）。
現　在　京都大学大学院法学研究科教授。
主　著　『議会制の歴史社会学』ミネルヴァ書房，2011年。
『移民と政治』（共編著）昭和堂，2011年。
『ポピュリズム・民主主義・政治指導』（共編著）ミネルヴァ書房，2009年。

渡辺博明（わたなべ・ひろあき）**第10章**

1967年　生まれ。
1998年　名古屋大学大学院法学研究科博士後期課程単位取得退学。
2001年　博士（法学）（名古屋大学）。
現　在　龍谷大学法学部教授。
主　著　『スウェーデンの福祉制度改革と政治戦略』法律文化社，2002年。
『比較福祉国家』（共著）ミネルヴァ書房，2013年。
『比較福祉政治』（共著）早稲田大学出版部，2006年。

宇佐見耕一（うさみ・こういち）**第11章**

1959年　生まれ。
1986年　筑波大学大学院地域研究科ラテンアメリカ地域研究専攻修了。
2012年　博士（学術）。
現　在　同志社大学グローバル地域文化学部教授。
主　著　『アルゼンチンにおける福祉国家の形成と変容』旬報社，2011年。
『新興諸国の現金給付政策』（共編著）日本貿易振興機構アジア経済研究所，2015年。
『新興福祉国家論』（編著）日本貿易振興機構アジア経済研究所，2003年。

近田亮平（こんた・りょうへい）**第12章**

1971年　生まれ。
2010年　東京外国語大学大学院博士後期課程修了。
2014年　学術博士（東京外国語大学）。
現　在　日本貿易振興機構アジア経済研究所副主任研究員。
主　著　『躍動するブラジル』（編著）日本貿易振興機構アジア経済研究所，2013年。
『新興諸国の現金給付政策』（共著）日本貿易振興機構アジア経済研究所，2015年。
「ブラジルにおける参加型行政と貧困高齢者の政治参加――サンパウロ市の住宅審議会と貧困高齢者の社会運動」『アジア経済』第53巻第6号，日本貿易振興機構アジア経済研究所，2012年。

執筆者紹介

新川敏光（しんかわ・としみつ）**はしがき，総論，第1章**

編著者紹介欄参照。

安　周永（アン・ジュヨン）**第1章**

1977年　生まれ。
2011年　京都大学大学院法学研究科法政理論専攻博士課程修了。
2011年　法学博士（京都大学）。
現　在　常葉大学法学部講師。
主　著　『日韓企業主義的雇用政策の分岐』ミネルヴァ書房，2013年。
『比較福祉国家』（共著）ミネルヴァ書房，2013年。
『福祉レジームの収斂と分岐』（共著）ミネルヴァ書房，2011年。

林　成蔚（リン・チェンウェイ）**第1章**

1966年　生まれ。
2000年　東京大学総合文化研究科国際関係論専攻博士課程単位取得後退学。
2003年　学術博士（東京大学）。
現　在　常葉大学法学部教授。
主　著　『アジア諸国の福祉戦略』（共著）ミネルヴァ書房，2004年。
『東アジアの福祉システム構築』（共著）東京大学社会科学研究所，2003年。
"The Policymaking Process for the Social Security System in Taiwan: The National Health Insurance and the National Pension Program." *The Developing Economies* Vol.XL, No.3: 327~358, Institute of Developming Economies, 2002.

横田正顕（よこた・まさあき）**第2章**

1964年　生まれ。
1995年　東京大学大学院法学政治学研究科政治専攻博士課程単位取得退学。
現　在　東北大学大学院法学研究科教授。
主　著　『福祉レジームの収斂と分岐』（共著）ミネルヴァ書房，2011年。
『北欧・南欧・ベネルクス』（共著）ミネルヴァ書房，2011年。
「戦略的行動としての「社会的協調」――現代スペインにおける労働政治の変容とその意味」『大原社会問題研究所雑誌』第595号，2008年。

伊藤　武（いとう・たけし）**第3章**

1971年　生まれ。
1998年　東京大学法学政治学研究科博士課程中退。
現　在　専修大学法学部教授。
主　著　『福祉政治』（共著）ミネルヴァ書房，2012年。
『福祉レジームの収斂と分岐』（共著）ミネルヴァ書房，2011年。
「現代ヨーロッパにおける年金改革――「改革硬化症」から「再編」への移行」『レヴァイアサン』木鐸社，49号，2011年。

近藤正基（こんどう・まさき）**第4章**

1975年　生まれ。
2008年　京都大学大学院法学研究科博士課程単位取得退学。
2008年　法学博士（京都大学）。
現　在　神戸大学大学院国際文化学研究科准教授。
主　著　『ドイツ・キリスト教民主同盟の軌跡』ミネルヴァ書房，2013年。
『現代ドイツ福祉国家の政治経済学』ミネルヴァ書房，2009年。
『比較福祉国家』（共編著）ミネルヴァ書房，2013年。

水島治郎（みずしま・じろう）**第5章**

1967年　生まれ。
1999年　東京大学大学院法学政治学研究科政治専攻博士課程修了。
1999年　法学博士（東京大学）。
現　在　千葉大学法政経学部教授。
主　著　『反転する福祉国家』岩波書房，2012年。
『戦後オランダの政治構造』東京大学出版会，2001年。
『労働――公共性と労働－福祉ネクサス』（共編著）勁草書房，2010年。

《編著者紹介》

新川敏光（しんかわ・としみつ）

1956 年　生まれ。
1990 年　トロント大学大学院政治学研究科博士課程修了（Ph. D.）。
現　在　京都大学公共政策・法学研究科教授。
主　著　『福祉国家変革の理路』ミネルヴァ書房，2014 年。
『幻視のなかの社会民主主義 増補改題』法律文化社，2007 年。
『日本型福祉レジームの発展と変容』ミネルヴァ書房，2005 年，ほか。

福祉＋α⑧
福祉レジーム

2015年11月15日　初版第1刷発行　〈検印省略〉

定価はカバーに
表示しています

編著者　新　川　敏　光
発行者　杉　田　啓　三
印刷者　中　村　勝　弘

発行所　株式会社　ミネルヴァ書房
607-8494 京都市山科区日ノ岡堤谷町1
電話代表（075）581-5191
振替口座 01020-0-8076

中村印刷・新生製本

ISBN978-4-623-07388-7
Printed in Japan